Droit commercial et droit des affaires

2e édition

En France, la collection « Paradigme » accompagne l'étudiant en droit du début de ses études jusqu'à l'accès à sa profession.

Paradigme – Métiers

La série « Paradigme Métiers » a pour vocation d'accompagner vers la réussite l'étudiant français désireux de devenir avocat, magistrat, notaire, huissier de justice, greffier ou d'exercer un métier de sécurité. Chaque ouvrage insuffle l'esprit concours au lecteur et propose 3 parties : rappel de cours, actualisation et épreuves pratiques.

Sous la direction de Michel Attal, *Maître de conférences (HDR) à l'Université Toulouse 1 Capitole, directeur scientifique de la collection Paradigme-Métiers, avocat à la Cour (Toulouse)*

Déjà parus :

Michel Attal et Xavier Bioy, *Protection des droits et libertés fondamentaux et grand oral*, 2014

Stéphane Piedelièvre, *Successions et libéralités*, 2014

Véronique Mikalef-Toudic, *Droit des personnes et de la famille*, 2e éd., 2015

Bruno Siau, *Droit du travail*, 3e éd., 2016

Claire Sourzat, *Droit pénal général et procédure pénale*, 2e éd., 2016

Michel Attal, *Culture judiciaire*, 2017

Olivier Blin, *Droit international public général*, 2017

Eugénie Fabriès-Lecea, *Droit international privé*, 2017

Jérôme Julien, *Droit des obligations*, 3e éd., 2017

Cécile Le Gallou, *Droit des sûretés – Droit des entreprises en difficulté*, 3e éd., 2017

Véronique Mikalef-Toudic, *Droit de la famille et des régimes matrimoniaux*, 2017

Olivier Blin, *Droit institutionnel, matériel et contentieux de l'Union européenne*, 3e éd., 2018

Stéphane Piedelièvre, *Les régimes matrimoniaux*, 2e éd., 2018

Droit commercial et droit des affaires

2e édition

Emmanuel Cordelier

bruylant

Collection Paradigme

Pour toute information sur nos fonds et nos nouveautés dans votre domaine de spécialisation, consultez nos sites web via www.larciergroup.com.

Éditions Bruylant
Rue Haute 139/6 - 1000 Bruxelles

2e édition

Imprimé en Belgique

Dépôt légal :
Bibliothèque nationale, Paris : juillet 2018
Bibliothèque royale de Belgique, Bruxelles : 2018/0031/237

ISSN 2294-3323
ISBN : 978-2-39013-211-0

Sommaire

Introduction 7

CHAPITRE 1
Les actes de commerce 49

SECTION 1
La qualification d'acte de commerce 50

SECTION 2
Le régime des actes de commerce 78

CHAPITRE 2
Le commerçant 89

SECTION 1
La notion de commerçant 90

SECTION 2
Le statut de commerçant 111

CHAPITRE 3
Le fonds de commerce 175

SECTION 1
La notion de fonds de commerce 176

SECTION 2
Les opérations portant sur le fonds de commerce 213

SECTION 3
Le bail commercial 265

Bibliographie indicative 301

Index alphabétique 303

Table des matières 311

Introduction

SECTION 1

LA CONSTRUCTION DU DROIT COMMERCIAL

1. Les vertus apaisantes du droit commercial – Selon Montesquieu, « l'effet naturel du commerce est de porter à la paix. Deux nations qui négocient ensemble se rendent réciproquement dépendantes : si l'une a intérêt d'acheter, l'autre a intérêt de vendre ; et toutes les unions sont fondées sur des besoins mutuels »[1]. Le développement d'échanges de biens, puis de services par des personnes privées permettrait donc d'asseoir une certaine stabilité dans les relations politiques entre les États. C'est d'ailleurs cette idée qui s'est inscrite ensuite et beaucoup plus récemment au cœur de la construction européenne. Afin que cette stabilité recherchée puisse réellement produire ses effets, il a fallu que le droit s'intéresse aux relations commerciales pour en fixer les règles de fonctionnement. Cet intérêt du droit pour les relations commerciales n'a été toutefois que progressif pour se renforcer au fil du temps.

2. L'Antiquité et les prémisses du droit commercial – Si certaines fouilles archéologiques attestent de l'existence de contrats commerciaux pendant la période de l'Antiquité[2], il semble difficile d'appréhender le contenu de leurs règles juridiques. La seule illustration réside dans le Code d'Hammourabi (vers 1700 avant Jésus-Christ) qui décrit un certain nombre de contrats utiles dans les affaires comme la société, le prêt à intérêt ou la commission. Toutefois, les juristes de cette époque qui vont suivre, tant romains que grecs, ne contribuent que de manière marginale à l'émergence d'un droit commercial. Classiquement, deux instruments juridiques spécifiques au commerce à cette époque peuvent être mis en valeur ; ils concernent le risque d'une perte que les partenaires souhaitent mutualiser. Il s'agit,

1. Montesquieu, *De l'esprit des lois*, 1748, 4e partie, Livre XX, Chap. II, De l'esprit du commerce.
2. J. Julien et A. Mendoza-Caminade, *droit commercial*, 3e éd., coll. Cours, Paris, LGDJ, 2017, n° 2.

d'une part, de **l'avarie commune** qui constitue une technique utilisée en droit maritime permettant de répartir les risques de perte de la marchandise lorsque que, dans l'hypothèse d'une tempête ou d'un abordage inamical, le capitaine du navire est contraint de la déverser par-dessus bord pour éviter de sombrer[3] ou de s'en dessaisir au profit des assaillants. Il est question, d'autre part, du **prêt à la grosse** (encore appelé le « prêt à la grosse aventure ») qui permet de financer une expédition maritime en donnant des droits aux prêteurs sur les bénéfices tirés de la vente future de la cargaison. En cas de perte de la marchandise en raison d'une avarie du navire la transportant, le prêteur ne pouvait plus réclamer aucune somme.

3. Le dynamisme des foires du Moyen Âge et son effet sur le droit commercial – Alors que le Moyen Âge est souvent présenté comme morne et peu productif, l'examen mieux approfondi de la réalité conduit à des conclusions beaucoup plus optimistes. La vivacité du commerce relevée à cette époque se traduit par la multiplicité de foires qui se développent partout en Europe, et plus particulièrement au nord de l'Italie (Venise, Padoue, Gêne, Pise), en France (Champagne) ou en Europe du Nord (Flandres). Ces foires produisent également des modifications profondes dans la société. Elles conduisent les villes à revendiquer plus d'autonomie dans l'organisation de leur commerce et de la sécurité qu'il requiert. Ces foires permettent également de mettre en valeur une nouvelle classe dans la population, celle des marchands (*mercatores*) qui vient alors concurrencer les trois ordres existants classiquement (*bellatores*, ceux qui font la guerre, *laboratores*, les paysans, et *oratores*, ceux qui prient). L'essor des foires implique la mise en place d'un certain nombre de règles juridiques pour régler les différends entre commerçants (juridictions consulaires, ancêtres de nos tribunaux de commerce), régir chaque profession de manière particulière (mise en place des corporations sous l'égide d'un maître) ou encore favoriser le crédit et la circulation de la monnaie (création de la lettre de change et plus généralement des effets de commerce). Ainsi, parmi les raisons qui ont poussé à la création et à l'essor de la lettre de change, il doit être évoqué le monopole des fermiers généraux des messageries pour le transport de la monnaie métallique, l'insécurité très forte liée à ces déplacements d'argent, le coût d'un tel transport et la prohibition par l'église du prêt à intérêt. C'est également à cette période que se dessine l'ébauche d'un droit de la faillite destiné à évincer de la profession celui qui ne peut honorer le paiement de ses dettes. Cet ensemble de règles qui deviennent propres aux marchands conduit à l'existence d'un *jus mercatorum* (droit des marchands) qui s'étend sur tout le monde de la chrétienté.

---

3. On retrouve encore aujourd'hui une trace de cette institution aux articles L. 5133-1 et suivants du Code des transports. L'article 5133-3 de ce code qui dispose notamment que « les avaries communes sont décidées par le capitaine et constituées par les dommages, pertes et dépenses extraordinaires exposées pour le salut commun et pressant des intérêts engagés dans une expédition maritime ».

4. Le colbertisme et l'affirmation du pouvoir royal – Le XVe siècle marque les débuts d'une modernisation de l'économie. À côté des foires se développe un commerce qui se sédentarise, les bourses de marchands. Certaines activités sont même nationalisées et marquent l'emprise de l'État. Les juridictions consulaires sont créées dès le XVIe siècle à Paris et à Toulouse, puis se généralisent sur tout le territoire national.

Les réformes les plus importantes ont été l'œuvre de l'énergique Colbert, mais toujours sous le contrôle et l'autorité du roi Louis XIV. Une première ordonnance de 1673 concerne la réglementation du commerce (appelée encore Code Savary, rédacteur principal de l'ordonnance mise en œuvre sous l'égide de Colbert). C'est la première fois qu'en France une entreprise de codification des règles du droit commercial est menée. Elle a pour but d'énoncer et de classer les principaux usages commerciaux qui avaient cours précédemment. La seconde ordonnance date de 1681 et a trait au commerce maritime.

5. La révolution française – Même si l'un des objectifs principaux des révolutionnaires consistait à remettre en cause le système établi par l'ancien régime, la disparition de la monarchie a eu finalement des effets assez inattendus sur le droit commercial. Les ordonnances royales n'ont pas été abrogées et les juridictions consulaires ont été les seules ou presque à survivre à la réforme profonde des institutions judiciaires. Concernant les tribunaux de commerce, ils ont certainement obtenu grâce aux yeux des révolutionnaires dans la mesure où ils étaient l'émanation même du peuple des commerçants et non composés de magistrats désignés par le roi. Cette juridiction était donc opérationnelle immédiatement et son indépendance vis-à-vis du pouvoir royal a été principalement la cause de son salut.

Néanmoins, le législateur révolutionnaire a voulu affirmer de nouveaux principes et marquer ainsi une rupture avec ceux de l'Ancien Régime. Tout d'abord, le principe de la liberté du commerce et de l'industrie a été solennellement affirmé dans la loi des 2 et 17 mars 1791, encore appelée « Décret d'Allarde », sous réserve de payer tous les impôts liés à l'exercice d'une activité commerciale. Ensuite, le décret des 14 et 17 juin 1791, encore appelé « loi Le Chapelier », a entraîné la suppression immédiate des corporations, ainsi que de toutes les réglementations professionnelles qu'elles avaient pu mettre en place.

6. La codification napoléonienne de 1807 et la lente agonie du Code de commerce – Alors que le Code civil de 1804 constitue une œuvre magistrale, le Code de commerce qui est publié en 1807 s'inspire directement, et presque servilement, des deux grandes ordonnances rédigées sous l'autorité de Colbert. Cette première œuvre de codification est salutaire mais rapidement décevante. Le Code de commerce ne comprend que peu d'articles (648) avec quatre subdivisions en livres consacrés au commerce en général, au commerce maritime, aux faillites et aux banqueroutes, ainsi qu'à la juridiction commerciale. Et son contenu est déjà obsolète dès sa parution puisque l'économie subit des mutations beaucoup plus rapides que celles enregistrées dans les rapports entre les personnes privées non commerçantes.

À la suite de la promulgation de ce Code de commerce, l'évolution du droit commercial va dépendre intimement des alternances politiques : il subit successivement des tendances libérales ou interventionnistes. Mais surtout le législateur va s'en désintéresser puisque de nombreuses dispositions vont être progressivement abrogées et des lois importantes en matière commerciale (droit des sociétés en 1966, droit de la faillite en 1967 et en 1985, droit du fonds de commerce en 1909 et en 1956, droit du bail commercial en 1953, droit de la propriété industrielle...) vont s'appliquer sans être intégrées dans le Code de commerce. Le code s'émiette et les règles de droit commercial s'éparpillent. La primauté du droit communautaire et le libéralisme économique qu'il instaure conduisent à une modification substantielle du contenu du droit commercial. Le Code de commerce ne reflète plus le droit commercial positif. Face à ce mouvement de décodification, le législateur décide d'intervenir : Il est alors temps de rebâtir sur des fondations neuves.

7. La recodification des règles du droit commercial en 2000 – Le Code de commerce napoléonien s'est vidé de sa substance. Une ordonnance du 18 septembre 2000 rassemble tous les textes de droit commercial qui avaient proliféré en dehors du code et institue un nouveau Code de commerce « à droit constant ». Il s'agit donc de compiler les différents textes du droit commercial et de les retranscrire dans un ordre logique dans ce nouveau code. Il est divisé en neuf livres qui sont consacrés aux thèmes suivants :

- Du commerce en général ;
- Des sociétés commerciales et des groupements d'intérêt économique ;
- De certaines formes de vente et des clauses d'exclusivité ;
- De la liberté des prix et de la concurrence ;
- Des effets de commerce et des garanties ;
- Des difficultés des entreprises ;
- Des juridictions commerciales et de l'organisation du commerce ;
- De quelques professions réglementées ;
- Dispositions relatives à l'outre-mer.

En dépit de certaines critiques qui dénoncent le manque d'ambition de ce nouveau code (absence de règles nouvelles), son manque de cohérence (application parfois à des personnes non commerçantes), ses lacunes inquiétantes (absence d'évocation de la liberté du commerce et d'industrie...), ce travail de clarification est globalement salutaire dans la mesure où il permet un meilleur accès aux règles de droit commercial et une plus grande lisibilité de leur contenu.

SECTION 2

LES SOURCES DU DROIT COMMERCIAL

§ 1. Les sources formelles du droit commercial

8. Annonce du plan – Les sources formelles dont diverses. Elles peuvent présenter un caractère national (A) ou international (B).

A. Les sources nationales

Les sources nationales prennent une forme classique (1) ou celles de règles d'origine privée (2).

1) *Les sources classiques*

Parmi les sources classiques, on dénombre la constitution (a), la loi (b), la jurisprudence (c) et la doctrine (d).

a) La constitution

9. La norme suprême – Placée au sommet de la pyramide instituant la hiérarchie des normes, la constitution représente en droit français la norme suprême. Son élaboration, comme sa révision, est soumise à une procédure particulière.

La constitution vise notamment à protéger les droits et les libertés fondamentaux des citoyens, parmi lesquels figurent les commerçants. D'autres textes fondamentaux situés en dehors de la constitution se rattachent toutefois à ce que l'on nomme le « bloc de constitutionnalité », ce qui conduit à élargir les libertés qui sont garanties constitutionnellement.

Certaines libertés constitutionnelles intéressent directement le droit commercial. Ainsi, le droit de propriété (art. 2 et 17 de la déclaration des droits de l'homme et du citoyen – DDHC), le principe d'égalité (art. 1er et 6 DDHC), la liberté d'entreprendre et la liberté contractuelle (art. 4 DDHC) peuvent être cités.

En outre, viennent également s'ajouter certains principes fondamentaux reconnus par les lois de la république et mis en valeur la jurisprudence qui sont susceptibles d'intéresser le droit commercial, comme la liberté d'association.

10. La procédure de la question prioritaire de constitutionnalité (QPC) – Depuis le 1er mars 2010, la constitution peut autoriser n'importe quel citoyen au cours d'un procès à remettre en cause la validité d'une loi dès lors qu'elle se trouve en contrariété avec un principe posé par la constitution. Ainsi, par application de l'article 61-1 de la constitution, « lorsque, à l'occasion d'une instance en cours devant une juridiction, il est soutenu qu'une disposition législative porte atteinte aux droits et libertés que la constitution garantit, le conseil constitutionnel peut être saisi de cette question sur renvoi du Conseil d'État ou de la Cour de Cassation ». Cette procédure peut produire des effets très énergiques. En effet, la disposition législative qui est contraire à la constitution n'est pas seulement écartée à l'occasion du litige qui a occasionné la QPC, mais aussi pour tous les autres litiges futurs puisque cette disposition disparaît de l'ordonnancement juridique. On parle alors d'effet *erga omnes* (à l'égard de tous).

11. L'exemple de la saisine d'office du Tribunal de commerce – À titre d'illustration, il est possible d'évoquer la question de la saisine d'office du tribunal en cas d'ouverture d'une procédure collective. L'article L. 631-5 du Code de commerce prévoyait pour le tribunal de commerce la possibilité d'ouvrir d'office une procédure de redressement judiciaire. Cette disposition législative était critiquée en ce sens qu'elle portait atteinte au principe d'impartialité et d'indépendance des magistrats. En effet, puisque ces derniers avaient décidé d'ouvrir la procédure collective, ils avaient agi comme une partie au procès et il semblait malvenu pour eux de pouvoir statuer ensuite sur telle ou telle question intéressant cette procédure. Le conseil constitutionnel a estimé que cette disposition était contraire à la constitution dans une décision rendue le 7 décembre 2012. Tirant les conséquences de cette jurisprudence, l'ordonnance du 12 mars 2014 portant réforme de la prévention des difficultés des entreprises et des procédures collectives abroge les dispositions concernant la saisine d'office du tribunal de commerce.

b) La loi

12. La loi *stricto sensu* – L'article 34 de la constitution prévoit comme principe que seule **la loi** détermine les principes fondamentaux des obligations civiles et commerciales, ainsi que les règles concernant les garanties fondamentales accordées aux citoyens pour l'exercice des libertés publiques (comme la liberté du commerce et de l'industrie). Il est également possible de légiférer par voie d'ordonnance dès lors que les conditions prévues par l'article 38 de la constitution sont réunies (notamment l'habilitation et la ratification du texte par le Parlement). La plupart des règles légales intéressant le droit commercial vont se retrouver ainsi dans le Code de commerce. Toutefois, ce dernier ne contient pas toutes les règles de droit commercial. Le Code de la propriété intellectuelle (marques, brevets, dessins et modèles...) ou encore le Code monétaire et financier (chèque, droit bancaire...) contiennent des règles qui intéressent la vie économique des entreprises.

13. La loi *lato sensu* – La loi n'est pas la seule source écrite qui est susceptible de régir les relations économiques. **Le règlement** a vocation à préciser le contenu des lois et contribue à favoriser leur application pratique. Le décret du 29 mars 1967 vient utilement compléter la loi d'ampleur du 24 juillet 1966 sur les sociétés commerciales On retrouve aussi de nombreuses dispositions réglementaires dans le Code de commerce. La tendance est aujourd'hui à la profusion de textes réglementaires qui témoignent d'une technicité excessive de la norme.

Il existe également d'autres textes de moindre importance que le règlement. Tout d'abord, les **arrêtés** sont des textes qui appartiennent à diverses catégories selon leur auteur, là encore classés selon une hiérarchie décroissante : les arrêtés ministériels[4], préfectoraux[5] ou encore municipaux[6]. Ces textes témoignent d'une intervention des pouvoirs publics dans la vie économique locale (liquidation totale des marchandises d'un commerçant, marché de plein vent...). Ensuite, il existe également des **circulaires ministérielles**, notamment en matière fiscale. Sans produire un effet juridique obligatoire, ces circulaires font autorité et sont de nature à influer sur une situation juridique donnée. Elles peuvent être produites au cours d'un procès au soutien de l'argumentation d'une des parties. Enfin, il existe les **réponses ministérielles**[7] aux questions écrites des parlementaires ou encore **les recommandations** et **avis**[8] donnés par les organismes professionnels ou encore des autorités

4. Par exemple, l'arrêté ministériel du 3 mars 2015 fixant le modèle de déclaration des remises, ristournes et autres avantages commerciaux et financiers prévu à l'article R. 138-2 du Code de la sécurité sociale.
5. Par exemple, l'arrêté préfectoral du préfet de l'Ardèche du 31 octobre 2012 fixant la composition de la commission départementale d'aménagement commercial pour la demande d'autorisation commerciale présentée par la société X en vue de la création d'un centre commercial.
6. Par exemple, l'arrêté municipal du maire de Bordeaux en date du 20 juillet 2011 réglementant les marchés de plein vent.
7. Question de M. Sacha Houlié concernant l'exploitation commerciale de l'image des sportifs et des entraineurs professionnels du 9 janvier 2018, Assemblée nationale, Débats parlementaires, *J.O.*, 9 janvier 2018, Questions écrites n° 4478.
8. Par exemple, l'avis de la commission départementale de la Haute-Garonne d'aménagement commercial relatif à l'extension d'un ensemble commercial à Colomiers du 9 avril 2018.

administratives indépendantes (autorité des marchés financiers, autorité de la concurrence[9]...).

c) La jurisprudence

14. Le rôle de la jurisprudence dans la création de la règle de droit commercial – À l'instar des autres domaines du droit, la jurisprudence joue un rôle important en matière d'élaboration de la règle de droit commercial. Elle présente un contenu très pragmatique au niveau des juridictions de premier degré dans la mesure où le tribunal de commerce est composé de juges commerçants. La cour d'appel, mais surtout la chambre commerciale, financière et économique de la Cour de cassation ont donc vocation à réformer les décisions rendues par les juridictions qui leur sont inférieures. En effet, ces décisions manquent parfois de fondement juridique suffisamment solide. La jurisprudence permet l'uniformisation de l'application du droit commercial. Le juge a également vocation à interpréter, à adapter ou à compléter la règle de droit.

La jurisprudence a été au cœur de l'élaboration de certains mécanismes juridiques qui ne trouvent pas d'éléments fondateurs dans une règle écrite. Ainsi, la théorie de **la concurrence déloyale et du parasitisme** fondée sur l'article 1240 du Code civil a été progressivement édifiée par les décisions des juges. De même, la théorie du **compte courant** est d'origine prétorienne. Il s'agit d'un instrument juridique utilisé dans les relations d'affaires et qui établit une relation spécifique entre les créances (ou encore « remises ») réciproques qui perdent leur singularité pour se fondre et devenir un élément indifférencié du solde du compte immédiatement disponible. La jurisprudence a attribué un effet novatoire et un caractère indivisible au compte courant[10]. Enfin, les usages de droit, comme **la solidarité passive** qui se présume en matière commerciale[11], sont façonnés par le juge au gré des décisions rendues.

15. La diversité des sources jurisprudentielles – Concernant l'origine de la jurisprudence, elle est particulièrement variée en droit commercial. La plus importante en volume est la jurisprudence judiciaire, mais elle peut être aussi de nature administrative, communautaire ou arbitrale[12].

La jurisprudence arbitrale est certainement la forme la plus particulière de jurisprudence que l'on retrouve en droit commercial. Lorsque les parties ont l'intention de faire trancher un litige commercial par une juridiction privée, elles ont la possibilité de saisir conventionnellement un ou

---

9. Par exemple, l'avis de l'autorité de la concurrence du 6 mars 2018 portant sur l'exploitation des données dans le secteur de la publicité sur internet.
10. Cass. (civ.), 24 juin 1903, *D.*, 1903, 1, p. 472.
11. Voy. *infra*, n° 133.
12. Voy. *infra*, n° 63.

plusieurs arbitres qui vont faire office de juge. Le ou les arbitres rendent des **sentences arbitrales** qui vont s'imposer aux parties avec des effets presque similaires à ceux produits par un jugement étatique. Ces sentences constituent une source privée substantielle du droit commercial interne ou international. En effet, sous l'influence des arbitres qui ont souvent une compétence particulière dans certains domaines d'activité donnée, des règles spécifiques voient progressivement le jour et vont s'imposer comme des obligations liant les commerçants. À titre d'exemple, il est possible de citer l'obligation de *mitigation* qui impose aux cocontractants victimes d'une inexécution de la part de son partenaire de minimiser le dommage subi. Cette obligation qui s'impose lors des instances arbitrales constitue alors une source d'atténuation de la responsabilité du cocontractant qui a failli à ses obligations contractuelles. Elle implique la bonne foi de celui qui se prévaut d'un dommage incontestable. De même, le principe de *l'estoppel* – qui sanctionne l'adoption d'un comportement qui se contredit en portant atteinte aux intérêts d'autrui – a été d'abord consacré lors de procédures d'arbitrage international et tend aujourd'hui à être de plus en plus reconnu dans l'arbitrage interne.

Cet ensemble de règles constituent des principes généraux du droit du commerce qui sont parfois répertoriés par certains organismes, comme par exemple l'institut international pour l'unification du droit privé (UNIDROIT). Ces règles sont propres souvent au droit commercial et soulignent l'originalité et la diversité des sources de cette branche du droit privé.

d) La doctrine

16. La présence active de la doctrine[13] – La doctrine constitue une source secondaire dans l'élaboration du droit commercial, mais son rôle est loin d'être négligeable. Elle vient d'ailleurs souvent à l'appui ou en complément d'une autre source de droit. Ainsi, la théorie du compte courant[14] élaborée par la jurisprudence s'appuie souvent sur les analyses pertinentes des auteurs universitaires.

17. Les auteurs classiques – **Pardessus** (1772-1853) est considéré comme le premier auteur reconnu de droit commercial. Il a été le premier en 1814 à publier un cours universitaire sur cette matière. Face au droit civil dominateur, il tente progressivement de faire passer l'idée selon laquelle le droit commercial doit tendre vers une certaine autonomie.

À la fin du XIXe siècle, **Delamarre** et **Poitevin** prennent le relais du père fondateur pour alimenter un courant de pensée qui va jusqu'à

13. D. Bert et F. Planckeel, *Cours de droit commercial et des affaires*, 3e éd., Gualino, 2017, n°s 53 et s.
14. Voy. *supra*, n° 14.

affirmer que le droit commercial doit exister avec des règles propres, sans référence au droit civil. Cette approche extrémiste restera très minoritaire. **Lyon-Caen** et **Renault** font paraître le premier grand traité de droit commercial en 1898 avec comme idée centrale que le droit commercial est un droit spécial dérogatoire au droit commun.

Au XXe siècle, de grands commercialistes se lancent à leur tour dans la rédaction de traités qui vont faire pendant longtemps autorité. On peut citer les ouvrages du Doyen **Ripert** (1947), et des professeurs **Hamel** et **Lagarde** (1954).

Depuis la fin du XXe siècle, des auteurs aujourd'hui disparus ont mené une réflexion profonde et éclairante sur les mécanismes spécifiques du droit commercial (Michel **Jeantin**, Bruno **Oppetit**, Yves **Guyon**...). La lecture des revues spécialisées laisse apparaître actuellement des signatures qui sont rapidement connues du lecteur averti en raison de la qualité des observations de leur auteur (par exemple, en droit des sociétés, Alain **Couret**, Bruno **Dondero**, Paul **Le Cannu**, Philippe **Merle**, Jean-François **Barbiéri**, Bernard **Saintourens**...).

2) *Les sources privées*

a) Les usages

18. Les usages – Les usages regroupent des pratiques ou des comportements commerciaux qui sont communément adoptés dans un milieu professionnel déterminé. C'est la répétition de ces pratiques ou de ces comportements (élément matériel de l'usage) acceptés par les acteurs de la vie des affaires (élément psychologique de l'usage) qui leur permet d'accéder au rang d'usages. L'usage présente tout d'abord un caractère conservateur, car il perpétue une pratique en l'institutionnalisant. Mais il revêt également un caractère évolutif, car les mutations économiques peuvent infléchir progressivement son contenu. L'usage est lié souvent à l'exercice d'une activité précise et/ ou dans un endroit déterminé.

19. Les usages de droit ou coutumes – Les usages de droit ont une autorité équivalente à celle d'une loi supplétive. Ils sont considérés comme des données de droit et les parties n'ont pas à démontrer le contenu de l'usage. Cet usage de droit doit être connu du juge et leur violation sera sanctionnée par la Cour de cassation. Parmi les exemples les plus connus d'usage de droit on peut citer, la présomption de solidarité passive entre codébiteurs d'une obligation commerciale (usage *contra legem*)[15], la

15. La rédaction de l'article 1202 du Code civil semble pourtant expressément écarter cette possibilité. Cet article dispose que « la solidarité ne se présume pas ; il faut qu'elle soit expressément stipulée. Cette règle ne cesse que dans les cas où la solidarité a lieu de plein droit, en vertu d'une disposition de la loi ».

faculté de remplacement affranchi traditionnellement d'autorisation judiciaire[16], l'anatocisme dans les comptes bancaires (capitalisation des intérêts avant l'écoulement d'une durée d'un an...)[17]. L'émergence et la révélation d'un usage de droit sont intimement liées au travail créateur de la jurisprudence puisque c'est le juge qui va finalement reconnaître l'usage et lui attribuer le caractère d'usage de droit. L'usage de droit n'est pas lié à la volonté présumée des parties de l'appliquer à leur relation : il tire son autorité de sa simple existence dans le monde des affaires, à l'inverse de l'usage conventionnel.

20. Les usages conventionnels – Cette seconde catégorie d'usages ne tire sa force que de la volonté supposée des parties d'y adhérer. L'usage conventionnel résulte souvent d'une clause contractuelle usuelle qui s'est banalisée au point de s'appliquer sans qu'elle soit reproduite expressément dans le contrat. Si l'usage est censé être connu d'une branche d'activité, le silence du professionnel présume une acceptation tacite de l'application de l'usage. En revanche, ces mêmes usages ne sont pas opposables aux non-professionnels, à moins que ces derniers aient été informés de leur existence et aient accepté expressément ou tacitement leur application. Les parties, quelle que soit leur qualité, peuvent toujours écarter de manière expresse l'application d'un usage conventionnel. Comme pour les usages de droit[18], l'usage conventionnel ne peut aller à l'encontre d'une disposition légale ou réglementaire d'ordre public[19].

S'agissant d'un usage qui tire son autorité d'une convention expresse ou tacite entre les parties, il revient à celle qui entend s'en prévaloir d'apporter la preuve de son existence et de son contenu. L'usage conventionnel étant assimilé à un fait juridique, sa preuve peut être librement rapportée. Cette preuve peut notamment résulter d'un **parère**, c'est-à-dire un document officiel délivré par un organisme compétent (chambre de commerce et d'industrie, syndicat professionnel...)[20] qui va attester de l'existence de l'usage conventionnel. Le juge n'est pas censé connaître l'usage

---

16. L'article 1222 du Code civil n'exige plus dans sa dernière rédaction une autorisation préalable du juge mais simplement une mise en demeure. À compter de celle-ci, le créancier peut, dans un délai et à un coût raisonnable, faire exécuter lui-même l'obligation défectueuse ou, sur autorisation préalable du juge, détruire ce qui a été fait en violation de celle-ci. Il peut aussi demander en justice que le débiteur avance les sommes nécessaires à cette exécution ou à cette destruction.

17. L'article 1343-2 du Code civil pose comme principe que « les intérêts échus, dus au moins pour une année entière, produisent intérêts si le contrat l'a prévu ou si une décision de justice le précise ».

18. À l'exception des usages *contra legem* qui constituent une catégorie très fermée et autorisée avec une grande parcimonie par la jurisprudence, Voy. *supra*, n°s 133 et s.

19. Cass. (com.), 9 février 1953, n° 53-39210, *Bull. civ.* IV, n° 62, où l'usage invoqué par l'une partie concernant la prise en charge des frais de portage des sacs de farine au sein de la boulangerie est écarté au profit d'une réglementation administrative d'ordre public.

20. Voy. *infra*, n°s 31 et s.

conventionnel et il en apprécie souverainement la substance. Néanmoins, la composition des tribunaux de commerce par des juges commerçants est de nature à favoriser la révélation des usages puisque ces magistrats peuvent utiliser leurs compétences et leurs pratiques professionnelles pour rendre leur décision. S'agissant d'une question de fait, la Cour de cassation n'opère aucun contrôle à cet égard.

Les illustrations d'un usage conventionnel se retrouvent d'abord en droit interne. La jurisprudence fait notamment état d'usages particuliers dans le commerce du bois[21] ou encore dans le secteur de la grande distribution[22]. D'autres illustrations s'épanouissent plus encore dans le domaine du droit international. L'usage permet alors d'éviter les inconvénients de la diversité du contenu des règles de droit étatique. Les usages internationaux sont très souvent, soit créés, soit recensés par des organismes internationaux. On peut citer la chambre de commerce international qui est un organisme de droit privé siégeant à Paris et qui a élaboré une véritable codification des usages sous le nom d'**Incoterms** (international commercial terms). C'est ainsi que sont répertoriés le nom et le contenu du vocabulaire technique ou des clauses contractuelles usuellement utilisées dans les contrats de vente internationale. Au-delà de cet exemple, l'ensemble de ces règles issues du droit du commerce international constitue un véritable droit des marchands que l'on appelle souvent la ***lex mercatoria***.

b) Les réglementations professionnelles

21. Le retour d'une forme de corporatisme – Alors que la révolution française avait voulu supprimer totalement les corporations afin d'établir une égalité absolue entre les citoyens pour accéder au commerce, l'évolution ultérieure a démontré qu'il était nécessaire néanmoins de créer des organismes fédérateurs et représentatifs des intérêts de la profession. C'est la fraternité commerciale qui justifierait alors ce réajustement.

22. Les exemples d'organisations professionnelles aptes à générer des normes – Un certain nombre d'institutions ont vocation à intervenir dans le domaine du droit commercial.

En premier lieu, **les chambres de commerce et d'industrie** constituent des établissements publics placés sous la tutelle de l'État. Leur mission est fixée par l'article 710-1 du Code de commerce. Il s'agit d'assurer

21. Cass. (com.), 18 janvier 1972, *Bull. civ.* IV, n° 26, où il est reconnu que c'est l'acheteur qui supporte le risque des éventuelles imperfections du bois qui sont découvertes après la délivrance de la marchandise pour des billes qui n'étaient pas encore découpées.
22. Cass. (3e civ.), 26 mars 2013, *JCP éd. E*, 2013, 1344, note P. Mousseron, où il a été jugé qu'il existe un usage dans le domaine de la grande distribution commerciale imposant au locataire d'un local commercial la prise en charge de la taxe foncière, alors que c'est le propriétaire de ce local qui est en principe redevable de son paiement.

« la représentation des intérêts de l'industrie, du commerce et des services auprès des pouvoirs publics ou des autorités étrangères ».

En second lieu, **les chambres syndicales** reposent sur le fondement de la liberté syndicale proclamée par la loi du 21 mars 1884 (encore appelée la loi Waldeck-Rousseau). À travers l'exercice de leurs prérogatives, ces organisations contribuent à la formation du droit commercial en diffusant auprès du monde des affaires et des tribunaux de commerce des notes d'information ou des rapports indiquant leur avis sur une question particulière intéressant le droit commercial.

En dernier lieu, il faut également citer quelques **organismes professionnels**, comme l'association française de normalisation (AFNOR), qui sont dotés de prérogatives de puissance publique. Il s'agit alors pour ces organismes professionnels d'élaborer des normes de comportement qui s'apparentent à une forme d'éthique commerciale. Les juridictions commerciales peuvent donc être conduites à l'occasion des litiges qui leur sont soumis à connaître des avis ou recommandations de ces institutions. À cette occasion, il est possible que ces avis exercent une influence ou une autorité suffisante pour orienter la décision judiciaire à intervenir[23].

B. Les sources supranationales

23. La multiplicité des sources supranationales – Les sources supranationales se caractérisent par leur diversité. On peut distinguer plus précisément les sources internationales (1) et les sources européennes (2).

1) *Les sources internationales*

24. La primauté du traité international – Parmi les sources internationales, le traité international joue le rôle le plus important. Par application de l'article 55 de la Constitution française du 4 octobre 1958, le traité international ratifié prime la règle de droit interne. Cette supériorité du traité international doit être néanmoins nuancée : elle produit finalement des effets d'une intensité variable selon la nature du traité concerné.

25. La diversité des traités internationaux – Une première catégorie de traités internationaux, souvent bilatéraux, établit simplement un régime de réciprocité concernant les ressortissants de chaque État signataire. Le traité permet aux commerçants qui souhaitent établir leurs affaires sur le territoire d'un état signataire de jouir des mêmes droits professionnels que les nationaux.

23. Voy. *infra*, n° 37.

Une deuxième catégorie de traité vise comme objectif de fournir les règles pour résoudre les conflits de lois. En fonction de la situation rencontrée (responsabilité contractuelle ou délictuelle, biens meubles ou immeubles, action personnelle ou réelle...), le traité permet de déterminer quel est le juge compétent ou quel est le droit national qui va permettre de résoudre le litige.

Une troisième catégorie de traités internationaux a pour vocation de générer des règles de droit uniformes qui vont venir compléter la réglementation interne prévue par chacun des états signataires. À titre d'exemples, il est possible de citer la convention de Vienne qui a été signée sous l'égide des Nations Unies le 11 avril 1980 : ce traité concerne la vente internationale de marchandises et il a été ratifié par près de 60 États. Le transport international de marchandises a fait également l'objet de multiples traités en matière de transport maritime[24], aérien[25], routier[26] ou ferroviaire[27].

Une dernière catégorie de traités embrasse une ambition encore plus grande : il s'agit d'instaurer des règles uniformes dans chacun des états signataires qui viennent se substituer aux dispositions internes de chacun de ces états. L'illustration la plus connue réside dans les conventions de Genève du 7 juin 1930 et du 19 mars 1931 sur la lettre de change, le billet à ordre et le chèque. Ce texte a conduit la France à adopter un décret-loi du 30 octobre 1935 qui a intégré dans la législation française ces règles de sources internationales[28]. Il faut cependant relativiser la portée de ce traité international. D'une part, les états signataires ne ratifient le traité qu'après avoir émis des réserves sur tel ou tel aspect du traité. L'uniformité n'est donc pas totale. D'autre part, certains États très importants n'ont jamais ratifié ce traité (les États-Unis, le Royaume-Uni...). L'uniformité n'est donc pas universelle.

26. Les usages internationaux ou la *lex mercatoria* – Il a déjà été évoqué à propos de l'usage commercial en matière de droit interne l'existence et l'importance des usages internationaux[29]. Les usages internationaux viennent compléter les règles de principe des traités internationaux pour permettre leur mise en application concrète. Certaines institutions privées ont pour objectif de recenser et de classer ces différents usages.

24. Convention de Bruxelles du 25 août 1924 relative aux connaissements maritimes. Il s'agit d'un contrat de transport maritime représentatif des marchandises et qui est négociable, c'est-à-dire transmissible selon des procédés simplifiés.
25. Convention de Varsovie du 29 octobre 1929.
26. Convention de Genève du 19 mars 1956.
27. Convention de Berne du 9 mai 1980.
28. Les dispositions du décret-loi du 30 octobre et 1935 ont été ensuite retranscrites à droit constant dans le Code de commerce pour la lettre de change (art. L. 521-1 et s.) et le billet à ordre (art. L. 512-1 et s.) et dans le Code monétaire et financier pour le chèque (art. L. 131-1 et s.).
29. Voy. *supra*, n° 20.

Ainsi, la chambre de commerce international située à Paris a collecté un grand nombre d'usages relatifs aux crédits documentaires, ainsi qu'aux conditions de présentation de paiement des effets de commerce dans les relations internationales. Elle a également contribué à rationaliser le vocabulaire juridique dans le monde des affaires internationales en élaborant une liste des Incoterms (international commercial terms)[30]. L'usage international est assimilé par la jurisprudence à un usage de droit qui doit entraîner la cassation de la décision qui a méconnu sa portée[31]. Concernant la jurisprudence supranationale, à l'heure actuelle, elle n'émane véritablement que des autorités européennes.

2) *Les sources européennes*

27. Les textes européens – Au sortir de la seconde guerre mondiale et de la crise économique qu'elle a notamment entraînée, certains États européens ont ressenti le besoin de fonder une union de nature économique. La recherche de cette prospérité permet également de limiter les risques de conflits armés entre les états signataires. Ainsi, la Communauté européenne, puis l'Union européenne reposent sur l'idée d'une coopération économique forte. Le droit commercial est donc nécessairement affecté par la construction européenne.

28. La dualité des sources écrites du droit européen – Le droit communautaire repose tout d'abord sur des traités qui marquent ses fondations, ses lignes directrices : il s'agit du **droit originaire** qui repose sur le Traité de Rome du 25 mars 1957 qui crée la Communauté économique européenne (CEE). Afin de prendre en considération l'accroissement des états membres, un nouveau traité, signé à Maastricht le 7 février 1992, institue l'Union européenne. Le Traité de Lisbonne du 13 décembre 2007 apporte les dernières retouches à la construction européenne actuelle en permettant une meilleure lisibilité des textes[32]. L'ensemble de ces dispositions prime le droit interne et peut recevoir une application directe en droit interne.

À côté du droit originaire, il existe le **droit dérivé** qui se manifeste par toutes les décisions communautaires normatives qui émanent des instances habilitées par le traité, à savoir le conseil, le parlement européen et la commission européenne. Il existe ainsi des directives et des règlements

---

30. Voy. *supra*, n° 20.
31. Cass. (com.), 14 octobre 1981, n° 80-12336, où l'arrêt évoque « l'article 3 des règles et usances uniformes en matière de crédit documentaire ».
32. Une renumérotation des articles intervient autour de deux textes fondamentaux : d'une part, le Traité sur l'Union européenne (TUE) qui pose les grands principes, et d'autre part, le Traité sur le fonctionnement de l'Union européenne (TFUE), qui les applique.

communautaires qui influent directement sur le contenu du droit commercial de chacun des États membres.

29. Les libertés communautaires et leur traduction en droit commercial – La mise en place d'un marché intérieur au sein de l'Union européenne a permis de modifier en profondeur les relations commerciales. Les textes communautaires reposent sur l'application de quatre libertés fondamentales, à savoir, la liberté de circulation des marchandises, des personnes, des services et des capitaux. Le droit communautaire génère un ensemble de règles uniformes en droit commercial sur l'ensemble du territoire de l'Union européenne, et plus particulièrement en matière de droit de la concurrence (les ententes réprimées par l'article 101, § 1, du TFUE[33]), de droit de propriété industrielle (la marque communautaire est protégée sur l'ensemble du territoire de l'Union européenne en effectuant une seule démarche déclarative, par application de la directive du 21 décembre 1988), de droit des sociétés (la société européenne régie par le règlement n° 2157/2001 du 8 octobre 2001 qui peut établir son siège social dans n'importe quel État de l'Union européenne avec l'application des mêmes règles de fonctionnement quel que soit le lieu de ce siège social).

30. La jurisprudence communautaire – À titre liminaire, il faut préciser qu'en vertu de la primauté du droit communautaire le juge national est amené à faire une application régulière de ces règles à l'occasion des litiges qui lui sont soumis. Ensuite, l'intervention d'autorités communautaires peut également être envisagée. À titre principal, la Cour de justice de l'Union européenne (CJUE) a vocation à jouer un rôle dans l'application du droit des affaires communautaires. Sa compétence est triple.

En premier lieu, la CJUE juge la légalité des actes qui émanent du conseil ou de la commission européenne. Elle peut prononcer leur annulation en cas de violation du droit communautaire. En second lieu, la CJUE peut être saisie par le juge national à titre préjudiciel à l'occasion de l'interprétation des traités ou des actes qui ont été pris par une autorité européenne. Dans ce cas, le juge national sursoit à statuer, pose la question à la cour, attend sa réponse et reprend le cours de l'instance en prenant en considération l'appréciation donnée par la juridiction communautaire. Le recours à cette question préjudicielle intervient plus particulièrement en matière de droit de la concurrence et des marchés. En troisième lieu, la cour dispose d'une compétence de pleine juridiction : elle peut être saisie par une partie qui est concernée par une décision ou une condamnation prononcée par une autorité européenne.

En raison de l'activité croissante de la cour de justice de l'Union européenne, il a été décidé de créer le Tribunal de l'Union européenne le 24 octobre 1988 dans le but d'alléger le travail effectué par la cour. Sans

33. Traité sur le fonctionnement de l'Union européenne.

être exhaustif, le tribunal traite particulièrement des litiges intéressant le droit de la concurrence. Ses arrêts sont susceptibles de faire l'objet d'un pourvoi, dépourvu d'effet suspensif, qui peut être introduit devant la CJUE.

§ 2. Les sources institutionnelles

31. Les institutions professionnelles et l'organisation judiciaire – Les sources institutionnelles puisent leur contenu auprès de deux systèmes d'organisation. Leurs substances proviennent d'une part des organisations professionnelles qui jouent un rôle traditionnellement important dans la vie des affaires (A). Il suffit de se rappeler le poids de l'influence des corporations avant l'abolition de l'ancien régime. D'autre part, l'organisation judiciaire propre au droit commercial génère également un ensemble de règles qui contribuent à donner une coloration particulière à cette matière qui se veut pragmatique et vivante (B).

A. Les organisations professionnelles

1) *Les chambres de commerce et d'industrie*

32. Le statut des chambres d'industrie – À la suite de l'abolition des corporations pendant la période révolutionnaire, il a fallu attendre une loi du 9 avril 1898 pour que soit redonnée vie aux chambres de commerce et d'industrie qui avaient été instituées sous l'ancien régime. Une réforme importante a conduit à moderniser ses institutions. Son contenu a été précisé par une loi du 23 juillet 2010, complétée par un décret du 1er décembre 2010. Les dispositions de cette réforme ont été intégrées aux articles L. 711-1 et suivants du Code de commerce.

Les chambres de commerce et d'industrie constituent des établissements publics. Il existe tout d'abord des chambres de commerce et d'industrie territoriales. Ensuite, ces chambres territoriales sont rattachées aux chambres de commerce et d'industrie de région. Elles définissent ensemble une stratégie pour dynamiser l'activité du réseau commercial et industriel qui existe dans le ressort de leur circonscription. La configuration est finalement pyramidale puisque les chambres de commerce et d'industrie se sont également constituées en Assemblée des chambres françaises et d'industrie de commerce. Cet organisme donne une impulsion d'ensemble pour rendre plus cohérents et efficaces les objectifs généraux qui seront ensuite appliqués localement.

Les chambres de commerce et d'industries sont composées de commerçants et de chefs d'entreprise qui sont élus pour une durée de cinq années par catégories professionnelles (secteur des activités commerciales, des activités industrielles ou des services). Une fois ces membres élus, les chambres désignent parmi leurs pairs certains qui vont constituer son bureau composé d'un président, d'un vice-président, d'un secrétaire et d'un trésorier. Certaines personnalités extérieures, désignées sous le vocable de membres associés, peuvent également participer aux réflexions et travaux de la chambre de commerce et d'industrie en disposant d'une voix consultative.

Les ressources financières des chambres de commerce et d'industrie sont constituées essentiellement par des taxes prélevées auprès des entreprises (taxes additionnelles à la cotisation foncière de l'entreprise et à la cotisation sur la valeur ajoutée des entreprises). Leur budget est également alimenté par les services payants qu'elles peuvent facturer au regard des prestations qu'elles accomplissent (centre de formalités des entreprises, chambre d'arbitrage...).

33. Les fonctions des chambres d'industrie – La mission générale des chambres de commerce et d'industrie réside dans leur contribution au « développement économique, à l'attractivité de l'aménagement du territoire ainsi qu'au soutien des entreprises et de leurs associations »[34]. Elles représentent auprès des pouvoirs publics et des acteurs locaux les intérêts de l'industrie, du commerce et des services de leur circonscription[35]. Elles sont également associées à l'élaboration des schémas de cohérence territoriale et des plans locaux d'urbanisme. Elles constituent donc des réseaux locaux qui sont consultés par le pouvoir politique et qui peuvent ainsi influencer le contenu des législations en matière économique et sociale. Ses membres contribuent également à élire les juges du tribunal de commerce.

De manière plus précise, les chambres de commerce et d'industrie sont habilitées à administrer des magasins généraux et des salles de vente publique. Elles peuvent également gérer les aéroports, les ports maritimes et les voies navigables[36]. À l'occasion de leur mission de services dédiés aux entreprises commerciales et industrielles, elles gèrent les centres de formalités des entreprises qu'elles ont elles-mêmes institués[37]. Le centre de formalités des entreprises permet aux entrepreneurs individuels ainsi qu'aux dirigeants de sociétés d'effectuer leurs formalités d'immatriculation, de modification ou de cessation d'activité. Le centre de formalités des entreprises transmettra ensuite les différentes informations utiles au registre du commerce et des sociétés ainsi qu'aux différents organismes concernés par la démarche accomplie par le commerçant (URSSAF, INSEE, administration fiscale...). Elles ont également une compétence pour créer et administrer des établissements d'enseignement consacrés à la formation professionnelle, initiale ou continue[38].

---

34. Art. L. 710-1 C. com.
35. Art. L. 711-2 C. com.
36. Art. L. 711-3-2-2° et 3° C. com.
37. Art. L. 711-3-1° C. com.
38. Art. L. 711-4 C. com.

Enfin, les chambres de commerce et d'industrie sont fréquemment consultées sur l'existence et le contenu concret de certains usages commerciaux qui sont invoqués par les parties en justice. Dans cette perspective, elles peuvent être amenées à délivrer des parères[39] qui constituent des documents attestant la preuve d'un usage invoqué par un commerçant.

2) *Les autres institutions professionnelles*

34. Les syndicats professionnels – Leur existence résulte de la loi du 21 mars 1884 qui institue le principe de la liberté syndicale. Il s'agit ici du syndicalisme patronal qui se structure en fonction du secteur d'activité concerné. Les deux plus importantes organisations syndicales sont le Mouvement des entreprises de France (MEDEF) de la confédération générale des petites et moyennes entreprises (CGPME).

La mission générale dont sont investis les syndicats réside dans l'étude et la défense des droits, ainsi que des intérêts matériels et moraux tant collectifs qu'individuels des personnes mentionnées dans leurs statuts[40].

Les syndicats professionnels contribuent à l'élaboration d'un véritable droit de l'entreprise en proposant de nombreux modèles de conditions générales ou de contrats types dans les différents secteurs d'activité. Ce travail conduit à une véritable codification de certains usages commerciaux qui se retrouvent ainsi sous les traits de clauses types insérées dans les conventions proposées aux consommateurs. Dans la mesure où la rédaction de ces documents sert essentiellement les intérêts du professionnel, le législateur est intervenu pour rétablir l'équilibre et éviter la multiplication des clauses abusives. Ce contrepoids est effectué par le droit de la consommation dont l'ensemble des règles ont été intégrées dans le Code de la consommation.

Les syndicats professionnels jouent également un rôle plus diffus qui se situe dans le prolongement des chambres de commerce et d'industrie. Ils ont la faculté de délivrer des parères pour démontrer l'existence d'usages commerciaux locaux. Ils ont également la capacité d'agir en justice pour, « devant toute juridiction, exercer tous droits réservés à la partie civile concernant les faits portant un préjudice direct ou indirect à l'intérêt collectif de la profession qu'il représente »[41]. Il constitue enfin un organe de pressions et de lobbyings qui tend à influencer certaines décisions politiques et le contenu de certains textes de loi concernant la profession dont les intérêts sont protégés par le syndicat.

39. Voy. *supra*, n° 20.
40. Art. L. 2131-1 C. trav.
41. Art. L. 2131-3 C. trav.

35. Les organismes professionnels – Le monde des affaires se doit d'être de plus en plus réactif et pragmatique. Pour satisfaire des besoins de régulation ou de lutte à l'égard de certains comportements agressifs ou nocifs, les professionnels, en collaboration avec les pouvoirs publics ou sous leur surveillance, vont être à l'origine de la création d'organismes destinés à favoriser un développement harmonieux de certaines activités commerciales ou industrielles.

Parmi les exemples qui sont possibles d'être utilement cités, la chambre de commerce international de Paris constitue un organisme privé dont la mission principale consiste à unifier les relations commerciales. Cet organisme a notamment procédé à la rédaction minutieuse et méthodique des règles et usages concernant le crédit documentaire[42], lesquels font dorénavant autorité devant les juridictions commerciales. C'est également cet organisme qui a dressé une liste des termes commerciaux internationaux (Incoterms) dont la définition fait foi en cas de différend sur la signification d'une clause ou d'un vocable dans un contrat international.

Il est possible également d'évoquer d'autres organisations professionnelles qui jouent un rôle actif reconnu par l'État. À ce titre, l'association française de normalisation (AFNOR) établit régulièrement des normes dans divers secteurs d'activité qui sont susceptibles de présenter une force obligatoire lorsque ces normes sont approuvées par arrêté ministériel. De même, l'autorité de régulation professionnelle de la publicité (ARPP, qui est venue remplacer l'ancien bureau de vérification de la publicité) rend des avis sur les cas de messages publicitaires qui lui sont soumis en cas de difficultés juridiques ou éthiques. Cette autorité a élaboré un ensemble de règles déontologiques qui est destiné à fixer un cadre disciplinaire pour toutes entreprises créant ou diffusant des publicités commerciales[43].

B. L'organisation judiciaire

Le règlement des litiges commerciaux nécessite l'intervention de juridictions spécifiques. Il peut s'agir tout d'abord d'une juridiction étatique, où la juridiction de premier degré, à savoir le tribunal de commerce, présente des singularités remarquables. Il peut s'agir ensuite d'une juridiction

---

42. Le crédit documentaire est une technique financière qui est utilisée dans les opérations internationales. De manière générale, elle fait intervenir les banquiers de chacune des parties à un contrat. Le paiement de la prestation contractuelle convenue sera notamment effectué lorsque des documents attestant de l'accomplissement de ces prestations sont communiquées aux intermédiaires bancaires.

43. Voy. le Code de l'ARPP 2017 sur le site www.arpp.org. Il existe notamment 13 recommandations transversales (générales) et 15 recommandations sectorielles (c'est-à-dire selon les secteurs d'activité, comme l'alcool, la vente de produits alimentaires à des enfants de moins de trois ans...).

strictement privée, qui se nomme le tribunal arbitral, qui va être soumise à des règles différentes et souvent originales.

1) *Le tribunal de commerce*

36. Les origines anciennes des tribunaux de commerce – La spécificité des litiges entre commerçants ne constitue pas un phénomène nouveau. Dès le Moyen Âge, les villes de foire disposaient déjà de juridictions de marchands. Progressivement mais de manière très lente, le roi accordait, ville après ville et à la suite d'un édit royal, l'autorisation d'instituer des tribunaux en matière commerciale. Il faut attendre les ordonnances de Colbert de 1673 pour que la généralisation de ces tribunaux s'effectue sur l'ensemble du territoire national.

37. Le maintien des tribunaux de commerce – L'émergence spontanée des tribunaux de commerce a conduit ces juridictions à perdurer de nos jours. Les raisons de la permanence de ces ancestrales juridictions sont multiples. Le litige commercial doit être tranché rapidement, ce que réussissent généralement les juges consulaires. Les usages également sont au cœur souvent du contentieux économique ; le tribunal de commerce apparaît comme la juridiction la plus apte à appréhender les difficultés rencontrées par les commerçants et à donner la solution au litige de manière juridique certes, mais aussi pragmatique. Les commerçants qui s'opposent judiciairement devant le tribunal ont souvent vocation, voire l'obligation, de poursuivre leurs relations commerciales. Il faut donc non seulement trancher la difficulté mais également trouver les moyens d'apaiser autant que faire se peut les tensions relationnelles.

38. Le procès du tribunal de commerce – Néanmoins, certaines critiques, positives comme négatives, viennent régulièrement évoquer la légitimité ou l'inutilité de cette institution. Certains défendent le tribunal de commerce en soulignant la célérité du traitement des affaires, la souplesse dans l'appréhension des litiges par des magistrats issus du monde professionnel, le coût peu onéreux de la procédure pour l'État (gratuité des fonctions de juge) comme pour les parties (procédure orale et présence facultative d'un avocat). D'autres, au contraire, retiennent les caractéristiques moins flatteuses du tribunal de commerce : on peut reprocher l'absence de formation juridique obligatoire pour les magistrats, une certaine forme de corporatisme qui pourrait conduire à rendre des décisions sur des critères qui ne seraient pas toujours juridiques, la présence de litiges impliquant des non-commerçants qui seraient ainsi désavantagés par rapport à la partie commerçante jugée par ses pairs, le traitement des procédures collectives qui ne respecteraient pas toujours l'intérêt de l'entreprise… Ces détracteurs du tribunal de commerce arguent souvent du fait que certains pays particulièrement dynamiques dans les relations commerciales n'ont jamais disposé de juridictions commerciales d'exception (la Suisse, les États-Unis, la Grande-Bretagne...) ou ont décidé de les supprimer sans qu'il en résulte un dommage particulier (Pays-Bas, Espagne, Italie...).

39. La résistance du tribunal de commerce à l'épreuve du temps et des réformes – Le tribunal de commerce se retrouve fréquemment dans l'œil du cyclone. En 1983, il est un temps envisagé de généraliser l'échevinage qui est appliqué uniquement en Alsace-Lorraine, territoire soumis pour des raisons historiques à une juridiction spécifique. L'échevinage consiste à composer le tribunal de manière mixte, à la fois de juges professionnels et de juges non-professionnels. En 2000, un nouveau projet tente d'introduire la mixité – on évite d'évoquer l'échevinage qui n'avait pas rencontré le succès escompté – dans la composition du tribunal. Seule une réforme de la carte judiciaire a été finalement adoptée pour conduire à la suppression d'un nombre important de tribunaux de commerce dans les agglomérations les moins peuplées. Les juges consulaires ont toujours su se mobiliser et faire pression sur l'État pour conserver ce qu'ils considèrent comme l'essence de leur institution, c'est-à-dire une justice efficace rendue par les commerçants pour les commerçants.

À la suite de la dernière réforme de la carte judiciaire intervenue en 2012, il existe aujourd'hui 134 tribunaux de commerce en France métropolitaine[44]. L'article D. 721-2 du Code de commerce détermine le nombre et le siège des tribunaux de commerce, chacun couvrant généralement un arrondissement judiciaire. Toutefois, il peut arriver qu'un arrondissement judiciaire ne comporte pas de tribunal de commerce. Dans cette hypothèse, le tribunal de grande instance connaît alors des matières commerciales et fait office de tribunal de commerce. Enfin, il existe en Alsace-Lorraine une institution spécifique : les litiges commerciaux sont soumis à une chambre spécialisée des tribunaux de grande instance qui fonctionne selon le système de l'échevinage. La chambre spécialisée est composée par un juge fonctionnaire et par deux assesseurs commerçants.

a) La composition du tribunal de commerce

1) Les juges consulaires

40. Juges et Président – Tout tribunal de commerce doit comprendre au moins un président et deux juges. Dans la pratique, le nombre de juges est souvent bien plus important[45]. Selon l'importance des tribunaux et du nombre d'affaires jugées, il est possible de trouver des

---

44. Selon les chiffres clés de la justice en 2017 donnés par le ministère de la justice sur son site (http://www.justice.gouv.fr/statistiques-10054/chiffres-cles-de-la-justice-10303/).

45. Pour l'année 2018, le Tribunal de commerce de Paris est composé de 172 juges ; le Tribunal de commerce de Toulouse réunit 54 juges ; le Tribunal de commerce d'Albi comporte 12 juges consulaires.

chambres spécialisées en fonction du domaine du droit commercial concerné (droit bancaire, droit des procédures collectives...). Chaque chambre sera alors présidée par un magistrat consulaire qui sera assisté par des juges assesseurs[46].

41. Modalités d'éligibilité et d'élection des juges – Le juge consulaire présente cette particularité d'être un juge professionnel qui est élu par ses pairs. Cette élection intervient selon un processus à deux niveaux.

La première phase consiste à procéder à l'élection *des délégués consulaires* qui a lieu tous les trois ans (art. L. 713-4 C. com.). Les électeurs sont les commerçants personnes physiques immatriculés au registre du commerce et des sociétés dans l'arrondissement du tribunal de commerce, les conjoints collaborateurs de ceux-ci ainsi que d'autres personnes évoluant dans le monde des activités commerciales (capitaine de navire, commandant d'aéronefs...). Sont également électeurs les dirigeants des sociétés commerciales et des établissements publics à caractère industriel ou commercial dont le siège ou leur établissement se situe dans la circonscription. Tous les électeurs sont également éligibles (art. L. 713-9 C. com.). Le scrutin est plurinominal, majoritaire et à deux tours.

La seconde phase va conduire à l'élection des *membres du tribunal de commerce*. Dans le ressort de chaque juridiction, les juges sont élus par un collège composé des délégués consulaires dont la liste a pu être établie à la suite de la première phase, des membres en exercice des tribunaux de commerce et des chambres de commerce et d'industrie, ainsi que des anciens membres de cette institution inscrits sur la liste électorale (art. L. 413-1 C. org. jud.). Pour être éligible, il faut avoir la qualité d'électeur pour pouvoir désigner les délégués consulaires, être âgé d'au moins 30 ans et pouvoir attester de cinq années complètes d'exercice de la profession ayant permis d'acquérir la qualité d'électeur.

42. Le statut du juge élu – Les fonctions de juge consulaire doivent être exercées exclusivement à titre gratuit. Aucune rémunération ne doit leur être versée. Il n'est pas exigé de condition de diplômes juridiques, même si en fait, les magistrats vont recevoir des formations régulières, notamment de l'actualisation des règles de droit en matière commerciale. Pour les moins aguerris, les responsabilités seront attribuées de manière progressive après une phase d'observation de la pratique au cours des audiences. Le juge est rééligible, mais avec certaines limitations. Le premier mandat est fixé à une durée de deux ans, les suivants durant quatre ans. La durée maximale des fonctions exercées de manière continue est limitée à quatorze ans. Au-delà de cette période, le juge cesse d'être éligible pendant une période moratoire d'une année (art. L. 413-4 C. org. jud.).

46. Par exemple, 8 présidents de Chambre au tribunal de commerce de Toulouse ont été désignés pour l'année 2018.

Le président du tribunal est élu par les magistrats composant le tribunal. Il doit être choisi parmi les juges ayant exercé la fonction pendant au moins une période de six ans. Le mandat de président dure quatre ans. Cette élection s'effectue à bulletin secret par les juges réunis en assemblée générale (art. L. 412-11 C. org. jud.).

2) Les autres membres du personnel judiciaire

43. La diversité du personnel judiciaire – Les juges ne sont pas les seuls à pouvoir faire fonctionner le tribunal de commerce. D'autres intervenants sont également indispensables et contribuent chacun pour leur part à ce que la mission de justice soit remplie de manière satisfaisante.

44. Le greffe du tribunal de commerce – Il présente la particularité de ne pas être composé de fonctionnaires de l'État. Les missions que le greffe remplit sont liées à la détention d'une charge : le greffier est un officier public et ministériel qui exerce à ce titre une fonction libérale. Il se voit ainsi confier par l'État et par délégation l'exercice d'une mission de service public judiciaire.

Deux attributions principales relèvent de la compétence du greffe. D'une part, il s'agit d'assurer le secrétariat des audiences et le suivi des procédures. Le greffier assiste à la plupart des audiences devant le tribunal de commerce aux côtés des juges. D'autre part, le greffier est chargé d'assurer la diffusion des informations commerciales par la tenue et la mise à jour du registre du commerce et des sociétés (RCS) près le tribunal dont il a la responsabilité, mais également des registres spéciaux (Registre des protêts en matière de lettres de change, registre des agents commerciaux, registre des inscriptions des privilèges et nantissements sur le fonds de commerce, registre des entrepreneurs individuels à responsabilité limitée...).

45. Le ministère public – Le procureur de la république du tribunal de grande instance dans le ressort duquel se situe le siège du tribunal de commerce est chargé de représenter le ministère public depuis une loi du 10 juillet 1970 (art. L. 412-5 C. org. jud.). S'il le juge opportun, ce magistrat peut intervenir au cours de toute affaire pour veiller à la bonne application de la loi. Il représente ainsi l'État et son impartialité, ce qui a d'ailleurs permis aux juges consulaires d'utiliser cet argument pour maintenir cette juridiction en dépit des critiques dont elle a pu parfois faire l'objet. Le procureur de la république dispose de prérogatives très importantes en matière de procédures collectives et de droit des sociétés (avis pour la prolongation exceptionnelle de la période d'observation d'une entreprise placée en procédure de redressement judiciaire, demande d'expertise de gestion, récusation d'un commissaire aux comptes...).

46. Les auxiliaires de justice – D'autres acteurs judiciaires ont encore vocation à jouer un rôle dans le fonctionnement du tribunal de commerce.

Tout d'abord, les *administrateurs judiciaires* et *mandataires judiciaires* sont des officiers ministériels qui peuvent intervenir lorsque le débiteur commerçant fait l'objet d'une procédure collective. Les administrateurs judiciaires sont désignés par le juge pour exercer des fonctions d'administration au sein de l'entreprise à l'occasion des procédures de sauvegarde ou de redressement judiciaire. Les mandataires judiciaires (appelés liquidateurs judiciaires dans la pratique) ont, quant à eux, la mission de défendre les intérêts collectifs des créanciers du débiteur placé en procédure de sauvegarde ou de redressement judiciaire. Ils ont également vocation à procéder à la liquidation du débiteur (vente des actifs et règlements des créanciers selon un ordre défini par la loi), mais uniquement dans l'hypothèse où son redressement est manifestement impossible.

Ensuite, *l'avocat* a pour mission d'assister ou de représenter son client au cours des audiences, même si le ministère d'avocat n'est jamais obligatoire devant le tribunal de commerce. Sa présence est toutefois recommandée dans les affaires complexes en raison de l'importance des usages et des règles particulières issues du droit commercial que le juge va appliquer, notamment en matière de procédures collectives.

b) La compétence

47. Les deux compétences à déterminer – La question de la compétence d'une juridiction suppose toujours un dédoublement du raisonnement : il faut définir la nature de la juridiction à saisir (compétence matérielle) et le lieu où cette juridiction doit être saisie (compétence territoriale).

1) La compétence matérielle ou d'attribution

– La détermination légale de la compétence matérielle

48. Généralités sur la détermination légale de la compétence matérielle – Le tribunal de commerce est une juridiction d'exception. Sa compétence d'attribution doit donc être expressément prévue par un texte. Depuis l'ordonnance du 8 juin 2006, les dispositions du Code de l'organisation judiciaire consacrées aux juridictions commerciales ont été intégrées dans le Code de commerce aux articles L. 721-1 et suivants.

La disposition essentielle en la matière est énoncée par l'article L. 721-3 de ce Code. Cette disposition énonce les trois chefs de compétence du tribunal de commerce, à savoir :

1° Les contestations relatives aux engagements entre commerçants, entre établissements de crédit, ou entre eux ;

2° les contestations relatives aux sociétés commerciales ;

3° les contestations relatives aux actes de commerce entre toutes personnes.

49. Les contestations relatives aux engagements entre commerçants – La première catégorie de litiges prévue par l'article L. 721-3, 1°, nécessite une confrontation entre des commerçants à l'occasion de leur activité professionnelle. Cette compétence consacre la vision subjective du droit commercial à travers la personne du commerçant.

En dépit de la lettre du texte, la compétence de la juridiction consulaire est reconnue, que les obligations litigieuses présentent un caractère contractuel ou délictuel (par exemple, une action en concurrence déloyale). La compétence du tribunal de commerce est liée à la présence d'un commerçant, qu'il soit de droit ou de fait : l'immatriculation au registre du commerce et des sociétés n'est donc pas un élément indispensable en ce domaine. À titre de sanction, le commerçant de fait ne pourra invoquer son absence d'immatriculation pour contester la recevabilité de l'action diligentée par un tiers.

En présence d'un acte mixte, la compétence du Tribunal de commerce ne peut exister que si la partie pour laquelle l'acte ne présente pas un caractère commercial accepte de soumettre le litige au tribunal de commerce.

Enfin, il existe des litiges qui, par nature, échappent expressément à la compétence du tribunal de commerce par l'effet d'une disposition expresse de la loi : il s'agit des conflits intéressant les baux commerciaux[47], la propriété industrielle[48] ou un accident de la circulation impliquant un véhicule terrestre à moteur[49]. En revanche, lorsque le débiteur d'une procédure collective est un commerçant, le tribunal de commerce doit être obligatoirement saisi pour le suivi du traitement judiciaire de ses difficultés issues d'un état de cessation des paiements[50].

50. Les contestations relatives aux sociétés commerciales – Le domaine des contestations visées par l'article L. 721-3, 2°, concerne d'abord les sociétés commerciales. Une société est commerciale, soit par sa forme – c'est le plus courant[51] –, soit par son objet. Seulement dans ce dernier cas, il sera nécessaire d'établir le caractère commercial de l'activité réellement exercée par la société. Un cas particulier doit être souligné, il s'agit des sociétés d'exercice libéral (SEL) qui sont des sociétés commerciales à objet civil. La loi les soumet expressément à la compétence des juridictions civiles sachant qu'elles impliquent des personnes exerçant des professions libérales[52].

---

47. Art. R. 145-23 C. com. donnant compétence au tribunal de grande instance.
48. Art. L. 615-19 C. propr. int. attribuant compétence au tribunal de grande instance.
49. Par application de la loi n° 85-677 du 5 juillet 1985 tendant à l'amélioration de la situation des victimes d'accidents de la circulation et à l'accélération des procédures d'indemnisation, dite encore Loi Badinter.
50. Voy. *infra*, n° 52.
51. Voy. *infra*, n°s 106 et s.
52. Art. L. 725-1 C. com.

Le domaine des contestations vise ensuite la création, le fonctionnement comme la disparition de la société. À titre d'exemple, il est possible d'évoquer les conflits entre les associés, une demande d'expertise de gestion, une action en responsabilité civile contre le dirigeant ou encore la contestation de la tenue d'une assemblée générale d'une société commerciale.

Une évolution notable doit être soulignée. Elle concerne la *cession des titres de sociétés*. Auparavant, la cession de titres de sociétés commerciales ou civiles relevait de la compétence des juridictions civiles. Seule la cession de titres qui emportait le transfert du contrôle de la société, quelle que soit sa forme, relevait de la compétence des tribunaux de commerce. La nouvelle rédaction de l'article L. 721-3, 2°, du Code de commerce par la loi relative aux nouvelles régulations économiques (dite loi NRE) du 15 mai 2001[53] autorise dorénavant à concevoir la compétence du tribunal de commerce de manière plus large. La loi n'exige plus « des contestations entre associés »[54] mais évoque les contestations relatives aux sociétés commerciales. Dans un arrêt du 10 juillet 2007[55], la cour de cassation indique que le litige né « à l'occasion d'une cession de titres d'une société commerciale relève de la compétence du tribunal de commerce ». Cette jurisprudence est confirmée dans les mêmes termes à propos toujours d'une cession d'actions de société anonyme dans une décision rendue le 12 février 2008[56]. Il faut néanmoins préciser que cette évolution de la jurisprudence produit un effet limité à la seule compétence juridictionnelle : des cessions qui n'emportent pas le contrôle de la société commerciale demeurent toujours soustraites au régime dérogatoire des obligations commerciales.

51. Les contestations relatives aux actes de commerce entre toutes personnes – Par application de l'article L. 721-3, 3°, du Code de commerce, le tribunal de commerce est compétent en dernier lieu pour tous les litiges relatifs « aux actes de commerce entre toutes personnes ».

Cette expression légale est trompeuse, puisqu'il serait possible d'envisager la compétence du tribunal de commerce en présence d'un acte de commerce, quelle que soit la qualité de leurs auteurs. Or, ce n'est pas la portée extrêmement large que le législateur a voulu donner à cette règle.

53. L'ancienne rédaction prévoyait la compétence du tribunal de commerce pour les « contestations entre associés, pour raison d'une société de commerce ». La nouvelle formulation prévoit plus sobrement mais largement une compétence pour « les contestations relatives aux sociétés commerciales ».

54. Anc. art. 631, 2°, du Code de commerce aux termes duquel les tribunaux de commerce connaissaient « des contestations entre associés pour raison d'une société de commerce ». Lors d'une cession, il est fréquent que l'acquéreur des titres ne dispose pas de la qualité d'associé.

55. Cass. (com.), 10 juillet 2007, n° 06-16548.

56. Cass. (com.), 12 février 2008, n° 07-14.912.

En effet, il faut considérer que seuls les actes de commerce par la forme sont concernés par l'article L. 721-3, 3°, du Code de commerce, c'est-à-dire ceux qui sont commerciaux quelle que soit la qualité de leurs auteurs.

Pour les actes de commerce par la forme, la qualité des personnes est indifférente et n'influe donc pas sur la détermination de la compétence du tribunal de commerce. C'est l'aspect objectif du droit commercial qui se manifeste particulièrement dans ce cas de figure. Cette hypothèse légale concerne principalement le cas de la lettre de change, acte de commerce par la forme. Les litiges concernant la lettre de change seront mécaniquement dirigés vers la juridiction commerciale, sauf lorsqu'ils ne reposent pas sur le droit cambiaire mais sur les rapports fondamentaux qui subsistent toujours en cas d'émission d'une lettre de change. La solution est différente pour le billet à ordre, autre effet de commerce. Il faudra démontrer préalablement la réunion de certaines conditions spécifiques prévues par l'article 721-4 du Code de commerce pour que l'affaire vienne dans la sphère de compétence du tribunal de commerce[57].

Par ailleurs, il est possible de retenir la compétence du tribunal de commerce en présence d'autres actes commerciaux par la forme, à savoir ceux qui émanent d'une société commerciale par la forme. Toutefois, la jurisprudence est plus encline à invoquer un autre fondement dans ce cas : il s'agit de l'article L. 721-3, 2°, dont le contenu a été évoqué précédemment[58].

52. Les contestations relatives aux procédures collectives – Une disposition spécifique aux procédures collectives[59] complète la sphère d'influence du tribunal de commerce en indiquant que ce dernier est compétent « si le débiteur exerce une activité commerciale ou artisanale. Le tribunal de grande instance est compétent dans les autres cas ». Il est également précisé que le tribunal qui a ouvert la procédure reste compétent pour toute une série de demandes annexes ou complémentaires (notamment l'extension de la procédure à une ou plusieurs autres personnes en cas de confusion du patrimoine avec celui du débiteur ou de fictivité de la personne morale). Cette disposition législative permet de conférer au tribunal de commerce un bloc de compétence qui doit permettre son intervention privilégiée et sa spécialisation dans le domaine des procédures collectives.

– **La détermination jurisprudentielle de la compétence matérielle**

52-1. L'acte de commerce par accessoire subjectif – Alors que le cautionnement est régi par l'article 2287-1 du Code civil, ce contrat, par nature

57. Le billet à ordre qui comporte des signatures de commerçants et de non-commerçants relève de la compétence du tribunal de commerce. Lorsqu'il ne présente que des signatures de non-commerçants et que l'opération principale qui a généré sa souscription ne présente pas les traits d'une opération commerciale, l'affaire doit alors être jugée par le tribunal de grande instance.

58. Voy. *supra*, n° 50.

59. Art. L. 621-2 C. com.

civile, va devenir commercial en présence de conditions fixées par la jurisprudence. En effet, lorsque le dirigeant d'une société ou son associé se porte caution pour garantir les dettes de cette société, la cour de cassation estime que le contrat devient commercial en raison de la présence d'un intérêt personnel et patrimonial de la caution[60].

Dans le prolongement de cette qualification commerciale de l'acte, la jurisprudence a posé comme règle que le tribunal de commerce est compétent pour statuer sur tous les litiges concernant ces cautionnements intéressés.

– **L'aménagement conventionnel de la compétence matérielle**

53. La clause attributive de compétence matérielle – Il est fréquent que dans un contrat soit insérée une clause d'attribution de compétence matérielle qui fixe la compétence d'une juridiction. Dans ce cas, en cas de contestation concernant la formation, l'exécution ou la rupture du contrat, une juridiction déterminée contractuellement a vocation à trancher le différend. Cette clause, facultative mais usuelle, peut avoir pour finalité, soit de contraindre le demandeur à l'action de saisir le tribunal de commerce (clause attractive), soit au contraire de l'en éloigner en soumettant le litige à une autre juridiction, notamment arbitrale (clause répulsive)[61].

Dans le premier cas, l'intérêt réel de la clause intervient quand la loi ne prévoit pas directement la compétence du tribunal de commerce en raison de l'objet du litige. Si le contrat est mixte[62], conclu entre un commerçant et un non commerçant, la clause se heurte à l'option qui est traditionnellement reconnue au non commerçant demandeur à l'action, qui peut soit choisir le tribunal de commerce, soit la juridiction civile. La jurisprudence a été amenée à dégager une solution originale en matière d'acte mixte[63] :

– Si le demandeur à l'action est le commerçant, la clause attributive de compétence matérielle est inopposable au non-commerçant ; le commerçant doit donc saisir la juridiction civile.

– Si le demandeur à l'action est le non-commerçant, il doit respecter la clause qui a supprimé une branche de son alternative ; il a accepté de renoncer à sa faculté de saisir la juridiction civile et doit donc assigner le commerçant devant le tribunal de commerce, comme il s'y est engagé contractuellement[64].

---

60. Voy, *infra*, n°s 126 et s.
61. Voy. *infra*, n° 146.
62. Voy. *infra*, n° 143.
63. Cass. (com.), 10 juin 1997, n° 94-12316.
64. Il pourrait invoquer néanmoins les dispositions de l'article L. 132-1 du Code de la consommation pour que la clause soit réputée non-écrite, du moins si le non-commerçant est un consommateur.

Lorsque, la clause est convenue dans un acte conclu par des parties qui ont toute la qualité de commerçant, elle ne pose pas de difficulté ni de réel intérêt puisqu'elle ne fait que conduire très souvent qu'au strict respect des dispositions de l'article L. 721-3, 1°, du Code de commerce.

Lorsque la clause est convenue dans un acte strictement civil qui ne relève pas de la compétence du tribunal de commerce, il est impossible d'imposer la compétence de la juridiction consulaire au détriment de celle de juridictions administratives, pénales ou civiles (tribunal de grande instance, tribunal d'instance...). À l'inverse, la clause qui écarte la compétence du tribunal de commerce au profit des juridictions civiles est par principe valable.

2) la compétence territoriale

54. La détermination légale de la compétence territoriale – La détermination de la compétence territoriale du tribunal de commerce reste soumise au droit commun de la procédure civile. Il faut donc respecter les dispositions des articles 42 et suivants du Code de procédure civile.

Le principe posé par ce texte conduit à définir la juridiction territorialement compétente comme celle du lieu où demeure le défendeur[65], c'est-à-dire soit son domicile s'il s'agit d'une personne physique, soit son siège social s'il s'agit d'une personne morale. En cas de pluralité de défendeurs, le demandeur peut saisir de manière discrétionnaire la juridiction du lieu où réside l'un d'eux.

Des règles dérogatoires sont prévues en certains domaines. Ainsi, en matière réelle immobilière, la juridiction compétente demeure uniquement celle du lieu où est situé immeuble[66]. En outre, et à la discrétion cette fois-ci du demandeur, ce dernier peut choisir, soit la juridiction du lieu où demeure le défendeur, soit :

– en matière contractuelle, la juridiction du lieu de la livraison effective de la chose ou le lieu d'exécution de la prestation de service ;

– en matière délictuelle (concurrence déloyale notamment), la juridiction du lieu de survenance du fait dommageable ou celle du lieu où le préjudice a été subi par la victime.

55. L'aménagement conventionnel de la compétence territoriale – Les contrats rédigés ou conclus par les commerçants contiennent bien souvent des clauses qui dérogent aux règles légales fixant la compétence territoriale du tribunal de commerce. Ces clauses peuvent être dérangeantes dans la mesure où l'éloignement géographique de la juridiction ainsi choisie entraîne des difficultés d'organisation matérielle et un surcoût pour organiser efficacement la défense de ses intérêts. La validité de ces clauses

65. Art. 42 C. proc. civ.
66. Art. 44 C. proc. civ.

attributives de compétence territoriale est soumise à la double condition posée par l'article 48 du Code de procédure civile.

La première condition de validité de la clause attributive de compétence territoriale concerne la qualité des parties au contrat contenant cette clause. Toutes les personnes qui ont convenu de l'application de cette clause doivent impérativement avoir contracté en qualité de commerçant. Il faut donc vérifier que toutes les parties tombent sous le coup de la définition du commerçant de droit[67].

La seconde condition cumulative concerne la lisibilité de la clause qui génère son opposabilité envers la personne destinée à en subir ses effets. Le Code de procédure civile exige que la clause ait été « spécifiée de façon très apparente dans l'engagement de la partie à qui elle est opposée ». Ainsi, la clause en petits caractères noyée dans le corps de conditions contractuelles figurant au verso d'un bon de commande ne peut produire aucun effet contraignant[68].

À défaut de respecter scrupuleusement l'une ou l'autre de ces deux conditions, le Code de procédure civile répute non-écrite la clause attributive de competence territoriale. Il convient alors d'appliquer les règles légales de détermination de la compétence territoriale. En effet, ces règles supplétives retrouvent vocation à s'appliquer du fait de l'absence de volonté contraire régulièrement exprimée par les parties. La même solution s'applique lorsque deux clauses valables désignent des juridictions différentes[69].

Il faut enfin conseiller en cas d'aménagement conventionnel de la compétence territoriale et matérielle de prévoir deux clauses bien distinctes dans le contrat. Il est certain alors que la nullité éventuelle de l'une n'affecte pas alors la validité de l'autre. Toutefois, en cas de clause commune qui fixe les deux types de compétence, et malgré l'avis d'une partie de la doctrine[70], la jurisprudence décide qu'il convient de dissocier. Par exemple, la clause sera nulle pour la compétence territoriale mais produira ses pleins effets pour la compétence d'attribution[71]. Il s'agit alors d'un cas de nullité partielle.

c) Le fonctionnement du tribunal de commerce

56. Les caractéristiques de la procédure devant le tribunal de commerce – Le tribunal de commerce est une juridiction déjà particulière dans sa composition. Les juges professionnels auraient vocation à rendre des décisions

67. Voy. *infra*, n°s 151 et s.
68. Pour un autre exemple concret, Cass. (2e civ.), 7 juin 2012, n° 11-13.105.
69. Cass. (com.), 20 novembre 1984, n° 83-15.956, *Bull. civ.* IV, n° 313.
70. R. Perrot, *RTD civ.*, 2003, p. 352.
71. Cass. (com.), 16 octobre 1978, n° 77-11.129, *Bull. civ.*, 1978, n° 229.

plus conformes aux attentes du monde économique[72]. Cette approche se retrouve également au regard de la procédure qui doit être respectée devant cette juridiction. Elle se doit d'être simple et accessible pour le commerçant qui entend soumettre son litige à ses pairs. Les principes fondamentaux de tout procès civil doivent être respectés (principe du contradictoire, loyauté des débats, possibilité de se faire assister par un avocat...). Mais la procédure devant la juridiction commerciale présente des caractéristiques supplémentaires empreintes de souplesse qui viennent lui donner un visage particulier.

57. La procédure est orale – Les parties au procès n'ont pas l'obligation de déposer des conclusions écrites[73]. Elles peuvent simplement développer leurs moyens de défense oralement à la barre du tribunal[74]. Le greffier prendra alors note de leur argumentation juridique et du fondement de leur demande.

Toutefois, par application des dispositions de l'article 446-2 du Code de procédure civile issues du décret n° 2017-692 du 6 mai 2017, lorsque chacune des parties est assistée ou représentée par un avocat et que des conclusions écrites ont été échangées, les règles de procédure qu'il convient alors d'appliquer sont similaires à celles existantes pour une procédure écrite (conclusions récapitulatives, bordereau des pièces communiquées...).

58. La procédure est sans représentation obligatoire – Chacune des parties peut se défendre soi-même devant le tribunal de commerce. Le ministère d'avocat n'est pas obligatoire. Les parties peuvent également se faire représenter par toute personne de leur choix, pourvu que le mandataire désigné puisse présenter une procuration en ce sens au tribunal au cours de l'audience concernée[75].

59. La procédure est à jour fixe – L'assignation devant le tribunal de commerce doit comporter une date de convocation devant la juridiction où l'affaire sera appelée pour la première fois[76]. Ce n'est donc pas le greffe du tribunal qui convoque les parties, comme cela constitue la règle devant le tribunal de grande instance. En principe, la date de l'audience doit être fixée au moins 15 jours après la signification de l'assignation aux

72. Parfois le législateur se méfie d'une certaine complaisance qui pourrait exister entre le tribunal et le justiciable commerçant. Ainsi, en matière de location-gérance de fonds de commerce, la réduction ou la suppression du délai prévu à l'article L. 144-3 du Code de commerce relève de la seule compétence du président du tribunal de grande instance.
73. Art. 860-1 C. proc. civ.
74. Art. 871 C. proc. civ.
75. Art. 853 C. proc. civ.
76. Art. 855 C. proc. civ.

défendeurs. Ce délai de comparution peut être réduit par une ordonnance sur requête rendue par le président du tribunal de commerce[77].

60. La procédure est confiée en principe à un juge-rapporteur – Lorsque l'assignation a été délivrée à un défendeur qui ne comparait pas le jour de l'audience, le tribunal prend généralement l'affaire ; elle est mise en délibéré et le tribunal rédige un jugement qui sera rendu de manière réputée contradictoire. Si, au contraire, le défendeur se présente, l'affaire sera renvoyée devant le juge-rapporteur pour que les parties puissent sereinement exposer leur argumentation. Ce magistrat est chargé de veiller à la mise en état régulière de la procédure (respect du principe du contradictoire, échange des pièces et des conclusions entre les parties…). Il peut également ordonner des mesures d'expertise ou constater la conciliation entre les parties.

Une fois que l'affaire est en état d'être jugée, le juge rapporteur la renvoie devant la formation collégiale du tribunal qui peut rendre son jugement[78]. Il peut également, si les parties ne s'y opposent pas, tenir seul l'audience de plaidoiries. Il rend compte ensuite dans un rapport, qu'il remet au tribunal dans sa formation collégiale, de son analyse factuelle et juridique du différend qui lui a été soumis. Le tribunal dans sa formation collégiale en prend connaissance lors de son délibéré et rend un jugement[79], souvent en conformité avec la teneur de ce rapport.

61. Le jugement rendu par le tribunal de commerce – Le tribunal de commerce rend des jugements. Le tribunal de commerce connaît en dernier ressort des demandes jusqu'à la valeur de 4 000 euros[80]. Il peut éventuellement assortir sa décision de l'exécution provisoire lorsqu'elle n'est pas prévue de droit par la loi.

La partie qui n'est pas satisfaite par cette décision peut exercer les voies de recours classiques comme l'opposition (voie de rétractation) ou l'appel (voie de réformation). Dans ce dernier cas, ce sera souvent une chambre spécialisée en matière commerciale de la Cour d'appel compétente qui sera alors saisie du litige. Pour les décisions rendues en premier et dernier ressort (celles dont le montant du litige ne dépasse pas 4000 euros), seul un pourvoi devant la chambre commerciale, économique et financière de la cour de cassation sera possible.

62. Les prérogatives particulières du président du tribunal de commerce – Élu par ses pairs, le président du tribunal occupe une fonction qui ne présente pas qu'un caractère honorifique. Elle permet l'utilisation de prérogatives juridictionnelles propres au président de la juridiction consulaire,

77. Art. 858 C. proc. civ.
78. Pratique du tribunal de commerce de Toulouse par exemple.
79. Art. 861-3 et s. C. proc. civ.
80. Art. R. 721-6 C. com.

étant précisé que celles-ci peuvent être également exercées par d'autres juridictions civiles lorsqu'elles sont compétentes.

En matière de procédures d'urgence, le président du tribunal de commerce est le juge des référés[81], ce qui le conduit par exemple à désigner rapidement un expert judiciaire ou à prononcer une condamnation au paiement provisionnel d'une somme d'argent. Il rend également des ordonnances sur requête au terme d'une procédure alors non-contradictoire. C'est dans ce cadre que le président peut autoriser notamment la prise de sûreté à titre conservatoire par un créancier titulaire d'une créance commerciale, certaine en son principe et dont le recouvrement est menacé.

En dehors de l'urgence, le président est également compétent s'agissant de la procédure d'injonction de payer lorsque la créance invoquée présente un caractère commercial. Les règles applicables sont prévues aux articles 1406 et suivants du Code de procédure civile. L'ordonnance d'injonction de payer qui est éventuellement rendue dans un premier temps à l'occasion d'une procédure non-contradictoire peut faire l'objet d'une opposition par le débiteur dans le mois où cette ordonnance lui a été signifiée. En l'absence d'opposition, le créancier peut poursuivre le recouvrement de sa créance en bénéficiant des voies d'exécution classique s'il demande que l'ordonnance soit revêtue de l'exécution provisoire. En cas d'opposition régulière, l'affaire est renvoyée devant la formation collégiale du tribunal qui va traiter alors cette affaire selon les règles de droit commun.

2) *Le tribunal arbitral*

63. Les caractéristiques génériques de l'arbitrage – L'arbitrage consiste pour les parties à soumettre volontairement leur différend à une juridiction privée qui va avoir pour fonction de rendre une décision contraignante. La juridiction arbitrale est composée de particuliers qui vont recevoir le temps de la procédure des prérogatives juridictionnelles. L'arbitrage est donc une technique de résolution des litiges qui conduit les parties à se soustraire de la compétence des juridictions étatiques, et notamment du tribunal de commerce. Toutes personnes peuvent compromettre – c'est-à-dire choisir conventionnellement la voie de l'arbitrage – mais uniquement sur les droits dont elles ont la libre disposition[82].

On parle d'arbitrage *ad hoc* lorsque les parties désignent elles-mêmes les arbitres en se chargeant d'organiser également la procédure. À l'inverse, on parle d'arbitrage institutionnel lorsque la désignation des arbitres et l'organisation matérielle du déroulement de la procédure sont confiées à une chambre ou un centre d'arbitrage.

81. Art. 872 ou encore 873-1 C. proc. civ.
82. Art. 2059 C. civ.

L'arbitrage embrasse souvent un domaine très technique et l'on distingue l'arbitrage interne et international. S'agissant du premier qui sera seul étudié plus en détails, sa réglementation est déjà complexe dans la mesure où il relève à la fois du Code civil (art. 2059 et s.) et du Code de procédure civile (art. 1442 et s.).

64. Les mérites et travers de l'arbitrage – Le recours à l'arbitrage rencontre un succès assez important dans le monde des affaires. Il présente des mérites notables et nombreux :

– Le choix des arbitres : les parties peuvent désigner des personnes particulièrement compétentes dans un domaine très technique. Elles accepteront alors plus facilement la décision rendue qui sera le fruit de la réflexion de spécialistes reconnus. Les parties peuvent également désigner des personnes indépendantes des États, notamment dans les litiges internationaux.

– La discrétion : les débats et la décision resteront secrets, à la différence de ce qui peut se passer dans les prétoires du tribunal de commerce et ses audiences en principe publiques. Le monde des affaires apprécie particulièrement la discrétion.

– La rapidité de la procédure : les arbitres doivent rendre leur sentence en principe dans les 6 mois de leur saisine, sauf convention contraire ou prorogation décidée par le juge[83].

– Le contenu des règles applicables : les arbitres – d'ailleurs comme le juge étatique sous certaines conditions[84] – peuvent statuer en amiable compositeur si les parties le décident. C'est-à-dire que les arbitres peuvent rendre une décision fondée sur l'équité qui n'aura pas donc à être motivée juridiquement de manière précise. En outre, en matière internationale, la *lex mercatoria* qui regroupe tous les usages du droit du commerce serait mieux appliquée par des arbitres spécialistes de domaines techniques (droit des transports maritimes ou fluviaux, droit de l'espace en matière de satellites...).

À l'inverse, l'arbitrage peut comporter quelques faiblesses. Il peut être notamment évoqué :

– Le coût : les arbitres doivent être rémunérés. Les parties doivent donc financer le coût de la procédure et des arbitres qui peut s'élever à des montants importants. Il est fonction en partie ou en totalité du montant de l'intérêt du litige[85].

83. Art. 1463 C. proc. civ.

84. Art. 12, al. 5, C. proc. civ.

85. À titre d'illustration, la consultation du barème général en vigueur depuis le 1er janvier 2015 de la chambre arbitrale internationale de Paris indique que pour les litiges qui ne dépassent pas 50 000 euros, la somme globale à verser aux trois arbitres est égale à 5 800 euros majorés de 5 % du montant global du litige. Pour les litiges beaucoup plus importants, par exemple ceux compris entre 5 000 001 et 10 000 000 d'euros, les honoraires pour les arbitres s'élèvent à 42 000 euros majoré de 1,30 % du montant global du litige. Pour un litige de 10 000 000 d'euros, les honoraires à régler aux arbitres seront donc de 172 000 euros.

– L'impartialité des arbitres : les arbitres doivent effectuer leur travail de manière consciencieuse et loyale. Ils ne doivent pas avoir de lien direct et personnel avec la partie qui les a désignés afin de rendre seuls ou avec les autres arbitres une sentence en toute indépendance. La cour de cassation veille notamment à ce que l'arbitre dévoile dès sa désignation les éventuels conflits d'intérêts qui pourraient conduire à son éventuelle éviction de la composition du tribunal arbitral.

65. Le déclenchement de l'arbitrage : clause compromissoire ou compromis d'arbitrage – L'arbitrage ne peut exister sans la volonté libre et concordante des parties qui sont soumises à un litige commun. Il doit reposer nécessairement sur une convention écrite[86].

Selon l'article 1442 du Code de procédure civile, la convention d'arbitrage prend la forme, soit d'une clause compromissoire, soit d'un compromis d'arbitrage.

66. La clause compromissoire – La clause compromissoire se définit comme « la convention par laquelle les parties à un ou plusieurs contrats s'engagent à soumettre à l'arbitrage les litiges qui pourraient naître relativement à ce ou à ces contrats ». Les parties ont donc anticipé la survenance éventuelle d'un litige et ses modalités de résolution par la voie de l'arbitrage. Ce litige peut ne jamais survenir. Le déclenchement de l'arbitrage reste soumis à un aléa.

Les conditions de forme à respecter sont limitées : la convention doit être écrite à peine de nullité[87]. Elle doit aussi désigner les arbitres ou prévoir leurs modalités de désignation[88].

Les conditions de fond se résument au contenu de l'article 2061 dont la rédaction a été remaniée par la loi du 18 novembre 2016. D'une part, la clause compromissoire doit avoir été acceptée par la partie à laquelle on l'oppose. Cette acceptation à titre personnel n'est pas exigée lorsque cette personne succède aux droits et obligations de la partie qui a initialement accepté la clause compromissoire. D'autre part, la clause compromissoire est inopposable à la partie qui ne l'a pas contractée dans le cadre de son activité professionnelle. Cela signifie que la validité de la clause ne s'apprécie pas globalement mais uniquement au regard de la partie à laquelle elle est opposée. Elle peut donc produire ses effets à l'égard du professionnel qui l'a signée à l'occasion de son activité ; mais elle doit être écartée lorsqu'elle est opposée à un non-professionnel ou à un professionnel agissant hors le cadre de son activité. Une clause compromissoire peut être valablement insérée dans un acte mixte dès lors que la partie non-commerçante est un professionnel (artisan, agriculteur, professionnel libéral) agissant pour les besoins de son activité. De manière générale, il

86. Art. 1443 C. proc. civ.
87. Art. 1443 C. proc. civ.
88. Art. 1444 C. proc. civ.

faut remarquer qu'une forme de panachage est donc possible lorsque le contrat comporte plus de deux parties, la clause pouvant être opposée à l'une des parties mais pas nécessairement à l'autre.

67. Le compromis d'arbitrage – La seconde voie que peuvent emprunter les parties pour recourir à l'arbitrage résulte d'une volonté qui se manifeste après la survenance du litige, une fois le conflit né. Selon l'article 1442 *in fine* du Code de procédure civile, le compromis d'arbitrage se définit comme « la convention par laquelle les parties à un litige né soumettent celui-ci à l'arbitrage ». Les parties peuvent décider de recourir à l'arbitrage même au cours d'une instance déjà engagée devant une juridiction étatique[89]. Le compromis n'envisage pas seulement l'arbitrage : il le déclenche.

Concernant les conditions de forme et à peine de nullité, le compromis doit être nécessairement une convention écrite[90] et il doit déterminer précisément l'objet du litige[91] . Il doit aussi désigner les arbitres ou prévoir leurs modalités de désignation[92].

Les conditions de fond sont moins exigeantes que pour la clause compromissoire dans la mesure où les parties s'engagent dans la voie de l'arbitrage en connaissant ici parfaitement les contours du litige concerné. Le compromis peut donc être conclu par des non-professionnels dès lors que le litige ne concerne pas des matières intéressant l'ordre public[93].

68. Le déroulement de l'arbitrage – Le recours à l'arbitrage conduit à une forme de contractualisation de la procédure qui reste soumise pour l'essentiel à la volonté concordante des parties (lieu d'arbitrage, délais...). À défaut de règles précisées par les parties, les articles 1450 et suivants du Code de procédure civile ont vocation à s'appliquer.

La saisine du tribunal arbitral est effectuée soit par la partie la plus diligente, soit conjointement par l'ensemble des parties[94].

La composition du tribunal arbitral nécessite la présence d'un nombre impair d'arbitres. Le processus habituellement mis en place en présence de deux parties est que chacune d'elles désigne son arbitre et qu'ensuite ces deux arbitres désignent une troisième personne qui assurera en outre la présidence de la juridiction arbitrale[95]. Seules des personnes physiques peuvent assurer pleinement les fonctions d'arbitres, les personnes morales ne pouvant se charger que de l'organisation des modalités matérielles

89. Art. 1446 C. proc. civ.
90. Art. 1443 C. proc. civ.
91. Art. 1445 C. proc. civ.
92. Art. 1444 C. proc. civ.
93. Art. 2060 C. civ.
94. Art. 1462 C. proc. civ.
95. Art. 1452 C. proc. civ.

de l'arbitrage[96]. Chacun des arbitres doit accepter la mission qui lui est confiée. Le tribunal arbitral est alors juridiquement constitué et demeure officiellement saisi du litige[97].

La direction du litige est soumise aux règles fondamentales de procédures qui doivent s'appliquer à tout procès civil. Le principe du contradictoire (échange de pièces et de conclusions entre les parties), de la relativité du débat (les arbitres statuent sur les seules demandes qui sont formées) et du respect des droits de la défense (assistance possible d'un avocat ou de tout sachant ou expert choisis par les parties...) doivent recevoir application. En dehors du respect de ces principes, les parties peuvent aménager le déroulement concret de l'instance arbitrale comme elles le souhaitent. Quant au fond, le tribunal arbitral doit par principe justifier sa décision au regard de règles de droit dûment invoquées. De manière dérogatoire, les parties peuvent décider que les arbitres statueront comme amiables compositeurs. Il s'agit alors de rendre une sentence qui reposera sur l'équité sans être fondée sur une ou plusieurs règles de droit précises.

69. Le dénouement de l'arbitrage – Les délibérations du tribunal arbitral doivent demeurer secrètes. La sentence rendue doit exposer succinctement les prétentions respectives des parties et les moyens qu'elles soulèvent[98]. Elle doit être rendue en principe dans un délai de 6 mois à compter de la saisine du tribunal. Ce délai peut être prorogé soit en accord avec les parties, soit à défaut par décision du juge d'appui[99]. La sentence arbitrale doit être signée par tous les arbitres et adoptée à la majorité des voix[100].

La sentence se présente comme un véritable acte juridictionnel. À ce titre, la loi lui accorde l'autorité de la chose jugée relativement à la contestation qu'elle tranche[101]. Il n'est donc plus possible pour les parties de se rendre devant une autre juridiction étatique ou arbitrale du premier degré pour qu'elle statue à nouveau sur le même litige, pour les mêmes intérêts et entre les mêmes parties. La sentence peut être assortie de l'exécution provisoire. Une fois rendue, la sentence entraîne le dessaisissement du tribunal arbitral[102].

La sentence arbitrale est dépourvue en soi de la formule exécutoire puisqu'elle émane d'une autorité judiciaire privée. En cas d'inexécution amiable de la sentence, la partie qui a obtenu gain de cause demeure contrainte de saisir le tribunal de grande instance aux fins d'obtention d'une ordonnance d'*exequatur*. Avant de bien vouloir délivrer cette ordonnance, le juge étatique effectue un contrôle de la régularité

96. Art. 1450 C. proc. civ.
97. Art. 1456 C. proc. civ.
98. Art. 1482 C. proc. civ.
99. Art. 1463 C. proc. civ.
100. Art. 1480 et s. C. proc. civ.
101. Art. 1484 C. proc. civ.
102. Art. 1485 C. proc. civ.

formelle de la sentence pour vérifier qu'il n'existe aucune violation d'une règle d'ordre public[103]. Au terme de cette procédure non contradictoire, le juge doit motiver sa décision qui refuse d'accorder l'*exequatur*. Dans le cas contraire, la partie bénéficiaire de l'ordonnance d'*exequatur* peut mettre en œuvre toutes les voies d'exécution pour forcer son débiteur à se conformer à la sentence arbitrale (saisie du solde créditeur d'un compte bancaire...).

Enfin, des voies de recours peuvent être exercées contre la sentence arbitrale. Elles sont strictement réglementées. L'opposition et le pourvoi en cassation sont exclus[104]. La tierce opposition et la révision sont possibles. L'appel peut également être mis en œuvre mais uniquement si les parties l'ont expressément envisagé[105]. Enfin, le recours en annulation demeure possible si les parties ont écarté la possibilité d'interjeter appel, mais uniquement aux fins de contester la validité de la sentence arbitrale pour des motifs limitativement énumérés à l'article 1492 du Code de procédure civile.

SECTION 3

LES DIFFICULTÉS DU DROIT COMMERCIAL

70. Les caractéristiques déclinantes du droit commercial – Le droit commercial a émergé progressivement du droit commun en raison des impératifs qui sont propres à la vie des affaires et qui nécessitent des règles adaptées.

L'importance du crédit, et donc de la confiance entre le débiteur et le créancier, demeure fondamentale. L'essor du commerce passe nécessairement par le crédit. La pratique a notamment utilisé les effets de commerce (lettre de change, billet à ordre...) ou de manière plus récente le contrat de crédit-bail. À chaque fois, le droit commercial se doit de prévoir et d'encadrer les pratiques ou les institutions qui génèrent le crédit. Il s'agit essentiellement de favoriser la situation du créancier tout en préservant le débiteur des recouvrements de mauvaise foi et injustifiés. De plus, le statut d'établissement financier a été précisé et dispose d'un monopole pour l'exercice des activités bancaires. Le nantissement sur le fonds de commerce, sur le matériel et l'outillage et le gage de stocks ont été progressivement institués par le droit commercial. Il n'y a pas de crédit sans garantie. Enfin, la publicité est fortement présente avec des insertions ou des inscriptions obligatoires prévues dans le BODACC (*Bulletin officiel des annonces civiles et commerciales*), le BALO (*Bulletin des annonces*

103. Art. 1488 C. proc. civ.
104. Art. 1503 C. proc. civ.
105. Art. 1489 C. proc. civ.

légales obligatoires), un JAL (*journal d'annonces légales*) ou auprès du RCS (*registre du commerce et des sociétés*). Le créancier doit se trouver en situation de confiance et être informé des faits et gestes de son débiteur.

La rapidité et la simplicité constituent également des caractéristiques remarquables de la vie des affaires. La liberté de la preuve, la négociabilité de certains effets (c'est-à-dire leur transmission selon des modes simplifiés), les prescriptions abrégées, la technique du contrat-cadre témoignent de cette maxime bien connue que « le temps, c'est de l'argent ». Le commerçant doit se sentir épaulé par le droit pour mener rondement et efficacement ses activités. C'est pour cela que le droit commercial accorde une place importante également à l'apparence et à une certaine forme d'abstraction. Le droit cambiaire en est une illustration. Le porteur d'une lettre de change peut se contenter de l'apparente validité formelle et extérieure du titre pour pouvoir en retirer tous les bienfaits juridiques. À titre d'exemple complémentaire, le droit des sociétés prévoit également qu'une clause limitative de pouvoir insérée dans les statuts est inopposable aux tiers. Ceux-ci doivent pouvoir se satisfaire de l'apparence des pouvoirs du dirigeant de la société sans avoir à effectuer des vérifications complémentaires.

L'efficacité et la sévérité sont d'autres qualités qui viennent définir le droit commercial. Les délais de paiement ne sont pas admis en matière de droit cambiaire et la solidarité se présume entre les codébiteurs qui sont engagés commercialement. Lorsque le commerçant se trouve en état de cessation des paiements, le droit des procédures collectives intervient pour soumettre sa situation à un ensemble de règles dérogatoires. Lorsque le commerçant s'est mal comporté, il peut faire l'objet d'une interdiction d'exercer une activité commerciale ou de diriger une société et se trouver ainsi exclu de la vie des affaires. Il s'agit d'instaurer une discipline du commerçant.

71. Les relations osmotiques entre droit civil et droit commercial – Le droit civil est le droit commun dont une partie des règles ne sera jamais utilisée par le droit commercial. On peut évoquer à cet égard une sorte de domaine réservé au droit civil. En revanche, fort de ses caractéristiques, le droit commercial a su générer un ensemble de dispositions qui se sont épanouies en dehors du droit civil. Mais le droit commercial, en sa qualité de droit spécial, doit toujours puiser dans le droit commun le socle des institutions qu'il génère. Ainsi, la vente d'un fonds de commerce reste soumise au droit de la vente du Code civil, et le bail commercial au bail du Code civil.

Les termes de cette relation entre droit commun et droit spécial a bien fonctionné tant que le droit commercial a été capable de générer continuellement des règles qui le distinguaient. Le droit commercial a su marquer une expansion considérable et délimiter un périmètre bien circonscrit. Il semble qu'aujourd'hui cet esprit conquérant se soit essoufflé et que le droit commercial se trouve en mal d'inspiration.

72. Le reflux inquiétant du droit commercial – Pour certains, le droit commercial est en crise et pousse à s'interroger sur ses difficultés d'être. Ses caractéristiques, à savoir l'importance du crédit, de la rapidité, de l'efficacité ou de la sévérité ne sont-elles pas aussi les préoccupations de tout particulier en dehors de l'exercice d'une activité professionnelle ? Le droit civil ignore-t-il le crédit, est-il voué à la lenteur, à l'inefficacité ou au laxisme ?

Il apparaît que progressivement le droit civil s'est approprié les avancées du droit commercial. Un exemple significatif réside dans la destinée du fonds de commerce. Progressivement, le droit commercial a été phagocyté par les déclinaisons civiles du fonds de commerce, à savoir le fonds artisanal, agricole ou libéral. Hier totalement proscrite, la cession de clientèle civile est aujourd'hui parfaitement autorisée par la jurisprudence[106] ; la cession du fonds civil adopte en les transformant les règles de la vente de fonds de commerce. Au final, les impératifs de la vie civile d'aujourd'hui sont les mêmes que ceux du droit des affaires d'hier, car ils n'ont pas su évoluer. Le droit commercial est envahi, dépassé par les autres droits, se banalise et tend à perdre son essence qui en faisait à l'origine un droit spécial et précurseur. Ainsi, les prescriptions civile et commerciale se sont rejointes pour l'essentiel en un régime unique. Lors de cette réforme issue de la loi du 17 juin 2008, la prescription en matière civile et commerciale repose sur une durée de 5 années, soit deux fois moins longues que l'ancienne prescription classique attachée aux affaires commerciales. Le droit des procédures collectives, initialement réservé aux commerçants concerne aujourd'hui les agriculteurs, les artisans et les professionnels libéraux. La preuve et la reconnaissance des actes électroniques en droit civil par la loi du 13 mars 2000 marquent la modernité de cette matière. Le droit commercial ne fait que bénéficier passivement de ces avancées. En dernier lieu, l'ordonnance n° 2016-131 du 10 février 2016 portant réforme du droit des contrats, du régime général et de la preuve des obligations confirme ou assimile des techniques ou des usages qui faisaient autrefois la spécificité du droit commercial.

Cette perte d'identité et ce malaise se ressentent aujourd'hui dans l'appellation même de la matière. Cette appellation est vacillante puisque les ouvrages évoquent tour à tour le droit commercial, mais aussi le droit des affaires, le droit de l'entreprise ou encore le droit économique. Le professionnel ou l'entrepreneur ne sont-ils pas en passe de supplanter le commerçant ? Cette crise sémantique est aussi le reflet d'une matière qui cherche un second souffle qu'elle peine à trouver.

73. La permanence de la vitalité du droit commercial et des affaires – Quelles que soient les difficultés importantes qu'il rencontre, il faut

---

106. Cass. 1re civ., 7 novembre 2000, n° 98-17731, *Bull. civ.* I, n° 283, selon lequel « si la cession de la clientèle médicale, à l'occasion de la constitution ou de la cession d'un fonds libéral d'exercice de la profession, n'est pas illicite, c'est à la condition que soit sauvegardée la liberté de choix du patient ».

souligner que le droit commercial reste toujours solidement implanté et vivace dans le paysage juridique français. Il plie parfois, mais n'a pas encore rompu.

Les notions d'actes de commerce et de commerçant jouent toujours un rôle essentiel dans la vie des affaires. Le fonds de commerce reste une notion éminemment vivante et fait l'objet quotidiennement de multiples opérations juridiques. Sa nature est complexe, voire insaisissable. Les opérations dont le fonds de commerce fait l'objet nécessitent des connaissances précises et nombreuses, dont le législateur affine sans cesse les contours. L'étude du droit commercial conserve donc tout son intérêt pour celui qui veut comprendre et maitriser l'ensemble de règles qui régissent les aspects essentiels de la vie des affaires et du monde de l'entreprise. Cette étude s'articule autour de trois grands axes classiques, à savoir :

Chapitre 1 : Les actes de commerces

Chapitre 2 : Le commerçant

Chapitre 3 : Le fonds de commerce

Chapitre 1

Les actes de commerce

1. **La qualification d'acte de commerce** 50
2. **Le régime des actes de commerce** 78

74. L'acte de commerce, manifestation objective du droit commercial – Dans une conception subjective, le droit commercial serait exclusivement le droit des commerçants. Dans une conception objective, le droit commercial aurait exclusivement pour ambition de régir les actes de commerce. La plupart des auteurs considèrent aujourd'hui que le droit commercial relève d'une conception mixte, à la fois objective et subjective. En outre, il est possible d'ajouter que l'approche objective du droit commercial est privilégiée par le législateur dans la mesure où les premiers articles du Code commerce abordent la seule question des actes de commerce, la notion de commerçant n'étant développée que dans des dispositions plus lointaines.

Cet ordre chronologique pourrait donc manifester la prépondérance accordée par la loi à l'acte de commerce. C'est dire toute l'importance et l'attention qu'il convient d'attacher à ces actes, puisque l'intérêt de cette qualification (section 1) se manifeste à travers l'existence de certaines règles spécifiques attachées au régime de l'acte de commerce (section 2).

SECTION 1

LA QUALIFICATION D'ACTE DE COMMERCE

75. L'énumération imparfaite des actes de commerce par le législateur – La lecture du Code du commerce débute par les articles 110-1 et 110-2. Seul l'article 110-1 consacré aux actes de commerce intervenant à l'occasion des activités terrestres sera examiné dans les prochains développements. L'article 110-2 décrit exclusivement les actes de commerce propres aux activités maritimes pour lesquelles il sera renvoyé aux ouvrages spécialisés consacrés au droit maritime.

La lecture de l'article 110-1 du Code de commerce ne laisse pas une forte impression. Tout d'abord, l'énumération des actes de commerce de l'article 110-1 est souvent comparée à une sorte d'inventaire « à la Prévert », sans grande cohérence ni unité. Aucun effort didactique n'est effectué par le législateur : il s'agit d'une liste hétéroclite d'activités ou d'opérations qui se caractérisent par la présence systématique d'un acte de commerce qui en constituerait le support juridique. Ensuite, les hypothèses énumérées apparaissent parfois comme obsolètes ou d'un autre temps, comme la « vente à l'encan » ou une « entreprise de manufacture ». Enfin, la liste est également incomplète pour embrasser toutes les activités propres au droit des affaires. C'est du moins ce qu'a décidé la jurisprudence en enrichissant cette liste légale de nouvelles illustrations d'actes de commerce.

76. L'extension de la liste des actes de commerce par la jurisprudence – Le travail de la jurisprudence a été considérable pour donner plus de densité et de réalisme à la catégorie des actes de commerce. Ainsi, le juge a été amené dans un premier temps à rendre plus explicite les dispositions légales. C'est ainsi que les nébuleuses « entreprises de manufacture ou d'agence » évoquées dans le Code de commerce ont pu être révélées sous un jour plus évocateur comme les activités industrielles (automobile, chimie...) pour les premières, et comme notamment les activités d'agence de voyage ou de publicité pour les secondes. Dans un deuxième temps, le juge a également complété les dispositions du Code de commerce. À titre d'exemple, les opérations de banque qui sont définies par la loi (art. L. 311-1 C. mon. fin.) et intégrées expressément dans la catégorie des actes de commerce ont attiré dans leur sillage, par l'effet de décisions judiciaires, les opérations d'assurance et de bourse. Enfin, le juge a parfois fait œuvre d'invention. À titre d'exemple, certaines opérations contractuelles n'avaient jamais vocation à prendre une coloration commerciale en dépit de leur fréquence dans le domaine commercial. Ainsi, le contrat de vente n'est jamais évoqué de manière générale par le Code de commerce. En inventant de nouvelles catégories d'actes de commerce, la jurisprudence a permis de décider que la vente effectuée par un commerçant à l'occasion de son activité commerciale constituait un acte de commerce ou encore que la vente d'un fonds de commerce devait également recevoir cette qualification. Au final, en combinant la loi et la jurisprudence, il devient relativement complexe de déterminer avec précision l'existence d'un acte de commerce. C'est la raison pour laquelle la doctrine a fait un effort particulier de classification des actes de commerce pour tenter de rendre le processus de qualification plus aisé.

77. La classification des actes de commerce opérée par la doctrine – Dans une première approche ambitieuse, la doctrine a tenté de mettre en lumière un critère unique qui permettrait de déceler avec certitude l'acte de commerce. Diverses tentatives en ce sens ont été menées. Les principales sont évoquées ci-dessous :

– Pour Gérard Lyon-Caen et Charles Renault, le critère de la **spéculation** caractérise l'acte de commerce. La recherche du profit, le lucre, doit mener à reconnaître l'acte de commerce parmi les autres actes. Cette approche n'est pas pleinement satisfaisante. Il existe aujourd'hui de nombreuses activités non commerciales qui sont animées également par une intention spéculative. En outre, la simple recherche d'une économie ou la mutualisation des risques peut être au cœur des préoccupations de certains commerçants.

– Pour Edmond-Eugène Thaller, l'acte de commerce se singularise par la notion d'**entremise**. Le commerçant se positionne comme un intermédiaire dans la chaine des échanges économiques, assurant le passage du produit depuis le producteur vers le consommateur. Les actes accomplis aux deux extrémités de la chaine sont de nature civile. La filière d'actes entre ces deux acteurs constituerait tous des actes de commerce. L'analyse présente surtout dans ce dernier aspect des faiblesses importantes. L'activité industrielle, donc une activité de production, est traditionnellement une activité commerciale reconnue comme telle par le législateur. En outre, l'activité de transport de personnes, qui conduit à la production d'acte de commerce par nature selon la loi, ne fait pas intervenir la notion de producteur, mais uniquement celle de consommateur. Comme autre objection, il est possible d'invoquer le caractère commercial de l'extraction des mines reconnu par la loi, alors que l'entremise de l'agent commercial n'a vocation à produire que des actes civils[107]. Cette approche n'est donc pas encore pleinement satisfaisante.

– Pour Jean Escarra, c'est la notion d'**entreprise** qui constitue l'élément fédérateur de l'acte de commerce. L'idée développée est alors de démontrer que l'acte de commerce ne peut naître qu'au sein d'un ensemble structuré regroupant des moyens humains ou matériels. Mais ce critère montre aussi quelques insuffisances notables. Il existe tout d'abord de nombreuses entreprises qui ne sont pas commerciales, comme les entreprises agricoles, artisanales ou libérales. Ces entreprises n'ont pas vocation à générer des actes de commerce, mais des actes civils. Ensuite, il existe des actes de commerce qui naissent de manière isolée, sans nécessité d'une entreprise comme catalyseur.

La quête d'un critère unique – comme celle du graal – semble donc vouée à l'échec. La disparité des actes de commerce les rend réfractaires à toute emprise d'un critère singulier. Toutefois, ces éléments de réflexion peuvent être utiles pour démontrer ou non l'existence d'un acte de commerce. Venant au renfort de la réflexion, ils constituent souvent des indices utiles lorsque l'hésitation est permise. Ces critères seront donc souvent nécessaires ou utiles, mais jamais suffisants.

78. La classification finalement retenue des actes de commerce – Face à cet échec, une seconde approche de la doctrine plus modeste a été menée afin de classer les actes de commerce dans un souci pédagogique de clarification. Selon la plupart des auteurs, trois grandes catégories d'acte de commerce peuvent être mises en valeur :

– L'acte de commerce par nature (sous-section 1) : c'est l'acte qui est commercial en raison de l'activité à laquelle il se rapporte. Il faut analyser le fond de cet acte.

– L'acte de commerce par la forme (sous-section 2) : c'est l'acte qui est commercial en raison de la forme qu'il adopte. Une simple analyse de l'apparence de l'acte suffit à emporter sa qualification d'acte de commerce.

– L'acte de commerce par accessoire (sous-section 3) : c'est l'acte qui devient commercial par contagion, soit en raison de la qualité de son auteur qui est commerçant, soit en raison des circonstances objectives de nature commerciale qui entourent l'acte.

---

107. Voy *infra*, n°s 171-1 et s.

C'est l'ensemble de ces actes qu'il convient maintenant d'analyser plus précisément pour pouvoir embrasser une vision globale de l'acte de commerce.

SOUS-SECTION 1
L'acte de commerce par nature

79. Approche générale – La détermination du caractère commercial de l'acte dépend de l'activité à laquelle il sert de support. De manière classique, cette qualification ne va pas être liée à la qualité de l'auteur de l'acte qui reste par principe indifférente. Toutefois, la prise en compte de l'auteur de l'acte et de son comportement intervient parfois pour déterminer la coloration de l'acte dans des situations qui apparaissent comme délicates à analyser (l'acte de bourse ou la transformation du bien acheté pour être revendu par exemple). Il faut également préciser que le Code de commerce semble faire une différence dans l'énumération incluse dans l'article 110-1 entre les actes accomplis à titre isolé (§ 1) et ceux intervenant par le biais d'une entreprise (§ 2). On retrouve donc une approche qui n'est pas totalement objective, ce qui caractérise d'ailleurs de manière plus globale l'essence « mixte » du droit commercial.

§ 1. L'acte de commerce par nature accompli de manière isolée

A. L'achat pour revente

80. Archétype de l'activité commerciale – L'achat pour revente porte tout d'abord sur un bien mobilier. Cette activité constitue le cœur de l'activité commerciale. Il suffit de penser aux marchandises qui transitent du producteur au consommateur en passant par le commerçant. Il s'agit d'une activité purement spéculative où le don de la négociation récompensera le commerçant performant. La loi a étendu le domaine de cette activité commerciale classique. Dès l'origine, elle a prévu que la revente peut porter sur un bien mobilier qui a subi des transformations. Ensuite, elle a élargi le domaine de l'achat pour revente aux biens immobiliers.

1) *L'achat pour revente d'un bien mobilier*

81. Les éléments constants – L'article 110-1 du Code de commerce répute acte de commerce « tout achat de biens meubles pour les revendre, soit en nature, soit après les avoir travaillés ou mis en œuvre ». Cette définition légale appelle des précisions pour être certain de bien qualifier l'acte juridique en cause. La réunion d'un élément matériel et intentionnel est exigée au moment de la passation de l'acte qui nécessite par ailleurs la combinaison de deux actes juridiques.

D'une part, il est nécessaire de déceler un achat préalable. Un bien mobilier obtenu sans cet achat, soit à titre gratuit (succession, donation, cadeau de Noël...), soit par ses propres moyens matériels (extraction de minerai, cueillette de champignons, récolte de sel, pompage d'eau de source...) ou intellectuels (droits d'auteurs ou inventions originaux cédés...) ne permet pas de caractériser un achat pour revente.

D'autre part, il faut également constater au moment de l'achat l'intention d'une revente avec profit. L'achat animé d'une intention libérale ne peut conduire à qualifier l'opération de commerciale. Il importe peu que la revente intervienne effectivement ou que le profit escompté soit finalement présent ou non lors du dénouement. En revanche, il faut impérativement que l'intention de revente avec une marge commerciale constitue l'élément déterminant lors de l'achat[108]. Ainsi, le commerçant qui achète un bien mobilier pour l'utiliser à l'occasion de son activité, puis qui le revend une fois qu'il est devenu inutile ou obsolète, n'accomplit pas un acte de commerce par nature. De même, le consommateur qui revend sa garde-robe sur un site internet spécialisé conclut des actes civils. En ce cas, l'intention de revente est aléatoire ou accessoire et n'apparaît souvent qu'après l'usage des biens achetés.

Enfin, concernant son domaine, il faut préciser que la coloration commerciale de l'achat pour revente ne concerne, en amont, ni la vente opérée initialement par le vendeur, en aval, ni l'achat opéré par l'acheteur au terme de cette opération. Pour ces deux contrats qui amorce pour l'un, puis achève pour l'autre l'opération, leur caractère civil ou commercial doit procéder d'une analyse qui leur est propre.

82. Les éléments variables : un meuble en nature ou transformé – La situation la plus courante consiste à acheter le bien mobilier pour le revendre en l'état.

Mais le Code de commerce autorise une transformation de ce bien entre le moment de son achat et de sa revente. L'appréciation de l'existence de cette situation apparaît alors délicate Deux conditions principales doivent être respectées.

Une condition négative est nécessaire tout d'abord. La transformation du bien ne doit pas présenter un caractère substantiel. Dans cette hypothèse, l'acte sera commercial certes, mais par d'autres biais,

108. Cass. (1re civ.), 30 septembre 2008, n° 07-16876, *Bull. civ.* I, n° 216, où un particulier achète pour revendre sur une période de deux années plus de 40 véhicules automobiles en dégageant un profit. L'existence d'un achat pour revente est alors caractérisée.

notamment la reconnaissance d'une activité exercée par une entreprise industrielle (art. L. 110-1 C. com. ...).

Une condition positive est exigée ensuite. La transformation doit montrer un caractère de simplicité. Elle ne doit pas être liée à une activité manuelle de nature civile qui exige un savoir-faire particulier. Ainsi, l'activité de l'artisan qui revend sa production après avoir acheté les matières premières et les avoir façonnées, ou encore l'intervention du chirurgien-dentiste qui pose la prothèse qu'il a acquise, n'entrainent pas la naissance d'un acte de commerce par nature.

Au final, la transformation du bien mobilier à l'occasion de son achat pour revente doit être modeste non seulement dans son envergure, mais aussi dans les compétences techniques exigées pour sa réalisation.

2) *L'achat pour revente d'un bien immobilier*

83. L'évolution législative – À l'origine, le Code de commerce n'évoque aucune opération de nature immobilière. Dans une approche classique, le bien immobilier est par nature stable, relève du logement familial et demeure hors du champ de la spéculation. L'immeuble, comme toute opération juridique qui le concerne, relève de la sphère du droit civil. L'évolution de la société va modifier cette vision en faisant du bien immobilier un objet susceptible de commerce.

Aussi, par l'effet d'une loi du 13 juillet 1967, « tout achat de biens immeubles aux fins de les revendre » est présumé relever d'une activité commerciale par nature. La volonté initiale du législateur est de prévoir un régime juridique identique de l'achat pour revente, qu'il porte sur un bien mobilier ou immobilier. Cette réforme a entraîné un fort mécontentement des promoteurs immobiliers qui ne pouvaient plus utiliser les sociétés civiles (et le régime fiscal qui y était attaché) pour leur activité, car l'objet des sociétés devenait commercial par effet de la loi.

Face à cette pression, le législateur a fait partiellement machine arrière en modifiant la disposition légale critiquée. C'est ainsi que la loi du 9 juillet 1970 répute acte de commerce « tout achat de biens immeubles aux fins de les revendre, à moins que l'acquéreur n'ait agi en vue d'édifier un ou plusieurs bâtiments et de les vendre en bloc ou par locaux ». C'est cette rédaction qui figure aujourd'hui au sein de l'article L. 110-1, 2°, du Code de commerce et qui conduit à faire une distinction en matière immobilière. Tout achat pour revente dans le domaine immobilier ne présente plus nécessairement un caractère commercial.

84. La différenciation des activités immobilières – Par application du Code de commerce, un achat d'un bien immeuble pour le revendre constitue en principe un acte de commerce par nature. Ce sera le cas par exemple de l'activité d'un marchand de biens, ou encore d'un lotisseur qui achète un terrain en vue de le diviser en parcelles et qui sont revendues ensuite une fois qu'elles ont été viabilisées. En revanche et par exception, l'achat d'un terrain en vue de sa revente après édification d'un immeuble ne constitue pas une activité de nature commerciale. Le promoteur immobilier, qui achète des terrains, fait édifier des constructions par des tiers et les revend, n'exerce donc pas une activité commerciale. Si l'édification est l'œuvre personnelle du promoteur immobilier, l'activité redevient commerciale par application de l'article L. 110-1, 5°, qui répute commerciale toute activité émanant « d'une entreprise de manufacture ».

85. L'hypothèse de la transformation de l'immeuble – Comme en matière mobilière, le Code de commerce prévoit la possibilité d'une revente de l'immeuble acheté après sa transformation. Toutefois, l'opération de transformation de l'immeuble peut faire échapper cette activité à la sphère de la commercialité. Selon la jurisprudence, seule une transformation légère permet de préserver le caractère commercial de l'acte. Si la transformation est substantielle, elle est alors assimilée à une véritable construction. L'intention spéculative devient alors secondaire et l'acte lui-même d'achat pour revente prend une coloration civile.

B. Certaines activités d'intermédiaires

86. Une catégorie hétérogène – Il a déjà été souligné le caractère quelque peu désordonné des dispositions du Code de commerce. À titre d'illustration ici, il sera évoqué certaines activités d'intermédiaires qui n'ont pas à être exercées en entreprise, si l'on en suit la lettre des textes. Mais d'autres activités d'intermédiaires seront développées plus loin, comme l'activité de commissionnaires.

87. Les intermédiaires innommés visés par le Code de commerce – Le Code de commerce répute acte de commerce « toutes opérations d'intermédiaires pour l'achat, la souscription ou la vente d'immeubles, de fonds de commerce, d'actions ou de parts de sociétés immobilières ».

Les intermédiaires dans le domaine de la souscription des actions ou des parts de sociétés immobilières seront fréquemment des établissements de crédit ou d'assurance. L'activité commerciale résulte alors plus simplement de l'existence d'une société commerciale par la forme.

L'exemple le plus important en pratique énoncé par cette disposition législative renvoie aux opérations immobilières ou relatives aux fonds de commerce. Le vocable moderne utilise le terme d'agences immobilières. Si le secteur d'activité de cette agence est de faciliter l'achat ou la vente d'immeubles ou de fonds de commerce, l'activité est alors réputée commerciale. Si le secteur d'activité concerné est la location de biens immobiliers ou de fonds de commerce, l'activité présente alors un caractère civil car elle n'est pas visée par la disposition du Code de commerce. Dans l'hypothèse où les deux activités sont exercées conjointement, celle qui demeure prédominante permet de déterminer la qualité de commerçant ou non du professionnel. L'activité secondaire prend alors la coloration de l'activité principale par l'effet de la commercialité subjective[109].

88. Le courtage nommé par le Code de commerce – Le courtage constitue une activité classique d'entreprise. Elle consiste pour le courtier à mettre en relation deux ou plusieurs personnes – qui *a priori* ne se connaissent pas – dans la perspective de convenir d'un contrat. Une fois que la mise en relation a été effectuée, la mission du courtier s'achève. Il n'assiste pas, ni ne représente les parties au cours des négociations. Il ne signe pas le contrat que les parties concluent éventuellement à la suite de leur mise en relation. D'après l'article L. 110-1 du Code de commerce qui ne distingue pas selon les activités de courtage, tout courtage est réputé entraîner l'accomplissement d'un acte de commerce par nature. Les activités principalement concernées sont le transport, l'assurance ou encore le négoce d'alcool. Le courtage matrimonial présente également un caractère commercial. De manière plus moderne, on pourrait évoquer aujourd'hui les sites de rencontres entre particuliers, qu'elles soient strictement amicales ou non.

C. Les services financiers

89. Le rôle conjoint du Code de commerce et de la jurisprudence – Le Code de commerce répute actes de commerce toutes opérations de banque. La jurisprudence a complété cette hypothèse en posant comme règle que toutes opérations d'assurance ou de bourse présentent également un caractère commercial.

90. Les opérations de banque et de change – Les articles 110-1, 7° et 8°, évoquent les activités de banque et de change, ainsi que celles de banques publiques. Signe supplémentaire d'insuffisance du Code commerce, il est nécessaire de se référer au Code monétaire et financier pour connaître la définition d'une opération de banque. L'article L. 311-1 de ce code indique que « les opérations de banque comprennent la réception de fonds du public, les opérations de crédit, ainsi que les services bancaires de paiement ». Seuls les établissements qui sont agréés par les autorités bancaires disposent du monopole pour accomplir ces opérations de banque[110] : réception de monnaie métallique et fiduciaire à charge de

---

109. Voy. *infra*, n°s 111 et s.

110. Les établissements de paiement sont également habilités à mettre en place et à gérer des services de paiement dès lors qu'ils sont agréés à cet effet (activité visée par l'article L. 314-1 du Code monétaire et financier). Il s'agit par exemple des sociétés habilitées à mettre en place des systèmes de paiement sur les sites internet.

restitution par le banquier, service de prêts, mises à disposition et gestion des instruments de paiement et de crédit (carte bancaire, chèque, virement, escompte d'effets de commerce...). Les établissements mutualistes, qui ne poursuivent pas un but spéculatif, accomplissent néanmoins des actes de commerce par nature (Crédit Agricole, Banque populaire, Crédit mutuel...) dès lors qu'ils effectuent des opérations de banque[111].

Les opérations de change sont également visées par la loi. Elles concernent principalement des opérations qui sont connexes aux opérations de banque : opération sur l'or, les métaux précieux, les pièces de collection... Par extension, vont également être assimilées à des opérations de change toutes celles qui concernent les valeurs mobilières (souscription, gestion et garde), les placements financiers, le conseil en gestion de patrimoine, le conseil en création et en développement d'entreprises. Le raisonnement par analogie est donc utilisé de manière très extensive en ce domaine par la jurisprudence.

91. Les opérations d'assurance – Si l'assurance maritime est visée par l'article L. 110-2, 5°, le Code de commerce reste silencieux sur les opérations d'assurance terrestre. La jurisprudence a comblé cette lacune dans la mesure où cette dernière activité a subi une expansion considérable depuis la promulgation du Code napoléonien. L'opération d'assurance est caractérisée par l'existence d'un aléa. L'assuré a versé une prime auprès de l'assureur qui sera dans l'obligation d'indemniser son client au cas de survenance du risque couvert par les dispositions contractuelles (incendie, vol, chômage...). Ces opérations présentent un caractère commercial dans la mesure où la compagnie d'assurances recherche un profit. À l'inverse de ce qu'avait décidé la jurisprudence en matière d'opérations de banque, le secteur des assurances mutuelles reste dans la sphère des activités civiles[112]. La jurisprudence a étendu la commercialité aux opérations qui concernent des achats ou des ventes réalisées sur les places boursières.

92. Les opérations de bourse – Dans les hypothèses les plus courantes, les opérations de bourse présenteront un caractère commercial par application de la théorie de l'accessoire subjectif, parce qu'elles émanent d'une société commerciale par la forme, ou encore car elles interviennent via un intermédiaire financier. Le cas le plus délicat résulte d'une opération boursière réalisée par un particulier où le caractère commercial de cette opération peut poser difficulté. S'il s'agit d'un comportement de spéculation qui se manifeste fréquemment par des actes répétés, la jurisprudence considère sans hésitation qu'il s'agit d'actes de commerce par nature. La question demeure plus délicate lorsque l'opération de bourse demeure isolée. Le juge devra alors déterminer s'il s'agit d'un placement d'une personne raisonnable ou bien d'un investissement risqué qui peut générer des pertes ou des profits importants. C'est uniquement dans cette dernière

111. Cass. (com.), 24 janvier 1984, *Bull. civ.* IV, n° 27.
112. Cass. (com.), 5 mai 2009, n° 08-17599, *Bull. civ.* IV, n° 64.

hypothèse que le juge, à travers une appréciation souveraine des faits, attribue un caractère commercial à l'opération de bourse isolée.

§ 2. L'acte de commerce par nature accompli en entreprise

93. La présence d'une entreprise – Par principe, l'acte de commerce par nature peut être accompli de manière isolée et sans la présence d'une véritable structure économique. Toutefois, le Code de commerce utilise parfois l'expression « entreprise », ce qui suppose que l'opération doit intervenir dans un cadre particulier. Ainsi, l'article 110-1 répute acte de commerce « toute entreprise de locations de meubles [...] ; de transport par terre ou par eau ; toute entreprise de fournitures [...], de manufacture, établissements de vente à l'encan, de spectacles publics ». L'entreprise n'est pas une notion juridique. Il s'agit d'une notion économique qui est appréhendée par le droit sans que celui-ci en donne une définition précise. On peut néanmoins s'accorder sur le fait que l'entreprise se caractérise par l'existence d'une entité structurée qui regroupe des moyens humains et/ou matériels en vue d'exercer une activité économique. Il faudra donc vérifier la présence d'une entreprise pour que les opérations mentionnées ci-dessous puissent être qualifiées d'acte de commerce par nature.

A. L'entreprise de location de meubles

94. La location de meubles, mais non d'immeubles – La location de biens meubles est réputée par l'article 110-1, 4° du Code de commerce constituer un acte de commerce par nature. La location peut porter sur n'importe quel bien mobilier comme un véhicule automobile, du matériel ou de l'outillage, des téléviseurs dans un hôpital, des chaises et des tables pour un mariage... À l'inverse, il faut rappeler que la location d'un bien immobilier constitue une activité strictement civile qui pourra notamment être effectuée par une agence immobilière. De même, le bail commercial signé entre le propriétaire d'un immeuble et le locataire exploitant d'un fonds de commerce constitue un acte civil alors que son régime juridique sera soumis à un statut particulier précisé par le Code de commerce[113]. Toutefois, la location d'immeubles peut devenir commerciale par d'autres moyens. La location d'immeubles pratiqués par une société commerciale par la forme ou encore accomplie à l'occasion d'une prestation de fourniture de services prend alors une coloration commerciale.

---

113. Voy. *infra*, n°s 416 et s.

B. L'entreprise de transport

95. Le transport sous toutes ses formes – L'article 110-1, 5°, du Code de commerce précise que l'entreprise de transport terrestre ou maritime présente un caractère commercial. Il peut s'agir aussi bien de transport de biens que de personnes. Le mode de transport est également indifférent : transport routier, ferroviaire, fluvial, aérien... Puisque le Code de commerce exige implicitement l'existence d'une intention spéculative émanant d'une entreprise, le transport réalisé gratuitement ou en l'absence d'entreprise (covoiturage entre particuliers...) reste une activité civile. En outre, la jurisprudence fait ici une différence entre l'activité artisanale de taxi (un chauffeur qui exerce avec un véhicule dont il est le propriétaire), qui reste une activité civile, et une entreprise de transport disposant de plusieurs véhicules et de salariés, qui exerce une activité commerciale.

Par extension, la jurisprudence a assimilé des activités voisines au transport évoqué par le Code de commerce : une entreprise de déménagement, de remorquage ou de téléphérique accomplissent une activité commerciale. En revanche, lorsque l'activité de transport est l'accessoire indissociable d'une activité principale civile, l'activité de transport présente un caractère civil (entreprise d'école de conduite ou d'école de voile par exemple, car l'activité principale d'enseignement présente un caractère civil).

C. L'entreprise de fourniture

96. Diversité de l'activité de fourniture – L'entreprise de fourniture peut être définie comme celle qui propose d'effectuer des livraisons de marchandises ou des prestations de services ponctuelles ou continues. Bien souvent en pratique, ces activités impliquent des achats pour revente. L'article L. 110-1, 6°, du Code de commerce permet donc d'élargir le caractère commercial à l'ensemble de ces entreprises de fourniture. Il s'agit tout d'abord d'activités où aucun achat préalable n'a été effectué, comme les activités de distribution de gaz, d'électricité ou de fourniture d'eau. Il s'agit ensuite de prestations de services de nature hétéroclite comme les prestations que peuvent offrir une clinique, une entreprise de travail temporaire ou encore un diagnostiqueur immobilier[114].

D. L'entreprise de manufacture

97. Les activités industrielles – L'article L. 110-1, 5°, du Code de commerce répute commerciale toute activité résultant d'une entreprise de manufacture. Cette expression désuète, qui n'a jamais été modifiée depuis la

---

114. Cass. (com.), 5 décembre 2006, *Bull. civ.* IV, n° 236.

rédaction originaire du Code de commerce, évoque aujourd'hui ce qu'on appelle les activités industrielles de production. Elles consistent à transformer un bien préalablement acheté en utilisant des moyens matériels et humains. On peut alors citer comme illustration des activités de confection de vêtements, l'industrie automobile ou encore l'industrie pharmaceutique. Cette activité est alors doublement commerciale car il est possible également de retenir la qualification commerciale de l'activité qui est liée également à l'existence d'un achat pour revente après transformation du bien. La jurisprudence a donc étendu cette notion en y intégrant les activités de transformation d'un bien qui est fourni par le client. À titre d'illustration, sont donc également commerciales les activités de réparation.

98. L'existence d'une entreprise spéculative – Au-delà de l'activité elle-même, il faut veiller en ce domaine à distinguer l'activité industrielle de l'activité artisanale. Deux conditions supplémentaires devront donc être vérifiées.

La première concerne l'existence d'une structure – l'entreprise – qui témoigne du caractère habituel de l'activité. Le bricoleur du dimanche ou la bande d'amis n'exercent pas une activité industrielle mais civile.

La seconde renvoie à l'exigence d'une spéculation. Il ne s'agit pas simplement de l'intention de vouloir générer un profit. Il s'agit de spéculer sur les facteurs de production qui sont utilisées au sein de l'entreprise. La spéculation qui porte sur le travail d'autrui ou sur les matériaux caractérise une activité commerciale. La spéculation qui résulte principalement du travail personnel de l'exploitant met en valeur une activité artisanale, et donc de nature civile.

E. Les entreprises d'intermédiaires

99. Le commissionnaire – Par application de l'article L. 132-1 du Code de commerce, « le commissionnaire est celui qui agit en son propre nom ou sous un nom social pour le compte d'un commettant ».

Ainsi, le commissionnaire peut agir sans révéler le nom de la personne pour laquelle il intervient. Son engagement est plus intense que le courtier qui se contente de mettre en relation des personnes sans participer à la conclusion de l'acte. Son engagement est moins intense que le mandataire qui agit au nom et pour le compte de son commettant. En vertu de l'article 110-1, 5°, du Code de commerce, le contrat de commission est réputé acte de commerce par nature.

À la différence du courtier dont l'acte isolé prend immédiatement une coloration commerciale, l'activité du commissionnaire ne suivra le même sort que si elle intervient dans le cadre d'une entreprise structurée. Un contrat de commission conclu par un non commerçant dont l'objet est civil demeure un acte civil. En pratique, cette condition supplémentaire de l'existence d'une entreprise a peu de portée puisque les activités de commission interviennent toujours à l'occasion d'activités exercées par des professionnels.

L'activité de commission intervient principalement dans le secteur du transport, et notamment le secteur du transport international qui implique la réalisation de contrôle et de formalités douanières spécifiques.

100. L'entreprise d'agence et de bureaux d'affaires – L'article L. 110-1, 6°, vise l'agence d'affaires comme une activité réputée commerciale. Il s'agit principalement des activités consistant à gérer les affaires d'autrui, ce que l'on peut assimiler de manière très large à une activité d'intermédiaire. Dans cette catégorie, des activités très variées vont se retrouver comme les agences de publicité, les établissements de recouvrement de créances ou encore les entreprises de généalogie. La qualité de mandataire est souvent reconnue à ces différents acteurs. C'est encore la preuve qu'un acte de commerce peut être accompli par un non commerçant, puisque le commerçant agit nécessairement en son nom et pour son compte.

De manière assez curieuse, l'agent commercial n'a pas été intégré dans cette catégorie par la jurisprudence. Le statut de l'agent commercial est encadré par le Code de commerce (art. L. 134-1 et s.), La loi prévoyant même un registre spécial où peuvent figurer ces professionnels et qui est tenu par le greffe du tribunal de commerce. Mais l'activité de ce mandataire particulier reste par nature civile[115].

F. Les entreprises de vente à l'encan

101. Les salles de vente – L'article L. 110-1, 6°, du Code de commerce indique que les entreprises de vente à l'encan accomplissent une activité de nature commerciale. Cette expression vieillotte désigne les entreprises de ventes publiques aux enchères. Le Code de commerce vise plus précisément les ventes volontaires de biens mobiliers neufs ou d'occasion. Les ventes aux enchères publiques sont soumises aux dispositions des articles L. 320-1 et suivants du Code de commerce. Depuis la loi du 10 juillet 2000 qui a mis fin partiellement au monopole des commissaires-priseurs, de nombreux acteurs économiques peuvent procéder à ces ventes volontaires de meubles aux enchères publiques. L'existence d'une entreprise ne pose souvent aucune difficulté en pratique car une telle activité ne peut émaner que d'un professionnel doté d'une certaine organisation et de moyens.

115. Cass. (com.), 24 octobre 1995, *Bull. civ.* IV, n° 248. Voy. *infra*, n° 171-1.

G. Les entreprises de spectacle public

102. Les spectacles payants organisés dans un but lucratif – Les entreprises de spectacle public sont régies par une ordonnance en date du 13 octobre 1945 dont une grande partie des dispositions ont été aujourd'hui abrogées. Le Code de commerce considère que cette activité présente un caractère commercial lorsqu'il s'agit de diffuser auprès du public des œuvres de l'esprit dans l'intention de réaliser un bénéfice. Les cinémas, les scènes de théâtres ou de ballets, les salles de concert ou encore les chapiteaux de cirque constituent donc le lieu d'exercice d'activités commerciales. À l'inverse, la jurisprudence pose comme règle que les spectacles à titre gratuit organisés par des associations n'entrent pas dans le cadre de l'article L. 110-1, 6°, du Code de commerce.

La question délicate de la « paracommercialité » suscite l'embarras. Il s'agit souvent d'entreprises qui souhaitent réaliser des profits mais en utilisant des structures associatives. Dans ce cas, le juge peut être amené à considérer qu'il s'agit d'actes de commerce par nature. Le législateur tente de lutter contre ce phénomène de manière plus radicale. En matière sportive notamment, la loi peut exiger dans certaines circonstances que les clubs sportifs de type associatif adoptent une structure sociétaire de nature commerciale[116]. Dans ce cas, les événements sportifs prennent alors une coloration commerciale.

SOUS-SECTION 2

L'acte de commerce par la forme

§ 1. La lettre de change

103. La définition – La lettre de change (encore appelée traite) constitue un effet de commerce que la loi répute acte de commerce « entre toutes personnes » aux termes de l'article L. 110-1, 10°, du Code de commerce. Il s'agit d'un instrument de crédit (mais aussi parfois de paiement) par lequel une personne qui émet le titre, appelée le tireur, donne l'ordre à une personne déterminée, le tiré, de régler une certaine somme à une échéance indiquée au profit d'une autre personne, le bénéficiaire (ou au porteur si la lettre lui a été transmise). La lettre de change est assez fréquemment utilisée dans le domaine du commerce car elle permet notamment de

116. Voy. not. la loi du 13 juillet 1992 relative à l'organisation et à la promotion des activités physiques et sportives et portant diverses dispositions relatives à ces activités. Des règles spécifiques sont prévues pour les sociétés commerciales à objet sportif (voy. art. L. 122-1 et s. C. sport), les fédérations sportives étant susceptibles d'ajouter des dispositions spécifiques en fonction de l'activité concernée.

mobiliser une créance. La mobilisation d'une créance consiste à obtenir immédiatement l'avance d'une somme équivalente au montant de ladite créance par une personne qui se voit remettre en échange le titre. Cette dernière personne, ou le porteur du titre s'il a circulé, aura alors la charge d'en réclamer le paiement à l'échéance convenue auprès du tiré.

104. Les caractéristiques – La lettre de change est un titre cambiaire dont le régime juridique est fixé par les articles L. 511-1 et suivants du Code de commerce. Ce titre a vocation à circuler par la voie de l'endossement (mode simplifié de transmission d'un titre propre au droit commercial) et à subir différentes opérations juridiques facultatives comme l'acceptation du tiré ou l'aval. La lettre de change est soumise à un ensemble de règles spécifiques, qui dérogent à celles du droit commercial « classique » et qui se caractérisent par une très grande rigueur. La protection du crédit et du créancier est de mise. Par exemple, la lettre de change est soumise à un formalisme strict et à défaut de comporter des mentions obligatoires, le titre ne vaut plus comme lettre de change. Si en apparence le titre est régulier, alors la rigueur de son régime juridique va pouvoir s'exprimer en dépit de son irrégularité de fond (par exemple en cas de vices du consentement).

105. La nature nécessairement commerciale de la lettre de change – De manière assez singulière, le Code de commerce a posé comme règle importante que la lettre de change constitue un acte de commerce par la forme. La simplicité est donc de mise : dès lors qu'un titre prend la forme d'une lettre de change, l'acte est commercial. Cette constatation s'impose quelle que soit la qualité des personnes signataires de la lettre de change et à quelque titre que ce soit (tireur, tiré, bénéficiaire, endosseur, avaliste...). L'intérêt de cette règle est de soumettre la lettre de change – une pure création du droit commercial datant du moyen-âge -, au même régime juridique quelle que soit la personne qui a signé le titre. C'est simple, rapide et sûr. Mais cette situation peut être redoutable pour le particulier qui va subir alors les rigueurs du droit cambiaire.

Ainsi une lettre de change qui ne serait signée que par des personnes non commerçantes ou qui ne résulterait que d'une opération isolée reste un acte de commerce. Ces personnes sont alors soumises au droit commercial en raison de leur signature apposée sur la lettre de change. Pareillement, la qualification de la lettre de change demeure celle d'un acte de commerce même si la lettre de change est adossée à une opération de nature civile. En revanche, le fait pour une personne non commerçante de signer de manière habituelle des lettres de change à l'occasion de son activité professionnelle ne peut être une condition suffisante pour lui attribuer la qualité de commerçant.

Deux règles particulières doivent être enfin précisées :

– La première concerne l'interdiction de l'utilisation de la lettre de change dans une circonstance particulière. En effet, l'article L. 314-21 du

Code de la consommation fait interdiction au consommateur d'émettre une lettre de change pour le remboursement d'opérations de crédit à la consommation, à peine de nullité. En outre, une sanction pénale est également prévue par l'article L. 341-14 du même code. Selon cette dernière disposition, « le fait de faire souscrire ou accepter ou avaliser par l'emprunteur ou l'acheteur des lettres de change [ou des billets à ordre] est puni d'une amende de 300 000 euros ». Toutefois, ces deux dispositions n'empêchent nullement un professionnel non-commerçant de souscrire une lettre de change à raison de son activité.

– La seconde règle a trait aux autres effets de commerce qui ne sont pas soumis à la même logique de qualification. Seule la lettre de change est un acte de commerce par la forme. Ainsi, le billet à ordre ou le chèque ne sont pas des actes de commerce parce qu'ils revêtent cette forme. Pour ces derniers, c'est essentiellement la théorie de l'accessoire objectif (titre souscrit à l'occasion d'un acte de commerce) ou subjectif (titre souscrit pour les besoins du commerce) qui permettra de les faire entrer dans la catégorie de actes de commerce.

§ 2. Certaines sociétés commerciales

106. Un vestige de l'histoire – Au XIXe siècle, le droit des procédures collectives est réservé aux seuls commerçants. Une société n'est alors considérée comme commerçante que si son objet consiste en l'accomplissement d'actes de commerce par nature. Le percement de l'isthme de Panama – une activité de construction immobilière par nature civile – a conduit la société par actions française en charge de son accomplissement à la « faillite », comme l'on disait à cette époque. Les nombreux investisseurs ont tous perdu leur mise sans qu'une procédure ordonnée et collective ne vienne à leur rescousse. Le scandale a été retentissant. Afin d'éviter la reproduction d'un tel séisme, le législateur a voté une loi le 1er août 1893 qui dans son article 6 prévoit que les sociétés par actions sont réputées commerciales même si leur objet social demeure civil. Cette commercialité par la forme demeure encore aujourd'hui, alors que le domaine des procédures collectives a été élargi à toutes les personnes morales de droit privé[117].

107. La liste des sociétés commerciales par la forme – L'article L. 210-1, alinéa 2, du Code de commerce pose comme règle que « sont commerciales à raison de leur forme et quel que soit leur objet, les sociétés en nom collectif, les sociétés en commandite simple, les sociétés à responsabilité limitée et les sociétés par actions ». Cette dernière catégorie permet de compléter la liste avec les sociétés anonymes, les sociétés en commandite par actions, les sociétés par actions simplifiées et la société européenne.

---

117. Art. L. 620-1, al. 1er, C. com., pour l'ouverture d'une procédure de sauvegarde.

Cette liste est exhaustive mais elle regroupe les hypothèses les plus fréquentes rencontrées dans la vie des affaires. En effet, la société commerciale uniquement par son objet est une espèce assez rare : une société en participation, une société civile à objet commercial...

108. Les conséquences de la règle – Le Code de commerce n'est pas très explicite sur les incidences juridiques de la qualification de société commerciale par la forme. Une première règle consiste à affirmer que l'acte constitutif (les statuts) de la société commerciale par la forme est nécessairement commercial. La doctrine a étendu cet effet à tous les actes relatifs au fonctionnement et à la disparition de la société. Il faut alors comprendre qu'il s'agit des actes internes (procès-verbal des assemblées générales, décision du conseil d'administration...) mais aussi externes (contrats signés avec des partenaires, actes de concurrence déloyale...).

De manière générale, une société commerciale par la forme, même si son objet statutaire ou réel est strictement civil, produit nécessairement des actes de commerce. Cette règle simple génère des effets considérables en pratique. En présence d'une société commerciale par la forme, la qualification d'un acte juridique interne ou externe émanant de cette société est soumise à une règle fondamentale : il s'agit nécessairement d'un acte de commerce. La même conséquence découle d'une autre théorie qui pourrait également parfaitement s'appliquer aux actes des sociétés commerciales. Il s'agit de la théorie de l'accessoire.

SOUS-SECTION 3
Acte de commerce par accessoire

109. La théorie de l'accessoire appliquée à la qualification de l'acte de commerce – Tout d'abord, la catégorie des actes de commerce par accessoire présente un caractère résiduel. Elle est susceptible de contenir les actes qui finalement présentent un caractère commercial alors qu'ils ne sont ni actes de commerce par nature, ni actes de commerce par la forme.

Ensuite, les actes de commerce par accessoire constituent une catégorie très importante en pratique. Les conditions d'applications de la théorie sont assez simples et permettent une qualification de l'acte plus rapide, notamment si l'on fait référence à l'énumération hétéroclite du législateur concernant les actes de commerce par nature. L'existence de présomption simple posée par la loi – qualité de commerçant acquise par l'effet de l'immatriculation au RCS – ou par la jurisprudence – rattachement des actes d'un commerçant à son activité professionnelle – favorise également l'établissement du caractère commercial des actes.

Enfin, il faut préciser que le contenu de cette théorie se déduit de l'idée générale selon laquelle l'accessoire suit le sort du principal. Il s'agit d'une théorie ancienne dont la traduction latine est *accessorium sequitur principale*. L'intérêt de cette théorie est d'établir une cohérence d'ensemble pour une série d'actes en les soumettant à un régime juridique similaire. La théorie de l'accessoire permet donc de faire perdre le caractère initialement civil d'un acte pour lui attribuer finalement un caractère commercial, par l'effet d'une sorte de mue juridique.

110. Les deux aspects de la commercialité par accessoire – Un acte civil est susceptible de devenir commercial par l'effet de la théorie de l'accessoire dans deux circonstances.

D'une part, l'acte présente un caractère commercial dans la mesure où il est accompli par un commerçant à l'occasion de l'exercice de son activité professionnelle. Il s'agit alors d'un acte de commerce par accessoire subjectif (§ 1), puisque c'est la qualité de l'auteur de l'acte qui apparaît comme une condition prédominante dans ce cas.

D'autre part, l'acte présente un caractère commercial en raison de la finalité commerciale qui est poursuivie à travers son accomplissement. Il s'agit alors d'un acte de commerce par accessoire objectif (§ 2), puisque c'est le but recherché à travers cet acte qui va conduire à lui donner une coloration commerciale.

§ 1. L'acte de commerce par accessoire subjectif

111. L'explication du processus de qualification – Il existe un certain nombre d'actes juridiques qui ne constituent ni des actes de commerce par nature, ni des actes de commerce par la forme. On peut citer la conclusion d'un contrat de vente ou la signature d'un contrat de location. À l'origine, ces actes présentent donc un caractère civil. La théorie de l'accessoire subjectif permet de modifier cette caractéristique. L'acte civil devient commercial dans la mesure où il est accompli par un commerçant à l'occasion de son activité professionnelle. De la sorte, un commerçant qui achète un stylo pour établir sa comptabilité effectue un acte initialement civil (acte d'achat) qui va devenir commercial puisque cette opération s'inscrit dans le cadre strict de son activité professionnelle. En revanche, le commerçant qui achète des stylos pour la rentrée des classes de ses enfants accomplit un acte qui est civil et qui le reste puisque la théorie de l'accessoire subjectif n'a pas vocation à rendre cet acte commercial.

112. La réversibilité de la théorie de l'accessoire – La théorie de l'accessoire est susceptible également de transformer des actes initialement commerciaux en actes civils. Le mécanisme expliqué auparavant a donc vocation également à générer des actes civils alors qu'ils ne disposent pas initialement de cette nature.

Il est possible de citer comme exemple l'artisan qui exerce une activité civile. Dans le cadre de la maîtrise de son art, il peut être amené à acheter des matériaux qui auront vocation à être revendus auprès de ses clients. Si ces matériaux dans son activité jouent un rôle secondaire par rapport à son savoir-faire et à son travail personnel, la jurisprudence considère que l'achat pour revente – acte de commerce par nature – va devenir un acte civil par application de la théorie de l'accessoire. Ainsi, tous les actes accomplis par un artisan dans le cadre de son activité présentent un caractère civil, même si la loi peut en décider autrement à l'égard de certains actes ponctuels. Les actes juridiques accomplis par l'artisan sont unifiés et tombent sous le même régime que celui des actes civils.

Le même raisonnement peut être appliqué pour un agriculteur lorsqu'il procède ponctuellement à des achats pour revente. Ces opérations accessoires se fondent alors dans l'activité agricole principale et deviennent des actes civils.

Enfin, le mécanisme peut être également réservé aux professionnels libéraux. Ainsi, un médecin peut être ponctuellement autorisé à acheter des médicaments aux laboratoires pharmaceutiques en vue de les revendre à ses clients à l'issue de sa consultation. Cette vente de médicaments apparaît comme l'accessoire de son activité principale qui présente un caractère civil. Ces achats de médicaments pour revente constituent donc des actes civils, ce qui empêche toute tentative de qualifier le médecin de commerçant puisqu'il n'accomplit que des actes de nature civile.

113. Plan – En droit commercial, l'existence de l'acte de commerce par accessoire subjectif est soumise à certaines conditions (A). Son domaine est également encadré (B).

A. Les conditions d'existence d'actes de commerce par accessoire subjectif

114. La première condition : la qualité de commerçant de l'auteur de l'acte – La théorie de l'accessoire subjectif ne peut s'appliquer que si l'auteur de l'acte présente la qualité de commerçant. D'ailleurs, de manière symétrique, la qualité de commerçant résulte de l'accomplissement répété d'actes de commerce par nature. Les règles suivantes ont vocation à s'appliquer.

Concernant tout d'abord les modalités d'attribution de la qualité de commerçant : cette qualité est présumée de manière simple par l'effet d'une immatriculation au registre du commerce et des sociétés. Ce n'est que dans l'hypothèse où cette présomption simple est combattue qu'il devient alors nécessaire de démontrer l'accomplissement à titre de profession habituelle d'actes de commerce.

Concernant ensuite la date d'attribution de la qualité de commerçant : selon la jurisprudence et de manière rationnelle, la qualité de commerçant doit exister à la date à laquelle l'acte de commerce a été accompli[118].

Concernant enfin les personnes titulaires de la qualité de commerçant : il peut s'agir aussi bien d'une personne physique que d'une personne morale. Dans ce dernier cas, il sera également possible de retenir l'accomplissement d'actes de commerce par la forme si la structure sociétaire choisie implique l'accomplissement de tels actes. Il peut également s'agir d'un commerçant de droit comme d'un commerçant de fait.

Outre cette condition tenant à la qualité de commerçant de l'auteur, il convient d'y ajouter impérativement une seconde pour que l'acte civil devienne acte de commerce par accessoire subjectif. Il faut que l'acte soit accompli à l'occasion de l'activité du commerçant.

115. La seconde condition : l'accomplissement de l'acte à l'occasion de l'activité commerciale – Tous les actes accomplis par un commerçant ne sont pas nécessairement des actes de commerce par accessoire subjectif. Le commerçant qui accomplit des actes juridiques dans son intérêt familial ou pour ses activités de loisirs, par exemple, exerce des actes civils.

Ainsi, seule la production d'actes juridiques dans le cadre de l'activité professionnelle du commerçant est susceptible de générer des actes de commerce.

Dans un souci de simplification et de rapidité propre au droit commercial, la jurisprudence a posé que les actes accomplis par une personne commerçante sont présumés de manière simple effectués dans le cadre de son activité professionnelle. Cette règle jurisprudentielle puise son fondement dans l'article L. 721-6 du Code de commerce qui dispose que « les billets souscrits par un commerçant sont censés faits pour son commerce ». Les juges ont estimé que la présomption simple affirmée par le législateur à propos du billet à ordre pouvait être généralisée à l'ensemble des actes accomplis par le commerçant. Il en résulte donc une règle claire selon laquelle il est présumé que les actes accomplis par un commerçant le sont pour les besoins de son activité et présentent donc un caractère commercial[119].

Cette présomption peut être renversée par l'établissement de la preuve contraire : il faudra alors démontrer que l'acte en question ne peut être rattaché à l'activité commerciale. Cette présomption peut être combattue non seulement par le commerçant lui-même s'il y a intérêt, mais également par un tiers.

---

118. Cass. (com.), 12 mars 2013, n° 12-11765 selon lequel la nature commerciale de l'acte s'apprécie à la date à laquelle il a été passé, « peu important que son auteur ait perdu depuis lors la qualité de commerçant ».
119. CA Paris, 11 janvier 1995, *D.*, 1995, IR 62.

Enfin, une telle présomption n'existe naturellement pas à l'encontre d'une personne non-commerçante. Ainsi, l'opération accomplie par un non-commerçant n'a vocation à devenir un acte de commerce qu'à la condition qu'elle soit passée dans le but d'exercer le commerce et qu'elle soit indispensable à l'exercice de celui-ci[120]. Mais c'est alors plutôt, à notre sens, la théorie de l'accessoire objectif qui tend à s'appliquer[121].

B. Le domaine des actes de commerce par accessoire subjectif

116. Un domaine limité par la seule jurisprudence – À aucun moment la loi ne précise le domaine d'application de la commercialité par accessoire. La nature de l'obligation qui peut être concernée par cette commercialité reste donc à déterminer. C'est la jurisprudence qui s'est chargée de préciser le domaine des actes de commerce par accessoire subjectif. Elle a entendu donner une portée très large à cette « technique de fabrication » d'actes de commerce en considérant que les actes juridiques comme les obligations extracontractuelles étaient susceptibles d'être déclarés commerciaux par ce biais.

117. La commercialité subjective des obligations contractuelles – La jurisprudence, comme la doctrine, considèrent que tout contrat peut être qualifié de commercial par application de la théorie de l'accessoire subjectif. Le contrat peut être envisagé par le Code civil ou par le Code de commerce, ou par tout autre code. Ainsi, le contrat de travail signé par l'employeur prend une coloration commerciale à son égard. Le salarié pourra notamment bénéficier de la liberté de la preuve à l'égard de l'employeur commerçant, même si, pour des raisons d'ordre public, la compétence en cas de litige est spécialement attribuée au Conseil de prud'hommes. De manière encore plus libérale, son régime précis n'a d'ailleurs pas besoin d'être évoqué par la loi. Il suffit que le contrat ait été conclu à l'occasion de l'activité commerciale pour qu'il prenne cette coloration. Le contrat le plus souvent invoqué est le contrat de vente puisqu'en dépit de son caractère très usuel, il n'est pas énoncé en tant que tel par le Code de commerce comme appartenant à la catégorie des actes de commerce par nature. D'autres contrats, que l'on retrouve fréquemment dans la vie des affaires, peuvent également bénéficier de cette théorie de l'accessoire subjectif. On peut citer, sans être exhaustif, le contrat de prêt, le contrat de transport, le contrat de dépôt, le contrat de franchisage, un contrat de transfert de technologie, un contrat d'ingénierie... Enfin, la jurisprudence a fini par admettre qu'un acte juridique qui a pour objet un immeuble

---

120. Cass. (com.), 13 mai 1997, n° 94-20.772, *Bull. civ.* IV, n° 139 ; *D. Affaires*, 1997, 753 ; *RTD com.*, 1997, 427, obs. Derruppé.

121. Voy. *infra*, n°s 119 et s.

peut également devenir commercial[122]. Ainsi, le commerçant qui souscrit un contrat de location pour l'occupation d'un immeuble pour les besoins de son commerce accomplit un acte de commerce.

118. La commercialité subjective des obligations extracontractuelles – La jurisprudence aurait pu cantonner l'application de la théorie de l'accessoire aux seuls actes juridiques. Au contraire, elle a manifesté très tôt son intention de soumettre les obligations extracontractuelles dans leur ensemble (quasi-contrat, délit et quasi-délit) à cette théorie.

L'exemple le plus couramment cité concerne le commerçant qui accomplit des actes de concurrence déloyale au préjudice d'un autre professionnel. L'obligation de réparation du préjudice causé repose sur l'article 1240 du Code civil. Cette obligation présente un caractère commercial puisqu'elle résulte directement de l'activité du commerçant génératrice du dommage concurrentiel. Il en va de même pour tous les dommages consécutifs à la commission d'une imprudence ou d'une négligence (quasi-délit)

Par exception, certaines situations seront formellement exclues de la commercialité par accessoire subjectif pour empêcher que le régime d'ordre public voulu par le législateur ne puisse être écarté à cette occasion. Ainsi, les accidents de la circulation[123] comme les actions en contrefaçon relevant du droit de la propriété industrielle ne peuvent générer que des obligations de nature civile qui resteront donc toujours de la compétence du tribunal de grande instance. De manière moins rationnelle, la cour de cassation décide que les dettes du commerçant à l'occasion de ses activités envers les organismes de sécurité sociale présentent un caractère commercial, tandis que les dettes fiscales dans les mêmes circonstances conservent leur nature civile.

§ 2. L'acte de commerce par accessoire objectif

119. La dernière catégorie des actes de commerce – Une opération peut devenir commerciale parce que le Code de commerce le prévoit expressément. C'est l'hypothèse des actes de commerce par nature ou par la forme. De manière générale, les actes accomplis par le commerçant sont présumés l'avoir été pour les besoins de son activité et bénéficient alors d'une présomption de commercialité par l'effet de la théorie de l'accessoire subjectif. Il reste néanmoins certaines opérations qui mériteraient la qualification d'actes de commerce. Mais, elles ne pourraient pas être qualifiées de commerciales car elles ne rentrent dans aucune des catégories précédemment évoquées. La jurisprudence a donc parachevé la notion d'actes de commerce en créant une nouvelle catégorie : les actes de commerce

122. Cass. (com.), 14 février 1956, *JCP*, 1956, II, 9375.
123. Art. R. 311-4 C. org. jud.

par accessoire objectif. En vertu de cette jurisprudence, la cession d'une entreprise commerciale (A) ou le cautionnement intéressé (B) sont susceptibles de constituer de tels actes de commerce, du moins s'ils répondent aux différentes conditions posées par le juge.

A. La cession d'une entreprise

120. Entreprise individuelle et entreprise sociétaire – Le terme d'entreprise ne renvoie pas à une notion juridique. Il s'agit d'une notion économique qui est d'ailleurs souvent utilisée par le législateur (en droit de la concurrence, en droit du travail, en droit des procédures collectives...) mais sans que ce dernier ait pris la peine d'en donner une définition précise. L'entreprise serait donc une entité regroupant des moyens humains et/ou matériels en vue de l'exercice d'une activité économique.

D'un point de vue juridique, l'entreprise peut revêtir deux formes particulières qui peuvent évoquer alors des instruments juridiques connus, à savoir :

– D'une part, l'entreprise individuelle, qui concerne exclusivement des personnes physiques exerçant directement une activité professionnelle. Lorsque cette activité est commerciale, le commerçant exploite en principe un fonds de commerce. La jurisprudence va alors considérer que les opérations juridiques concernant le fonds de commerce présentent objectivement un caractère commercial (1).

– D'autre part, l'entreprise sociétaire, qui permet notamment l'exploitation d'un fonds de commerce par une société commerciale. Dans cette hypothèse, la société peut parfaitement décider d'effectuer une opération qui va porter directement sur le fonds de commerce. La situation alors rejoint celle évoquée précédemment puisque le fonds de commerce va changer de patrimoine. Mais la société peut également procéder autrement. Le fonds de commerce peut rester la propriété de la société et demeurer un élément d'actif de son patrimoine ; mais la composition de l'actionnariat est alors modifiée pour permettre à d'autres associés de prendre le contrôle de la société, et indirectement d'avoir une emprise économique sur le fonds de commerce. La jurisprudence a donc considéré que la cession d'un bloc de contrôle présentait également un caractère objectivement commercial (2).

1) *La cession d'un fonds de commerce*

121. Le fonds de commerce, facteur de propagation de la commercialité – La vente d'un fonds de commerce ne peut pas être considérée, au regard des strictes dispositions du Code de commerce, comme un acte de commerce. La vente n'est pas un acte de commerce par nature, ni un acte de commerce par la forme. En outre, l'acheteur ou le vendeur du fonds de commerce ne sont pas nécessairement commerçants[124]. Il en résulte que l'application de la théorie de l'accessoire subjectif n'est pas toujours possible. Or, il est apparu quelque peu incohérent que la vente d'un fonds de commerce, c'est-à-dire une opération propre au droit commercial et qui porte sur l'activité même du commerçant, puisse échapper à la qualification d'acte de commerce et aux conséquences juridiques qui en découlent (compétence du tribunal de commerce, liberté de la preuve, solidarité...)[125].

C'est la raison pour laquelle la jurisprudence a pu affirmer, sans l'appui convaincant d'un texte législatif précis, que la vente d'un fonds de commerce entrait dans la catégorie des actes de commerce[126]. Pour justifier cette solution, la doctrine parle alors de l'application de la théorie de la commercialité par accessoire objectif. En effet, le caractère commercial de l'acte est ici déterminé en fonction de l'objet sur lequel il porte, à savoir le fonds de commerce. C'est donc le caractère commercial de la clientèle qui va rejaillir objectivement sur l'acte qui entraîne sa cession. C'est le sens de la décision forgée par la jurisprudence concernant la vente de fonds de commerce.

122. L'élargissement des actes concernés – Dans le prolongement du courant jurisprudentiel qui avait initialement statué sur la seule vente du fonds de commerce, les juges ont choisi d'étendre le raisonnement à la plupart des opérations concernant cet élément qui constitue le pilier du droit commercial. Ainsi, la promesse d'achat de fonds de commerce[127] et la promesse synallagmatique de vente[128] du même bien sont qualifiées d'acte de commerce.

Il est également possible de retenir la qualification d'acte de commerce pour une location-gérance pour les deux parties. La seule difficulté réside dans la situation du loueur et du caractère civil ou commercial de l'acte à son égard. Si ce dernier exploitait déjà personnellement le fonds

124. Le vendeur du fonds de commerce peut être mineur pour lequel ses représentants légaux interviendront à l'acte. L'acheteur peut être une personne qui se lance dans une activité commerciale et qui ne sera immatriculée au RCS qu'après la signature de l'acte de vente.

125. Voy. *infra*, n°s 131 et s.

126. Req. 12 décembre 1911, DP 1913. 1. 129, note FEUILLOLEY. Cette jurisprudence a été confirmée par la suite de manière constante, par exemple, Com. 15 octobre 1968, *Bull. civ.* IV, n° 269 ; Com., 8 juin 1993, n° 89-14.658, *Bull. civ.* IV, n° 228 ; *RTD com.*, 1993, p. 486, obs. DERRUPPÉ.

127. Com., 19 juin 1972, n° 71-12.845, *Bull. civ.* IV, n° 196 ; *JCP*, 1972, II. 17356, note CALAIS-AULOY ; *D.*, 1972, 607 ; *RTD com.*, 1973, 61, n° 4, obs. JAUFFRET. La cour de cassation décide que la compétence du tribunal de commerce doit être retenue à l'occasion d'un litige concernant une promesse d'achat formulée par un non-commerçant.

128. Com., 8 janvier 1991, n° 88-17.227, *Bull. civ.* IV, n° 23 ; *RTD com.*, 1991, p. 565, obs. DERRUPPÉ.

de commerce, cette opération constitue alors le dernier acte d'exploitation du fonds et l'acte est commercial pour les deux parties[129].Si ce dernier n'a jamais exploité le fonds de commerce, plusieurs situations peuvent se présenter. Tout d'abord, il est possible que le loueur ait acheté le bien dans le but de le donner en location (en bénéficiant des exemptions légales ou judiciaires). Dans ce premier cas, le loueur pourrait voir son activité qualifiée « d'entreprise de location de meubles » (art. L. 110-1, 4°, C. com.) et l'opération présenter ainsi un caractère commercial. Ensuite, il est possible que le loueur soit entré en possession du bien sans jamais l'avoir exploité et sans que son intention de le donner en location existe. Ce serait le cas, par exemple, du mineur recevant le fonds de commerce à la suite d'une succession. La jurisprudence aurait tendance alors à considérer que l'acte demeure civil à son égard. De manière globale, la location-gérance dans ces circonstances pourrait être qualifiée d'acte mixte[130].

Pour conclure sur cet élargissement, il faut souligner que les solutions jurisprudentielles ne permettent pas de mettre en lumière un raisonnement toujours très clair et rigoureux. On retrouve toujours, chez certains juges, une approche mixte qui considère que l'approche objective doit être complétée par des éléments subjectifs qui prennent en considération le comportement et la situation des auteurs de l'acte juridique dont la qualification pose difficulté.

La jurisprudence concernant la commercialité des opérations de cession d'un bloc de contrôle de titres de sociétés repose, quant à elle, sur des considérations strictement objectives.

2) *La cession d'un bloc de contrôle*

123. Le caractère civil de la transmission de titres de sociétés – De manière classique, la cession de titres de sociétés, qu'elles soient civiles ou commerciales, constitue un acte de caractère civil. En effet, la jurisprudence considère que la transmission de titres de sociétés est une opération qui manifeste l'exercice d'un droit patrimonial de l'associé ou d'un tiers. Cette opération n'intéresse pas directement le pacte social mais influe exclusivement sur les relations personnelles entre les associés, ou entre un associé et un tiers non associé. Cette approche doit être approuvée dans la mesure où la transmission de titres, du point de vue de la société, entraîne simplement un changement d'associé ou le renforcement de sa position au sein de cette société. Elle n'entraîne aucune augmentation par exemple du nombre de titres sociaux. Par principe, la transmission de titres de sociétés ne modifie pas le fonctionnement de la personne morale, mais plus simplement l'identité de ses associés.

---

129. CA Paris, 13 mars 1953, *Gaz. pal.*, 1953, 1, 265.
130. CA Paris, 8 novembre 2000, *D.*, 2001, AJ 236.

Cette première règle est tempérée de deux manières, la première par la loi, la seconde par la jurisprudence, ce qui rend parfois la situation quelque peu difficile à appréhender. La première exception concerne la compétence du tribunal de commerce. La seconde exception a trait au caractère commercial de la cession d'un bloc de contrôle.

124. Première exception procédurale : la compétence des juridictions commerciales – Sous l'empire de l'article 631, 2°, de l'ancien Code de commerce, les tribunaux de commerce connaissaient « des contestations entre associés pour raison d'une société de commerce ». La jurisprudence avait considéré que la cession de titres sociaux ne tombait pas sous le coup de cette disposition. En premier lieu, en raison des circonstances exposées précédemment, la cession de titres de sociétés n'intéresse pas directement le fonctionnement de la société commerciale. En second lieu, la cession de titres sociaux peut impliquer d'autres personnes que des associés, et plus particulièrement lorsque l'acquisition des titres est proposée à un tiers.

L'ordonnance n° 2006-673 du 8 juin 2006 portant notamment refonte du Code de l'organisation judiciaire a entraîné une modification du Code de commerce. Dorénavant, l'article L. 721-3, 2°, du Code de commerce prévoit que les tribunaux de commerce sont compétents pour connaître des contestations « relatives aux sociétés commerciales ».

La jurisprudence a tiré les conséquences du changement de la rédaction de cette disposition en notant que toute référence à la présence d'une contestation « entre associés » était écartée. La Cour de cassation a donc décidé que relèvent de la compétence des tribunaux de commerce les litiges relatifs à toute cession de titres d'une société commerciale[131].

Par conséquent, la cession de titres d'une société commerciale conserve par principe le caractère d'un acte civil. En présence d'un litige concernant cette cession, le tribunal de commerce sera compétent pour statuer sur les difficultés relatives à cet acte civil. Il demeure également compétent si l'acte de cession de droits sociaux devient commercial.

125. Seconde exception de fond : le caractère commercial de la cession d'un bloc de contrôle – Comme cela a été rappelé précédemment, la cession d'actions ou de parts sociales présente en principe un caractère civil.

Une première exception peut résulter de la qualité de commerçants attachés aux associés en nom et aux associés commandités. La cession pourra alors présenter un caractère commercial par accessoire subjectif, du moins pour la partie qui a la qualité de commerçant[132]. La cession est alors présumée de manière simple revêtir un caractère commercial.

131. Cass. (com.), 10 juillet 2007, n° 06-16.548, *Bull. civ.* IV, n° 193. Voy. égal. le communiqué relatif à cet arrêt diffusé par la Cour de cassation sur son site internet.
132. Cette cession présenterait donc les caractères d'un acte mixte si l'acquéreur est un tiers.

Une seconde exception, beaucoup plus importante en pratique, permet d'attribuer le caractère commercial à une cession de droits sociaux qui emporte le contrôle d'une société commerciale, même si aucune des parties n'a la qualité de commerçant[133]. La justification de cette jurisprudence n'apparaît jamais explicitement dans la décision rendue. Il est possible de penser que la prise de contrôle d'une société commerciale, si elle n'opère pas un transfert du fonds de commerce dans le patrimoine du cessionnaire, lui confère des prérogatives juridiques importantes qui lui assurent un transfert indirect du fonds de commerce et une mainmise sur ce bien. Il aurait donc été quelque peu incohérent d'admettre le caractère commercial d'une opération qui porte directement sur le fonds de commerce, sans attribuer le même caractère commercial à une opération de cession de titres sociaux qui aboutit économiquement à des conséquences équivalentes.

Le contrôle d'une société passe souvent par la détention directe ou indirecte d'une fraction du capital conférant la majorité des droits de vote dans les assemblées générales de cette société. Cette situation n'est toutefois pas la seule à permettre de déceler l'existence d'un contrôle. En effet, il peut résulter de manière plus large d'un véritable pouvoir de direction sur l'entreprise sociétaire qui peut s'exercer de manière directe ou indirecte. Dans cette perspective, la loi précise parfois la définition du contrôle exercé sur une société. L'article L. 233-3 du Code de commerce évoque notamment la détention par un associé de la majorité des droits de vote dans cette société en vertu d'un accord conclu avec d'autres associés ou actionnaires et qui n'est pas contraire à l'intérêt de la société. En matière comptable, l'article L. 233-16 du Code de commerce évoque également comme manifestation du contrôle le pouvoir de désignation des dirigeants ou l'existence de pacte d'associés qui permettent d'exercer une influence déterminante au sein de la société contrôlée. Ainsi, lorsque la cession de titres sociaux a pour objet ou pour effet de permettre la transmission du contrôle d'une société commerciale avec les différentes acceptations précisées, cette cession présente un caractère commercial. Les conséquences propres attachées à cette qualification concernent notamment le régime de la preuve ou encore la présomption de solidarité passive[134].

---

133. Cass. (com.), 28 novembre 2006, n° 05-14.857 ; Cass. (1re civ.), 22 octobre 2014, n° 13-11.568, où les juges relèvent notamment « qu'après avoir qualifié de commercial l'acte en cause en ce qu'il avait pour objet principal la promesse de cession de la totalité des parts sociales composant la société Lisadecor et que cette promesse avait pour effet de transférer le contrôle de cette société aux cessionnaires ou à toute personne s'y substituant et plus précisément à la holding SAS Futur Finance dont la constitution était prévue dans l'acte... ».

134. L'interruption de la prescription opère à l'égard de l'un des débiteurs devient opposable à tous les autres codébiteurs solidaires. En ce sens, Cass. (3e civ.), 6 septembre 2001, n° 10-20.362.

B. Le cautionnement intéressé

126. Une garantie personnelle très usuelle de la vie des affaires – La définition du cautionnement est précisée par l'article 2288 du Code civil aux termes duquel « celui qui se rend caution d'une obligation se soumet envers le créancier à satisfaire à cette obligation, si le débiteur n'y satisfait pas lui-même ». Ce contrat constitutif d'une sûreté personnelle est particulièrement utilisé dans la vie des affaires. Elle présente un caractère accessoire et subsidiaire. Il s'agit d'une convention qui lie le créancier à la caution et dont le sort est intimement lié au comportement du débiteur principal. Le contrat de cautionnement est à l'origine un contrat civil, un acte civil par nature[135]. Classiquement, il est considéré comme un acte entre amis, déconnecté de la vie des affaires.

Cette règle est néanmoins écartée dans de nombreuses hypothèses. En effet, le cautionnement peut devenir commercial par nature – un cautionnement consenti par un banque constitue une opération de banque –, par la forme – l'aval porté sur une lettre de change constituant un engagement cambiaire et produisant des effets similaires au cautionnement – ou par accessoire subjectif – le cautionnement donné par un commerçant pour les besoins de son commerce.

127. Les contours du cautionnement intéressé – Il arrive que le cautionnement soit souscrit par des personnes qui, sans être commerçantes, participent activement à la vie des affaires. Ces personnes peuvent, par exemple, agir pour le compte d'autrui (le dirigeant qui représente la société commerciale) ou participer uniquement à certaines décisions d'une société commerciale (l'associé pour lequel la qualité de commerçant n'est pas déterminée par la loi).

À ce titre, la jurisprudence considère que le cautionnement constitue un acte de commerce lorsque la caution présente un intérêt personnel pour l'opération principale qui fait l'objet de cette garantie. Cet intérêt personnel doit être de nature patrimoniale, ce qui implique une participation effective à l'activité commerciale.

Même si la jurisprudence n'est pas toujours très uniforme, il est possible de reconnaître le caractère commercial du cautionnement souscrit par le dirigeant de société ou ses proches, ainsi que par l'associé majoritaire d'une société commerciale. Dans ces hypothèses, la jurisprudence a tendance à reconnaître la présence d'un intérêt patrimonial de la caution qui fera basculer l'engagement de cautionnement dans le domaine des actes de commerce.

La jurisprudence ne donne pas d'autres exemples de cautionnement intéressé que ceux concernant l'associé majoritaire, le dirigeant et

135. Cass. (com.), 23 février 1988, n° 86-15.594, *Bull. civ.* IV, n° 78.

ses proches. Le caractère limité de cette liste de personnes est opportun : la notion d'intérêt patrimonial pourrait être interprétée de manière très extensive et la catégorie des actes de commerce par accessoire objectif deviendrait alors trop importante.

SECTION 2

LE RÉGIME DES ACTES DE COMMERCE

128. Le droit commun constitue toujours la règle en matière d'acte de commerce – Les actes de commerce sont soumis en principe au droit commun des obligations et donc aux dispositions du Code civil. Au regard de la formation de l'acte de commerce, des dispositions particulières sur le fond concernent principalement la capacité commerciale qui est développée plus loin[136] au moment de définir le commerçant. Quant à la forme de l'acte de commerce, c'est le principe du consensualisme qui doit s'appliquer. Le droit commercial prévoit parfois des mentions obligatoires à peine de nullité (cession du fonds de commerce...), mais il faut alors pouvoir invoquer un texte précis en ce sens. Les spécificités du régime de l'acte de commerce se manifestent plus dans la preuve de son existence ou dans ses modalités d'exécution. Étudier le régime de l'acte de commerce revient donc à mettre en valeur les règles particulières qui vont lui donner un relief propre lors de sa formation et de son exécution.

129. L'acte de commerce et l'acte mixte – Le régime juridique des actes de commerce – entendu ici strictement comme prenant la forme d'une convention – n'est pas uniforme à double égard. D'une part, les règles spécifiques du droit commercial qui ont vocation à régir les actes de commerce sont tantôt plus douces (impératif de rapidité), tantôt plus strictes (impératif de sévérité) que celles prévues pour les actes civils. D'autre part, le régime des actes de commerce diffère selon qu'il s'agit d'actes de commerce à l'égard des deux parties (§ 1) ou d'actes de commerce à l'égard d'une partie (§ 2) – encore appelés acte mixte dans ce dernier cas –.

L'impression générale qui prédomine dans cette étude conduit au constat que les particularités du régime de l'acte de commerce, si elles demeurent toujours, s'effritent continuellement avec le temps. Les modifications issues de l'ordonnance n° 2016-131 du 10 février 2016 portant réforme du droit des contrats, du régime général et de la preuve des obligations constituent la dernière manifestation éclatante de ce phénomène.

---

136. Voy. *infra*, n°s 177 et s.

§ 1. Les règles applicables aux actes commerciaux à l'égard des deux parties

130. Une distinction contestée – Il est possible de distinguer les règles qui s'appliquent aux actes de commerce passés par toutes personnes (A) et celles régissant les actes de commerce conclus uniquement par des commerçants (B). L'approche exposée ci-après est toutefois contestée par une partie importante de la doctrine qui considère que pour certaines règles spécifiques du droit commercial (solidarité, anatocisme…), leur application nécessite également l'existence de la qualité de commerçant.

A. Les actes de commerce passés entre toutes personnes

131. La mise en demeure – Le droit civil a longtemps exigé que la mise en demeure prenne la forme d'un acte d'huissier tandis que le droit commercial se contentait d'une mise en demeure effectuée par tous moyens. Cette distorsion importante a aujourd'hui presque complètement disparu.

À la suite de l'ordonnance du 10 février 2016 portant réforme du droit des obligations, l'article 1344 du Code civil indique que « le débiteur est mis en demeure de payer soit par une sommation ou un acte portant interpellation suffisante, soit, si le contrat le prévoit, par la seule exigibilité de l'obligation ». Par conséquent, un simple courrier électronique suffit par exemple en droit civil comme en droit commercial pour valoir comme mise en demeure. Les parties peuvent même conventionnellement se dispenser de son usage. C'est l'impératif de rapidité et de simplicité qui a gagné la vie civile. Le seul avantage de l'acte de commerce réside dans le fait que la mise en demeure ne doit pas nécessairement résulter d'un acte. La différence devient donc mineure avec l'acte civil.

132. L'exclusion possible des délais de grâce – Les délais de grâce prévus à l'article 1343-5 du Code civil présentent non seulement un caractère d'ordre public, mais le juge peut invoquer d'office leur disposition. Toutefois, le droit commercial prône plutôt la sévérité et tend à assurer la sécurité au profit du créancier. C'est ainsi que pour certains actes de commerce, les délais de grâce sont expressément exclus. C'est le cas pour les effets de commerce (art. L. 511-81 C. com., pour la lettre de change et L. 512-3 du même code pour le billet à ordre), comme pour le chèque (art. L. 131-66 C. mon. fin.).

133. La présomption de solidarité passive – Selon l'article 1310 du Code civil, « la solidarité est légale ou conventionnelle ; elle ne se présume pas ». Pour les actes civils, la responsabilité des codébiteurs est dite conjointe, sauf convention contraire. Le créancier ne peut poursuivre chaque débiteur qu'à concurrence de la somme qu'il doit individuellement. S'il existe quatre débiteurs, le créancier ne peut demander que le quart de la somme globale due à chacun. Or, en vertu d'un usage de droit, qui présente un caractère *contra legem*, lorsque les débiteurs sont tenus commercialement, la jurisprudence pose la présomption simple selon laquelle les codébiteurs sont tenus solidairement[137]. Cela signifie que le créancier pourra agir pour le recouvrement de la totalité de sa créance contre n'importe lequel des codébiteurs, sans mettre nécessairement en cause ni même avertir les autres débiteurs. Le créancier n'est pas tenu de diviser ses recours.

Une fois sa créance recouvrée, le débiteur qui a payé pour le tout peut se retourner contre les autres débiteurs pour leur réclamer leur part contributive (s'il y a quatre débiteurs par exemple, sauf clause particulière prévue par les parties, chacun des débiteurs doit contribuer au final à hauteur de 1/4 du montant total de la créance). En cas de solidarité passive, c'est le codébiteur qui a payé la totalité en premier au créancier qui doit supporter l'insolvabilité éventuelle des autres codébiteurs lorsqu'il leur demande leur part contributive. Il suffit de démontrer que la dette présente un caractère commercial pour que les débiteurs soient tenus solidairement.

134. L'anatocisme – L'article 1343-2 du Code civil précise que « les intérêts échus, dus au moins pour une année entière, produisent intérêt si le contrat l'a prévu ou si une décision de justice le précise ». Cette disposition régit la capitalisation des intérêts des actes civils. Par effet d'une convention ou d'une décision de justice, les intérêts qui sont échus sont intégrés dans le capital, et cette nouvelle somme constitue la base pour calculer les intérêts à échoir qui seront dus par l'une ou l'autre des parties à l'issue d'une période qu'elles ont convenue. En somme, l'anatocisme permet aux intérêts d'être eux-mêmes productifs d'intérêts.

En droit commercial, les intérêts échus peuvent être incorporés au capital même s'ils ne sont pas dus pour une année entière. La périodicité de la capitalisation des intérêts peut être plus brève en vertu d'un usage ancien, là encore *contra legem* consacré par la jurisprudence[138]. La capitalisation des intérêts d'un compte courant se produit de plein droit lors de chaque arrêté trimestriel de compte[139]. En revanche, la règle ne s'applique pas en matière de simple compte de dépôt[140].

Par ailleurs, il reste également une différence mince en matière d'application du taux d'intérêt légal. Son montant est différent si le créancier est un particulier ou non. Mais la notion de commerçant n'apparaît plus directement dans cette différence de régime[141].

137. Cass. req., 20 octobre 1920, DH 1920, I, p. 161, note P. Matte ; Cass. (civ.), 18 juillet 1929, DH 1929, p. 556.

138. Cass. (civ.), 14 mai 1850, DP 1850, I, p. 157.

139. Cass. (com.), 22 mai 1991, n° 89-19.697, *Bull. civ.* IV, n° 168.

140. Cass. (1re civ.), 4 décembre 1990, n° 87-12935.

141. Pour le premier semestre 2018, le taux d'intérêt légal est fixé à 3,73 % si le débiteur est un particulier ou un professionnel et que le créancier est un particulier ; Le taux d'intérêt légal est réduit à 0,89 % si le débiteur est un particulier ou un professionnel et que le créancier est un professionnel (Arrêté du 28 décembre 2017 relatif à la fixation du taux de l'intérêt légal).

135. La réfaction – Le droit commercial a été le premier à admettre la possibilité pour le juge d'interférer dans la volonté des parties pour modifier la modalité principale d'un contrat commercial, à savoir son prix. Le juge peut ainsi remanier, « refaire » le contrat commercial lorsqu'il est constaté une mauvaise exécution (qualité) ou une inexécution partielle (quantité) en imposant judiciairement au fautif une diminution du prix. Cette possibilité de réfaction s'est manifestée tout d'abord en matière de vente commerciale[142] pour s'étendre progressivement à d'autres prestations contractuelles[143].

Le droit civil a progressivement rattrapé le droit commercial à cet égard. L'intervention du juge a été rendue possible en dépit du principe de l'intangibilité des conventions. Depuis l'ordonnance du 20 février 2016, l'article 1217 du Code civil permet notamment à la partie envers laquelle l'engagement n'a pas été exécuté, ou l'a été imparfaitement, de solliciter notamment une réduction du prix. L'acte de commerce comme l'acte civil sont dorénavant soumis à la même possibilité de réfaction pour tous les types de contrat. En outre, si un changement de circonstances imprévisibles lors de la conclusion du contrat rend l'exécution excessivement onéreuse pour une partie qui n'avait pas accepté d'en assumer le risque, elle peut également invoquer l'article 1195 du Code civil pour une renégociation du contrat en cas d'imprévision. Ce texte prévoit également, en dernier ressort, la possibilité de réviser le contrat. Que ce soit pour des raisons liées au comportement des parties ou en relation avec des évènements extérieurs et objectifs, la réfaction judiciaire se généralise. Précurseur de ce mouvement en dehors de tout texte en ce sens, l'acte de commerce est aujourd'hui soumis à cet égard au droit commun.

136. Le remplacement - Dans le prolongement des développements précédents, le remplacement était un mécanisme classiquement réservé aux actes de commerce en cas d'inexécution totale du contrat. Selon ce mécanisme, l'acheteur, après avoir vainement mis en demeure son vendeur de lui livrer la chose vendue, dispose de la faculté de se procurer la chose auprès d'un autre fournisseur. Le bien acquis doit alors être de même qualité et les frais afférents à cet achat restent à la charge du vendeur initial défaillant. La particularité de cet avantage pour l'acheteur est de disposer de cette faculté sans avoir à recourir au juge[144]. C'est une hypothèse où l'acte de commerce autorise à se faire justice à soi-même, sous réserve de respecter une proportionnalité entre les manquements constatés du vendeur et le déclenchement de la faculté de remplacement.

L'acte civil génère aujourd'hui la même potentialité depuis l'ordonnance du 20 février 2016. En effet, l'article 1222 du Code civil dispose que, après mise en demeure, le créancier peut, dans un délai et à un coût

142. Cass. (com.), 23 mars 1971, n° 69-12.029, *Bull. civ.* IV, n° 89.
143. CA Paris, 17 mars 1987, *D.*, 1988, p. 219, note Mirbeau-Gauvin.
144. Cass. (com.), 20 janvier 1976, n° 74-13921, *Bull. civ.* IV, n° 26.

raisonnables, faire exécuter lui-même l'obligation. Il peut aussi demander au débiteur l'avance ou le remboursement des sommes engagées à cette fin. Il s'agit encore ici d'une sorte d'appropriation par le droit commun d'un dispositif issu initialement des usages en matière d'acte de commerce.

137. La prescription extinctive des obligations – La prescription extinctive constituait une marque de césure assez nette entre les actes de commerce et les actes civils. D'une durée de dix ans en matière commerciale – par souci de rapidité et pour éviter aux commerçant d'avoir à conserver leurs archives trop longtemps –, la prescription en matière civile culminait en principe jusqu'à trente années.

La loi du 17 juin 2008 a eu pour objectif d'unifier le régime de la prescription et de réduire ainsi encore un peu plus les aspérités du régime de l'acte de commerce. La prescription est fixée à une durée de 5 années pour les actes civils comme pour les actes de commerce. Selon l'article L. 110-4 du Code de commerce, les obligations nées à l'occasion de leur commerce entre commerçants ou entre commerçants et non-commerçants se prescrivent par cinq ans si elles ne sont pas soumises à des prescriptions spéciales plus courtes. La prescription est soumise au jeu des interruptions ou suspensions.

Selon l'article 2254 du Code civil, les parties pourraient aménager conventionnellement la durée de la prescription en la faisant varier dans une fourchette comprise entre un minimum d'une année et un maximum de dix années. Il leur est également possible de créer des évènements particuliers entraînant la suspension ou l'interruption de cette prescription.

Comme illustrations de délais plus courts, on peut citer la prescription annale en matière de transport prévue à l'article L. 133-6 du Code de commerce, les prescriptions allant de trois années à six mois selon les situations décrites par l'article L. 511-78 du Code de commerce pour les actions en paiement issues de la lettre de change, ou encore l'article L. 131-59 du Code monétaire et financier qui évoque des prescriptions de six mois ou un an en matière de chèque bancaire ou postal.

138. La compétence juridictionnelle – La qualification d'acte de commerce entraîne également une conséquence juridique en matière de compétence juridictionnelle. Elle résulte de l'article L. 721-3, 3°, du Code de commerce qui prévoit que les contestations relatives aux actes de commerce entre toutes personnes, même celles qui ne présenteraient pas la qualité de commerçant, relèvent de la compétence du tribunal de commerce. Il a déjà été observé que cette disposition est d'une portée limitée aux seuls actes de commerce par la forme[145].

145. Voy. *supra*, n° 51.

B. Les actes de commerce passés entre commerçants

139. La liberté affirmée de la preuve – Le principe de la liberté de la preuve est affirmé par le Code civil. Selon l'article 1358 du Code civil, « hors les cas où la loi en dispose autrement, la preuve peut être apportée par tout moyen ». Mais ce principe est largement tempéré par les exceptions prévues par le Code civil. En matière commerciale, ce même principe est dupliqué. Il est confirmé solennellement par l'article L. 110-3 du Code de commerce qui dispose que « à l'égard des commerçants, les actes de commerce peuvent se prouver par tous moyens à moins qu'il n'en soit autrement disposé par la loi ».

Une différence importante distingue néanmoins acte civil et acte de commerce. Alors que l'administration de la preuve en droit civil est soumise à d'innombrables contraintes posées par des textes dérogatoires, la preuve du contrat commercial reste soumise à une grande liberté que peu de textes viennent limiter. Il est donc possible d'oublier toutes les dispositions spécifiques du Code civil pour se concentrer uniquement sur les conditions posées par le Code de commerce qui définit précisément le domaine de la preuve libre.

140. Les conditions de la liberté de la preuve – La liberté de la preuve en droit commercial n'existe que si la double condition posée par l'article L. 110-3 du Code de commerce est constatée.

Une première condition objective concerne l'acte qui ne peut être qu'un acte de commerce. Il faudra donc vérifier que la liberté de la preuve porte sur un acte de commerce qui appartient à l'une des catégories telles qu'elles ont été énoncées précédemment[146].

Une seconde condition subjective doit être vérifiée également. La preuve de l'acte doit être opposée à une personne commerçante. Il doit s'agir d'un commerçant, de droit ou de fait, dont la définition précise sera donnée un peu plus tard[147].

La liberté de la preuve en droit commercial résume donc à elle seule l'ambiguïté du droit commercial qui hésite à choisir entre une vision objective ou subjective de la matière.

Il reste à préciser que c'est finalement le juge qui appréciera souverainement les éléments de preuve apportés. Il importe peu alors de connaître le type de juridiction qui sera compétente pour trancher le litige. L'article L. 110-3 du Code de commerce s'applique aussi bien devant les juges du tribunal de commerce que devant les magistrats des juridictions civiles.

---

146. Voy. *supra*, n°s 74 et s.
147. Voy. *infra*, n°s 150 et s.

141. Le formalisme commercial chasse la liberté de la preuve – Le principe de liberté probatoire affirmé par l'article L. 110-3 du Code de commerce n'est pas absolu. Il autorise la loi à en disposer autrement.

Ainsi, à chaque fois que le droit commercial impose des mentions obligatoires, il est naturellement nécessaire de les respecter. Ainsi, le titre ne vaut pas lettre de change si les mentions énoncées à l'article L. 511-1 du Code de commerce n'y sont pas portées. De même, la vente d'un fonds de commerce est soumise au respect d'un formalisme obligatoire prévu à l'article L. 141-1 du Code de commerce. À ce formalisme intrinsèque s'ajoute souvent l'obligation d'accomplir des formalités de publicité pour assurer une pleine efficacité à l'acte de commerce. Il faudra alors faire le départ entre les conditions *ad validitatem* dont l'absence est susceptible d'entraîner la nullité de l'acte, avec la défaillance de conditions *ad probationem* qui empêche seulement de rendre opposable l'acte aux tiers.

142. La compétence territoriale – Il est simplement rappelé que, par application de l'article 48 du Code de procédure civile, le principe posé par la loi est l'interdiction de toute clause qui, directement ou indirectement, déroge aux règles de compétence territoriale. À défaut, la clause est réputée non écrite[148].

Une exception notable est prévue en présence d'un acte qui a été convenu entre des personnes ayant toutes contracté en qualité de commerçant et qui comporterait une clause attributive spécifiée de façon très apparente au regard de l'engagement de la partie à qui elle est opposée.

§ 2. Les règles applicables aux actes commerciaux à l'égard d'une seule des parties

143. La définition de l'acte mixte – Le caractère mixte d'un acte signifie qu'il présente un caractère civil à l'égard de l'une des parties et commercial vis-à-vis de l'autre. Il ne s'agit donc pas d'un acte conclu entre un commerçant et un non-commerçant, même si cette situation coïncide souvent avec la présence d'un acte mixte.

Par exemple, si un commerçant vend la commode de sa chambre à un autre commerçant qui l'acquiert pour meubler sa maison de campagne, l'acte conclu est civil et à l'égard des deux parties. Pareillement, si le même commerçant cède sa commode à un autre commerçant qui la revend ensuite dans son entrepôt accessible à une clientèle importante, l'acte devient alors mixte. Si la qualité des parties influe sur le caractère de l'acte, d'autres éléments objectifs entrent donc en considération pour l'attribution de la qualification d'acte mixte.

148. Voy. *supra*, n° 55.

Tous les actes de commerce par nature ou par accessoire peuvent constituer des actes mixtes. L'acte de commerce par la forme n'est pas en revanche susceptible d'une telle qualification. En effet, par définition, toute personne qui souscrit un acte de commerce par la forme, quel que soit sa qualité ou le contexte de sa conclusion, accomplit un acte de commerce.

L'intérêt de la qualification d'acte mixte se trouve dans la distribution des règles juridiques : le droit commercial s'applique à l'égard de la partie pour laquelle l'acte présente un caractère commercial. Parallèlement, le droit civil s'applique envers la partie pour laquelle l'acte offre une coloration civile.

Cette règle de partage n'est pas, sauf texte particulier, d'ordre public. Mais la dérogation n'est possible qu'au profit de la partie la plus faible, celle pour qui l'acte présente un caractère civil. Cette partie peut alors décider de soumettre l'acte mixte aux règles commerciales pour l'ensemble des parties. En revanche, la partie pour qui l'acte présente un caractère commercial ne peut pas décider de soumettre au droit civil l'acte mixte pour échapper à la rigueur du Code de commerce. L'acte mixte présente donc une dissymétrie qui rend le régime de distributivité des règles imparfait.

Dans d'autres hypothèses, c'est la jurisprudence ou la loi qui va écarter autoritairement le principe de distributivité (A) pour appliquer un régime unitaire (B).

A. Le principe du régime dualiste

144. La preuve de l'acte mixte – L'acte mixte est soumis au principe de distributivité en matière probatoire.

Lorsque la partie pour laquelle l'acte présente un caractère commercial doit en établir la preuve, elle doit se soumettre aux dispositions du Code civil et au système de la preuve légale. Elle est donc soumise à un régime strict et devra très souvent se procurer un écrit, même si les règles du Code civil en la matière se sont successivement assouplies à la suite de la loi du 12 juillet 1980 et de l'ordonnance du 10 février 2016.

À l'inverse, la partie pour laquelle l'acte présente un caractère civil va pouvoir bénéficier du principe de la liberté de la preuve établie par le Code de commerce. L'article L. 110-3 de ce Code permet cette liberté de preuve à l'égard d'un commerçant qui a souscrit un acte de commerce. Tout moyen de preuve pourra alors être utilisé. Tel n'est pas le cas en matière de cautionnement intéressé donné par un dirigeant ou un associé majoritaire. Dans cette hypothèse, le cautionnement présente bien un caractère commercial à l'égard de ces personnes, mais ces dernières ne disposent pas de la qualité de commerçant.

Cette règle de répartition des règles en matière probatoire va s'appliquer quelle que soit la nature de la juridiction saisie d'un éventuel litige, qu'elle soit civile ou commerciale.

145. La compétence d'attribution et les clauses attributives de cette compétence – En matière d'acte mixte dépourvu de clause attributive de compétence matérielle, la règle à suivre pour déterminer cette compétence n'est pas uniforme et dépend de la qualité du défendeur à l'action en justice :

– le défendeur pour qui l'acte présente un caractère commercial peut être assigné selon le choix du demandeur, soit devant la juridiction civile, soit devant la juridiction commerciale ;

– le défendeur pour qui l'acte présente un caractère civil doit être assigné devant les juridictions civiles compétentes.

Alors que la loi est silencieuse à ce sujet, la jurisprudence a admis que les parties peuvent, selon certaines limites, déroger à la compétence d'attribution dans un acte mixte en insérant une clause particulière qui réserve la compétence exclusive aux juridictions commerciales. On retrouve là encore une absence de symétrie dans la solution à appliquer.

Tout d'abord, la clause ne peut pas être invoquée par le demandeur, lorsqu'il est la partie pour qui l'acte présente un caractère commercial, à l'encontre d'un défendeur pour qui il présente un caractère civil. Ainsi, pour la cour de cassation, la clause est réputée non-écrite à l'encontre du défendeur pour lequel l'acte est civil en raison du caractère d'ordre public des règles de compétence d'attribution[149].

Ensuite, lorsque le demandeur est la partie pour laquelle l'acte présente un caractère civil, il se doit alors de respecter la clause. On doit alors considérer que, dans cette hypothèse, il a pu valablement renoncer par anticipation à se prévaloir de la juridiction civile. Prenant l'initiative du procès, il sait alors que son option est amputée d'une branche par son acceptation de la clause attributive de compétence et qu'il ne peut dès lors que saisir la juridiction commerciale.

146. La clause compromissoire et l'accès à l'arbitrage – L'article 2061 dont la rédaction résulte de la loi du 18 novembre 2016 prévoit notamment que la clause compromissoire est inopposable à la partie qui ne l'a pas contractée dans le cadre de son activité professionnelle[150]. Il n'est donc plus possible de parler de nullité d'une clause compromissoire qui serait insérée dans un acte mixte.

Dans certaines situations d'ailleurs, elle produira pleinement ses effets. Ainsi un commerçant et un professionnel libéral qui signent un

149. Cass. (com.), 10 juin 1997, n° 94-12316, *Bull. civ.* IV, n° 185.
150. Voy. *supra*, n° 66.

contrat dans le cadre de leur activité professionnelle pourront chacun invoquer la clause compromissoire contre l'autre. En revanche, si le commerçant signe un contrat avec un professionnel libéral qui agit hors du cadre de son activité, le commerçant ne pourra pas invoquer la clause compromissoire ; le professionnel aura lui le choix entre saisir une juridiction étatique ou saisir la juridiction arbitrale sur le fondement de la clause compromissoire.

B. L'exception du régime unitaire

147. La prescription – Il arrive que le principe de distributivité soit écarté au profit d'une application unitaire d'une règle de droit pour l'ensemble des parties à l'acte mixte. Il n'y a alors plus lieu de distinguer entre la partie pour qui l'acte est commercial et celle pour qui l'acte est civil.

L'exemple le plus marquant reste en la matière la prescription extinctive. Alors que le droit civil prévoyait une prescription trentenaire et que le droit commercial imposait une prescription décennale, c'est cette dernière disposition qui s'imposait à l'égard de l'ensemble des parties. Il fallait alors éviter la durée excessivement longue prônée par le droit civil.

Depuis la loi du 17 juin 2008, l'acte mixte est toujours soumis à une prescription unique, mais sa durée a été réduite à cinq années. Le régime de l'acte mixte se trouve ainsi simplifié et soumis à un impératif de rapidité opportun.

148. La concurrence de l'acte de consommation – Il peut arriver que l'acte mixte constitue également un acte de consommation. C'est le cas lorsque l'une des parties a contracté l'acte en dehors du cadre de son activité professionnelle. Le régime juridique de cet acte bascule alors dans une autre branche du droit, celui de la consommation. L'acte mixte va alors être soumis au Code de la consommation qui a été créé par une loi du 26 juillet 1993. Le droit de la consommation génère notamment un droit d'information renforcé au profit de la partie la plus faible et conduit à évincer les clauses abusives des contrats rédigés par les professionnels.

Le Code de la consommation comporte de multiples règles protectrices pour le consommateur ou le professionnel qui n'agit pas dans le cadre de son activité professionnelle. Le droit de la consommation prend de plus en plus d'ampleur. Il est possible que la concurrence de l'acte de consommation ne finisse un jour par conduire à la disparition de l'acte mixte.

Chapitre 2

Le commerçant

1. **La notion de commerçant** 90
2. **Le statut de commerçant** 111

149. Qualité et statut – Le commerçant est l'acteur qui se situe au cœur de la vie des affaires. D'ailleurs, dans l'approche subjective du droit commercial, cette matière se définit comme celle qui régit l'activité du commerçant. Toutefois, le commerçant est confronté à d'autres professionnels qui n'ont pas juridiquement cette qualité. Il faut l'identifier précisément parmi l'ensemble des acteurs économiques. Il apparaît donc essentiel de bien maîtriser cette notion qui définira les contours de ce personnage-clé de l'entreprise commerciale (section 1). Une fois la qualité de commerçant définie de manière juridique, il conviendra ensuite d'étudier le statut du commerçant (section 2). En effet, les efforts de qualification du commerçant doivent pouvoir mener à la mise en valeur des droits et obligations qui découlent spécifiquement de cette qualité.

SECTION 1

LA NOTION DE COMMERÇANT

150. La double approche pour mieux cerner la notion de commerçant – Il apparaît utile de procéder de deux manières afin de caractériser le plus précisément possible la notion de commerçant. Dans un premier temps, la définition du commerçant doit être appréhendée dans une démarche positive. Il s'agit de décrire les différents éléments qui doivent conduire à retenir la qualification de commerçant pour une personne déterminée (§ 1). Dans un second temps, au regard des imperfections ou des hésitations que pourrait générer la première démarche, l'approche se doit d'être complétée en comparant la notion de commerçant avec des notions voisines pour mieux mettre en relief les caractéristiques de l'un et des autres (§ 2).

§ 1. La définition positive du commerçant

151. Multiplicité de chemins menant à la qualité de commerçant – L'une des difficultés principales liées à la définition du commerçant réside dans le fait qu'elle ne présente pas un caractère uniforme. Toute personne, physique ou morale, peut prétendre à cette qualité. Mais l'accès à la qualité de commerçant emprunte différentes voies.

Il existe tout d'abord des situations particulières liées au droit des sociétés, qui peuvent d'ailleurs concerner un très grand nombre d'acteurs économiques, permettant de qualifier rapidement une personne de commerçant (A). En dehors de ces hypothèses, la définition générale du commerçant sera alors utile pour savoir si la personne concernée mérite cette qualité (B).

A. Les situations particulières liées au droit des sociétés

152. Certains associés, commerçants par détermination de la loi – Il arrive que dans certaines situations une personne, morale ou physique, du fait de sa simple qualité d'associé se voit attribuer automatiquement la qualité de commerçant. C'est alors la loi qui va poser comme règle absolue que cet associé, quel que soit son comportement et même s'il n'accomplit aucunement en pratique des actes de commerce, devient un commerçant. Cette règle bien sûr ne va s'appliquer que si le législateur le prévoit expressément.

Cette situation se présente dans un premier temps dans la société en nom collectif. L'article L. 221-1 du Code de commerce indique que « les associés en nom collectif ont tous la qualité de commerçant ». Cette situation se révèle dans un second temps dans la société en commandite. Dans la société en commandite simple, l'article L. 222-1 du Code de commerce dispose que « les associés commandités ont le statut des associés en nom collectif ». Dans la société en commandite par actions, l'article L. 226-1 du même code, il est indiqué que « la société en commandite par actions, dont le capital est divisé en actions, est constituée entre un ou plusieurs commandités, qui ont la qualité de commerçant ». Ainsi, et par une simple affirmation du législateur qui constitue une règle d'ordre public, l'associé en nom et l'associé commandité ont toujours la qualité de commerçant. Ce même type de raisonnement peut parfois s'appliquer à la personne morale elle-même qui va devenir commerçante pour la seule raison qu'une certaine forme sociétaire a été choisie par ses associés.

153. La société commerciale par détermination de la loi – Les sociétés constituent une forme particulière de groupement dont l'activité doit correspondre à un objet particulier. Par application du principe de spécialité, la société ne peut pas avoir un objet universel.

Pour qu'une société puisse prétendre à la qualité de commerçant, il faut tout d'abord qu'elle devienne un acteur autonome dont l'existence juridique est reconnue indépendamment des membres qui la composent. Une société est dotée de la personnalité juridique à compter de son immatriculation au registre du commerce et des sociétés, par application de l'article 1842 du Code civil. Les sociétés sans personnalité juridique, c'est-à-dire celles qui ne sont pas immatriculées par leurs fondateurs, ne peuvent devenir commerçantes car elles sont dépourvues de capacité juridique. Tout au plus, l'activité qui émane de la personne morale pourra être qualifiée de commerciale.

Ensuite, par application de l'article L. 210-1 du Code de commerce, « le caractère commercial d'une société est déterminé par sa forme ou par son objet ». En pratique, ces deux modes d'acquisition du caractère commercial de la société sont très déséquilibrés.

154. La société commerciale par sa forme – C'est la société commerciale par la forme qui est la plus présente dans la vie des affaires. Le second alinéa de l'article L. 210-1 du Code de commerce pose comme règle que « sont commerciales à raison de leur forme et quel que soit leur objet, les sociétés en nom collectif, les sociétés en commandite simple, les sociétés à responsabilité limitée et les sociétés par actions ». Il faut alors préciser que les sociétés par actions constituent une catégorie assez large qui regroupe la société anonyme, la société en commandite par actions, la société par actions simplifiée et la société européenne. Cette règle signifie que l'ensemble de ces sociétés, quelle que soit leur activité réelle exercée, sont commerciales. La forme sociétaire choisie et l'immatriculation de la société au registre du commerce et des sociétés constituent donc les deux seules conditions objectives pour que ces acteurs sociétaires bénéficient de la qualité de commerçant.

155. La société commerciale par son objet – La société commerciale par son objet se rencontre assez rarement dans la vie des affaires, tant les hypothèses précédentes recoupent les cas des sociétés les plus utilisées. Malgré cette situation, quelques illustrations peuvent être citées.

Comme premier exemple, la société en participation présente un caractère commercial lorsque son activité se verra attribuer ce même caractère. Dans ce cas, néanmoins, la société en participation ne deviendra pas une personne commerçante. En effet, faute d'immatriculation, elle ne sera pas dotée de la capacité juridique. Le caractère commercial sert essentiellement dans ce cas à connaître le régime juridique qui va unir les associés de cette personne morale.

Comme deuxième exemple, il est possible d'évoquer la société civile qui viendrait à exercer une activité commerciale. Toutefois, ici encore, il est souvent considéré que la société civile ne peut que dégénérer en société créée de fait, une autre forme de sociétés dépourvues de personnalité juridique. Cette personne morale n'est donc pas susceptible de recevoir la qualification de personne commerçante. L'attribution de la qualité de commerçant d'une société en raison de son objet reste donc largement théorique.

À l'inverse et comme dernier exemple, il est possible de citer le groupement d'intérêt économique (GIE), dont la qualité de commerçant résulte nécessairement de l'examen attentif de l'activité du groupement puisque son immatriculation au registre du commerce et des sociétés n'entraîne pas présomption de commercialité[151]. Dans cette dernière hypothèse, la

---

151. Selon l'article L. 251-4 du Code de commerce, « le groupement d'intérêt économique jouit de la personnalité morale et de la pleine capacité à dater de son immatriculation au registre du commerce et des sociétés, sans que cette immatriculation emporte présomption de commercialité du groupement. Le groupement d'intérêt économique dont l'objet est commercial peut faire de manière habituelle et à titre principal tous actes de commerce pour son propre compte. Il peut être titulaire d'un bail commercial ».

qualité de commerçant ou non du GIE résultera de l'examen de son activité réelle pour savoir si elle correspond à la définition générale qui est donnée du commerçant.

B. La définition générale du commerçant donnée par le Code de commerce

156. Le cadre imprécis de la définition légale du commerçant – Comme cela a été évoqué précédemment, la définition du commerçant telle que façonnée par le Code de commerce est essentiellement utile pour distinguer les personnes physiques et savoir si elles peuvent prétendre finalement à cette qualité.

L'article L. 121-1 du Code de commerce énonce que « sont commerçants ceux qui exercent des actes de commerce et en font leur profession habituelle ». Cette définition s'avère néanmoins incomplète et ne permet pas à elle seule de caractériser le commerçant.

D'une part, quant à la forme, cette définition ne fait aucune allusion aux démarches qui auraient pu être effectuées par la personne qui prétend à la qualité de commerçant.

Des déclarations effectuées auprès de tiers, comme l'administration fiscale, ne sont pas suffisantes pour établir cette qualité[152]. Tout au plus, la jurisprudence peut prendre en considération cette apparence pour en tirer quelques conséquences juridiques, comme la compétence juridictionnelle[153].

En revanche, aux termes de l'article L. 123-7 du Code de commerce, l'immatriculation de la personne physique au registre du commerce et des sociétés emporte présomption de sa qualité de commerçant. Ainsi, le propriétaire d'un fonds de commerce donné en location-gérance est présumé toujours commerçant du fait d'une telle immatriculation au registre du commerce et des sociétés (alors qu'en principe il aurait dû solliciter sa radiation) et demeure donc exclu du bénéfice de la procédure de surendettement[154]. Toutefois, cette présomption est simple et la personne immatriculée a pu se tromper sur la nature réelle de son activité ou évoluer au regard de son projet initial : la qualité de commerçant pourra être exclue si finalement l'activité exercée ne correspond pas matériellement à celle exigée juridiquement et que la preuve en ait rapportée devant le juge.

À l'inverse, une personne peut présenter la qualité de commerçant sans qu'elle en soit pleinement consciente. Même en l'absence de toute

152. Cass. (1re civ.), 31 janvier 1966, *D.*, 1966, 288.
153. Cass. (com.), 3 mai 1994, *Bull. civ.* IV, n° 168.
154. Cass. (com.), 17 février 2015, n° 13-27.508.

formalité d'immatriculation, le juge peut, *a posteriori*, déceler et reconnaître officiellement cette qualité. Que la personne concernée soit de bonne ou mauvaise foi et par effet de l'article L. 123-8 du Code de commerce, elle devient alors un commerçant de fait : soumise aux obligations du commerçant de droit, cette personne ne peut prétendre à aucun des avantages inhérents au statut de commerçant.

D'autre part, quant au fond, la définition légale du commerçant s'est avérée incomplète. La jurisprudence a complété les termes du Code commerce en exigeant que le commerçant présente une indépendance : il doit agir en son nom et pour son propre compte. De manière indirecte, c'est également affirmer que le commerçant doit exercer son activité à ses risques et périls[155].

Ces précisions apportées, la définition du commerçant repose sur la réunion de trois éléments[156] exigés par la loi et la jurisprudence :

- l'accomplissement d'actes de commerce ;
- l'exercice habituel d'une activité professionnelle ;
- l'exercice personnel d'une activité professionnelle.

157. L'accomplissement d'actes de commerce par nature – Le Code de commerce fait le lien entre l'acte de commerce et le commerçant. L'accomplissement d'actes de commerce constitue la condition primitive de la qualité de commerçant. Le Code de commerce énonce de manière générale l'exigence de la réalisation d'actes de commerce. Or, la jurisprudence et la doctrine ont construit une théorie de l'acte de commerce qui entraine de nécessaires distinctions[157]. Une sélection doit donc être effectuée parmi l'ensemble des actes de commerce qu'il est possible de rencontrer.

De manière positive, le commerçant est celui qui accomplit des actes de commerce par nature, c'est-à-dire ceux énumérés par les articles L. 110-1 et 110-2 du Code de commerce. Il a notamment été énoncé que ces actes présentent un caractère commercial quelle que soit la qualité de leur auteur. La commercialité de l'acte est donc susceptible de déteindre sur la qualité de celui qui en est à l'origine, soit en attribuant la qualité de commerçant, soit en la confortant. Cette différence de situation se retrouve notamment en cas de location-gérance : le locataire-gérant exploite le fonds de commerce et accomplit des actes de commerce par nature. Il est commerçant. Le propriétaire de ce fonds de commerce

155. L'article L. 144-1 du Code de commerce énonce notamment que le locataire-gérant d'un fonds de commerce doit agir « à ses risques et périls ».

156. Certains auteurs rajoutent une quatrième condition tenant à la capacité du commerçant. Cette condition sera étudiée plus tard, au moment d'énumérer les principaux obstacles à l'accès au statut de commerçant. Voy. *infra*, n°s 177 et s.

157. Voy. *supra*, n°s 75 et s.

n'effectue plus d'actes de commerce. S'il n'accomplit pas d'actes de commerce par ailleurs, il est dépourvu alors de la qualité de commerçant.

De manière négative, l'accomplissement d'actes de commerce par la forme ne peut avoir aucune incidence sur la qualité de son auteur. Par exemple, la signature répétée d'une lettre de change ne peut nullement constituer un élément pertinent pour attribuer la qualité de commerçant à celui qui a souscrit des engagements cambiaires. Le même raisonnement peut être appliqué à la participation dans la vie d'une société commerciale par la forme. De la même manière, la réalisation d'actes de commerce par accessoire subjectif ne doit pas être prise en considération pour définir le commerçant. Dans ce cas, c'est la qualité préalable et déjà établie de commerçant qui rejaillit sur l'ensemble des actes accomplis en présumant de manière simple qu'ils deviennent des actes de commerce. Enfin, l'accomplissement d'actes de commerce par accessoire objectif ne doit pas être envisagé comme un élément de la définition du commerçant. Ainsi, la personne qui désire prendre sa retraite, en vendant son fonds de commerce ou en le donnant en location-gérance, va précisément perdre sa qualité de commerçant en accomplissant de tels actes de commerce. Ainsi, signer un acte portant sur un fonds de commerce ne détermine pas la qualité de commerçant. C'est l'exploitation habituelle d'un fonds de commerce qui demeure essentielle.

158. L'exercice habituel d'une activité professionnelle – L'accomplissement d'un acte de commerce par nature de manière isolée ne peut conférer la qualité de commerçant. D'ailleurs, la loi exige parfois la présence d'une « entreprise » pour accomplir les actes de commerce, ce qui suppose un minimum d'organisation et de structure. De même, l'accomplissement d'actes de commerce de manière habituelle n'est pas une condition suffisante pour se voir attribuer la qualité de commerçant. Il faut, en outre, que cet enchaînement d'actes de commerce s'inscrive à l'occasion de l'exercice d'une profession.

La profession n'existe que si elle présente un caractère de permanence et de sérieux. Elle doit permettre au commerçant de subvenir à ses besoins de la vie courante. La profession doit être source de revenus financiers. Par essence, elle est de nature lucrative, même si les bénéfices escomptés ne se réalisent pas. À titre d'illustration, l'émission habituelle de lettres de change ne constitue pas une profession pour la jurisprudence[158]. En revanche, la spéculation boursière est susceptible de constituer une profession si elle permet à l'investisseur d'en vivre.

La profession commerciale n'a pas besoin d'être exercée de manière exclusive. Elle peut intervenir à côté d'une autre activité (pluriactivité), dès lors que cette profession commerciale ne peut pas être considérée comme

158. Cass. (com.), 11 mai 1993, *Bull. civ.* IV, n° 179.

l'accessoire d'une activité civile. Ainsi, le micro-entrepreneur[159] peut exercer une activité professionnelle en complément d'une activité principale, et accéder de cette manière à la qualité de commerçant.

159. L'exercice personnel d'une activité professionnelle – Une troisième condition a été exigée par la jurisprudence. Le commerçant doit agir en son nom et pour son compte. Il doit montrer de l'indépendance et prendre des risques personnels dans l'accomplissement de son activité. Ceux qui accomplissent des actes de commerce pour le compte d'autrui n'accèdent pas à la qualité de commerçant. Dans ces conditions, un certain nombre de professionnels ne sont pas commerçants : il s'agit des dirigeants de sociétés commerciales qui sont les représentants de la personne morale et qui n'accomplissent d'actes de commerce que pour le compte de la société qu'ils dirigent, des salariés qui agissent au nom et pour le compte de leur employeur, du gérant salarié d'un fonds de commerce, du voyageur représentant ou placier (VRP)[160] ou de l'agent commercial[161] qui interviennent pour leur mandant, ou encore du conjoint collaborateur du commerçant[162].

En outre, l'indépendance du commerçant doit être de nature juridique mais pas nécessairement économique. Ainsi, un professionnel qui est intégré à un réseau de distribution (contrat de franchisage, contrat de concession...) peut acquérir la qualité de commerçant.

§ 2. La définition négative du commerçant

160. Le commerçant, un professionnel parmi d'autres – Le commerçant n'est pas le seul acteur juridique à évoluer au sein de la vie des affaires. D'autres professionnels, dont la définition et le statut sont propres, ont également vocation à développer une clientèle et à vivre de leur activité.

Parmi ces autres professionnels, on peut distinguer des catégories juridiques dont les contours ne sont pas toujours très précis. En outre, le statut juridique du commerçant – qui a fait l'objet de l'attention initiale du législateur et qui présente donc le contenu le plus accompli – sert souvent de référence pour en appliquer certains aspects à ces professionnels non-commerçants.

Il est donc particulièrement important de bien distinguer le commerçant de l'artisan (A), de l'agriculteur (B), du professionnel libéral (C) ou encore d'autres partenaires disposant d'un statut particulier (D). Derrière

159. Loi du 4 août 2008 (auto-entrepreneur), modifiée par celle du 18 juin 2014 (micro-entrepreneur).
160. Art. L. 7311-1 et s. C. trav.
161. Art. L. 134-1 et s. C. com.
162. Art. L. 121-7 C. com.

ces efforts de qualification juridique et de détermination des frontières de la commercialité, se cachent des enjeux parfois substantiels.

A. L'artisan

1) *Les critères de la qualification*

161. La multiplicité des définitions – Une difficulté majeure dans l'appréhension de la notion d'artisan résulte de la multiplicité des définitions proposées. Il existe différentes approches qui permettent de mettre en valeur une définition administrative, fiscale et de droit privé. C'est uniquement cette dernière définition jurisprudentielle qui permet de dégager le statut de droit privé de l'artisan. La loi n'appréhende pas de manière uniforme la notion d'artisan. Le juge judiciaire adopte quant à lui une approche également singulière.

162. Les définitions légales de l'artisan – La loi définit l'artisan de différentes manières, ce qui laisse planer une certaine ambiguïté sur les contours de cette qualification.

La définition administrative de l'artisan résulte de la loi du 5 juillet 1996 (dite loi Raffarin). En précisant les critères de l'artisanat, le but principal de la loi est de déterminer les personnes qui sont assujetties à l'obligation d'inscription au répertoire des métiers.

L'article 19, I, de cette loi définit la situation de ceux qui doivent procéder à une telle inscription, à savoir « (...) les personnes physiques et les personnes morales qui n'emploient pas plus de dix salariés et qui exercent à titre principal ou secondaire une activité professionnelle indépendante de production, de transformation, de réparation ou de prestation de services figurant sur une liste établie par décret en Conseil d'Etat (...) ».

De manière plus synthétique, la qualité administrative d'artisan ainsi repose sur trois critères cumulatifs :

– la dimension de l'entreprise : le seuil de 10 salariés ne doit pas être dépassé ;

– le cadre de l'activité : l'exercice d'une activité doit présenter un caractère indépendant et professionnel ;

– la nature de l'activité : l'activité doit figurer sur une liste réglementaire qui renvoie aux secteurs de l'alimentation, du bâtiment et des services.

Par ailleurs, l'accès à la qualité d'artisan n'est pas libre. Elle est soumise à la détention d'une certaine qualification professionnelle, nécessitant l'obtention d'un titre ou la détention d'un diplôme. L'artisan qui peut seul exercer une activité particulière réservée à cette qualité n'est pas nécessairement immatriculé au répertoire des métiers. Il peut ainsi avoir le titre d'artisan tout en étant salarié et rattaché à une entreprise artisanale : la définition administrative ne coïncide pas nécessairement avec le titre d'artisan, qui est une notion plus restrictive et qui dépend exclusivement de la nature de l'activité exercée. Par ailleurs, au nom de la liberté d'entreprendre, une personne qui n'a pas le titre d'artisan peut parfaitement aussi participer à l'activité d'une entreprise artisanale. Il suffira qu'elle agisse sous le contrôle et la direction d'un artisan compétent dans le domaine d'activité concernée.

La définition fiscale de l'artisan demeure plus stricte. Le nombre d'employés doit être encore plus réduit. À titre d'illustration, l'exonération de la contribution économique territoriale n'est accordée à l'artisan qui n'emploie que des apprentis et un manœuvre strictement indispensables à l'exécution de l'activité professionnelle.

163. La définition judiciaire de l'artisan – Les définitions légales se présentent comme des définitions finalement administratives de l'artisan : elles sont multiples et ne permettent pas d'être utilisées par le juge judiciaire. La jurisprudence a donc dû poser ses propres critères pour fixer la définition de droit privé de l'artisan. Dans la mesure où les définitions administratives et judiciaire ne coïncident pas, il peut arriver qu'une personne soumise à l'obligation de s'inscrire au répertoire des métiers soit par ailleurs qualifiée de commerçant par les juridictions judiciaires au regard du droit commercial. Il s'ensuit alors pour cette personne une obligation complémentaire d'immatriculation au registre du commerce et des sociétés.

C'est une jurisprudence ancienne qui donne les critères principaux de l'artisan. Pour le juge judiciaire, l'artisan travaille « seul, sans l'apport d'une main d'œuvre, interne ou externe [...] ; il exerce de manière prépondérante une activité de production, de transformation, de prestation de services dont il tire l'essentiel de sa rémunération ». Les gains de l'artisan proviennent « essentiellement du produit de son travail personnel ». L'artisan ne spécule « ni sur les marchandises ni sur la main d'œuvre »[163].

En résumant et en modernisant les critères jurisprudentiels, l'artisan se caractérise par les éléments suivants :

– c'est un travailleur qui n'est pas soumis à un lien de subordination. Il est indépendant et agit pour son propre compte ;

– il accomplit une activité alimentaire qui lui permet de subvenir à ses besoins et dont il tire l'essentiel de ses revenus ;

– il ne spécule pas sur la main d'œuvre ; sans imposer aujourd'hui le travail en solitaire, la jurisprudence veille à ce que la main d'œuvre utilisée

163. Cass. req. 22 avril 1909.

présente un caractère accessoire. L'artisan doit se servir principalement de son propre talent ou de son savoir-faire. La prestation manuelle personnelle caractérise l'artisan. Le seuil des 10 salariés évoqués précédemment dans la définition administrative de l'artisan n'est nullement déterminant ici pour la jurisprudence ;

– il ne spécule pas sur les matières premières ou sur les marchandises. L'achat pour revente doit intervenir de manière accessoire. Le travail manuel ne doit pas devenir l'accessoire d'une activité devenue principalement commerciale. La présence de stocks importants est l'indice de l'exercice d'une activité qui ne présente pas ou plus un caractère artisanal.

C'est ainsi que le chauffeur de taxi qui travaille pour son propre compte en conduisant le seul véhicule qu'il possède doit être qualifié d'artisan. À l'inverse, l'individu qui exploite une flotte de véhicules en embauchant des salariés pour les conduire jour et nuit tombe sous la qualification de commerçant.

2) *Les intérêts de la qualification*

164. Le rapprochement du statut de l'artisan avec celui du commerçant – Le droit commercial a progressivement conduit à l'élaboration d'un ensemble de règles originales qui ont souvent démontré leur efficacité et leur utilité. Il n'est donc pas étonnant que d'autres professionnels que les commerçants aient pu bénéficier de ces règles spéciales. L'artisan est celui qui a vu son statut se rapprocher le plus de celui du commerçant.

Ainsi, la location-gérance et le nantissement du fonds artisanal sont soumis aux mêmes règles que le fonds de commerce. De même, l'artisan inscrit au répertoire des métiers bénéficie du statut dérogatoire des baux commerciaux, du droit des procédures collectives depuis la loi du 25 janvier 1985, de l'attribution préférentielle du fonds artisanal au profit notamment du conjoint survivant ou encore du régime de la micro-entreprise. Enfin, le conjoint de l'artisan bénéficie des mêmes statuts protecteurs que celui du commerçant (conjoint collaborateur, associé ou salarié – art. L. 121-4 et s. C. com.).

165. La subsistance d'un statut particulier de l'artisan – En dépit des similitudes entre les règles applicables à un commerçant et à un artisan, ce dernier reste soumis à quelques règles qui lui sont propres. C'est dans ces hypothèses résiduelles que demeure encore l'intérêt d'une distinction entre commerçants et artisans.

Ainsi, l'artisan est électeur à la seule chambre des métiers auprès de laquelle il doit s'inscrire, il voit ses litiges soumis aux juridictions civiles, il n'est pas possible de prouver librement contre l'artisan ni de lui opposer une clause attributive de compétence territoriale. De même, le fonds artisanal échappe – hormis en cas de location-gérance ou de nantissement – aux strictes règles applicables au fonds de commerce, sauf si les parties l'ont prévues contractuellement. Enfin, l'artisan n'est pas soumis aux obligations du droit comptable définies par le Code de commerce, même si l'artisan est tenu de respecter la tenue d'une comptabilité imposée par son statut fiscal.

Aujourd'hui, il faut néanmoins préciser que la nature commerciale ou artisanale d'une entreprise ne dicte pas l'essentiel de son statut. La tendance contemporaine consiste plutôt à soumettre une entreprise à des règles similaires dès lors qu'elle répond à des seuils déterminés par la loi (effectif des salariés, chiffres d'affaires, total de l'actif au bilan...).

B. L'agriculteur

166. La définition de l'agriculteur – De manière traditionnelle, l'agriculteur a toujours été exclu du monde des commerçants. Le travailleur de la terre relève de la sphère du monde civil. Juridiquement, ce principe s'est tout d'abord manifesté par l'incompétence des tribunaux de commerce pour connaître des litiges intéressant les agriculteurs.

Plus récemment et à la suite d'une réforme initiée par une loi du 30 décembre 1988, la définition de l'agriculteur est devenue directement liée à la nature de l'activité exercée. Selon les dispositions de l'article L. 311-1 du Code rural et de la pêche maritime, « sont réputées agricoles toutes les activités correspondant à la maîtrise et à l'exploitation d'un cycle biologique de caractère végétal ou animal et constituant une ou plusieurs étapes nécessaires au déroulement de ce cycle ainsi que les activités exercées par un exploitant agricole qui sont dans le prolongement de l'acte de production ou qui ont pour support l'exploitation ». L'agriculteur est donc celui qui prétend maîtriser et exploiter un cycle biologique de caractère végétal ou animal.

167. Le caractère civil des activités agricoles – Dans le prolongement de la définition des activités agricoles, l'article L. 311-1 du Code rural évoque une conséquence juridique majeure : « Les activités agricoles ainsi définies ont un caractère civil ».

Cette règle de portée générale met donc un terme à une jurisprudence antérieure qui décidait notamment, face à la montée de l'industrialisation, que l'élevage constituait une activité commerciale dès lors que la nourriture des animaux provenait d'achats extérieurs et importants effectués par l'éleveur. Par l'effet de la loi, qui n'effectue aucune distinction, toute activité agricole est dorénavant de nature civile.

L'activité agricole peut ainsi être exercée par un cultivateur, un éleveur, un viticulteur, un apiculteur ou un forestier qui vendent les produits de leur exploitation. L'agriculteur peut être propriétaire de son exploitation, ou bien tenu par un contrat de fermage ou de métayage. La vente de sa production peut se faire de manière directe, ou par l'intermédiaire d'une coopérative.

L'agriculteur qui procède à l'achat de matériel, de graines, de plants ou d'engrais, ou encore celui qui procède à la valorisation ou la transformation de ces produits accomplit des actes civils. En effet, toutes ces activités se situent dans le prolongement de l'activité agricole. Ces actes sont tous civils par nature.

Enfin, il peut arriver que l'agriculteur exerce de manière non accessoire à son activité agricole une activité strictement commerciale. Il s'agit alors d'une hypothèse de pluriactivité qui doit conduire la personne concernée à se soumettre respectivement à deux statuts distincts, celui de l'agriculteur et celui du commerçant.

168. Le statut mixte de l'agriculteur – Par principe, l'agriculteur reste soumis aux règles de droit civil, et notamment aux dispositions du Code rural et de la pêche maritime. Néanmoins, comme pour l'artisan, les règles prévues pour le commerçant ont souvent été importées pour construire une partie du statut de l'agriculteur. Celui-ci résulte donc d'un panachage entre les règles de droit commercial et celles de droit civil.

Ainsi, l'agriculteur doit s'immatriculer à un registre de l'agriculture créé sur le modèle de celui du registre du commerce et des sociétés. Un registre des actifs agricoles a été instauré par une loi du 13 octobre 2014. Le statut des baux ruraux[164] offre une protection pour l'agriculteur comparable à la propriété commerciale accordée par le statut des baux commerciaux. De même, le fonds agricole créé par la loi du 5 janvier 2006 peut faire l'objet d'un nantissement, régi par l'article L. 311-3 du Code rural.

Enfin et surtout, l'agriculteur peut faire l'objet d'une procédure de sauvegarde, de redressement ou de liquidation judiciaire[165], mais non d'une procédure de conciliation telle que prévue par le Code de commerce. En outre, si l'agriculteur n'exerce pas son activité sous la forme d'une société commerciale, une procédure de redressement[166] ou de liquidation judiciaire[167] ne peut être mise en œuvre qu'après une saisine préalable du président du tribunal de grande instance en vue d'une demande tendant à la désignation d'un conciliateur présentée en application de l'article L. 351-2 du Code rural et de la pêche maritime. Toutes les procédures collectives d'un agriculteur relèvent de la compétence du tribunal de grande instance.

164. Art. L. 411-1 et s. du Code rural et de la pêche maritime.
165. Art. L. 620-2 et s. C. com.
166. Art. L. 631-5 C. com.
167. Art. L. 640-5 C. com.

C. Le professionnel libéral

169. Les définitions du professionnel libéral – Le professionnel libéral existe depuis bien longtemps mais le droit ne se préoccupe de son sort que depuis une époque récente. Les définitions précises sont apparues en droit européen, puis en droit interne.

En droit communautaire, la définition de l'activité libérale est donnée par la jurisprudence et précisée par une directive.

Tout d'abord, une décision de la Cour de justice des communautés européennes du 11 octobre 2001[168] précise les contours de l'activité d'un professionnel libéral. Il s'agit « des activités qui présentent un caractère intellectuel marqué, requièrent une qualification de niveau élevé et sont d'habitude soumises à une réglementation professionnelle précise et stricte. Dans l'exercice d'une telle activité, l'élément personnel a une importance spéciale, et un tel exercice présuppose, de toute manière, une grande autonomie dans l'accomplissement des actes professionnels. Il appartient à la juridiction de renvoi de déterminer si, eu égard à ces critères, l'activité de syndic de copropriétés d'immeubles, telle que prévue par la réglementation nationale pertinente, doit être considérée comme constituant une profession libérale ». La cour insiste sur le haut niveau de compétence requise, l'existence d'une réglementation professionnelle et souligne l'importance de l'implication personnelle et autonome du professionnel libéral.

Ensuite, une directive n° 2005/36/CE du parlement européen et du conseil du 7 septembre 2005 relative à la reconnaissance des qualifications professionnelles définit en son point 43 les activités libérales comme « toute profession exercée sur la base de qualifications professionnelles appropriées, à titre personnel, sous sa propre responsabilité et de façon professionnellement indépendante, en offrant des services intellectuels et conceptuels dans l'intérêt du client et du public ».

En droit interne, l'approche repose sur des critères similaires. La loi de simplification du droit du 22 mars 2012 offre au sein de son article 29 une définition détaillée des professionnels libéraux : « Les professions libérales groupent les personnes exerçant à titre habituel, de manière indépendante et sous leur responsabilité, une activité de nature généralement civile ayant pour objet d'assurer, dans l'intérêt du client ou du public, des prestations principalement intellectuelles, techniques ou de soins mises en œuvre au moyen de qualifications professionnelles appropriées et dans le respect de principes éthiques ou d'une déontologie professionnelle, sans

168. CJCE, 11 octobre 2001, aff. n° C-267/99, Arrêt de la Cour, *Christiane Adam, épouse Urbing contre Administration de l'enregistrement et des domaines*. La question posée ici était de déterminer et de définir les opérations pouvant bénéficier d'un taux réduit de taxe sur la valeur ajoutée.

préjudice des dispositions législatives applicables aux autres formes de travail indépendant ».

170. Les critères de reconnaissance de l'activité libérale – De l'ensemble des définitions proposées ci-dessus, il est possible de mettre en valeur différents critères révélateurs de l'existence d'une activité libérale :

– l'exercice d'une activité civile nécessitant une réflexion intellectuelle ;

– l'accès à l'activité libérale requérant une qualification professionnelle spécifique ;

– le respect d'une déontologie particulière propre à l'activité exercée ;

– la présence d'un ordre et d'une discipline professionnelle.

De manière plus concrète, les activités libérales se décomposent en trois grands secteurs, à savoir :

– le domaine des activités juridiques et judiciaires, titulaires ou non d'un office ministériel : l'avocat, le notaire, l'huissier, l'administrateur judiciaire, le conseil en propriété industrielle[169]...

– le domaine des activités médicales et paramédicales : la sage-femme, le masseur-kinésithérapeute, l'infirmière, le médecin, le podologue, le pédicure, le vétérinaire...

– le domaine des activités techniques : l'expert-comptable, le commissaire aux comptes, le géomètre-expert, l'agent d'assurance, le moniteur d'auto-école, le conseil en gestion de patrimoine...

La définition des professionnels libéraux répond à un besoin de reconnaissance. Elle donne également accès à un corps de règles spécifiques, souvent empruntées au droit commercial puis aménagées pour mieux convenir aux activités libérales.

171. Le statut du professionnel libéral – Le professionnel libéral entretient souvent des relations de répulsion vis-à-vis des activités commerciales. Traditionnellement, il n'y a que le pharmacien qui peut entrer dans les deux catégories, puisque s'il effectue des actes de commerce pour revendre, il exerce néanmoins une activité indépendante et intellectuelle contrôlée par un ordre professionnel. Pour les autres professionnels libéraux, les liens avec la commercialité sont évités, voire interdits pour certains professionnels. C'est ainsi que l'avocat, le notaire ou encore l'huissier ne peuvent accéder à la qualité de commerçant, sous peine de sanctions disciplinaires.

---

169. Les spécialistes en brevet ont plutôt une formation scientifique tandis que ceux traitant des marques ont le profil de juriste.

Le professionnel libéral va bénéficier de règles spécifiques, qui entrent dans le domaine que certains appellent le droit civil des affaires.

D'un côté, il est soumis par principe aux règles de droit commun. Le litige du professionnel libéral ne relève pas des juridictions commerciales, sauf lorsque sa volonté peut l'amener à choisir cette juridiction (en cas d'acte mixte par exemple). La preuve contre un tel professionnel est régie par les dispositions du Code civil.

D'un autre côté, des règles spécifiques ou prévues par le droit commercial peuvent également s'appliquer. Ainsi, le professionnel libéral peut bénéficier d'une structure sociétaire particulière, la société d'exercice libéral. Cette forme de société, créée par la loi du 31 décembre 1990, est une adaptation des sociétés commerciales classiques pour l'exercice d'activités libérales spécifiques. Concernant la location du local professionnel, il est possible de souscrire un bail professionnel[170] ou de se soumettre conventionnellement au statut des baux commerciaux avec l'accord du bailleur. L'accès au statut du micro-entrepreneur est possible, sauf interdiction expresse par un texte. La clause compromissoire est valable. En effet, l'article 2061 du Code civil dispose que « lorsque l'une des parties n'a pas contracté dans le cadre de son activité professionnelle, la clause ne peut lui être opposée ». Le professionnel est désormais titulaire d'un fonds libéral qu'il peut céder, depuis une jurisprudence considérant que la clientèle civile fait partie du commerce juridique[171].Enfin, le professionnel libéral peut être soumis à une procédure collective depuis la loi du 26 juillet 2005[172].

D. Les autres partenaires du commerçant

171-1. L'agent commercial et le VRP – Parmi les autres professionnels qui ont vocation à entretenir un courant d'affaires avec le commerçant sans revêtir cette qualité, on peut citer deux exemples particulièrement courants dans la pratique. Il s'agit tout d'abord de l'agent commercial qui dispose de la qualité de mandataire. Il s'agit ensuite du voyageur représentant ou placier (VRP) qui présente la qualité d'intermédiaire salarié.

---

170. Le bail professionnel est régi par l'article 57 A de la loi n° 86-1290 du 23 décembre 1986 et les articles 1713 et suivants du Code civil.

171. Cass. (1re civ.), 7 novembre 2000, n° 98-17.731.

172. Art. L. 620-2 C. com. pour la sauvegarde, art. L. 631-2 pour le redressement judiciaire et art. L. 640-2 pour la liquidation judiciaire.

1) *L'agent commercial*

171-2. Les critères de qualification de l'agent commercial – La définition de l'agent commercial est donnée par l'article L. 134-1 du Code de commerce. Il peut être une personne physique ou une personne morale qui doit présenter certaines caractéristiques.

Tout d'abord, l'agent commercial revêt nécessairement la qualité de mandataire. Il agit au nom et pour le compte de son mandant. Ensuite, sa qualité de mandataire doit lui permettre d'exercer une véritable profession, permanente, habituelle et autonome[173]. Il peut organiser comme bon lui semble son activité, notamment en recrutant des salariés ou en nouant des contrats avec des sous-mandataires ou des collaborateurs indépendants. Il n'est pas soumis à une obligation d'exclusivité vis-à-vis de son mandant. Selon l'article L. 134-3 du Code de commerce, « l'agent commercial peut accepter sans autorisation la représentation de nouveaux mandants. Toutefois, il ne peut accepter la représentation d'une entreprise concurrente de celle de l'un de ses mandants sans accord de ce dernier ». Il peut également accomplir des actes de commerce pour son propre compte. Par ailleurs, l'agent commercial n'est jamais lié par un contrat de travail. Enfin, s'agissant des prestations qu'il se doit de fournir, la loi est très précise. Il est chargé « de négocier et, éventuellement, de conclure des contrats de vente, d'achat, de location ou de prestation de services, au nom et pour le compte de producteurs, d'industriels, de commerçants ou d'autres agents commerciaux »[174].

La qualification d'agent commercial ne dépend ni de la volonté exprimée par les parties dans leur convention, ni de la dénomination qu'elles ont choisie pour individualiser leur contrat. Seules les caractéristiques légales énoncées précédemment peuvent et suffisent à établir l'existence d'un agent commercial[175]. Cette appellation demeure donc réservée à une catégorie d'acteurs de la vie des affaires très précise qui appartiennent à une profession réglementée. L'agent commercial ne relève donc pas de la catégorie des commerçants et reste soumis à un statut qui lui est propre. C'est là tout l'intérêt de cette qualification juridique.

171-3. L'accès au statut d'agent commercial – Le travail de qualification d'agent commercial présente l'intérêt majeur de savoir si la personne intéressée peut accéder au statut spécifique de ce professionnel et bénéficier ainsi des règles protectrices et souvent d'ordre public prévues aux articles L. 131-4 et suivants du Code de commerce.

---

173. Cass. (com.), 27 avril 2011, n° 10-14.851, *Bull. civ.* IV, n° 58.
174. Art. L. 131-4 C. com.
175. Cass. (com.), 10 décembre 2003, n° 01-11.923, *Bull. civ.* IV, n° 198.

Tout d'abord, il faut indiquer que le bénéfice du statut n'est pas lié au respect de conditions formelles. Cette observation se vérifie à double titre.

D'une part, la loi n'impose plus la présence d'un contrat écrit. L'article L. 134-2 du Code de commerce se contente aujourd'hui de disposer que « chaque partie a le droit, sur sa demande, d'obtenir de l'autre partie un écrit signé mentionnant le contenu du contrat d'agence, y compris celui de ses avenants ». Mais si aucune demande n'est formulée en ce sens, le statut d'agent commercial peut parfaitement prospérer.

D'autre part, l'article R. 134-6 du Code de commerce énonce que « les agents commerciaux se font immatriculer, avant de commencer l'exercice de leurs activités, sur un registre spécial tenu au greffe du tribunal de commerce dans le ressort duquel ils sont domiciliés. Ils produisent à cet effet une déclaration dont récépissé leur est délivré ». Toutefois, la jurisprudence communautaire[176] et nationale[177] s'opposent à toute réglementation interne qui subordonnerait l'application du statut d'agent commercial à l'immatriculation du professionnel sur le registre prévu à cet effet. C'est d'ailleurs la règle que pose la directive communautaire 86/653/CEE du 18 décembre 1986. Selon une jurisprudence toujours constante depuis, l'immatriculation sur le registre spécial constitue une simple formalité de police professionnelle qui présente un caractère facultatif. Le fait de ne pas être en mesure de justifier d'une telle immatriculation ne permet pas à lui seul d'écarter la qualité d'agent commercial[178].

Ensuite, le bénéfice du statut peut être expressément écarté pour deux séries de raisons.

La première raison procède de la loi seule. Le statut ne s'applique pas pour « les agents dont la mission de représentation s'exerce dans le cadre d'activités économiques qui font l'objet, en ce qui concerne cette mission, de dispositions législatives particulières »[179]. Le statut d'agent commercial ne peut donc venir s'agréger à celui d'autres professions réglementées déjà régies par des textes spécifiques, comme les agents immobiliers ou encore les agents de voyage.

La seconde raison qui peut faire obstacle à l'application du statut d'agent commercial réside dans une manifestation possible de volonté des parties en ce sens résultant d'un accord écrit. Plus précisément, l'article L. 314-15 prévoit que lorsque l'activité d'agent commercial est exercée en exécution d'un contrat écrit passé entre les parties à titre principal pour un autre objet, celles-ci peuvent décider par écrit que le statut d'agent commercial ne s'appliquera pas à la partie correspondant à l'activité d'agence

176. CJCE, 30 avril 1998, aff. C-215/97, *Bellone c. Yokohama*.
177. Cass. (com.) 15 octobre 2002, n° 00-18.122.
178. Cass. (com.) 21 juin 2016, n° 14-26.938
179. Art. L. 134-1 *in fine* C. com.

commerciale. Cette renonciation est nulle si l'exécution du contrat fait apparaître que l'activité d'agence commerciale est exercée, en réalité, à titre principal ou déterminant.

171-4. Le contenu du statut d'agent commercial – Si le statut d'agent commercial s'applique finalement, un premier ensemble de règles intervient d'abord au cours de l'exécution du contrat.

Le contrat d'agence commerciale constitue un mandat d'intérêt commun qui implique un devoir de loyauté réciproque entre les parties, une obligation d'information et de transparence et une véritable coopération professionnelle[180]. Comme tout mandataire, l'agent commercial doit également rendre à compte à la fin de chacune de ses missions. Mais la règle la plus protectrice pour l'agent commercial a trait à sa rémunération et à son droit à commission.

C'est l'article L. 134-5 du Code de commerce qui fixe le régime de cette commission qui varie nécessairement « avec le nombre ou la valeur des affaires ». Il est également précisé concernant son montant que « dans le silence du contrat, l'agent commercial a droit à une rémunération conforme aux usages pratiqués, dans le secteur d'activité couvert par son mandat, là où il exerce son activité. En l'absence d'usages, l'agent commercial a droit à une rémunération raisonnable qui tient compte de tous les éléments qui ont trait à l'opération ». En outre, pour toute opération commerciale conclue pendant la durée du contrat d'agence, l'agent commercial a droit à une commission lorsqu'elle a été conclue grâce à son intervention ou lorsque l'opération a été conclue avec un tiers dont il a obtenu antérieurement la clientèle pour des opérations du même genre[181]. Enfin, pour toutes les opérations commerciales conclues après la cessation du contrat d'agence, l'agent commercial a encore droit à sa commission, soit lorsque l'opération est principalement due à son activité au cours du contrat d'agence et a été conclue dans un délai raisonnable à compter de la cessation du contrat, soit lorsque, l'ordre du tiers a été reçu par le mandant ou par l'agent commercial avant la cessation du contrat d'agence[182].

Le statut prévoit ensuite des règles au terme de la relation contractuelle qui tendent là-encore à protéger la situation de l'agent commercial.

La première protection du Code de commerce concerne l'instauration d'un préavis qui permet de maintenir pendant un certain délai l'exécution du contrat voué à la rupture. Cette protection n'intervient que lorsque le contrat d'agence est à durée indéterminée. L'article L. 134-11 du Code de commerce dispose d'abord que si un contrat à durée déterminée continue à être exécuté par les deux parties après son terme, il est réputé se transformer en un contrat à durée indéterminée. Ensuite, il prévoit que

180. Pour les détails, voy. art. R. 134-3 et R. 134-3 C. com.
181. Art. L. 134-6 C. com.
182. Art. L. 134-7 C. com.

lorsque le contrat d'agence est à durée indéterminée, chacune des parties peut y mettre fin moyennant un préavis. Les dispositions légales sont également applicables au contrat à durée déterminée transformé en contrat à durée indéterminée. Dans cette hypothèse, le calcul de la durée du préavis prend en considération la période à durée déterminée qui précède.

À ce titre, le texte fixe précisément la durée du préavis, à savoir un mois pour la première année du contrat, deux mois pour la deuxième année commencée, trois mois pour la troisième année commencée et les années suivantes. En l'absence de convention contraire, la fin du délai de préavis coïncide avec la fin d'un mois civil. L'article L. 134-11 alinéa 4 dispose que « les parties ne peuvent convenir de délais de préavis plus courts. Si elles conviennent de délais plus longs, le délai de préavis prévu pour le mandant ne doit pas être plus court que celui qui est prévu pour l'agent ».

Enfin, la loi instaure des cas où la durée du préavis n'aura pas à être respectée. Il en va ainsi lorsque le contrat prend fin en raison d'une faute grave de l'une des parties ou de la survenance d'un cas de force majeure[183].

La seconde protection du Code de commerce concerne le droit pour l'agent commercial à une indemnité compensatrice allouée à l'issue des relations contractuelles. Selon l'article L. 134-12 du Code de commerce, « en cas de cessation de ses relations avec le mandant, l'agent commercial a droit à une indemnité compensatrice en réparation du préjudice subi ». En application de l'article L. 134-16 du Code du commerce, toute clause ou convention contraire est réputée non écrite. Ce droit au versement d'une indemnité compensatrice est enfermé dans un délai très court. En effet, l'agent commercial perd le droit à réparation s'il n'a pas notifié au mandant, dans un délai d'un an à compter de la cessation du contrat, qu'il entend faire valoir ses droits au paiement de l'indemnité compensatrice.

L'article L. 134-13 du Code de commerce écarte également le droit à indemnité compensatrice dans trois situations limitativement énumérées, à savoir :

– la cessation du contrat est provoquée par la faute grave de l'agent commercial ;

– la cessation du contrat intervient à l'initiative de l'agent, à moins que cette cessation ne soit justifiée par des circonstances imputables au mandant ou dues à l'âge, l'infirmité ou la maladie de l'agent commercial, par suite desquels la poursuite de son activité ne peut plus être raisonnablement exigée ;

– selon un accord avec le mandant, l'agent commercial cède à un tiers les droits et obligations qu'il détient en vertu du contrat d'agence.

183. Art. L. 134-11 *in fine* C. com.

Enfin, s'agissant du montant de la commission, la loi évoque sans plus de précision la réparation du préjudice subi par l'agent commercial. De manière plus concrète, l'indemnité vise à compenser la perte de toutes les rémunérations dont l'agent aurait pu bénéficier grâce à l'activité développée dans l'intérêt commun des parties pendant la durée de son contrat[184]. L'évaluation du montant de cette indemnité dépend des circonstances de chaque affaire. Elle relève de l'appréciation des juges. Mais de manière générale, la jurisprudence considère que le montant de l'indemnité compensatrice équivaut au montant des commissions perçues sur deux années de contrat. Pour ce faire, le calcul est effectué en prenant pour référence les trois années précédant la cessation du contrat. Ce montant est alors souvent considérable, ce qui doit faire réfléchir à deux fois le mandant avant de rompre le contrat d'agent commercial. On comprend également l'enjeu financier de la qualification d'agent commercial dans un contentieux lié à la rupture du contrat.

2) *Le voyageur représentant ou placier (VRP)*

171-5. La définition du VRP – Le voyageur, représentant ou placier (VRP) se définit comme un intermédiaire salarié qui est en charge de prospecter et de rendre visite à la clientèle de son employeur. Représentant de commerce, il prend les commandes auprès de cette clientèle et les transmet ensuite à son employeur. Sa situation présente un caractère hybride dans la mesure où il bénéficie à la fois d'une part d'autonomie dans son activité, mais reste soumis aux directives de son employeur par ailleurs. En raison de cette dualité, la loi du 7 mars 1957 a mis en place un statut particulier qui a été ensuite intégré aux articles L. 7311-1 et suivants du Code du travail.

171-6. L'accès au statut de VRP – L'accès au statut de VRP est soumis à deux séries de conditions.

La première concerne les modalités d'exercice de la représentation commerciale. L'article L. 7311-3, 1° à 3°, du Code du travail pose un certain nombre d'exigences pour que le statut de VRP puisse s'appliquer.

Tout d'abord, le VRP est une personne qui travaille pour le compte d'un ou plusieurs employeurs. Il n'y a donc aucune exigence d'exclusivité, sauf clause contraire insérée dans le contrat. Le VRP peut être attaché à un seul employeur (VRP « monocarte ») ou à plusieurs (VRP « multicarte »). Ensuite, le VRP doit exercer en fait d'une façon exclusive et constante une profession de représentant. Il doit donc se consacrer principalement et habituellement à cette activité de représentation. Par ailleurs, est interdite au VRP toute opération commerciale pour son compte personnel. Il

184. Cass. (com.), 26 mars 2008, n° 07-10286.

ne peut donc pas avoir une activité professionnelle en marge de son activité principale de VRP qui lui profiterait directement.

La seconde série de conditions pour pouvoir accéder au statut de VRP a trait à l'engagement qui va unir le VRP à son employeur. À ce sujet, l'article L. 7311-3, 4°, du Code du travail pose en effet certaines contraintes très précises.

Tout d'abord, le contrat doit mentionner la nature des prestations de services ou des marchandises offertes à la vente ou à l'achat. L'objet contractuel de l'activité est nécessairement décrit par les parties. Ensuite, le contrat doit définir le périmètre d'action du VRP. C'est ainsi que la région dans laquelle le VRP exerce son activité ou les catégories de clients qu'il est chargé de visiter sont nécessairement indiquées. Enfin, les parties doivent convenir le taux de rémunération de l'agent commercial. De manière usuelle, il est prévu une rémunération fixe qui est complétée par une rémunération variable selon le niveau du chiffre d'affaires réalisé par le VRP.

Toutefois, l'existence d'un contrat écrit n'est pas une condition indispensable pour bénéficier du statut de VRP. Cette souplesse est voulue par le législateur qui, à l'article L. 7313-3 du Code de travail, prévoit qu'en l'absence de contrat de travail écrit, toute personne exerçant la représentation est présumée être un voyageur, représentant ou placier soumis au statut légal. Seule la preuve contraire permet alors d'échapper à ce statut en démontrant que les conditions mentionnées précédemment font totalement ou partiellement défaut.

171-7. Le contenu du statut de VRP – La première règle importante contenue dans le statut de VRP réside dans le fait que le VRP se trouve nécessairement lié par un contrat de travail.

L'existence du contrat de travail conduit le VRP à bénéficier en principe de tous les droits et obligations d'un salarié. Il reste soumis aux directives de son employeur pour ses horaires et son emploi du temps. Il peut ainsi faire l'objet de sanctions disciplinaires en cas de violation de ces directives ou des clauses insérées dans son contrat. Sa mission ne peut être accomplie par un tiers. Contrairement à l'agent commercial, le VRP ne peut user de la sous-représentation ou encore créer une société. Il ne peut concurrencer son employeur que si ce dernier y a expressément donné son assentiment[185]. Au terme de ses missions, il est tenu de rendre compte systématiquement à son employeur.

La seconde règle essentielle réside dans la protection qui est accordée au VRP au moment de la rupture du contrat. Le VRP bénéficie tout d'abord de l'ensemble des mesures applicables à tout salarié. C'est ainsi que le délai-congé (ou préavis) ou le régime du licenciement viennent

185. Art. L. 7313-6 C. trav.

notamment adoucir la situation du VRP. Mais la particularité réside dans l'allocation supplémentaire d'une indemnité dite de clientèle en présence de la rupture d'un contrat à durée indéterminée. Cette indemnité vient compenser la perte de commissions du VRP pour l'avenir, et ceci en contemplation des efforts fournis pendant l'exécution du contrat pour faire fructifier la clientèle de son employeur. Ainsi, en l'absence de faute grave, le VRP a droit à une indemnité pour la part qui lui revient personnellement dans l'importance en nombre et en valeur de la clientèle apportée, créée ou développée par lui[186]. Cette indemnité ne peut pas être fixée forfaitairement et par avance par les parties[187]. Elle ne peut se calculer qu'au terme réel des relations contractuelles. Enfin, cette indemnité de clientèle ne vient se substituer ni à l'indemnité pour rupture abusive du contrat de travail à durée indéterminée, ni à celle due en cas de rupture anticipée du contrat de travail à durée déterminée. Le cas échéant, ces différentes indemnités se cumulent.

SECTION 2
LE STATUT DE COMMERÇANT

172. L'accès limité à un statut modulable – Le fait de remplir les caractéristiques de la définition du commerçant en échappant à la qualification des autres professionnels n'est pas encore une condition suffisante pour se voir appliquer le statut du commerçant. L'accès à ce statut est semé d'obstacles éventuels qu'il faut franchir avec succès (§ 1). Une fois l'accès possible, le contenu du statut du commerçant n'est pas linéaire. Certes, il comporte des règles qui sont communes à tous les commerçants, mais pour certains de ses aspects, des choix sont offerts ou des situations personnelles sont susceptibles de moduler le régime juridique : le contenu du statut du commerçant est donc variable (§ 2).

§ 1. L'accès encadré au statut

173. Protection de l'intérêt personnel ou général – Le principe général est celui de la liberté du commerce et de l'industrie. Un texte révolutionnaire, toujours d'actualité, l'article 4 de la loi des 2 et 17 mars 1791 (appelée inopportunément « Décret d'Allarde ») pose la règle suivante : « A compter du premier avril prochain, il sera libre à toute personne de faire tel ou tel négoce ou d'exercer telle profession, art ou métier qu'elle trouvera bon ». Le commerce est donc libre. La liberté d'entreprendre a une

186. Art. L. 7313-13 C. trav.
187. Art. L. 7313-16 C. trav.

valeur constitutionnelle[188]. Toutefois, la liberté de l'accès au statut de commerçant n'est pas totale.

On peut évoquer tout d'abord des restrictions contractuelles qui n'appelleront pas ici d'observations complémentaires, comme l'acception d'une clause de non-concurrence ou des clauses d'exclusivité qui se retrouvent fréquemment en matière de réseau de distribution.

Ensuite, il est possible de faire face à des restrictions légales. La plupart des limites légales à l'accès de la profession de commerçant sont générées par le droit commercial lui-même à titre de protection. Il s'agit de contraintes « endogènes » générées par le législateur dans le dessein de préserver, soit l'intérêt personnel du commerçant qui peut présenter une certaine faiblesse, soit l'intérêt général du commerce dans son ensemble. Avant de les étudier plus dans le détail, il convient d'aborder plus rapidement des contraintes « exogènes », c'est-à-dire issues de règles extérieures au droit commercial. Il s'agit des incompatibilités qui conduisent à l'interdiction de cumuler l'exercice de certaines professions avec des activités commerciales.

174. Les incompatibilités – Il a déjà été observé que pour certaines professions libérales, l'exercice d'une activité commerciale peut être considéré comme une cause d'indignité. Le commerce est lucratif et la recherche d'un profit n'est pas toujours compatible avec l'exercice de certaines fonctions ou activités. L'impossibilité d'exercer une activité commerciale peut s'expliquer également par le souci de garantir une disponibilité totale de la personne concernée pour l'activité principale qu'elle a choisie d'exercer. Dans ces différentes hypothèses, ce n'est pas le droit commercial qui pourrait constituer un obstacle à l'accès au statut de commerçant ; ce sont les réglementations propres à l'activité principale exercée qui empêchent un tel accès. Il s'agit de règles que l'on pourrait qualifier de « répulsives ».

175. Le fonctionnaire – Une première illustration peut être évoquée dans le domaine du droit administratif. En effet, l'article 25 *septies* de la loi du 13 juillet 1983 pose comme principe que « le fonctionnaire consacre l'intégralité de son activité professionnelle aux tâches qui lui sont confiées. Il ne peut exercer, à titre professionnel, une activité privée lucrative de quelque nature que ce soit ». Par exemple, il est interdit à un fonctionnaire soumis à ce texte de créer ou de reprendre une entreprise lorsque celle-ci donne lieu à immatriculation au registre du commerce et des sociétés ou au répertoire des métiers ou à affiliation au régime prévu à l'article L. 133-6-8 du Code de la sécurité sociale, s'il occupe un emploi à temps complet et qu'il exerce ses fonctions à temps plein. Les juridictions judiciaires en tirent les conséquences, comme en refusant le bénéfice du

188. Cons. const., 16 janvier 1982, DC n° 82-132.

statut des baux commerciaux au fonctionnaire qui est tombé dans le travers de la commercialité de fait[189].

Des possibilités de dérogations sont néanmoins prévues par la loi pour permettre au fonctionnaire d'accomplir certaines activités privées lucratives, comme la libre production des œuvres de l'esprit[190].

176. Certaines professions libérales – Une autre illustration de l'existence d'incompatibilités résulte de l'exercice de certaines professions libérales, qui nécessite la détention ou non d'un office ministériel (huissier, expert-comptable, administrateur judiciaire, notaire...). Mais la tendance est toutefois à l'assouplissement. À titre d'illustration, les avocats se voyaient interdire classiquement tout accès à une activité commerciale. Or, depuis le 1er juillet 2016[191], les avocats et les sociétés d'avocats sont autorisés à exercer une activité commerciale, à titre accessoire, dès lors qu'elle présente un lien de connexité avec celle de leur profession. Sont ainsi autorisées l'édition juridique, la formation professionnelle ou encore la mise à disposition de moyens matériels ou de locaux au bénéfice d'autres avocats ou sociétés d'avocats.

La volonté de protéger le commerçant constitue également une autre source de règles destinées à réguler l'accès au statut de commerçant.

A. Les limites liées à la protection du commerçant

1) *Le mineur*

177. Le mineur de moins de seize ans – De manière traditionnelle, le mineur ne peut accéder au statut de commerçant, ni en son nom personnel, ni par l'intermédiaire de son représentant légal. Il s'agit d'une véritable incapacité de jouissance. Ainsi, même si en pratique le mineur accomplit des actes de commerce de manière habituelle, il ne sera pas possible juridiquement de lui reconnaître la qualité de commerçant de droit ou de fait. Il s'agit d'une mesure de protection à l'attention exclusive du mineur. Par conséquent, les actes qui auraient été réalisés en violation de l'incapacité sont frappés d'une cause de nullité relative qui peut

---

189. Cass. (3e civ.), 16 février 2011, n° 09-71158 ; *Bull. civ.* III, n° 25, affirmant pour justifier la solution que « la qualité de fonctionnaire est incompatible avec celle de commerçant ».

190. Le IV de l'article 25*septies* dispose également que « le fonctionnaire peut être autorisé par l'autorité hiérarchique dont il relève à exercer à titre accessoire une activité, lucrative ou non, auprès d'une personne ou d'un organisme public ou privé dès lors que cette activité est compatible avec les fonctions qui lui sont confiées et n'affecte pas leur exercice. Par dérogation au 1° du I du présent article, ces activités peuvent être exercées sous le régime prévu à l'article L. 133-6-8 du code de la sécurité sociale ».

191. Art. 4 du décret du 29 juin 2016, n° 2016-882.

être invoquée, soit par le représentant légal pendant la minorité, soit par le mineur devenu majeur ou ayant obtenu l'émancipation. Il est également possible de faire valoir sa minorité en justice pour échapper à une procédure collective ou décliner la compétence du tribunal de commerce.

En pratique, si un mineur de moins de 16 ans hérite d'un fonds de commerce, il ne peut l'exploiter personnellement. Diverses possibilités lui sont néanmoins offertes. Tout d'abord, son ou ses parents peuvent exploiter ce fonds de commerce en vertu du droit de jouissance légale dont ils disposent. Ensuite, le fonds de commerce peut être donné en location-gérance, avec néanmoins le risque lié à la solidarité légale du locataire-gérant et du propriétaire du fonds jusqu'à la date de la publication du contrat de location-gérance[192]. Une fois l'émancipation obtenue ou la majorité atteinte, il sera alors possible d'exploiter directement le fonds de commerce, si tel est le souhait de son propriétaire mineur. Enfin, le fonds de commerce peut être apporté par les représentants légaux au sein d'une société, pluripersonnelle ou unipersonnelle.

178. Le mineur de plus de seize ans non émancipé – Par principe, le mineur de plus de 16 ans qui n'a pas obtenu une décision d'émancipation est soumis au même statut que le mineur de moins de 16 ans. Il ne peut accéder au statut de commerçant.

La loi du 15 juin 2010, réformée par une ordonnance du 15 octobre 2015, a néanmoins offert au mineur de plus de 16 ans non émancipé la possibilité d'exercer une activité commerciale dès lors qu'un cadre particulier prévu par l'article 388-1-2 du Code civil est respecté. En premier lieu, une autorisation doit être donnée par son ou ses administrateurs légaux. En second lieu, cette autorisation ne peut avoir pour objet que d'autoriser le mineur à accomplir seul les actes d'administration nécessaires à la création et à l'administration d'une entreprise individuelle à responsabilité limitée (EIRL) ou d'une société unipersonnelle (EURL, SASU). En troisième lieu, les actes de disposition ne peuvent être effectués que par son ou ses administrateurs légaux. En dernier lieu, l'autorisation parentale du ou des administrateurs légaux revêt la forme d'un acte sous seing privé ou d'un acte notarié et comporte la liste des actes d'administration pouvant être accomplis par le mineur.

179. Le mineur de plus de seize ans émancipé – D'après l'article 413-8 du Code civil, « le mineur émancipé peut être commerçant sur autorisation du juge des tutelles au moment de la décision d'émancipation et du président du tribunal de grande instance s'il formule cette demande après avoir été émancipé ». Il s'agit là d'une réforme importante encore apportée par la loi précitée du 15 juin 2010.

Le mineur émancipé peut donc accéder au statut de commerçant, avec tous les droits et obligations qui en découlent, dès lors qu'il bénéficie

192. Art. L. 144-7 C. com.

d'une décision de justice spéciale prévoyant cet accès. Au final, le mineur émancipé bénéficie de la pleine capacité juridique, comme une personne majeure : les actes civils ou commerciaux qu'il accomplit sont pleinement valables. En revanche, l'émancipation est une condition insuffisante pour accéder au statut de commerçant. Il faut en outre que le juge autorise expressément l'accès à la qualité de commerçant.

2) *Le majeur protégé*

180. Une protection modulable du majeur – Selon l'article 425 du Code civil, « toute personne dans l'impossibilité de pourvoir seule à ses intérêts en raison d'une altération, médicalement constatée, soit de ses facultés mentales, soit de ses facultés corporelles de nature à empêcher l'expression de sa volonté peut bénéficier d'une mesure de protection juridique ». En fonction de l'intensité de l'altération constatée par le juge, il sera prononcé une mesure de tutelle, de curatelle ou une mise sous sauvegarde de justice. La question de l'accès à la qualité de commerçant se pose dans ces différentes situations.

181. Le majeur en tutelle – Le majeur placé sous tutelle se trouve dans une situation comparable à celle du mineur de moins de 16 ans. Soumis à un régime de représentation, il est frappé d'une véritable incapacité de jouissance puisqu'il ne peut, ni à titre personnel, ni par l'intermédiaire de son tuteur qui le représenterait[193], exercer la moindre activité commerciale. Tous les actes accomplis en violation de cette règle sont frappés d'une nullité relative qui ne peut être invoquée que dans l'intérêt de la personne protégée. Même s'il accomplit en fait des actes de commerce, il ne peut accéder à la qualité de commerçant. La mise en location- gérance, la vente ou l'apport en société du fonds de commerce restent des techniques qui peuvent être utilisées pour ne pas voir cet actif dépérir rapidement.

Toutefois, cette protection est soumise à la réalisation d'une formalité particulière. En effet, le jugement d'ouverture de la tutelle doit faire l'objet d'une inscription modificative concernant sa situation auprès du registre du commerce et des sociétés[194]. À défaut, cette situation serait inopposable aux tiers de bonne foi, c'est-à-dire ignorant la mesure de

193. Selon l'article 509-3° du Code civil, le tuteur ne peut, même avec une autorisation, exercer le commerce ou une profession libérale au nom de la personne protégée.

194. L'article R. 123-46 du Code civil prévoit que cette formalité concerne les décisions définitives plaçant un majeur sous tutelle ou sous curatelle au sens de l'article 440 du Code civil et celles qui en donnent mainlevée ou qui les rapportent. Lorsqu'il est fait application de cet article, l'obligation de déclaration incombe au tuteur ou au curateur.

protection[195].Cette même formalité est requise lorsque le majeur fait l'objet d'une mesure de curatelle.

182. Le majeur en curatelle – Soumis à un régime d'assistance, le majeur soumis à un régime de curatelle bénéficie d'une incapacité seulement partielle. En théorie, il n'existe donc pas d'obstacle à l'accomplissement d'acte de commerce et à l'accès à la qualité de commerçant. Selon l'article 467 du Code civil, seuls les actes qui, en cas de tutelle, requièrent une autorisation du juge ou du conseil de famille, nécessitent l'assistance du curateur.

Néanmoins, cette seule contrainte est de nature à contrarier l'exercice normal d'une activité commerciale. Sous le double effet probable de la perte de confiance progressive de la clientèle et de la concurrence accrue des autres commerçants, le majeur en curatelle ne pourra souvent, dans les faits, agir en commerçant que de manière temporaire et pour des actes limités.

183. Le majeur sous sauvegarde de justice – Le régime de protection est encore plus souple à l'égard du majeur placé sous sauvegarde de justice. Dans cette hypothèse et selon l'article 433 du Code civil, le juge peut placer sous sauvegarde de justice la personne qui, pour l'une des causes prévues à l'article 425 du Code civil[196], a besoin d'une protection juridique temporaire ou d'être représentée pour l'accomplissement de certains actes déterminés.

Dans ce cas, le principe demeure que « la personne placée sous sauvegarde de justice conserve l'exercice de ses droits »[197]. Mais les actes passés demeurent fragiles. En effet, les actes conclus pendant la durée de la mesure peuvent être rescindés pour simple lésion ou réduits en cas d'excès. Dans cette perspective, les tribunaux prennent notamment en considération l'utilité ou l'inutilité de l'opération, l'importance ou la consistance du patrimoine de la personne protégée et la bonne ou mauvaise foi de ceux avec qui elle a contracté[198].

Comme pour le majeur placé sous curatelle, celui bénéficiant d'une mesure de sauvegarde de justice peut valablement accomplir des actes de commerce et accéder au statut de commerçant. En pratique, la remise en cause de ces actes qui est facilitée dans l'intérêt de la personne protégée est en contradiction avec l'impératif de sécurité et de confiance qui imprègne le droit commercial.

---

195. L'article 123-9 du Code de commerce dispose notamment que « la personne assujettie à immatriculation ne peut, dans l'exercice de son activité, opposer ni aux tiers ni aux administrations publiques, qui peuvent toutefois s'en prévaloir, les faits et actes sujets à mention que si ces derniers ont été publiés au registre ».
196. Voy. *supra*, n° 180.
197. Art. 435, al. 1, C. civ.
198. Art. 435, al. 2, C. civ.

B. Les limites liées à la protection du commerce

1) *Le contrôle étatique de certaines activités*

184. Le monopole en déclin – De manière traditionnelle, l'État pouvait se réserver l'exercice à titre exclusif d'une activité commerciale ou autoriser l'accès à certaines activités à un nombre limité d'acteurs économiques qu'il s'évertuait à sélectionner.

Aujourd'hui, la situation monopolistique est devenue exceptionnelle sous l'influence notable du droit communautaire qui prône inlassablement le principe de libre établissement comme celui de la liberté des prestations de services. On peut plus particulièrement évoquer la loi n° 2010-476 du 12 mai 2010 relative à l'ouverture à la concurrence et à la régulation du secteur des jeux d'argent et de hasard en ligne. De même, l'ouverture à la concurrence du transport ferroviaire en France et la fin du monopole de la SNCF pour le transport de personnes est en marche, même si elles subissent des résistances politiques et sociales importantes.

La tendance actuelle n'est donc plus à interdire l'accès à une activité commerciale, mais à réguler certaines activités pour contrôler ceux qui sont candidats à son exercice. C'est ainsi que lorsque l'on parle du « monopole bancaire », il s'agit plus justement d'un oligopole qui se constitue à travers l'attribution d'un agrément par une autorité de tutelle. L'intervention de l'état se réalise de différentes manières et avec une intensité qui peut varier. On parle alors d'autorisation ou de déclaration.

185. L'autorisation administrative qui s'érode parfois face à la libéralisation de l'économie – Dans certaines hypothèses, l'administration doit donner son autorisation avant qu'une personne puisse prétendre à exercer une activité commerciale précise. La tendance à la libéralisation des activités économiques conduit, comme en matière de monopole, à une réduction du nombre de ces autorisations. Ainsi, la loi du 6 août 2015 dans son article 5 a réformé l'article L. 3111-17 du Code des transports qui prévoit que « les entreprises de transport public routier de personnes établies sur le territoire national peuvent assurer des services réguliers interurbains ». Le régime de l'autorisation est donc ici abandonné.

186. L'autorisation administrative qui se maintient au nom de la protection des commerçants – L'autorisation administrative demeure toutefois toujours présente en droit commercial. Un exemple peut être cité en matière d'urbanisme commercial. En effet, l'article 752-1 du Code de commerce dispose que sont notamment soumis à une autorisation d'exploitation commerciale les projets ayant pour objet la création d'un magasin de commerce de détail d'une surface de vente supérieure à 1 000 mètres carrés, résultant soit d'une construction nouvelle, soit de la transformation d'un immeuble existant, ou encore l'extension de la surface de vente d'un ensemble commercial ayant déjà atteint le seuil des 1 000 mètres carrés ou devant le dépasser par la réalisation du projet. Cette autorisation est délivrée par une commission départementale d'aménagement commercial[199] dont la décision peut être contestée devant la commission nationale d'aménagement commercial[200], puis devant les juridictions compétentes.

Dans d'autres domaines, l'autorisation administrative prend l'appellation d'**agrément**. C'est le cas notamment en matière bancaire[201], en matière d'assurance[202] ou pour un conseiller en investissement participatif[203]. L'exercice illégal de ces activités, en dehors de l'obtention de l'agrément ou pour des activités qui ne seraient pas comprises dans cet agrément, conduit le plus souvent à reconnaître la qualification de commerçant de fait. Un arrêt important a été rendu par la Cour de cassation pour connaître la validité ou non des actes qui ont été accomplis dans ces circonstances. Elle a jugé que les actes accomplis au mépris de la réglementation ne sont pas frappés de nullité. Plus précisément et en matière bancaire, il a été jugé que « la seule méconnaissance par un établissement de crédit de l'exigence d'agrément n'est pas de nature à entraîner la nullité des contrats qu'il a conclus »[204].

Enfin, dans d'autres secteurs, l'autorisation administrative tombe sous le vocable de **licence**. L'exploitation d'un débit de boissons[205], la création ou le transfert d'une officine de pharmacie, comme le regroupement de telles officines[206], ou encore l'activité d'entrepreneur de spectacles vivants[207] nécessitent préalablement la délivrance d'une licence.

187. La déclaration auprès de l'administration – De manière la plus souple, l'État peut exiger que pour certaines activités le commerçant se signale auprès d'une administration en effectuant une déclaration. Deux illustrations de cette situation peuvent être évoquées.

D'une part, l'article L. 3111-18 du Code des transports dispose qu'à l'occasion d'une activité de transport public collectif routier, tout service assurant une liaison dont deux arrêts sont distants de 100 kilomètres ou moins fait l'objet d'une déclaration auprès de l'Autorité de régulation

---

199. Art. L. 752-6 C. com.
200. Art. L. 752-17 C. com.
201. Art. L. 511-10 et s. C. mon. fin.
202. Art. L. 321-1 et s. C. ass.
203. Art. L. 547-4 C. mon. fin.
204. Cass. (ass. plén.), 4 mars 2005, n° 03-11.725.
205. Art. L. 3331-1 et s. C. santé publ. Les connaisseurs distingueront les « licences de boissons fermentées », les « licences restreintes » et les « licences de plein exercice ».
206. Art. L. 5125-4 C. santé publ. : « Toute création d'une nouvelle officine, tout transfert d'une officine d'un lieu dans un autre et tout regroupement d'officines sont subordonnés à l'octroi d'une licence délivrée par le directeur général de l'agence régionale de santé [...] après avis du représentant de l'Etat dans le département ».
207. Art. L. 7122-3 C. trav.

des activités ferroviaires et routières, préalablement à son ouverture. L'autorité publie sans délai cette déclaration.

D'autre part, l'article L. 123-29 du Code de commerce énonce que toute personne physique ou morale doit, pour exercer ou faire exercer par son conjoint ou ses préposés une activité commerciale ou artisanale ambulante hors du territoire de la commune où est situé son habitation ou son principal établissement, en faire la déclaration préalable auprès de l'autorité compétente. Il en va de même pour toute personne sans domicile stable entendant exercer ou faire exercer par son conjoint ou ses préposés une activité commerciale ou artisanale ambulante. La déclaration ainsi effectuée est renouvelable périodiquement. Enfin, cette déclaration donne lieu à délivrance d'une carte permettant l'exercice d'une activité ambulante.

2) *L'assainissement de la profession commerciale*

188. Les sources d'exclusion des commerçants – Le droit commercial a organisé une forme de purge qui permet d'exclure des personnes non désirées du monde des commerçants en raison de leur défaut d'honorabilité. Elles ne sont alors plus dignes d'appartenir à ce cercle de professionnels. Il peut s'agir de personnes qui ont commis une infraction pénale ou qui ont fait l'objet d'une procédure collective. Dans ces deux situations, le juge est autorisé sous certaines conditions à interdire à la personne concernée d'exercer pour l'avenir une activité commerciale.

a) Les hypothèses d'interdiction d'exercer une activité commerciale

189. Le commerçant, auteur d'une infraction pénale – La loi du 30 août 1947 sur l'assainissement des professions commerciales, autonome à l'origine, avait été intégrée ensuite dans le Code de commerce par l'effet d'une ordonnance de 2005. La loi du 4 août 2008 a abrogé les dispositions des articles L. 128-1 à L. 128-6 de ce code.

Toutefois, l'idée d'assainissement de la profession des commerçants demeure dans la législation actuelle. Aujourd'hui, le juge pénal se voit parfois reconnaître par la loi le pouvoir de prononcer une interdiction d'exercer une activité commerciale ou de diriger une entreprise ou une société commerciale. Cette sanction peut résulter :

– soit d'une peine alternative d'une peine d'emprisonnement ou d'amende. En effet, selon l'article 131-6 du Code pénal, lorsqu'un délit est puni d'une peine d'emprisonnement, ou selon l'article L. 131-7 du même code, lorsque le délit n'est puni que d'une peine d'amende, la juridiction peut prononcer, à la place de l'emprisonnement ou de l'amende, une ou plusieurs des peines privatives ou restrictives de liberté prévues par le premier texte. La peine alternative élargit donc l'arsenal des sanctions que peut prononcer le juge. Parmi ces peines privatives ou restrictives de liberté à la disposition du juge figure l'interdiction d'exercer une profession commerciale ou industrielle, de diriger, d'administrer, de gérer ou de contrôler à un titre quelconque, directement ou indirectement, pour son propre compte ou pour le compte d'autrui, une entreprise commerciale ou industrielle ou une société commerciale. Dans ce cas, la durée de l'interdiction ne peut être prononcée que pour une durée de cinq ans au plus.

– soit en tant que peine complémentaire d'un crime ou d'un délit si le texte d'incrimination prévoit une telle sanction. L'article L. 131-27 du Code pénal prévoit là encore en effet l'interdiction d'exercer une profession commerciale ou industrielle, de diriger, d'administrer, de gérer ou de contrôler à un titre quelconque, directement ou indirectement, pour son propre compte ou pour le compte d'autrui, une entreprise commerciale ou industrielle ou une société commerciale. Cette interdiction est soit définitive, soit temporaire ; dans ce dernier cas, elle ne peut excéder une durée de quinze ans. Il s'agit ici d'une peine qui est toujours facultative pour le juge. Cette peine complémentaire ne peut être prononcée par le juge que si le texte d'incrimination le prévoit. Il faut donc vérifier au cas par cas pour chaque infraction. Parmi les infractions les plus connues concernées, il est possible de citer notamment le vol (art. 311-14 C. pén.), l'escroquerie (art. 313-7 C. pén.), l'abus de confiance (art. 314-10 C. pén.), les infractions relatives au droit des sociétés (art. L. 249-1 C. com.). On peut également ajouter la fraude fiscale qui permet de sanctionner ainsi « les personnes physiques coupables de l'une des infractions en matière d'impôts directs, de taxe sur la valeur ajoutée et autres taxes sur le chiffre d'affaires, de droit d'enregistrement, de taxe de publicité foncière et de droit de timbre ». À côté de l'interdiction d'exercer une activité commerciale de manière générale, l'article L. 131-27 du Code pénal prévoit aussi la possibilité pour le juge de recourir à des interdictions spéciales, comme celles d'exercer une fonction publique ou d'accomplir une activité professionnelle ou sociale qui est alors soit définitive, soit temporaire ; dans ce dernier cas, elle ne peut excéder une durée de cinq ans. Dans tous ces cas, la sanction est toujours facultative pour le juge qui apprécie la situation selon son intime conviction.

190. Le commerçant soumis à une procédure collective – Au-delà du traitement des difficultés financières du commerçant soumis à une procédure collective, le droit des entreprises en difficulté permet aussi, de manière secondaire, de venir sanctionner le comportement du commerçant qui a généré l'état de cessation des paiements ou plus généralement qui n'est pas conforme à la conduite normale d'un commerçant diligent et raisonnable. C'est ainsi que le droit des procédures collectives s'attache à sanctionner certaines fautes d'une particulière gravité qui concernent soit le commerçant personne physique soumise à la procédure, soit le dirigeant de droit ou de fait de la personne morale débitrice[208].

L'objet de la sanction est différent en fonction du choix sur lequel se porte le tribunal en charge du suivi de la procédure collective :

– le tribunal peut prononcer une interdiction de diriger, gérer, administrer ou contrôler, directement ou indirectement, toute entreprise commerciale[209] ;

– le tribunal peut également opter pour une autre sanction, à savoir la faillite personnelle. Cette sanction emporte les mêmes conséquences que l'interdiction de gérer évoquée dans le premier cas[210], mais en outre l'interdiction est élargie à l'incapacité d'exercer des fonctions publiques électives[211]. Ses conséquences sont donc plus larges en excluant la personne sanctionnée du monde des affaires et du monde politique.

Le juge reste toujours libre de prononcer ou non une interdiction de gérer ou une faillite personnelle. L'interdiction d'exercer une activité commerciale, soit directement en qualité de commerçants personnes physiques, soit indirectement en qualité de dirigeant de droit ou de fait d'une société commerciale doit être limitée dans le temps. La durée de l'interdiction ne peut être supérieure à 15 années[212].

b) Les sanctions liées à la violation d'une interdiction d'exercer des activités commerciales

191. La prévention liée à l'existence du fichier national des interdictions de gérer – La loi n° 2012-387 du 22 mars 2012 relative à la simplification du droit et à l'allégement des démarches administratives a généré la création d'un fichier national des interdits de gérer. Le régime juridique de ce fichier national est décrit aux articles L. 128-1 et suivants du Code de commerce. L'objectif de cette loi est notamment de lutter contre les fraudes et de favoriser l'exécution des mesures d'interdiction de gérer prononcées par les juridictions judiciaires. La tenue de ce fichier est une mission de service public assurée par le Conseil national des greffiers des tribunaux de commerce à ses frais et sous sa responsabilité.

Sont inscrites et donc centralisées dans ce fichier les faillites personnelles et les autres mesures d'interdiction de diriger, de gérer, d'administrer ou de contrôler, directement ou indirectement, une entreprise

208. Art. L. 653-1 à L. 653-9 C. com.
209. Art. L. 653-8 C. com.
210. Art. L. 653-2 C. com.
211. Art. L. 653-10 C. com.
212. Art. L. 653-11 C. com.

commerciale, industrielle ou artisanale, une exploitation agricole, une entreprise ayant toute autre activité indépendante ou une personne morale prononcées à titre de sanction civile ou commerciale ou à titre de peine et résultant des décisions juridictionnelles passées en force de chose jugée[213].

L'accès à ce fichier est assez large mais demeure réservé à des personnes désignées par la loi. Un accès permanent est accordé aux greffiers des tribunaux de commerce et aux greffiers des tribunaux civils statuant en matière commerciale. Un accès ponctuel sur simple demande est également autorisé dans le cadre de leur mission aux magistrats et aux personnels des juridictions de l'ordre judiciaire, aux personnels des services du ministère de la justice, aux représentants de l'administration et d'organismes définis par décret en Conseil d'État (URSSAF, Administration fiscale...) et enfin aux personnels des chambres de métiers et de l'artisanat départementales et de région.

Toute demande d'inscription auprès du registre du commerce et des sociétés, qu'elle concerne l'immatriculation, la modification ou la radiation doit faire l'objet d'une vérification par le greffier, notamment au regard du fichier national des interdictions de gérer. En effet, selon l'article R. 123-95, alinéa 3, du Code de commerce, le greffier est obligé de vérifier que la personne physique tenue à l'immatriculation au registre ou, s'il s'agit d'une personne morale, son représentant légal n'est pas inscrit au fichier national mentionné à l'article L. 128-1 du même code.

En dépit de ce dispositif préventif et d'une interdiction d'exercer une activité commerciale prononcée à son encontre, il peut arriver qu'une personne, en qualité de commerçant de droit ou de fait, exerce une activité commerciale de manière illicite. C'est alors qu'un dispositif de sanctions supplémentaires intervient.

192. La répression liée à la violation effective d'une interdiction d'exercer une activité commerciale – Deux modes de répression sont ici envisageables, l'un civil, l'autre pénal.

Concernant les sanctions civiles, il faut remarquer que l'interdiction d'exercer une activité commerciale n'a pas pour vocation de protéger le commerçant fautif, mais bien de l'évincer autoritairement du monde des commerçants. En conséquence, les actes qui auraient été passés en dépit d'une telle interdiction ne sont pas en principe remis en cause. Il s'agit d'assurer la sécurité juridique des tiers et de les protéger contre une remise en cause des engagements contractuels souscrits avec la personne frappée d'interdiction. Tout se passe comme si cette dernière est considérée comme un commerçant de fait. Dans cette logique, il serait possible d'envisager que les tiers puissent disposer d'une alternative à leur convenance, qui permettrait, soit d'imposer le respect des engagements

213. Art. L. 128-1, al. 3, C. com.

contractuels souscrits, soit de solliciter leur nullité. La jurisprudence ne s'est pas encore prononcée de manière nette en faveur de cette solution.

Concernant la répression pénale, la loi fulmine des sanctions correctionnelles en cas de violation des interdictions d'exercer une activité commerciale, qu'elles soient prononcées par un juge pénal[214] ou par un juge civil[215].

3) *Le statut du commerçant étranger*

193. Les évolutions du traitement du commerçant étranger – À l'époque révolutionnaire et en raison du silence absolu du Code de commerce de 1807 à son sujet, le commerçant étranger, envisagé comme un citoyen semblable aux autres, bénéficie d'une liberté totale d'établissement. Aucun texte n'est édicté pour entraver l'exercice d'une activité commerciale sur le territoire national par un étranger.

Toutefois, au regard de l'expansion de leur nombre, une série de textes est intervenue (décret-loi du 17 juin et du 12 novembre 1938) pour modifier cette approche et faire intervenir le contrôle de l'État. Le commerçant étranger se devait d'obtenir une autorisation administrative avant de pouvoir exercer une activité commerciale. Cette autorisation donnait lieu à la délivrance d'une carte d'identité particulière, appelée en pratique la carte de commerçant étranger.

Progressivement, les contraintes autour du commerçant étranger vont être allégées à la suite de réformes successives. Tout d'abord, une ordonnance du 25 mars 2004 supprime pour tout étranger l'obligation de détenir la carte de commerçant étranger. Ensuite, la construction de l'Union européenne va conduire à une refonte complète du système par le droit interne. La loi n° 2006-911 du 24 juillet 2006 et ses décrets d'application, puis la loi n° 2014-1 du 2 janvier 2014 conduisent à distinguer en droit positif deux situations distinctes, selon que le commerçant étranger est ressortissant ou non d'un État de l'Union européenne.

194. Le commerçant ressortissant de l'Union européenne – Par l'effet des principes du droit communautaire, le commerçant ressortissant de l'Union

---

214. Art. 434-40-1 C. pén. : « Lorsqu'a été prononcée, à titre de peine, l'interdiction d'exercer une profession commerciale ou industrielle, de diriger, d'administrer, de gérer ou de contrôler à un titre quelconque, directement ou indirectement, pour son propre compte ou pour le compte d'autrui, une entreprise commerciale ou industrielle ou une société commerciale prévue au deuxième alinéa de l'article 131-27, toute violation de cette interdiction est punie de deux ans d'emprisonnement et de 375 000 € d'amende ».
215. Art. L. 654-15 C. com. : « Le fait, pour toute personne, d'exercer une activité professionnelle ou des fonctions en violation des interdictions, déchéances ou incapacité prévues par les articles L. 653-2 et L. 653-8, est puni d'un emprisonnement de deux ans et d'une amende de 375 000 euros ».

européenne bénéficie du même traitement juridique que les nationaux. Leur accès au commerce en France est donc libre. Cette règle s'applique aussi pour les ressortissants de la Confédération suisse et ceux des États signataires de l'accord sur l'Espace économique européen (Islande, Liechtenstein, Norvège).

Si ces ressortissants résident en France, ils sont seulement contraints de se faire enregistrer auprès du maire de leur commune de résidence dans les trois mois suivant leur arrivée[216].

195. Le commerçant non ressortissant de l'Union européenne – Pour les ressortissants des autres États que ceux cités précédemment, il y a lieu de distinguer entre ceux qui exercent leur activité sur le territoire national tout en y résidant, et ceux qui conservent leur résidence hors de France.

S'agissant des commerçants étrangers qui résident en France, une disposition du Code civil peut s'appliquer. En effet, l'article 11 de ce code dispose que « l'étranger jouira en France des mêmes droits civils que ceux qui sont ou seront accordés aux Français par les traités de la nation à laquelle cet étranger appartiendra ». En pratique néanmoins, les traités internationaux prévoient des dispositions particulières qui empêchent bien souvent l'application effective de ce texte.

Ensuite, le commerçant étranger – comme le dirigeant de société ou l'associé tenu indéfiniment des dettes sociales – peut exercer une activité commerciale dans deux situations alternatives :

- soit il est titulaire d'une carte de résident ;

- soit il est titulaire d'un titre de séjour autorisant l'exercice d'une activité commerciale sur le sol français[217]. Pour l'obtention de ce titre, il doit notamment démontrer que l'exercice de l'activité non salariée est économiquement viable et qu'elle lui permet d'obtenir des moyens d'existence suffisants, le tout dans le respect de la législation en vigueur.

S'agissant des commerçants étrangers qui ne résident pas en France, la loi n° 2014-1 du 2 janvier 2014 a supprimé la déclaration en préfecture qui était auparavant obligatoire. Aucune contrainte ne pèse donc sur l'étranger commerçant qui ne réside pas en France.

196. Le statut du commerçant étranger – Le chapitre 2 du titre 1 du livre premier du Code de commerce intitulé « le commerçant étranger » a été totalement vidé de sa substance. Aussi, il n'apparaît pas aisé de saisir immédiatement le contenu du statut du commerçant étranger. Tout du moins, le Code de commerce n'est pas d'un grand secours.

216. Art. L. 121-1 et L. 121-2 du Code de l'entrée et du séjour des étrangers et du droit d'asile.

217. Art. L. 313-10, 3°, du Code de l'entrée et du séjour des étrangers et du droit d'asile.

On peut néanmoins affirmer que si le commerçant exerce régulièrement ses activités commerciales sur le territoire français, il demeure soumis aux mêmes obligations en principe que les ressortissants nationaux (immatriculation au RCS, obligations comptables, fiscales, sociales...). En revanche concernant les droits, la réciprocité n'est pas vraie. Le commerçant étranger dispose de droits amoindris. Ainsi, il n'est ni éligible, ni électeur aux chambres de commerce et d'industrie ainsi qu'aux tribunaux de commerce. Également, certaines activités plus sensibles sont interdites aux commerçants étrangers, comme l'exploitation d'un débit de boissons ou encore les activités de gardiennage. Néanmoins, sa situation a tendance à s'améliorer. Par exemple, alors que le Code de commerce dans son article L. 145-13 n'accordait le droit au renouvellement d'un bail commercial qu'aux seuls nationaux et ressortissants de l'Union européenne, la Cour de cassation a finalement écarté cet article au motif que cette discrimination ne reposait sur aucun critère d'intérêt général (art. 14 de la convention européenne des droits de l'homme). Dans un second temps, le législateur a entériné cette évolution jurisprudentielle en abrogeant, avec la loi Pinel du 18 juin 2014, la disposition légale litigieuse.

§ 2. Le contenu du statut

197. La complexification du statut du commerçant – Le statut du commerçant comporte différentes strates, un peu à l'image du régime matrimonial des époux qui comporte un régime primaire et un régime secondaire. Dans un premier temps, il existe un certain nombre de droits et obligations qui viennent caractériser la situation de tout commerçant. Il s'agit alors du statut professionnel du commerçant (A). Dans un second temps, ce commerçant peut avoir des préoccupations qui lui sont propres ou être soumis à une situation personnelle qui va influer sur ses activités commerciales. Ainsi, le commerçant peut avoir comme objectif de protéger son patrimoine. Le statut patrimonial du commerçant est variable et a subi des réformes successives qui ont multiplié les techniques à la disposition de ce dernier pour protéger son patrimoine (B). Enfin, le commerçant qui est marié ou qui est engagé par un pacte civil de solidarité doit prendre en considération sa situation matrimoniale dont certains éléments peuvent rejaillir sur les décisions ou les situations inhérentes à sa qualité de commerçant (C).

A. Le statut professionnel

198. Les obligations et les droits liés à la qualité de commerçant – Le statut professionnel du commerçant contient un ensemble d'obligations et de droits qui découlent de cette qualité. L'étude des droits du commerçant ne nécessite qu'une rapide énumération dans la mesure où ces prérogatives sont souvent développées plus précisément dans d'autres endroits de cet ouvrage. En revanche, l'étude des obligations méritent de plus larges développements car elles renvoient à des sujétions très spécifiques qui découlent directement de la qualité de commerçant.

1) *Les droits principaux du commerçant*

199. Énumération des droits du commerçant – Contrairement à ses obligations générales, les droits des commerçants ne sont pas regroupés dans le Code du commerce au sein d'un même chapitre. Ils sont disséminés, éparpillés dans les différents domaines du droit commercial. Il est donc nécessaire de les recenser et d'en faire la synthèse. Cette démarche n'est pas aisée, surtout qu'au final les droits attachés au statut de commerçant demeurent très restreints et soumis à des conditions d'existence strictes.

Pour avoir un aperçu de ces droits, une liste non exhaustive peut être dressée :

– le droit d'être électeur et éligible aux chambres de commerce et d'industrie[218] et aux tribunaux de commerce[219] ;

– le droit de vendre, donner en location-gérance ou nantir le fonds de commerce ;

– le droit de renouveler le bail du local où est exploité le fonds de commerce ;

– le droit de pouvoir se prévaloir en justice de sa propre comptabilité[220] ;

– le droit de voir les contestations entre commerçants relever de la compétence des tribunaux de commerce[221] ;

– le droit de déroger à la compétence territoriale[222] ;

– le droit de pouvoir bénéficier de l'ouverture d'une procédure collective[223] ;

– le droit de bénéficier de l'insaisissabilité de sa maison principale lorsque le commerçant est une personne physique[224].

218. Art. L. 711-3 C. com.
219. Art. L. 713-7 et s. C. com.
220. Art. L. 123-23 C. com.
221. Art. L. 721-3, 1°, C. com.
222. Art. 48 C. proc. civ.
223. Art. L. 631-1 et 640-1 C. com.
224. Art. L. 526-1, C. com.

On peut simplement signaler que les droits ne sont pas aujourd'hui toujours accordés au bénéfice du commerçant. Le législateur préfère parfois allouer des prérogatives spécifiques à des notions voisines, comme celle d'entrepreneur individuel (loi du 15 juin 2010 sur l'entrepreneur individuel à responsabilité limitée) ou de professionnel (loi du 18 novembre 2016 ayant réformé l'article 2061 qui autorise l'opposabilité de la clause compromissoire aux seules parties ayant contracté dans le cadre leur activité professionnelle).

2) *Les obligations principales du commerçant*

200. Les obligations particulières et générales du commerçant – Les obligations du commerçant sont d'importances inégales au regard des développements juridiques qu'elles méritent.

Ainsi, l'article L. 123-24 du Code de commerce énonce que « tout commerçant est tenu de se faire ouvrir un compte dans un établissement de crédit ou dans un bureau de chèques postaux ». Cette obligation juridique s'est muée en véritable nécessité économique dans la mesure où les paiements des clients par chèques, puis par cartes bancaires se sont banalisés. En outre, la tenue d'une comptabilité sincère est facilitée par la centralisation des opérations financières sur un compte bancaire dédié à l'activité économique. D'ailleurs, l'obligation de détenir un compte s'est transformée en un véritable droit au compte, qui est reconnu au commerçant comme à toute personne qui se voit refuser l'ouverture initiale d'un compte bancaire[225].

De même, l'article L. 441-3 du Code de commerce dispose que « tout achat de produits ou toute prestation de service pour une activité professionnelle doivent faire l'objet d'une facturation ». Mais c'est là encore la notion de professionnel qui est mise en avant, même si elle englobe celle de commerçant. À ce titre, le commerçant est soumis à une législation de plus en plus stricte du droit de la consommation qui l'oblige à toujours plus d'informations et de responsabilité, comme celle du droit de la concurrence qui le contraint à plus de loyauté vis-à-vis de ses concurrents.

Enfin, certaines dispositions plus particulières vont s'appliquer aux seuls commerçants. Ainsi, l'article R. 131-49 du Code monétaire et financier dispose que lorsque le titulaire du compte est notamment soumis à l'obligation d'immatriculation au registre du commerce et des sociétés ou au répertoire des métiers et que le montant du chèque impayé est supérieur à 1 500 €, le banquier tiré doit dénoncer au greffier du tribunal de commerce ou, le cas échéant, du tribunal de grande instance statuant en matière commerciale dans le ressort duquel se trouve le domicile

225. Art. L. 312-1 C. mon. fin.

du titulaire du compte, le certificat de non-paiement établi à la suite de l'émission du chèque sans provision. Le certificat de non-paiement fait alors l'objet d'une publicité particulière mise en œuvre par le greffier.

Mais, si l'objet de l'étude se concentre autour des obligations générales et substantielles du commerçant prévues par le Code de commerce, ces obligations sont alors triples. Elles concernent alors :

- la comptabilité ;
- l'immatriculation au registre du commerce et des sociétés ;
- le commerce ambulant[226].

Seules les deux premières obligations, qui sont générales et frappent tout commerçant, méritent des développements particuliers.

a) Les formalités auprès du registre du commerce et des sociétés

201. L'architecture générale du registre du commerce et des sociétés – Le registre du commerce est un répertoire officiel qui recense l'ensemble des personnes physiques et morales exerçant une activité commerciale, ainsi que les éléments d'information essentiels qui caractérisent leur situation professionnelle. La collecte des informations déclarées par les commerçants permet donc leur diffusion auprès d'un large public.

La France a manifesté un certain retard à cet égard par rapport à d'autres états voisins dotés d'une culture plus disciplinée. C'est ainsi que l'Allemagne et la Suisse ont été parmi les premiers Etats européens à mettre en place un tel dispositif de recensement des informations sur les commerçants. En s'inspirant de ces modèles, la France a institué un registre du commerce par l'effet d'une loi du 18 mars 1919. Il va subir diverses réformes pour améliorer le système de collecte d'informations. Lorsque l'obligation d'immatriculation a été imposée pour toute création de sociétés civiles par la loi du 4 janvier 1978, l'appellation officielle du répertoire devient celle de « registre du commerce et des sociétés » (RCS) qui subsiste encore aujourd'hui. C'est le droit commercial qui donne ici l'impulsion et qui sert de référence pour la mise en œuvre de répertoires professionnels similaires dans le domaine des activités civiles. Ainsi, dans le sillage du registre des commerçants, le répertoire des métiers concernant les artisans[227] précède l'avènement beaucoup plus récent du registre des actifs agricoles[228].

---

226. Voy. not. *supra*, n° 187.

227. Le répertoire des métiers voit le jour à la suite de l'adoption de la loi du 27 mars 1934. Subissant des réformes successives, son régime juridique a été encore remanié par le décret n° 2006-80 du 25 janvier 2006.

228. La loi n° 88-102 du 30 décembre 1988 pose le principe d'une immatriculation obligatoire des agriculteurs. L'article L. 311-2 du code rural et de la pêche maritime fixe la liste des personnes assujetties à cette obligation d'immatriculation auprès du registre de l'agriculture.

Dans sa configuration actuelle, la physionomie du registre du commerce et des sociétés se dédouble de la manière suivante :

– Un registre local qui est tenu par le greffier de chaque tribunal de commerce, sous la surveillance du président ou d'un juge commis à cet effet. Ces derniers sont notamment compétents pour rendre toute ordonnance destinée à trancher les contestations survenant entre l'assujetti et le greffier[229]. Selon l'article R. 123-82 du Code de commerce, le registre local comporte trois rubriques distinctes, à savoir :

1° : un fichier alphabétique des personnes immatriculées ;

2° : le dossier individuel constitué par la demande d'immatriculation, complétée, le cas échéant, par les inscriptions subséquentes ;

3° : un dossier annexe où figurent les actes et pièces qui doivent être déposés au registre du commerce et des sociétés.

– Un registre national qui est tenu par l'Institut national de la propriété industrielle (INPI). Il s'agit d'un établissement public doté de la personnalité civile et de l'autonomie financière. Il a notamment pour mission de centraliser et diffuser toute information nécessaire pour la protection des innovations et pour l'enregistrement des entreprises[230]. Chaque greffier des tribunaux de commerce doit transmettre à l'Institut national de la propriété industrielle, par voie électronique et sans frais, un document valant original des inscriptions effectuées au greffe et des actes et pièces qui y sont déposés, dans un délai et selon des modalités fixées par dispositions réglementaires[231].

Par application de la directive 2012/17/EU du 13 juin 2012, un système d'interconnexion des registres du commerce et des sociétés est mis en place au niveau de l'Union européenne. Ce dispositif est dénommé « système d'interconnexion des registres du commerce et des sociétés » ou en abrégé « BRIS » (Business Registers Interconnection System). L'instauration de ce système a pour but de faciliter l'accès à l'information commerciale pour les tiers et d'améliorer la communication entre les registres nationaux en fiabilisant les informations sur les entreprises (procédure d'insolvabilité notamment). À la suite de reports successifs, le fonctionnement de ce système d'interconnexion est effectif depuis le mois de juin 2017[232].

Le registre du commerce et des sociétés français est soumis à un ensemble de règles contenues aux articles L. 123-1 et suivants du Code de

229. Art. L. 123-6 C. com.
230. Art. L. 411-1 C. propr. int.
231. Art. L. 123-6 C. com.
232. C'est le GIE Infogreffe qui gère pour le compte de la France cette plateforme d'interconnexion, mise en ligne le 8 juin 2017. La plateforme d'interconnexion des RCS européens, élargie aux entreprises situées en Islande, au Liechtenstein et en Norvège est disponible sur le site e-justice.europa.eu/home.do.

commerce, ainsi qu'aux articles R. 123-21 du même code. La conception nationale du registre du commerce et des sociétés en fait essentiellement un document qui recense des informations et assure le respect du principe de transparence. Toutefois, il peut arriver que certaines démarches ou informations qui découlent de ce registre soient créatrices de droit pour la personne qui les effectue ou qui est l'objet de ces informations.

202. Le caractère obligatoire de l'immatriculation principale – L'article L. 123-1, I du Code de commerce détermine la liste des personnes assujetties à l'obligation de procéder à leur immatriculation auprès du registre du commerce et des sociétés :

1° les personnes physiques ayant la qualité de commerçant, même si elles sont tenues à immatriculation au répertoire des métiers ;

2° les sociétés et groupements d'intérêt économique ayant leur siège dans un département français et jouissant de la personnalité morale ;

3° les sociétés commerciales dont le siège est situé hors d'un département français et qui ont un établissement dans l'un de ces départements ;

4° les établissements publics français à caractère industriel ou commercial ;

5° les autres personnes morales dont l'immatriculation est prévue par les dispositions législatives ou réglementaires ;

6° les représentations commerciales ou agences commerciales des États, collectivités ou établissements publics étrangers établis dans un département français.

203. Les modalités de l'immatriculation principale – Sans entrer trop dans les détails des modalités très techniques de l'immatriculation principale, il est possible d'en décrire les caractéristiques essentielles :

– Le délai pour l'accomplissement de l'immatriculation : une distinction importante s'impose ici entre le commerçant personne physique et le commerçant personne morale.

Si le commerçant est une personne physique, les articles L. 123-8 et R. 123-32 du Code de commerce prévoient une période durant laquelle l'immatriculation doit être effectuée : elle peut être accomplie au plus tôt dans le mois qui précède la date déclarée du début de l'activité commerciale et, au plus tard, dans le délai de quinze jours à compter de la date du début de cette activité.

Si le commerçant est une personne morale, les fondateurs ne se voient imposer aucun calendrier obligatoire pour procéder à l'immatriculation du groupement. D'ailleurs, en présence d'une société, l'article 1871 du Code civil indique que « les associés peuvent convenir que la société ne sera point immatriculée ». Il s'agira alors d'une société en participation. Si les associés décident d'immatriculer la société, l'article 1842 du même code pose comme règle que la société jouit de la personnalité morale à compter de cette immatriculation. Elle devient alors un acteur juridique autonome par rapport aux membres qui la composent.

– L'interlocuteur destiné à recevoir les demandes d'immatriculation : depuis un décret du 18 mars 1981, les chambres de commerce et d'industrie ont notamment pour mission d'administrer les Centres de formalités des entreprises (CFE). Les commerçants, personnes physiques ou morales, doivent obligatoirement effectuer leur démarche en passant par l'intermédiaire de ces centres[233]. Chaque centre de formalités des entreprises est compétent à l'égard des entreprises dont le siège social, l'établissement principal, un établissement secondaire ou l'adresse est situé dans le ressort territorial de l'administration, personne ou organisme qui le crée[234].

Les pouvoirs publics ont voulu centraliser et simplifier les démarches des commerçants auprès d'une sorte de « guichet unique ». Une fois que le dossier de demande d'immatriculation aura été vérifié et accepté par le centre de formalités, ce dernier se chargera d'adresser les différentes informations auprès des organismes administratifs (INSEE, URSSAF, administration fiscale, service de publicité foncière…) ou juridiques (greffe du tribunal de commerce).

– Les déclarations contenues dans la demande d'immatriculation : Les différentes informations et les pièces à fournir à l'occasion d'une demande d'immatriculation varient selon la qualité du commerçant. En effet, le commerçant personne physique devra satisfaire aux dispositions des articles R. 123-37 à R. 123-39 du Code de commerce, tandis que le commerçant personne morale sera soumis aux exigences des articles R. 123-53 à R. 123-62 du même code. Parmi les éléments communs, on peut citer les informations sur la personne du commerçant (son nom ou sa dénomination, son domicile ou son siège social…), la nature de son activité ou encore le lieu d'exploitation de son activité. Pour une personne physique, les informations peuvent porter spécifiquement, par exemple, sur l'adoption du statut d'entrepreneur individuel à responsabilité limitée (EIRL)[235] ou encore sur la présence d'un conjoint collaborateur[236]. Pour une société commerciale, les fondateurs devront notamment indiquer les éléments essentiels prévus dans les statuts (forme, durée, capital social…).

Les déclarations peuvent être effectuées sous forme papier comme sous forme électronique.

– L'instruction de la demande d'immatriculation : s'agissant d'un commerçant, le centre de formalités des entreprises compétent, saisi du

233. Art. R. 123-3 C. com.
234. Art. R. 123-4 C. com.
235. Voy. *infra*, n°s 227 et s.
236. Voy. *infra*, n°s 246 et s.

dossier complet, transmet le jour même aux organismes destinataires les informations et pièces les concernant[237].

Le greffier du tribunal de commerce qui reçoit un dossier complet en la forme doit tout d'abord délivrer gratuitement un récépissé de dépôt de dossier de création d'entreprise à toute personne assujettie à l'immatriculation au registre. Ce récépissé permet d'accomplir les démarches nécessaires auprès des organismes publics et des organismes privés chargés d'une mission de service public[238]. Ensuite, après vérification de la régularité au fond du dossier, le greffier doit procéder à l'immatriculation ou indiquer les motifs de son refus, en principe dans le délai d'un jour ouvrable à compter de la réception du dossier[239]. Un dossier complexe ouvre droit à un délai maximal de cinq jours[240].

L'acceptation de la demande d'immatriculation conduit à la délivrance d'un extrait K (pour les commerçants personnes physiques) ou d'un extrait K-bis (pour les personnes morales). Il s'agit d'une sorte de carte d'identité qui récapitule officiellement les caractéristiques essentielles du commerçant. En cas de refus opposé par le greffier, le déclarant peut alors saisir le juge commis à la surveillance du registre du commerce et des sociétés pour trancher la difficulté.

Cet extrait constitue donc un document officiel qui peut être nécessaire pour accomplir certaines démarches, comme la candidature à un appel d'offre public, l'ouverture d'un compte bancaire ou encore l'achat de matériel professionnel auprès de distributeurs. Toute personne peut demander et obtenir la communication de cet extrait en s'adressant au greffe du tribunal de commerce.

– La publicité de l'immatriculation : deux mesures complémentaires sont mises en œuvre dès lors que la demande d'immatriculation a été acceptée.

En premier lieu, l'INSEE attribue un numéro à neuf chiffres qui permet d'identifier le commerçant. Ce numéro SIREN (ou n° RCS dans la pratique) doit figurer sur tous les documents qui vont être générés par le commerçant (correspondances, factures, devis...) accompagné de la mention RCS à laquelle est adossé le lieu de l'immatriculation principale. Le numéro SIREN permet donc d'avoir accès pour toutes personnes aux informations concernant le commerçant ainsi identifié[241]. L'INSEE va également

237. Art. 123-9 C. com. L'article R. 123-5 du même code autorise le déclarant commerçant à saisir directement le greffier, à charge pour lui de transmettre le complet dossier au centre de formalités des entreprises compétents.

238. Art. L. 123-9-1, al. 1er, C. com.

239. Art. R. 123-97, al. 1er, C. com.

240. Art. R. 123-97, al. 4, C. com.

241. *Cf.* le site www.infogreffe.fr, seul site officiel centralisant toutes les informations collectées par les différents greffes des tribunaux de commerce sur l'ensemble du territoire national.

attribuer au commerçant un numéro SIRET pour chacun des établissements du commerçant, lequel est composé du numéro SIREN compléter de cinq chiffres supplémentaires.

En second lieu, au frais du déclarant, le greffier doit procéder à la publication d'un avis au sein du Bulletin officiel des annonces civiles et commerciales (BODACC). La parution de ce bulletin est quotidienne et peut être notamment consultée sur un site Internet retraçant l'ensemble des informations ainsi publiées[242].

204. La nécessaire mise à jour des informations – Les inscriptions complémentaires et la radiation – La mise en place d'un registre est insuffisante pour garantir une bonne information des tiers. Il est nécessaire, en outre, que l'information soit continuellement actualisée. La transparence ne va pas sans la fiabilité des renseignements concernant les commerçants. C'est la raison pour laquelle, le Code de commerce prévoit des inscriptions supplémentaires tout au long de l'activité commerciale.

En premier lieu, le Code de commerce évoque les mises à jour qui concernent l'immatriculation principale. Le commerçant peut être amené à effectuer des **inscriptions modificatives**. Il s'agit de rectifier ou d'adjoindre de nouveaux éléments d'information par rapport à l'immatriculation initiale[243]. La liste des éléments à mettre à jour est strictement déterminée par ce même code et diffère selon que le commerçant est une personne physique[244] ou une personne morale[245]. Le commerçant peut être également conduit à procéder à des **inscriptions complémentaires**[246]. Cette situation se produit lorsque le commerçant crée un établissement secondaire dans le ressort du même tribunal de commerce.

En second lieu, tout commerçant immatriculé qui ouvre un établissement secondaire dans le ressort d'un tribunal où il n'est pas immatriculé demande au greffe de ce tribunal, dans le délai d'un mois avant ou après cette ouverture, **une immatriculation secondaire**[247].

Il faut bien rappeler que ces différentes inscriptions ou immatriculations ne donnent pas lieu à l'attribution d'un nouveau numéro d'identification pour le commerçant qui conserve jusqu'à sa radiation celui qui lui a été attribué lors de son immatriculation principale.

---

242. www.bodacc.fr
243. Art. R. 123-45 C. com.
244. Art. R. 123-45 et R. 123-46 C. com. On peut citer par exemple une déclaration d'insaisissabilité de certains biens immobiliers souscrite postérieurement à l'immatriculation au RCS, ou encore une mesure d'incapacité.
245. Art. 123-66 et s. C. com. On peut citer par exemple la variation du montant du capital social ou encore la prorogation de la durée de la société.
246. Art. R. 123-63 C. com., pour les commerçants personnes morales et R. 123-44 pour les commerçants personnes physiques.
247. Art. R. 123-67 C. com., pour les commerçants personnes morales et R. 123-41 pour les commerçants personnes physiques.

En dernier lieu, **la radiation** peut intervenir. Le commerçant ne figure plus alors sur le registre, même si sa situation antérieure à la radiation peut toujours être consultée.

Une première série d'hypothèses de radiation concerne les commerçants personnes physiques. La radiation peut tout d'abord émaner de l'intéressé lui-même. Ainsi, tout commerçant immatriculé doit demander, dans le délai d'un mois avant la cessation totale de son activité commerciale dans le ressort d'un tribunal ou dans le délai d'un mois à compter de celle-ci, sa radiation[248]. En cas de décès, la demande de radiation peut ensuite résulter d'une demande des héritiers, sauf demande de leur part de maintien provisoire de l'activité pendant une période maximale d'une année[249]. Enfin, le juge peut également procéder à la radiation d'office dans un certain nombre de circonstances, notamment si le commerçant est frappé d'une interdiction d'exercer une activité commerciale en vertu d'une décision judiciaire passée en force de chose jugée ou d'une décision administrative exécutoire[250].

Une seconde série d'hypothèses a trait aux commerçants personnes morales. Par principe, la demande de radiation est sollicitée par le liquidateur de la société, après sa dissolution et liquidation amiable. La société ne dispose plus alors de sa personnalité juridique.

Par exception, la radiation d'une personne morale commerçante peut être prononcée d'office par le juge[251]. Ainsi, à titre d'illustration et en matière de « sociétés en sommeil », doit être radiée d'office toute personne morale, après mention au registre de sa dissolution, au terme du délai fixé par les statuts pour la durée de la liquidation ou, à défaut, au terme d'un délai de trois ans après la date de cette mention[252].

205. La nécessaire surveillance des informations et les pouvoirs du juge – Le bon fonctionnement du registre du commerce et des sociétés requiert qu'une autorité judiciaire, d'office ou à la demande de tiers, puisse jouer un rôle de « police ».

Le premier danger est l'inexactitude des mentions portées sur le registre. Afin de lutter contre des apparences trompeuses, l'article L. 123-5 du Code de commerce prévoit que le fait de donner, de mauvaise foi, des indications inexactes ou incomplètes en vue d'une immatriculation, d'une radiation ou d'une mention complémentaire ou rectificative au registre du commerce et des sociétés est puni d'une amende de 4 500 euros et d'un

248. Art. R. 123-51 C. com.
249. Art. R. 123-52 C. com.
250. Pour une liste complète des cas de radiation d'office, art. R. 123-128 et R. 123-129.
251. Art. R. 123-129 et s. C. com.
252. Art. R. 123-121 C. com. Pour une autre hypothèse où l'inscription de la dissolution d'une société est mentionnée au RCS alors qu'aucune liquidation n'est effectivement intervenue depuis plus de 3 ans à compter de cette mention, voy. art. R. 123-131 C. com.

emprisonnement de six mois. Le tribunal compétent peut, en outre, priver l'intéressé, pendant un temps qui n'excède pas cinq ans, du droit de vote et d'éligibilité aux élections des tribunaux de commerce, chambres de commerce et d'industrie et conseils de prud'hommes.

Le second danger est l'absence d'immatriculation, d'inscription ou de radiation alors que la loi imposerait une telle démarche. Ainsi l'article L. 123-3 du Code de commerce dispose que « faute par un commerçant personne physique de requérir son immatriculation dans le délai prescrit, le juge commis soit d'office, soit à la requête du procureur de la République ou de toute personne justifiant y avoir intérêt, rend une ordonnance lui enjoignant, le cas échéant sous astreinte, de demander son immatriculation ». Dans les mêmes conditions, le juge peut enjoindre, le cas échéant sous astreinte, à toute personne immatriculée au registre du commerce et des sociétés qui ne les aurait pas requises dans les délais prescrits, de faire procéder soit aux mentions complémentaires ou rectifications qu'elle doit y faire porter, soit aux mentions ou rectifications nécessaires en cas de déclarations inexactes ou incomplètes, soit à la radiation. Un dispositif légal similaire est prévu pour contraindre judiciairement le commerçant personne morale à déposer une pièce ou un acte conformément aux textes en vigueur[253].

206. Les effets de l'immatriculation au registre du commerce et des sociétés – Les inscriptions effectuées au registre du commerce et des sociétés ne produisent pas des effets uniformes. Des distinctions importantes sont donc nécessaires pour les appréhender pleinement. S'agissant des effets attachés à l'immatriculation, ils sont différents selon qu'elle émane d'un commerçant personne physique ou bien d'une personne morale.

207. L'immatriculation de la personne physique et la présomption simple de commercialité – Pour les personnes physiques, selon l'article L. 123-7 du Code de commerce, l'immatriculation emporte présomption simple de la qualité de commerçant.

Deux situations se présentent alors :

– soit la présomption est invoquée par le commerçant lui-même et alors cette présomption n'est pas opposable aux tiers qui apportent la preuve contraire apte à la renverser ;

– soit la présomption est invoquée par un tiers, et alors le tiers n'est pas admis à se prévaloir de la présomption s'il savait que la personne immatriculée n'était pas commerçante. Le tiers de mauvaise foi ne peut

253. Art. L. 123-5-1 C. com. : « A la demande de tout intéressé ou du ministère public, le président du tribunal, statuant en référé, peut enjoindre sous astreinte au dirigeant de toute personne morale de procéder au dépôt des pièces et actes au registre du commerce et des sociétés auquel celle-ci est tenue par des dispositions législatives ou réglementaires. Le président peut, dans les mêmes conditions et à cette même fin, désigner un mandataire chargé d'effectuer ces formalités ».

ainsi tirer aucun avantage d'une immatriculation contraire à la réalité. La personne immatriculée qui entend échapper à la qualification de commerçant doit donc établir que le tiers connaissait son statut qui échappait aux prévisions de l'article L. 121-1 du Code de commerce. Le fait que la preuve soit établie par la personne visée qu'elle ne correspond pas à la définition du commerçant est en soit insuffisant pour renverser la présomption qui la qualifie de commerçant[254].

208. L'absence d'immatriculation de la personne physique et la commercialité de fait – Un commerçant personne physique qui omet de s'immatriculer alors que la loi le lui impose, est soumis à un régime sanctionnateur prévu par l'article L. 123-8 du Code de commerce. En effet, la personne assujettie à immatriculation qui n'a pas requis cette dernière à l'expiration d'un délai de quinze jours à compter du commencement de son activité, ne peut se prévaloir, jusqu'à l'immatriculation, de la qualité de commerçant à l'égard des tiers. Toutefois, elle ne peut invoquer son défaut d'inscription au registre pour se soustraire aux responsabilités et aux obligations inhérentes à cette qualité. Il s'agit du régime juridique caractérisant le commerçant de fait, qui ne peut se prévaloir des avantages du statut (droit au renouvellement du bail commercial, clause attributive de compétence territoriale…) tout en subissant ses obligations (obligations comptables, compétence du tribunal de commerce…).

209. L'immatriculation de la personne morale et l'attribution de la personnalité juridique – Pour les personnes morales, les effets de l'immatriculation sont différents de ceux générés pour une personne physique ; pour une personne morale, l'immatriculation est exclusivement attributive de la personnalité juridique.

Cette règle positive vaut aussi bien pour les sociétés commerciales et les sociétés civiles[255], que pour les groupements d'intérêt économique[256]. Négativement, l'immatriculation n'a aucune incidence sur la qualité ou non de commerçant du groupement dont l'immatriculation est effectuée. L'immatriculation est donc une condition nécessaire mais insuffisante pour devenir commerçant. En prenant l'exemple des sociétés, l'article L. 210-1 du Code de commerce pose comme règle que « le caractère commercial d'une société est déterminé par sa forme ou par son objet ».

209-1. Les effets attachés aux évènements publiés au registre du commerce et des sociétés – L'immatriculation effectuée au registre du commerce et des sociétés n'est pas le seul évènement apte à produire des effets juridiques. Il est ensuite nécessaire de procéder parfois à des inscriptions qui sont destinées à mettre à jour les informations initialement retranscrites.

---

254. Il manque en effet l'élément psychologique attaché à la mauvaise foi du tiers. Cass. (com.), 27 septembre 2016, n° 14-21.964, *RTD. com.*, 2016, p. 679, obs. B. Saintourens.
255. Art. 1842 C. civ.
256. Art. L. 251-4 C. com.

Aussi, s'agissant des effets attachés aux événements publiés, l'article L. 123-9 du Code de commerce apporte deux précisions importantes qui sont communes aux personnes physique et morale.

D'une part, la personne assujettie à immatriculation ne peut, dans l'exercice de son activité, opposer aux tiers les faits et actes sujets à mention que si ces derniers ont été publiés au registre.

D'autre part, les évènements qui n'ont pas été publiés peuvent néanmoins être invoqués par les tiers qui en ont personnellement connaissance.

b) Les obligations comptables

210. La soumission du commerçant au droit comptable – L'attribution de la qualité de commerçant entraîne la soumission à un ensemble de règles contraignantes concernant la tenue d'une comptabilité.

Cette obligation apparaît néanmoins découler naturellement de la situation particulière du commerçant. En premier lieu, l'activité commerciale est nécessairement une activité à finalité lucrative. Pour connaître l'étendue du profit, il est donc nécessaire pour le commerçant de tenir scrupuleusement ses comptes. En deuxième lieu, lors d'évènements importants pour la croissance (emprunt bancaire, augmentation de capital...) ou l'évolution de l'entreprise commerciale (cession du fonds de commerce, fusion...), les documents comptables jouent un rôle crucial et seront examinés avec un grand soin par les partenaires du commerçant, et notamment les établissements de crédit. En dernier lieu, le droit prévoit un encadrement juridique et judiciaire du commerçant qui éprouve des difficultés financières. Cet encadrement ne peut être efficace que si au moment où le tribunal est saisi d'une demande d'ouverture de procédures collectives, il est en mesure rapidement et précisément de pouvoir cerner la situation comptable et financière de l'entreprise commerciale. D'ailleurs, la sanction civile de la faillite personnelle[257] et l'infraction pénale de banqueroute[258] sont notamment prévues à l'encontre du commerçant en état de cessation des paiements qui n'aurait pas respecté l'obligation de la tenue d'une comptabilité. La présence rendue parfois obligatoire par la loi d'un ou de plusieurs commissaires aux comptes tend d'ailleurs à prévenir la survenance de telles situations.

Il faut souligner ensuite que les règles comptables à respecter pour un commerçant résultent des articles L. 123-12 à L. 123-24 du Code de commerce. Néanmoins, derrière ces règles générales se profilent de nombreuses dispositions particulières qui dépendent de nombreux paramètres.

257. Art. L. 653-5, 6°, C. com.
258. Art. L. 654-2, 4°, C. com.

La spécificité la plus marquante certainement résulte de la distinction entre le commerçant personne physique et le commerçant personne morale.

S'agissant du commerçant personne physique, seule son activité professionnelle est soumise à une obligation de tenue de comptabilité. Les activités strictement privées ou domestiques du commerçant échappent à toute réglementation comptable.

S'agissant du commerçant personne morale, la loi prévoit notamment l'hypothèse de comptes consolidés[259] qui doivent être établis en présence d'un groupe de sociétés qui réunit certains critères[260].

En outre, la comptabilité est étroitement liée à la fiscalité et au règlement des charges sociales. Le législateur a prévu de nombreux régimes spécifiques d'imposition qui tendent à favoriser l'initiative économique et la création d'entreprise. Sans entrer dans le détail de ces dispositions de droit fiscal, il faut simplement relever que les régimes d'imposition allégée sont assortis généralement d'un assouplissement des règles comptables. On peut notamment citer le micro entrepreneur qui n'est pas tenu d'établir des comptes annuels[261].

Enfin, il faut également préciser que le droit comptable n'est pas une science exacte. C'est la raison pour laquelle a été mise en place l'autorité des normes comptables qui a été instituée par une ordonnance du 22 janvier 2009. Cette autorité est notamment destinée à préciser l'application des dispositions légales dans des circonstances où l'hésitation entre plusieurs présentations est possible. De même, la mondialisation du commerce a conduit à créer des institutions internationales. On peut citer l'International Accounting Standard Board qui existe depuis 1973. Cet organisme a participé à l'élaboration de référentiels comptables compréhensibles par les commerçants du monde entier. Ces normes comptables sont couramment désignées sous le sigle IFRS (International Financial Reporting Standards) et sont désormais obligatoires pour les commerçants de l'Union européenne à l'occasion de l'établissement de comptes consolidés des sociétés admises sur les marchés financiers[262].

Pour aller à l'essentiel, il est utile maintenant de préciser les différents documents comptables que le commerçant doit établir dans la perspective de l'établissement de ses comptes annuels[263].

---

259. Les comptes consolidés sont des documents d'informations économiques et financières qui doivent être établis et présentés par certains groupes de sociétés dans le but de disposer d'une image globale de l'activité, du résultat et de la situation d'un groupe de sociétés.

260. Art. L. 223-16 et s. C. com.

261. Art. L. 123-28 C. com.

262. Art. 4 du Règlement (CE) n° 1606/2002 du 19 juillet 2002 sur l'application des normes comptables internationales.

263. Art. L. 123-12 C. com.

211. La variété des documents comptables – Par principe, tout commerçant tient obligatoirement un livre-journal et un grand-livre[264], et doit contrôler par inventaire[265], au moins une fois tous les douze mois, l'existence et la valeur des éléments de l'actif et du passif du patrimoine de l'entreprise. Il s'agit des trois livres comptables d'enregistrement que le commerçant doit tenir, à savoir :

– Le livre-journal enregistre les mouvements affectant le patrimoine de l'entreprise opération par opération et jour par jour[266]. Chaque opération quotidienne qui a une traduction comptable (achat de matières premières, paiement de loyers, ventes à la clientèle...) doit donc y figurer ;

– Le grand-livre reproduit les écritures du livre-journal avec une ventilation telle que prévue par le plan comptable (compte d'immobilisation, de tiers, stocks...). Il s'agit donc de ranger chaque écriture dans une « rubrique » comptable prédéterminée ;

– Le livre d'inventaire comporte des données qui établissent l'existence et la valeur de tous les éléments d'actif et de passif à la date de clôture lors du contrôle annuel[267].

212. La tenue des documents comptables – Le législateur apporte également quelques précisions sur la tenue de ces livres comptables. Ainsi, le livre-journal et le grand-livre peuvent, à la demande du commerçant, être cotés et paraphés, dans la forme ordinaire et sans frais, par le greffier du tribunal dans le ressort duquel le commerçant est immatriculé. Des documents sous forme électronique peuvent tenir lieu de livre-journal et de grand-livre ; dans ce cas, ils sont identifiés et datés dès leur établissement par des moyens offrant toute garantie en matière de preuve[268].

Par ailleurs, les documents comptables sont établis en euros et en langue française[269]. Les documents comptables relatifs à l'enregistrement des opérations et à l'inventaire sont établis et tenus sans blanc ni altération d'aucune sorte. Ainsi, si une erreur est intervenue, le commerçant doit passer une écriture en sens inverse afin de l'annuler. C'est la contre-passation.

Les documents comptables et les pièces justificatives sont conservés pendant dix ans[270], même si aujourd'hui la durée de la prescription extinctive en matière commerciale a été portée à cinq années[271].

264. Art. R. 123-73 C. com.
265. Art. L. 123-12 C. com.
266. Art. R. 123-174 C. com.
267. Art. R. 123-177 C. com.
268. Art. R. 123-173 C. com.
269. Art. L. 123-22 C. com.
270. Art. L. 123-22 C. com.
271. Art. L. 110-4 C. com.

213. La présentation formelle des comptes annuels – Selon l'article L. 123-12 du Code de commerce, « toute personne physique ou morale ayant la qualité de commerçant doit procéder à l'enregistrement comptable des mouvements affectant le patrimoine de son entreprise. Ces mouvements sont enregistrés chronologiquement ». Sauf dérogations légales expresses, il en résulte que le commerçant doit établir des comptes annuels à la clôture de l'exercice au vu des enregistrements comptables et de l'inventaire.

Selon les termes du même article, les comptes annuels comprennent le bilan, le compte de résultat et une annexe, qui forment un tout indissociable :

– le bilan décrit séparément les éléments actifs et passifs de l'entreprise, et fait apparaître, de façon distincte, les capitaux propres. Le résultat positif ou négatif tel qu'il résulte du compte de résultat doit y être notamment reporté ;

– le compte de résultat récapitule les produits et les charges de l'exercice, sans qu'il soit tenu compte de leur date d'encaissement ou de paiement. Il fait apparaître par différence, après déduction des amortissements, des dépréciations et des provisions, le bénéfice ou la perte de l'exercice. Les produits et les charges, classés par catégorie, doivent être présentés soit sous forme de tableaux, soit sous forme de listes ;

– l'annexe complète et commente l'information donnée par le bilan et le compte de résultat. On pourra notamment trouver des renseignements sur les engagements du commerçant en qualité de caution ou sur les participations détenues dans d'autres sociétés.

214. La présentation intellectuelle des comptes annuels – Il ne servirait à rien d'imposer la tenue de certains documents comptables sans indiquer les grands principes qui doivent gouverner intellectuellement l'établissement des comptes annuels.

Ces grands principes sont résumés dans l'article L. 123-14 du Code de commerce qui dispose que « les comptes annuels doivent être réguliers, sincères et donner une image fidèle du patrimoine, de la situation financière et du résultat de l'entreprise ». À côté du **principe de régularité et de sincérité**, c'est aujourd'hui la règle selon laquelle la comptabilité doit être le **reflet d'une image fidèle** de la situation patrimoniale et financière de la situation du commerçant qui est le plus fréquemment invoquée.

D'ailleurs, la loi précise le rôle de l'annexe qui a vocation à renforcer la fidélité des comptes. Ainsi, lorsque l'application d'une prescription comptable ne suffit pas pour donner une image fidèle, des informations complémentaires doivent être fournies dans l'annexe. Si, dans un cas exceptionnel, l'application d'une prescription comptable se révèle impropre à donner une image fidèle du patrimoine, de la situation financière ou du résultat, il doit y être dérogé (l'esprit doit toujours l'emporter sur la lettre). Cette dérogation est mentionnée à l'annexe et dûment motivée, avec l'indication de son influence sur le patrimoine, la situation financière et le résultat de l'entreprise.

Dans le prolongement des trois grands principes posés par dans l'article L. 123-14 du Code de commerce, d'autres règles importantes qui en découlent constituent autant de bornes supplémentaires qui tracent le chemin vers une comptabilité conforme au droit :

– le principe de permanence : les méthodes comptables retenues et la structure du bilan comme du compte de résultat ne peuvent être modifiées d'un exercice à l'autre. Si des modifications interviennent, elles sont décrites et justifiées dans l'annexe et signalées, le cas échéant, dans le rapport des commissaires aux comptes[272] ;

– le principe des coûts historiques : à leur date d'entrée dans le patrimoine de l'entreprise, les biens acquis à titre onéreux sont enregistrés à leur coût d'acquisition, les biens acquis à titre gratuit à leur valeur vénale et les biens produits à leur coût de production. Les biens fongibles sont évalués soit à leur coût moyen pondéré d'acquisition ou de production, soit en considérant que le premier bien sorti est le premier bien entré[273] ;

– le principe d'absence de compensation : les éléments d'actif et de passif doivent être évalués séparément. Sauf dispositions réglementaires contraires, aucune compensation ne peut être opérée entre les postes d'actif et de passif du bilan ou entre les postes de charges et de produits du compte de résultat. Le bilan d'ouverture d'un exercice doit correspondre au bilan de clôture de l'exercice précédent[274] ;

– le principe de prudence : les comptes annuels doivent respecter le principe de prudence. Pour leur établissement, le commerçant, personne physique ou morale, est présumé poursuivre ses activités. Même en cas d'absence ou d'insuffisance du bénéfice, il doit être procédé aux amortissements, dépréciations et provisions nécessaires[275] ;

– le principe d'indépendance des exercices : seuls les bénéfices réalisés à la date de clôture d'un exercice peuvent être inscrits dans les comptes annuels. Peut être inscrit, après inventaire, le bénéfice réalisé sur une opération partiellement exécutée et acceptée par le cocontractant lorsque sa réalisation est certaine et qu'il est possible, au moyen de documents comptables prévisionnels, d'évaluer avec une sécurité suffisante le bénéfice global de l'opération[276].

272. Art. L. 123-17 C. com.
273. Art. L. 123-18 C. com.
274. Art. L. 123-19 C. com.
275. Art. L. 123-20 C. com.
276. Art. L. 123-21 C. com.

215. L'utilisation des documents comptables comme moyens de preuve – Deux questions importantes concernent les documents comptables au regard de leur fonction probatoire. Les documents comptables peuvent-ils être utilisés librement lors d'un procès pour justifier une demande ? Une partie au procès peut-elle contraindre un commerçant à produire sa comptabilité ?

Concernant le rôle probatoire des documents comptables, la réponse est donnée de manière synthétique par les deux premiers alinéas de l'article L. 123-23 du Code de commerce : « La comptabilité régulièrement tenue peut être admise en justice pour faire preuve entre commerçants pour faits de commerce. Si elle a été irrégulièrement tenue, elle ne peut être invoquée par son auteur à son profit ». Ces dispositions sont complétées par l'article 1378 du Code civil qui dispose que « les registres et documents que les professionnels doivent tenir ou établir ont, contre leur auteur, la même force probante que les écrits sous signature privée ; mais celui qui s'en prévaut ne peut en diviser les mentions pour n'en retenir que celles qui lui sont favorables ».

Il est nécessaire de préciser le sens de ces dispositions au regard des diverses situations qui peuvent se présenter :

– si le document comptable est invoqué par celui qui le tient à l'égard d'un non-commerçant, il ne peut en principe constituer un mode de preuve admissible contre ce dernier ;

– si le document comptable est invoqué par celui qui l'a établi à l'égard d'un commerçant, il peut en principe constituer un mode de preuve parfait admissible contre ce dernier, mais uniquement si la preuve porte sur une opération commerciale[277] (première condition) et si la comptabilité a été régulièrement tenue (seconde condition). Cette règle est remarquable car elle déroge au principe général selon lequel une personne ne peut se constituer un titre à elle-même et l'invoquer à titre de preuve lors d'un procès. La règle dérogatoire s'explique en l'espèce en raison du dispositif normatif strict qui entoure l'établissement de la comptabilité et qui est censé garantir la fiabilité des écritures qui y sont retranscrites. C'est une sorte de récompense qui vient compenser le respect des nombreuses obligations comptables ;

– si le document comptable est invoqué contre celui qui l'a établi, leurs énonciations ont la même force probante que les écrits sous signature privée ; mais celui qui s'en prévaut ne peut en diviser les mentions, pour n'en retenir que celles qui lui sont favorables et écarter celles qui desserviraient ses intérêts.

---

277. Par conséquent, le document comptable ne peut pas être utilisé contre le commerçant qui l'a établi si le litige porte sur une opération non commerciale, par exemple, un acte de la vie courante qui serait relatif à la vie privée du commerçant.

Concernant la faculté de solliciter la production d'un document comptable en justice, son régime juridique est décrit au dernier alinéa de l'article L. 123-23 du Code de commerce. Il s'agit de la procédure de communication des documents comptables qui ne peut être ordonnée en justice que dans certaines matières énoncées limitativement par la loi, à savoir les affaires de succession, communauté, partage de société et en cas de redressement ou de liquidation judiciaires. En dehors de ces matières, le juge ne pourrait faire droit à une demande de production de l'intégralité des livres tenus par le commerçant pour un ou plusieurs exercices déterminés. En revanche, selon le droit commun applicable à tout procès, et plus particulièrement l'article 142 du Code de procédure civile, il reste possible de demander au juge que la partie adverse produise, à titre d'éléments de preuve, une partie des livres comptables tenus par le commerçant[278].

B. Le statut patrimonial

216. La protection variable du commerçant personne physique – Le législateur depuis le début des années 1990 s'ingénie à protéger la situation patrimoniale du commerçant qui exploite une entreprise individuelle. En effet, en vertu de la théorie de l'unicité du patrimoine, les créanciers professionnels comme privés du commerçant personne physique peuvent saisir un bien quelconque de son patrimoine : selon l'article 2284 du Code civil, « quiconque s'est obligé personnellement, est tenu de remplir son engagement sur tous ses biens mobiliers et immobiliers, présents et à venir ». Ainsi, les déboires du commerçant à l'occasion de son activité professionnelle peuvent entraîner des répercussions sur sa vie familiale puisque ses biens privés peuvent être à tout moment saisis par les créanciers, de manière conservatoire ou à titre définitif.

Afin de favoriser l'initiative économique et le développement des entreprises individuelles, il a été institué différentes mesures qui sont destinées à assurer une certaine quiétude psychologique et sécurité juridique pour cette forme d'exploitation d'une activité professionnelle. L'idée générale qui prédomine est que la loi veut bousculer les principes traditionnels et offrir au commerçant un choix « à la carte », en optant pour le dispositif qui protègera le mieux sa situation patrimoniale.

Avant d'aborder ces différentes mesures de protection patrimoniale, il est possible d'évoquer deux statuts que peut choisir le commerçant et dont les répercussions vont respectivement en deçà ou au-delà de son propre patrimoine :

---

278. Art. 142 C. proc. civ. : « Les demandes de production des éléments de preuve détenus par les parties sont faites, et leur production a lieu, conformément aux dispositions des articles 138 et 139 ».

– le statut de micro-entrepreneur[279] : c'est un simple statut administratif qui a vocation à simplifier la vie du petit entrepreneur individuel. Ce statut n'est accessible que si le montant annuel du chiffre d'affaires est inférieur à certains seuils fixés annuellement par la loi. Ces plafonds ont été largement augmentés en 2018[280]. Même si la dispense initiale d'immatriculation au registre du commerce et des sociétés a été supprimée, le commerçant qui adopte ce statut bénéficie sur le plan social et fiscal d'un régime simplifié permettant des prélèvements libératoires. Sous certaines conditions de chiffres d'affaires, l'entreprise est en franchise de TVA (pas de facturation, ni de récupération de TVA)[281]. Le micro-entrepreneur ne peut déduire aucune charge (téléphone, déplacement, fournitures...) puisque les charges sont forfaitisées. Ce statut n'offre aucune protection patrimoniale ;

– la société unipersonnelle : en choisissant d'effectuer son activité professionnelle sous la forme d'une société unipersonnelle (EURL ou SASU), la personne morale ainsi immatriculée va disposer d'un patrimoine propre. Les créanciers de la société ne peuvent agir qu'à l'encontre de la société, les actifs de l'associé étant protégés du fait de sa responsabilité limitée au montant de son apport. Cette mesure de protection semble la plus efficace, mais à la condition que l'associé n'ait pas souscrit des engagements qui exposent son patrimoine aux poursuites des créanciers de la société[282]. Ce choix de mode d'exploitation n'est pas neutre : il implique la création d'une personne morale et entraîne donc le passage de l'entreprise individuelle vers l'entreprise sociétaire, avec toutes les obligations qui découlent du droit des sociétés.

217. Les protections envisageables pour l'entrepreneur individuel – Entre ces deux situations extrêmes, il est possible d'examiner rapidement les règles dont peut bénéficier le commerçant pour demeurer sous la forme d'une entreprise individuelle tout en confortant sa situation patrimoniale. Ces règles seront examinées de manière *crescendo*, c'est-à-dire en partant

---

279. À l'origine dénommé statut d'auto-entrepreneur par la loi n° 2008-776 du 4 août 2008, la loi n° 2014-626 du 18 juin 2014 a réformé quelque peu ce statut qui s'intitule dorénavant micro-entrepreneur.

280. Le chiffre d'affaires ne doit pas dépasser pour une année civile complète en 2018 :
- **170 000 €** pour une activité de vente de marchandises, d'objets, de fournitures, de denrées à emporter ou à consommer sur place, ou pour des prestations d'hébergement ;
- **70 000 €** pour les prestations de services relevant de la catégorie des bénéfices industriels et commerciaux (BIC) ou des bénéfices non commerciaux (BNC).

281. Les plafonds permettant de bénéficier de la franchise en base de TVA sont différents de ceux permettant d'accéder de manière générale au statut de micro-entrepreneur :
- **82 800 €** de CA HT pour une activité commerciale (achat/vente, fabrication/vente) ;
- **33 200 €** de CA HT pour des prestations de services artisanales ou commerciales et pour les activités libérales.

282. L'exemple le plus courant étant le cautionnement souscrit par l'associé unique pour garantir le remboursement du prêt bancaire accordé à l'EURL ou à la SASU.

de celles offrant les avantages les moins importants à celles censées accorder la garantie patrimoniale optimale au commerçant. Il lui reviendra donc de choisir son degré de protection en se plaçant sous le régime qui lui convient le mieux, même si cette protection n'est jamais pleinement satisfaisante.

1) *Les mesures inefficaces de cantonnement des droits des créanciers*

218. La volonté du législateur d'orienter les poursuites des créanciers professionnels – Alors que la théorie de l'unité du patrimoine autorise tous créanciers, professionnels ou privés, à exercer des poursuites sur tous biens, actifs professionnels ou domestiques, qui figurent dans le patrimoine du débiteur commerçant, le législateur a mis en œuvre des dispositifs qui tendent à protéger les biens privés des poursuites éventuelles des créanciers professionnels.

Deux dispositifs législatifs peuvent être évoqués. Le premier dispositif, en amont, est destiné à favoriser la prise de sûretés par les banquiers sur les actifs professionnels du commerçant personne physique. Le second, en aval, tend à diriger les poursuites des créanciers contractuels professionnels vers les actifs professionnels du commerçant.

219. Le dispositif légal « préventif » sur la prise de sûretés de l'établissement de crédit – Selon l'article L. 313-21 du Code monétaire et financier, issu de la loi du 11 février 1994 et modifié par l'ordonnance du 27 juin 2013, à l'occasion de tout concours financier qu'il envisage de consentir à un entrepreneur individuel pour les besoins de son activité professionnelle, l'établissement de crédit qui a l'intention de demander une sûreté réelle sur un bien non nécessaire à l'exploitation ou une sûreté personnelle consentie par une personne physique est soumis à une obligation d'information. L'établissement de crédit doit en effet informer par écrit l'entrepreneur de la possibilité qui lui est offerte de proposer une garantie sur les biens nécessaires à l'exploitation de l'entreprise ou de solliciter une garantie auprès d'un autre établissement de crédit. L'établissement de crédit doit indiquer, compte tenu du montant du concours financier sollicité, le montant de la garantie qu'il souhaite obtenir.

À défaut de réponse de l'entrepreneur individuel dans un délai de quinze jours ou en cas de refus par l'établissement de crédit de la garantie proposée par l'entrepreneur individuel, l'établissement de crédit fait connaître, à ce dernier, le montant chiffré des garanties qu'il souhaite prendre sur les biens non nécessaires à l'exploitation de l'entreprise ou auprès de tout autre garant. En cas de désaccord de l'entrepreneur, l'établissement de crédit peut renoncer à consentir le concours financier sans que sa responsabilité puisse être mise en cause.

Le dispositif est donc essentiellement informatif. Il est destiné à faire prendre conscience au commerçant des risques inhérents au défaut de paiement et instaure un dialogue obligatoire entre le banquier et son client. Toutefois, au-delà des bonnes manières, le banquier reste totalement libre de prendre une garantie sur n'importe quel bien du commerçant. La loi empêche également toute mise en cause de la responsabilité du banquier dans l'hypothèse où, à l'issue du processus informatif, il renoncerait finalement à accorder un crédit au commerçant.

Le dispositif présente néanmoins un caractère d'ordre public et demeure assorti d'une sanction forte. En effet, la banque qui n'a pas respecté les formalités prévues par la loi ne peut dans ses relations avec l'entrepreneur individuel se prévaloir des garanties qu'elle aurait prises. La sanction encourue par le banquier est uniquement liée au non-respect de son obligation d'information et de dialogue avec son client commerçant. Il reste toujours libre d'accorder ou non son crédit et de choisir l'assiette pour garantir le remboursement du prêt. Le client reste toujours libre également d'accepter ou non les conditions posées par le banquier.

220. Le dispositif légal « curatif » sur l'orientation des poursuites des créanciers professionnels – Selon des dispositions issues d'une loi du 9 juillet 1991, aujourd'hui intégrées au sein de l'article L. 161-1 du Code des procédures civiles d'exécution, lorsque le titulaire d'une créance contractuelle ayant sa cause dans l'activité professionnelle d'un entrepreneur individuel entend poursuivre l'exécution forcée d'un titre exécutoire sur les biens de cet entrepreneur, ce dernier dispose d'une sorte de « bénéfice de discussion ». Ce bénéfice de discussion ne doit pas être ici entendu strictement comme celui évoqué par l'article 2298 du Code civil – et qui permet à la caution simple d'obtenir une suspension provisoire des poursuites contre elle en demandant au créancier de poursuivre préalablement les biens du débiteur principal – mais comme la possibilité pour le commerçant de tenter d'orienter les poursuites du créancier professionnel uniquement vers ses actifs professionnels. En effet, si le débiteur commerçant établit que les biens nécessaires à l'exploitation de l'entreprise sont d'une valeur suffisante pour garantir le paiement de la créance, il peut demander au créancier que l'exécution soit en priorité poursuivie sur ces derniers.

Mais là encore, le dispositif légal n'est pas contraignant au regard du comportement final que peut adopter le créancier professionnel. En effet, si le créancier établit que cette proposition met en péril le recouvrement de sa créance, il peut s'opposer à la demande. La responsabilité du créancier qui s'oppose à la demande du débiteur ne peut pas être recherchée, sauf lorsque l'intention de nuire a été caractérisée par le commerçant.

2) *La mesure illusoire de l'insaisissabilité de certains biens fonciers*

221. L'insaisissabilité de droit de la résidence principale – Par application de l'article L. 526-1 du Code de commerce, les droits d'une personne physique immatriculée au registre du commerce et des sociétés[283] sur l'immeuble où est fixée sa résidence principale sont de droit insaisissables par les créanciers dont les droits naissent à l'occasion de l'activité professionnelle de la personne. Aucune convention, aucune déclaration du commerçant n'est nécessaire pour produire cet effet seulement généré par la force de la loi. En outre, cette mesure n'a d'effet qu'à l'égard des créanciers dont les droits naissent à l'occasion de l'activité professionnelle après la publication de la présente loi, soit le 7 août 2015.

Il résulte de cette disposition que les créanciers professionnels du commerçant personne physique n'ont plus la possibilité aujourd'hui de saisir en principe sa résidence principale. Elle est exclue de leur gage général, entendu au sens de l'article 2285 du Code civil.

Il faut enfin préciser qu'en cas de cession des droits immobiliers sur sa résidence principale, le prix obtenu demeure insaisissable, sous la condition du remploi dans le délai d'un an des sommes à l'acquisition par le commerçant d'un immeuble où sera fixée sa résidence principale[284].

222. L'insaisissabilité facultative sur d'autres biens fonciers – Le commerçant a la possibilité d'étendre la protection contre les créanciers professionnels à d'autres biens immobiliers que la résidence principale. Il faut alors qu'il effectue une déclaration de volonté en ce sens. En effet, selon l'article L. 526-1, alinéa 2, une personne physique immatriculée au registre du commerce et des sociétés peut déclarer insaisissables ses droits sur tout bien foncier, bâti ou non bâti, qu'elle n'a pas affecté à son usage professionnel. La déclaration doit être rédigée par un notaire sous peine de nullité ; elle contient la description détaillée des biens et l'indication de leur caractère propre, commun ou indivis. L'acte est ensuite publié au fichier immobilier du lieu de situation des biens immobiliers concernés. En outre, la déclaration du commerçant doit être mentionnée au registre du commerce et des sociétés. L'établissement de l'acte de déclaration et l'accomplissement des formalités donnent lieu au versement au notaire d'émoluments fixés dans le cadre d'un plafond déterminé par des dispositions réglementaires. En fonction de la complexité de la situation (établissement ou non d'un état descriptif de division notamment), le coût approximatif pour le commerçant varie entre 500 et 1000 euros.

283. Cette protection est assurée auprès d'un ensemble de personnes plus large, comme celles immatriculées « à un registre de publicité légale à caractère professionnel ou exerçant une activité professionnelle agricole ou indépendante » (art. L. 526-1 C. com.).
284. Art. L. 526-3 C. com.

223. Les faiblesses de l'insaisissabilité – Parmi les limites inhérentes à l'insaisissabilité, on peut en citer deux principales. La cessation de la protection peut intervenir à titre de sanction ou être la conséquence de la volonté du commerçant.

D'une part, le comportement du commerçant peut conduire à restreindre le champ de la protection recherchée. En effet, l'insaisissabilité, qu'elle soit de droit ou qu'elle résulte d'une déclaration notariée, n'est plus opposable à l'administration fiscale lorsque celle-ci relève, à l'encontre de la personne, soit des manœuvres frauduleuses, soit l'inobservation grave et répétée de ses obligations fiscales, au sens de l'article 1729 du Code général des impôts[285].

D'autre part, le commerçant peut renoncer volontairement à cette protection. L'article L. 526-3 du Code de commerce règlemente précisément les modalités de cette renonciation. L'insaisissabilité des droits sur la résidence principale et la déclaration d'insaisissabilité portant sur tout bien foncier, bâti ou non bâti, non affecté à l'usage professionnel peuvent, à tout moment, faire l'objet d'une renonciation ; elle peut porter sur tout ou partie des biens (modulation de l'assiette générale de l'insaisissabilité) ; elle peut être faite au bénéfice d'un ou de plusieurs créanciers désignés par l'acte authentique de renonciation (modulation personnalisée de l'assiette en fonction du créancier). Lorsque le bénéficiaire de cette renonciation cède sa créance, le cessionnaire peut également se prévaloir de celle-ci. De manière réversible, la renonciation peut, à tout moment, être révoquée Cette révocation n'a d'effet qu'à l'égard des créanciers professionnels dont les droits naissent postérieurement à sa publication.

223-1. Les forces de l'insaisissabilité – Parmi les forces de l'insaisissabilité, il faut citer son intérêt particulier au cas de survenance d'une procédure collective. La cour de cassation s'est prononcée dans un arrêt du 28 juin 2011[286] dans l'hypothèse particulière d'une liquidation judiciaire. La règle posée est que le liquidateur judiciaire ne peut pas saisir et vendre l'immeuble frappé d'insaisissabilité appartenant au commerçant personne physique, même dans l'intérêt des créanciers antérieurs à la déclaration ou des créanciers non professionnels.

Dans le prolongement de cette jurisprudence, il a été affirmé que le liquidateur ne dispose pas de la qualité pour agir en inopposabilité d'une déclaration d'insaisissabilité[287]. De même, n'entre pas dans la catégorie des droits attachés à la personne du créancier le droit pour lui de saisir

---

285. Art. L. 526-1 *in fine* C. com.
286. Cass. (com.), 28 juin 2011, n° 10-15482, où il est indiqué que le débiteur peut opposer la déclaration d'insaisissabilité qu'il a effectuée en application de l'article L. 526-1 du Code de commerce, avant qu'il ne soit mis en liquidation judiciaire, en dépit de la règle du dessaisissement prévue par l'article L. 641-9 du même code.
287. Cass. (com.), 13 mars 2012, n° 11-15438.

un immeuble objet d'une déclaration d'insaisissabilité qui lui est pourtant inopposable[288].

Même pour une mesure qui semble simple à l'origine, la situation juridique du débiteur a rapidement vocation à se compliquer en fonction des circonstances (insaisissabilité de droit ou conventionnelle, créanciers antérieurs ou postérieurs, renonciation partielle ou totale, survenance d'une procédure collective…). Cette complexité peut encore accroître lorsque le législateur offre aux commerçants personnes physiques des instruments juridiques particulièrement innovants.

3) *La mesure trop complexe de l'affectation du patrimoine*

224. Les possibilités limitées de constitution d'un patrimoine d'affectation – L'objectif le plus sophistiqué qui peut être recherché par le commerçant personne physique consiste à pouvoir constituer un ou plusieurs patrimoines d'affectation qui regrouperaient la ou les activités du commerçant, outre le patrimoine privé qui ne contiendrait que l'actif et le passif domestique de ce commerçant.

De manière assez récente, la loi a offert, en théorie, deux possibilités pour le commerçant de pouvoir créer un ou plusieurs patrimoines d'affectation. Il s'agit de la fiducie et du statut de l'entrepreneur individuel à responsabilité limitée.

a) La fiducie

225. Les caractéristiques de la fiducie – La fiducie a été introduite en droit français par une loi du 19 février 2007, très rapidement réformée par la loi du 4 août 2008. Le régime juridique de la fiducie prend place dans le Code civil aux articles 2011 et suivants.

Le législateur donne une définition de la fiducie qui est « l'opération par laquelle un ou plusieurs constituants transfèrent des biens, des droits ou des sûretés, ou un ensemble de biens, de droits ou de sûretés, présents ou futurs, à un ou plusieurs fiduciaires qui, les tenant séparés de leur patrimoine propre, agissent dans un but déterminé au profit d'un ou plusieurs bénéficiaires »[289]. Par ailleurs, le constituant ou le fiduciaire peut être le bénéficiaire ou l'un des bénéficiaires du contrat de fiducie[290].

288. Cass. (com.), 13 décembre 2017, n° 15-28.357.
289. Art. 2011 C. civ.
290. Art. 2016 C. civ.

La caractéristique la plus remarquable de la fiducie consiste donc pour le constituant à pouvoir créer un patrimoine fiduciaire qui se présente comme un véritable patrimoine d'affectation. Ce patrimoine se détache donc du constituant pour être recueilli par le fiduciaire, sans qu'il vienne se confondre avec le patrimoine personnel de ce dernier. Ainsi, les actifs fiduciaires se trouvent mis à l'abri, tant des créanciers personnels du constituant que de ceux du fiduciaire[291]. Et une procédure collective ouverte au profit du fiduciaire n'affecte pas le patrimoine fiduciaire[292].

La loi du 4 août 2008 a souhaité faciliter l'utilisation de la fiducie en faveur des commerçants personnes physiques. En effet, des nouvelles dispositions insérées aux articles 2017 et 2018-1 du Code civil semblent leur être tout particulièrement destinées. En vertu de ces textes, le constituant qui précise dans le contrat qu'il conserve l'usage ou la jouissance d'un fonds de commerce ou d'un immeuble à usage professionnel transféré dans le patrimoine fiduciaire voit ainsi cette convention échapper aux règles spécifiques de la location-gérance ou encore du bail commercial.

226. L'inadaptation de la fiducie en vue d'une protection patrimoniale du commerçant personne physique – En dépit de la volonté affichée du législateur d'ouvrir la fiducie aux commerçants personnes physiques, il ne semble pas que le contexte soit très favorable à ce que ce vœu se réalise concrètement. En effet, différents obstacles se dressent en pratique.

Un premier inconvénient, de nature psychologique et/ou économique, résulte de la qualité que doit légalement présenter le fiduciaire, c'est-à-dire la personne en charge de gérer le patrimoine d'affectation. Par application de l'article 2015 du Code civil, seuls les établissements de crédit et les avocats ont vocation à devenir fiduciaires. Il n'est pas certain que le commerçant personne physique soit naturellement attiré par le profil imposé par la loi concernant ses futurs partenaires.

Un deuxième inconvénient provient de la mise en place en 2010 d'un registre national des fiducies qui a notamment pour objectif de « centraliser les informations relatives aux contrats de fiducie nécessaires pour faciliter les contrôles permettant la lutte contre l'évasion fiscale, le blanchiment des capitaux et le financement du terrorisme »[293]. Là encore, le commerçant personne physique sera immédiatement « catalogué » comme une personne suspecte ; ses faits et gestes seront étroitement contrôlés par diverses autorités qui ont accès à ce fichier (TRACFIN, les douanes, le procureur de la République...) ce qui n'est pas forcément une situation enviée. En outre, les informations du fichier sont conservées pendant 10 années après l'extinction du contrat de fiducie[294].

---

291. Art. 2025 C. civ.
292. Art. 2024 C. civ.
293. Art. 1 *in fine* du décret n° 2010-219 du 2 mars 2010 relatif au traitement automatisé de données à caractère personnel dénommé « Registre national des fiducies ».
294. Art. 3 du décret n° 2010-219 du 2 mars 2010, précité.

Un dernier inconvénient, strictement juridique, a trait aux failles de la protection patrimoniale recherchée par le constituant. En effet, le patrimoine fiduciaire ne présente pas une étanchéité absolue. Le commerçant personne physique qui souhaite placer ses actifs professionnels au sein d'un patrimoine fiduciaire a pour objectif de les mettre à l'écart de son patrimoine privé. Or, les dettes personnelles du constituant continuent de grever son patrimoine personnel. De même, les actifs fiduciaires permettent de répondre aux dettes liées à la gestion et à la conservation de ce patrimoine. Mais l'article 2025 du Code civil prévoit qu'en « cas d'insuffisance du patrimoine fiduciaire, le patrimoine du constituant constitue le gage commun de ces créanciers, sauf stipulation contraire du contrat de fiducie mettant tout ou partie du passif à la charge du fiduciaire ». C'est dire que si le passif fiduciaire est trop imposant, les remparts de la fiducie cèdent et les créanciers de la fiducie peuvent alors être désintéressés en exerçant des poursuites à l'encontre des biens personnels du constituant.

Il n'est donc pas étonnant que le législateur ait pris le soin d'offrir une autre technique d'affectation du patrimoine tout spécialement dédiée à l'entrepreneur individuel.

b) L'entrepreneur individuel à responsabilité limitée (EIRL)

227. Les caractéristiques de L'EIRL – Une loi du 15 juin 2010 a introduit en droit français un nouveau dispositif permettant aux entrepreneurs individuels de créer un ou plusieurs patrimoines d'affectation contenant les actifs et les passifs afférents à une activité professionnelle déterminée : le statut de l'entrepreneur individuel à responsabilité limitée (EIRL). Les dispositions légales ont été intégrées aux articles L. 526-6 et suivants du Code de commerce.

L'article 526-6 de ce code pose comme principe que « tout entrepreneur individuel peut affecter à son activité professionnelle un patrimoine séparé de son patrimoine personnel, sans création d'une personne morale ». Il s'agit donc bien d'une technique de protection patrimoniale qui reste réservée à l'entrepreneur individuel, qu'il exerce ou non une activité commerciale[295]. L'EIRL n'est donc pas une technique sociétaire[296] : le patrimoine d'affectation ne change pas de titulaire qui reste l'entrepreneur individuel. Par ailleurs, il est possible à un même entrepreneur

295. L'entrepreneur individuel à responsabilité limitée peut exercer une activité artisanale, agricole, libérale...

296. Le législateur importe néanmoins des techniques qui sont propres au droit des sociétés, comme l'évaluation des actifs affectés dont le régime s'inspire de l'apport en nature réalisé par un associé.

individuel de constituer plusieurs EIRL lorsqu'il se trouve dans le cadre d'une pluriactivité[297].

Une fois que ce statut a été régulièrement adopté, pour l'exercice de l'activité professionnelle à laquelle le patrimoine est affecté, l'entrepreneur individuel utilise une dénomination incorporant son nom, précédé ou suivi immédiatement des mots : « Entrepreneur individuel à responsabilité limitée » ou des initiales : « EIRL »[298].

La loi Pinel du 18 juin 2014 a tenté d'apporter quelques assouplissements au dispositif législatif d'origine, notamment en facilitant les modalités d'enregistrement ou encore en restreignant les obligations pesant sur l'entrepreneur individuel à responsabilité limitée. La loi du 9 décembre 2016 et son décret d'application n° 217-360 du 25 avril 2017 ont notamment procédé à la suppression de la faculté de rendre opposable la déclaration d'affectation de l'EIRL aux créanciers antérieurs à la date de déclaration d'affectation.

228. La création de l'EIRL et l'avènement d'un patrimoine affecté – L'accès à l'EIRL est totalement libre et volontaire. Il peut s'effectuer lors du démarrage de l'activité ou en cours d'activité. La création de l'EIRL entraîne l'accomplissement d'une démarche fondamentale, à savoir la création d'un patrimoine d'affectation. Elle passe par l'accomplissement d'un certain nombre de réflexions ou de formalités très encadrées.

228-1. La composition encadrée du patrimoine d'affectation – La première difficulté rencontrée par l'entrepreneur individuel réside dans la composition de ce patrimoine d'affectation.

Selon l'article L. 521-6, alinéa 2, du Code de commerce, ce patrimoine doit être composé de l'ensemble des biens, droits, obligations ou sûretés dont l'entrepreneur individuel est titulaire, nécessaires à l'exercice de son activité professionnelle. Le patrimoine d'affectation a donc un contenu obligatoire qui ne permet pas à l'entrepreneur individuel d'effectuer un choix. Si les biens ou les droits sont indispensables à l'exercice de l'activité professionnelle, qu'ils ne peuvent être destinés qu'à servir l'exploitation de l'activité professionnelle, ils devront venir automatiquement composer le patrimoine d'affectation.

Selon la même disposition du Code de commerce, le patrimoine d'affectation peut comprendre également les biens, droits, obligations ou sûretés dont l'entrepreneur individuel est titulaire, utilisés pour l'exercice de son activité professionnelle et qu'il décide d'y affecter. Il s'agit ici de biens qui ne sont pas nécessaires à l'activité professionnelle, mais qui sont simplement utiles à son exercice. Dans ce cas, l'entrepreneur individuel à

297. L'article 14 de la loi du 15 juin 2010 prévoit la possibilité de plusieurs EIRL pour une même personne physique à compter du 1er janvier 2013, dès lors que chaque EIRL correspond à une activité distincte.
298. Art. L. 521-6 *in fine* C. com.

la possibilité de choisir ou non d'affecter ce bien ou ce droit dans le patrimoine affecté.

Par conséquent, un bien ou un droit qui n'est ni nécessaire, ni utilisé pour les besoins de l'activité professionnelle ne peut être déclaré dans le patrimoine d'affectation Ce dernier doit présenter un caractère nécessairement professionnel.

Enfin, une règle de bon sens est rappelée par le législateur : un même bien, droit, obligation ou sûreté ne peut entrer dans la composition que d'un seul patrimoine affecté[299].

228-2. Les formalités de constitution du patrimoine affecté – La seconde contrainte concerne la constitution effective du patrimoine affecté.

En premier lieu, la constitution du patrimoine affecté résulte obligatoirement du **dépôt d'une déclaration effectué auprès d'un registre** qui est déterminé précisément pat l'article L. 526-7 du Code de commerce en fonction de la situation de l'entrepreneur individuel. Ainsi, à titre d'exemple, la déclaration sera accomplie au registre de publicité légale auquel l'entrepreneur individuel est tenu de s'immatriculer (Le registre du commerce et des sociétés pour l'entrepreneur individuel qui est commerçant) ou encore pour les personnes physiques qui ne sont pas tenues de s'immatriculer à un registre de publicité légale, à un registre tenu au greffe du tribunal statuant en matière commerciale du lieu de leur établissement principal.

En deuxième lieu, le dépôt de cette déclaration ne sera recevable que si **certaines conditions de forme** obligatoires sont respectées. Deux exigences formelles sont tout spécialement requises[300]. Tout d'abord, la mention de l'objet de l'activité professionnelle à laquelle le patrimoine est affecté doit apparaître sur la déclaration. Ensuite, un état descriptif des biens, droits, obligations ou sûretés affectés à l'activité professionnelle, en nature, qualité, quantité et valeur doit être également fourni lors de la déclaration. La loi précise que la valeur déclarée est la valeur vénale ou, en l'absence de marché pour le bien considéré, la valeur d'utilité.

En dernier lieu, une **évaluation** apparaît donc nécessaire pour que l'état descriptif soit accepté par l'organisme chargé de gérer le registre concerné. Ainsi, la loi[301] prévoit que tout élément d'actif du patrimoine affecté, autre que des liquidités, d'une valeur déclarée supérieure à 30 000 euros fait l'objet d'une évaluation au vu d'un rapport annexé à la déclaration et établi sous sa responsabilité par un commissaire aux comptes, un expert-comptable, une association de gestion et de comptabilité ou un notaire désigné par l'entrepreneur individuel. L'évaluation par

299. Art. L. 521-6, al. 2, C. com.

300. Art. L. 526-8 et R. 526-3 pour la totalité des exigences formelles exigées par les textes.

301. Art. L. 526-10 C. com.

un notaire ne peut concerner qu'un bien immobilier. Cette évaluation doit être effectuée dans les mêmes formes au cas d'affectation ultérieure d'un bien dépassant la valeur déclarée de 30 000 euros.

L'entrepreneur n'a pas l'obligation de retenir l'évaluation proposée dans le rapport. Mais le législateur prévoit alors un mécanisme de responsabilité qui ressemble fort à certaines dispositions applicables en droit des sociétés. Ainsi, lorsque la valeur déclarée est supérieure à celle proposée par le professionnel régulièrement désigné, l'entrepreneur individuel est responsable, pendant une durée de cinq ans, à l'égard des tiers sur la totalité de son patrimoine, affecté et non affecté, à hauteur de la différence entre la valeur proposée par ce professionnel et la valeur déclarée. De plus, en l'absence de recours à un tel professionnel, l'entrepreneur individuel est responsable, pendant une durée de cinq ans, à l'égard des tiers sur la totalité de son patrimoine, affecté et non affecté, à hauteur de la différence entre la valeur réelle du bien au moment de l'affectation et la valeur déclarée.

229. Le fonctionnement de l'EIRL gouverné par le principe de la séparation des patrimoines – Le principal effet lié à la création de l'EIRL se réalise à travers une séparation des patrimoines. Il faut alors préciser le mécanisme qui en découle, ainsi que son opposabilité vis-à-vis des créanciers.

Le mécanisme de la séparation des patrimoines est assez simple et doté en apparence d'une redoutable efficacité. Ainsi, le patrimoine affecté acquiert une autonomie qui le rend étanche. Les actifs affectés répondent exclusivement du passif professionnel. De la même manière, les créanciers privés ne peuvent agir qu'en exerçant des poursuites à l'encontre des actifs privés.

L'intérêt principal de l'EIRL réside dans le fait que ce cloisonnement des patrimoines se prolonge naturellement en cas de difficultés de l'entrepreneur individuel.

Ainsi, en cas d'interdit bancaire lié à l'émission d'un chèque sans provision, l'article L. 131-86-1 du Code monétaire et financier restreint les mesures qui en découlent aux seuls comptes afférents au patrimoine non affecté si l'incident se manifeste dans le fonctionnement d'un compte bancaire domestique ou aux seuls comptes relatifs au patrimoine affecté pour un incident constaté sur un compte lié au fonctionnement de l'activité professionnelle (d'où l'intérêt de disposer de comptes bien distincts et de les utiliser scrupuleusement pour chacun des patrimoines affectés).

De même, en cas d'ouverture d'une procédure collective à l'encontre de l'entrepreneur individuel, l'article 680-1 du Code de commerce dispose que « lorsque les dispositions des titres Ier à VI du présent livre sont appliquées à raison des activités professionnelles exercées par un entrepreneur individuel à responsabilité limitée, elles le sont patrimoine par patrimoine ».

Le mécanisme général de la séparation du patrimoine nécessite donc d'effectuer une distinction entre le caractère privé ou professionnel des créanciers. L'opposabilité du mécanisme conduit également le raisonnement dans une dimension chronologique.

La question de **l'opposabilité** de la séparation du patrimoine invite à envisager les effets de la séparation des patrimoines sur les créanciers professionnels, selon qu'ils présentent la particularité d'être antérieurs ou postérieurs à l'adoption du statut de l'EIRL. Concernant les créanciers dont leur droit prendrait naissance postérieurement à la publicité de la création de l'EIRL, ils sont soumis de plein droit aux effets du mécanisme de la séparation du patrimoine. La protection de l'EIRL est donc assurée pour l'avenir.

Concernant les créanciers antérieurs, le dispositif initial prévoyait la possibilité, sous certaines conditions, de leur rendre opposable cette séparation des patrimoines. Les créanciers disposaient d'ailleurs d'un droit d'opposition. Depuis la loi dite « Sapin II » du 9 novembre 2016, l'article L. 526-12 du Code de commerce ne prévoit plus cette possibilité. Dorénavant, la protection accordée par le statut d'EIRL ne peut valoir que pour les créanciers postérieurs, c'est-à-dire pour ceux dont le titre de créance naît à compter de la création de l'EIRL. Cette modification, qui est plus respectueuse des droits des créanciers antérieurs, réduit certainement l'attrait de l'EIRL pour ceux qui exercent déjà une activité professionnelle ayant généré un endettement.

230. La transmission de l'EIRL – L'EIRL ne correspond pas à un statut marqué par l'*intuitu personae*. Le patrimoine affecté n'est pas attaché indéfectiblement à la personne qui a adopté le régime de l'EIRL. Il peut être transmis à cause de mort ou entre vifs.

En cas de décès de l'entrepreneur individuel, le principe est que la déclaration d'affectation cesse de produire ses effets[302]. Par exception, l'affectation se poursuit si l'un des héritiers ou ayants droit de l'entrepreneur individuel décédé, sous réserve du respect des dispositions successorales, manifeste son intention de poursuivre l'activité professionnelle à laquelle le patrimoine était affecté. La personne ayant manifesté son intention de poursuivre l'activité professionnelle doit alors en faire porter la mention au registre où a été déposée la déclaration initiale dans un délai de trois mois à compter du décès[303].

La transmission volontaire du patrimoine affecté peut également se réaliser par cession, donation ou apport en nature à une société. Les règles à respecter sont fixées notamment à l'article L. 526-17 du Code de commerce. Ainsi, l'affectation du patrimoine peut alors continuer de poursuivre ses effets à l'égard des créanciers antérieurs à la transmission,

302. Art. L. 526-15 C. com.
303. Art. L. 526-16 C. com.

lesquels peuvent néanmoins exercer un droit d'opposition. Cette transmission opère un transfert du passif qui est libératoire pour le cédant. La cession à titre onéreux ou la transmission à titre gratuit entre vifs du patrimoine affecté à une personne physique entraîne sa reprise avec maintien de l'affectation dans le patrimoine du cessionnaire ou du donataire. En revanche, la cession du patrimoine affecté à une personne morale ou son apport en société entraîne transfert de propriété dans le patrimoine du cessionnaire ou de la société, sans maintien de l'affectation. Dans tous les cas, la transmission n'est rendue opposable au tiers qu'après l'accomplissement de certaines formalités de publicité encadrées par la loi.

231. La disparition de l'EIRL – Le décès de l'entrepreneur et sa renonciation au statut de l'EIRL sont les deux situations qui conduisent à la disparition de l'EIRL.

Sauf en cas de reprise par un héritier dans un certain délai, le **décès** de l'EIRL cesse de faire produire ses effets à la déclaration d'affectation. Ce décès entraîne donc la liquidation du patrimoine d'affectation et celle du patrimoine privé de l'entrepreneur. Le cloisonnement des patrimoines subsiste pendant les opérations de liquidation. Les créanciers professionnels ne peuvent donc pas être désintéressés par des actifs privés. Le cas échéant, une procédure collective devra être ouverte si les créanciers professionnels ou privés n'ont pu être totalement réglés. Les démarches de publicité auprès du registre pour informer de la cessation de l'EIRL seront en pratique accomplies par le notaire en charge de la succession.

De même, l'entrepreneur peut librement opter pour une **renonciation** au statut de l'EIRL. Par conséquent, les créanciers professionnels recouvrent leur droit de gage général sur l'ensemble des actifs, professionnels et privés, de l'entrepreneur individuel. Toutefois, en cas de cessation, concomitante à la renonciation, de l'activité professionnelle à laquelle le patrimoine est affecté, les créanciers conservent pour seul gage général celui qui était le leur au moment de la renonciation (ces mêmes règles valent d'ailleurs pour le décès). La renonciation doit également faire l'objet de mesures de publicité auprès du registre sur lequel la déclaration a été initialement consignée[304].

232. Conclusions sur l'échec de l'EIRL – Si l'idée du législateur de protéger l'entrepreneur individuel en créant un ou plusieurs patrimoines d'affectation est louable pour promouvoir l'initiative économique, il semble que le régime juridique qui en découle reste trop complexe et que la protection recherchée peut s'avérer illusoire.

D'une part, la création et le fonctionnement de l'EIRL demeurent assez contraignants. Ainsi, il ne faut pas se tromper dans la composition des biens du patrimoine affecté. En outre, le patrimoine affecté n'est pas immuable, il est sujet à évolution. Il peut donc être modifié, augmenté

304. Art. L. 526-15 C. com.

ou réduit[305]. Dans ce cas, la déclaration initiale doit être modifiée dans le mois de la modification, ce qui oblige à une vigilance doublée d'un formalisme qui ne sont pas toujours adaptés à la personnalité de l'entrepreneur individuel. En outre, l'entrepreneur qui doit obtenir un crédit pour se développer ou faire face à des difficultés pourra être contraint de renoncer à son statut par un créancier qui conditionnerait son engagement à cette condition.

D'autre part, l'étanchéité des patrimoines n'est pas absolue. En cas d'EIRL *in bonis*, l'entrepreneur individuel est responsable sur la totalité de ses biens et droits en cas de fraude ou en cas de manquement grave aux règles prévues pour la composition du patrimoine affecté ou en cas de non-respect des obligations comptables et bancaires prévues à l'article L. 526-13[306]. À titre d'illustration jurisprudentielle, dans un arrêt du 7 février 2018, la cour de cassation a jugé que le dépôt au greffe d'une déclaration d'affection qui ne mentionne aucun élément dans l'état descriptif constitue un manquement grave, de nature à justifier la réunion des patrimoines privé et professionnel. En cas d'EIRL soumise à une procédure collective, un ou plusieurs autres patrimoines du débiteur entrepreneur individuel à responsabilité limitée peuvent être réunis au patrimoine visé par la procédure, en cas de confusion avec celui-ci. Il en va de même lorsque le débiteur a commis un manquement grave aux règles prévues pour la composition du patrimoine affecté ou en cas de non-respect des obligations comptables, ou encore une fraude à l'égard d'un créancier titulaire d'un droit de gage général sur le patrimoine visé par la procédure.

En pratique, l'EIRL ne remporte toujours pas aujourd'hui un franc succès alors que ce statut atteint l'âge de raison. Ainsi, selon les chiffres communiqués par le greffe du tribunal de commerce de Toulouse pour l'année 2017, 2 546 commerçants/micro entrepreneurs et 4 366 sociétés commerciales se sont immatriculés, contre seulement 41 immatriculations recensées pour l'EIRL. Cela signifie que sur l'ensemble des immatriculations toulousaines des entreprises commerciales, individuelles et sociétaires, l'EIRL ne représente même pas 1 % de ces immatriculations.

C. Le statut personnel

233. Les incidences du mariage, du pacte civil de solidarité ou du concubinage – Le droit commercial ne peut être nullement appréhendé comme une matière autonome, hermétique aux influences des autres branches du droit. Il s'agit d'un droit spécial et les règles de droit civil ont vocation à régir la vie des affaires si le droit commercial ne prévoit aucune règle dérogatoire.

305. Art. L. 526-9 C. com.
306. Art. L. 526-12 C. com.

Cette analyse doit être rapprochée de la situation d'un commerçant qui en raison des choix de vie personnelle qu'il a effectués peut voir sa situation professionnelle affectée. C'est le cas du mariage, du pacte civil de solidarité ou de l'union libre, encore appelée concubinage. Le juriste d'entreprise se doit alors d'aller compulser, encore plus que d'accoutumée, les dispositions du Code civil pour envisager les conséquences juridiques que le statut matrimonial choisi peut engendrer sur la vie professionnelle de la personne intéressée.

Les développements qui vont suivre concernent les couples de personnes du même sexe ou non. En revanche, le commerçant envisagé ici est nécessairement une personne physique.

234. Le concubinage ou l'effacement du droit – Il faut évoquer tout d'abord très rapidement le cas du concubinage. En effet, ce mode de vie en couple n'est soumis à aucune règle particulière par le droit civil. Le concubin ne se voit reconnaître aucun droit légal particulier pendant la vie en couple[307]. Lors d'une rupture, la jurisprudence peut reconnaître l'existence d'une société créée de fait entre les concubins[308]. Cette société n'existe que si les trois éléments caractéristiques du contrat de société se trouvent simultanément réunis, à savoir un apport – qui peut être en industrie -, la volonté de participer aux profits et aux pertes et l'intention de s'associer. L'intérêt de démontrer l'existence *a posteriori* d'une société lorsqu'elle a finalement disparu est de profiter des avantages de la procédure de liquidation. En effet, si à l'issue de cette procédure de liquidation demeure un *boni* de liquidation, il doit être partagé au profit de chacun des concubins selon une proportion qui sera déterminée par le juge au vu des circonstances. Mais en dehors de cet exemple fort commenté mais peu fréquent en pratique, le concubinage et l'exercice d'une activité commerciale n'appellent pas un traitement juridique particulier.

Ce n'est pas le cas du mariage (1) et du pacte civil de solidarité (2) qui comportent un certain nombre de dispositions susceptibles d'influer sur le sort de l'activité commerciale exercée au sein du couple.

1) *La situation du commerçant marié*

a) **Les dispositions générales**

235. La liberté de commercer et l'égalité des époux – Il faut rappeler que si le mari a toujours pu exercer une activité commerciale librement, l'épouse n'a pas toujours bénéficié de ce traitement. L'interdiction

---

307. À titre d'exception, on peut citer l'article R. 321-1-I du Code rural et de la pêche qui reconnaît la possibilité d'accorder le statut de conjoint collaborateur au concubin de l'agriculteur.

308. Cass. (com.), 23 juin 2004, 2 arrêts, n° 01-10.106 et n° 01-14.275.

d'exercer le commerce pour une épouse a été supprimée par une loi du 22 septembre 1942. Ensuite, le droit d'opposition qui subsistait au profit du mari et qui lui permettait d'empêcher sa femme d'accomplir des actes de commerce a été définitivement écarté par une loi du 13 juillet 1965.

Dorénavant, aux termes de l'article 223 du Code civil, « chaque époux peut librement exercer une profession, percevoir ses gains et salaires et en disposer après s'être acquitté des charges du mariage ». Ce sont donc les principes de liberté du commerce et de traitement égalitaire entre époux qui ont fini par s'imposer au sein du couple marié évoluant dans le monde commercial.

Par ailleurs, la question du domicile a pu également poser quelques difficultés. La jurisprudence avait rapidement reconnu que la femme, pourtant alors domiciliée de droit chez le mari, pouvait prétendre à la disposition d'un domicile distinct pour l'exercice de son activité commerciale. C'est la modification de la rédaction de l'article 108 du Code civil par une loi du 12 juillet 1975 qui ne prête aujourd'hui plus le flanc à la moindre incertitude. Aux termes de cette disposition, « le mari et la femme peuvent avoir un domicile distinct sans qu'il soit pour autant porté atteinte aux règles relatives à la communauté de la vie ».

236. La publicité de la situation matrimoniale au profit des tiers – Afin d'apporter le plus d'information possible aux créanciers du commerçant, le législateur avait imposé que des renseignements concernant la situation et le régime matrimoniaux du commerçant figurent au registre du commerce et des sociétés. Ces informations permettent en effet de mieux connaître les pouvoirs du commerçant sur les biens qui servent à l'exploitation de son activité professionnelle.

Toutefois, le respect de la vie privée l'a emporté sur le principe de transparence de la vie des affaires. L'ordonnance n° 2005-428 du 6 mai 2005, puis le décret n° 2007-750 du 9 mai 2007 ont abrogé les dispositions qui imposaient la diffusion de ces informations auprès du registre du commerce et des sociétés.

Aujourd'hui, la connaissance des évènements concernant le lien matrimonial se réalise en consultant l'acte de naissance du commerçant au registre de l'État civil.

Quelques évènements exceptionnels peuvent néanmoins fournir des indications recherchées par des tiers. Ainsi, il existe une obligation de faire figurer sur le registre du commerce et des sociétés une demande en justice fondée sur les articles 1426 ou 1429 du Code civil (commerçant hors d'état de manifester sa volonté notamment) par l'époux qui en prend l'initiative. À défaut de cette information portée aux tiers, le tribunal saisi de l'une de ces demandes ne peut statuer que s'il est justifié que cette mention a été portée au registre du commerce et des sociétés. De même, lorsque le conjoint présente le statut de collaborateur du commerçant, une mention doit en être portée au registre du commerce et des sociétés[309].

237. L'information du conjoint sur les risques de l'activité commerciale – La protection du conjoint du commerçant est en revanche toujours assurée au moyen d'une information dont il est créancier. En effet, sous sa responsabilité, la personne physique doit déposer lors de sa demande d'immatriculation, une attestation de délivrance de l'information donnée à son conjoint commun en biens sur les conséquences des dettes contractées dans l'exercice de sa profession sur les biens communs selon un modèle prédéfini[310].

238. Les incidences du divorce – Deux incidences principales du divorce peuvent être évoquées dans la mesure où elles peuvent avoir une répercussion sur l'exercice d'une activité commerciale. Il s'agit du nom patronymique de la femme mariée commerçante et du sort du passif professionnel.

Concernant le nom de la femme mariée, elle peut bien sûr avoir choisi d'accomplir, de manière prudente, ses activités professionnelles sous son nom de jeune fille. La difficulté juridique n'existe que si l'épouse exerce son commerce sous le nom patronymique de son mari. En cas de divorce, chacun des époux perd l'usage du nom de son conjoint. Mais la femme peut être autorisée expressément par son mari à continuer d'utiliser son nom patronymique. En cas de refus du mari, c'est le juge qui pourra l'y autoriser dans la mesure où l'épouse justifie d'un intérêt particulier pour elle-même ou pour ses enfants[311].

Concernant le passif professionnel, il arrive fréquemment que le conjoint qui ne participe pas à l'activité professionnelle se porte garant ou codébiteur d'une dette souscrite par son conjoint commerçant à l'occasion de l'exercice de son activité professionnelle. Hors le cas peu probable où le divorce constituerait une hypothèse contractuelle qui permettrait de ne plus être obligé au passif, le conjoint non commerçant reste tenu par son engagement contractuel après la dissolution du lien du mariage. Il a donc toujours vocation à supporter le passif professionnel de son ancien conjoint. Or, par application de l'article 1387-1 du Code civil, « lorsque le divorce est prononcé, si des dettes ou sûretés ont été consenties par les époux, solidairement ou séparément, dans le cadre de la gestion d'une entreprise, le tribunal de grande instance peut décider d'en faire supporter la charge exclusive au conjoint qui conserve le patrimoine professionnel ou, à défaut, la qualification professionnelle ayant servi de fondement à l'entreprise ». Le juge a donc la possibilité de prononcer l'extinction de l'obligation qui pèse sur le conjoint non commerçant à la condition que l'autre époux, par définition à la tête de l'entreprise, puisse toujours être

309. Art. R. 123-121-1 C. com.
310. Art. L. 526-4 C. com.
311. Art. 264, al. 2, C. civ.

poursuivi par le créancier. Ce dernier est d'ailleurs le premie…
par cette décision de justice contre laquelle il pourra exercer un recou…

b) La situation du conjoint étranger à l'exercice du commerce

α) Les pouvoirs des époux

239. Les pouvoirs des époux sur les biens professionnels – La détermination des pouvoirs des époux sur les biens professionnels est différente selon que l'exploitation de ce bien – principalement le fonds de commerce – par le conjoint intervient dans une situation normale, ou qu'elle prend place dans un contexte de crise qui amène à l'application de règles exceptionnelles pour une durée généralement limitée.

– <u>L'exploitation du fonds de commerce en situation normale</u>

240. Le fonds de commerce est un bien propre – Le fonds de commerce qui constitue un bien propre pour l'époux commerçant est soumis à ses seules décisions. Ses pouvoirs de gestion sur le fonds de commerce présentent alors un caractère exclusif, qu'il s'agisse d'accomplir des actes d'administration ou de disposition[312].

Si un régime de séparation de biens a été choisi, le fonds de commerce présente nécessairement le caractère d'un bien propre pour le commerçant puisque, par hypothèse, l'autre conjoint ne concourt pas à l'exercice du commerce[313].

Si un régime de communauté légale s'applique, le fonds de commerce présente un caractère propre s'il constitue déjà un bien personnel avant le mariage, à la suite d'une création ou d'une acquisition à titre onéreux ou gratuit, ou en cas d'acquisition à titre gratuit au cours du mariage[314].

241. Le fonds de commerce est un bien commun – Cette situation se présente essentiellement en cas d'adoption du régime de communauté légale par les époux[315]. Le fonds de commerce présente un caractère commun s'il a été créé ou acquis à titre onéreux pendant le mariage.

Les règles de dévolution des pouvoirs sur les biens communs sont précisées par l'article 1421 du Code civil qui dispose que « chacun des époux a le pouvoir d'administrer seul les biens communs et d'en disposer,

---

312. Art. 225 C. civ.

313. Il faut cependant envisager le cas, selon l'article 1539 du Code civil, où « pendant le mariage, l'un des époux confie à l'autre l'administration de ses biens personnels ». Alors, les règles du mandat sont applicables.

314. Art. 1405 C. civ.

315. Ce cas se présentera de manière moins fréquente en présence d'un régime de séparation de biens, notamment lorsque les époux n'arrivent pas prouver le caractère propre du bien. L'article 1538 du Code civil prévoit alors que le bien est réputé leur appartenir indivisément, à chacun pour moitié.

sauf à répondre des fautes qu'il aurait commises dans sa gestion. Les actes accomplis sans fraude par un conjoint sont opposables à l'autre ». Mais cette règle est écartée expressément pour les biens afférents à l'activité professionnelle par le second alinéa de ce texte : « l'époux qui exerce une profession séparée a seul le pouvoir d'accomplir les actes d'administration et de disposition nécessaires à celle-ci ». Au final, les règles concernant les pouvoirs du commerçant sur le fonds de commerce seraient donc similaires que le fonds présente un caractère propre ou commun.

Néanmoins, afin de protéger le conjoint, l'époux commerçant va devoir respecter certaines contraintes qui viennent limiter son indépendance et sa liberté de gestion du fonds de commerce lorsqu'il constitue un bien commun pour les époux. Parmi ces contraintes, on peut notamment citer :

– l'article 1422 du Code civil qui dispose que « les époux ne peuvent, l'un sans l'autre, disposer entre vifs, à titre gratuit, des biens de la communauté. Ils ne peuvent non plus, l'un sans l'autre, affecter l'un de ces biens à la garantie de la dette d'un tiers ». Les libéralités concernant le fonds de commerce nécessitent l'accord des deux époux ;

– l'article 1424 du Code civil qui prévoit notamment que les époux ne peuvent, l'un sans l'autre, aliéner ou grever de droits réels les fonds de commerce et les droits sociaux non négociables, ou encore transférer un bien de la communauté dans un patrimoine fiduciaire. Ils ne peuvent, sans leur conjoint, percevoir les capitaux provenant de telles opérations. La vente du fonds de commerce, son apport en société ou encore son nantissement impose donc l'assentiment des deux époux ;

– l'article 1425 du Code civil qui énonce que les époux ne peuvent, l'un sans l'autre, donner à bail un immeuble à usage commercial, industriel ou artisanal dépendant de la communauté.

– <u>L'exploitation du fonds de commerce en situation de crise</u>

242. La préservation de l'intérêt de la communauté – Dans certaines circonstances qui sont susceptibles de mettre en péril l'intérêt de la communauté, le droit civil permet la mise en œuvre de certains dispositifs qui sont susceptibles de priver, temporairement ou définitivement, le commerçant montrant quelques défaillances dans l'exercice de ses pouvoirs.

Ainsi, l'article 217 du Code civil qui permet à un époux de solliciter du juge une autorisation pour accomplir seul un acte qui nécessiterait en temps normal l'assentiment des deux époux. À titre d'exemple, on peut citer la vente d'un fonds de commerce commun qui pourra exceptionnellement intervenir avec l'assentiment d'un seul époux si le juge l'autorise.

L'article 220-1 du Code civil, indique que le juge aux affaires familiales peut prescrire toutes les mesures urgentes que requièrent les intérêts de la famille, au cas où l'un des époux manquerait gravement à ses devoirs et mettrait ainsi en péril les intérêts du ménage. Il peut notamment interdire à cet époux de faire, sans le consentement de l'autre, des actes de disposition sur ses propres biens ou sur ceux de la communauté. La durée des mesures prises en application du présent article doit être déterminée par le juge et ne saurait, prolongation éventuellement comprise, dépasser trois ans.

De même, l'article 1426 dispose que si l'un des époux se trouve, d'une manière durable, hors d'état de manifester sa volonté, ou si sa gestion de la communauté atteste l'inaptitude ou la fraude, l'autre conjoint peut demander en justice à lui être substitué dans l'exercice de ses pouvoirs. Le conjoint, ainsi habilité par la justice, dispose des mêmes pouvoirs qu'aurait eus l'époux qu'il remplace ; il passe avec l'autorisation de justice les actes pour lesquels son consentement aurait été requis s'il n'y avait pas eu substitution.

Enfin, l'article 1429 du Code civil énonce que si l'un des époux se trouve, d'une manière durable, hors d'état de manifester sa volonté, ou s'il met en péril les intérêts de la famille, soit en laissant dépérir ses propres, soit en dissipant ou détournant les revenus qu'il en retire, il peut, à la demande de son conjoint, être dessaisi des droits d'administration et de jouissance qui lui sont reconnus par la loi. Le jugement confère au conjoint demandeur le pouvoir d'administrer les propres de l'époux dessaisi, ainsi que d'en percevoir les fruits. L'époux dessaisi pourra, par la suite, demander en justice à rentrer dans ses droits, s'il établit que les causes qui avaient justifié le dessaisissement n'existent plus.

β) Les obligations des époux

243. Les obligations des époux aux dettes professionnelles – Lorsque le conjoint ne participe pas à l'exercice de l'activité commerciale de son mari ou de son épouse, les pouvoirs dont il dispose sur les biens professionnels dépendent du régime matrimonial qui s'applique à leur union.

En cas de régime de séparation de biens, la situation demeure la plus simple. Les dettes qui naissent à l'occasion de l'exercice d'une activité professionnelle restent propres à l'époux commerçant : les créanciers professionnels ne peuvent poursuivre l'autre époux étranger à l'exercice du commerce.

En cas de régime de la communauté légale, l'article 1413 du Code civil prévoit une règle bien plus périlleuse pour le conjoint qui n'exploite pas une activité commerciale. Selon cette disposition, « le paiement des dettes dont chaque époux est tenu, pour quelque cause que ce soit, pendant la communauté, peut toujours être poursuivi sur les biens communs, à moins qu'il n'y ait eu fraude de l'époux débiteur et mauvaise foi du créancier, sauf la récompense due à la communauté s'il y a lieu ». Le créancier professionnel peut donc en principe saisir les biens propres du commerçant et les biens communs du couple marié.

La loi prévoit néanmoins trois limites qui viennent protéger le conjoint étranger à l'exercice du commerce :

– le paiement d'une dette professionnelle sur un bien commun donne lieu pour la communauté, le cas échéant, à récompense. Il faudra donc faire les comptes entre les époux, notamment au moment de la dissolution du régime matrimonial (art. 1413 C. civ.), l'époux commerçant devant indemniser à ce titre l'époux non-commerçant ;

– les gains et salaires de l'époux non-commerçant se trouvent toujours à l'abri des poursuites des créanciers professionnels de l'époux commerçant. En effet, selon l'article 1414 du Code civil, « les gains et salaires d'un époux ne peuvent être saisis par les créanciers de son conjoint que si l'obligation a été contractée pour l'entretien du ménage ou l'éducation des enfants » ;

– des dispositions particulièrement protectrices existent pour certains contrats dangereux pour les finances du couple marié. Ainsi, en souscrivant un cautionnement[316] ou un emprunt, chacun des époux ne peut engager que ses biens propres et ses revenus. Les biens communs ne sont engagés que si l'autre conjoint à donner son assentiment à cet engagement contractuel, ses biens propres n'étant alors pas engagés (art. 1415 C. civ.). Les biens communs et les biens propres de chacun des époux ne pourront donc être engagés que si les deux époux contractent à titre personnel le contrat d'emprunt ou de cautionnement.

c) La situation du conjoint concourant à l'exercice du commerce

244. La prise en compte de la situation du conjoint participant aux activités commerciales de son conjoint – Pendant de nombreuses années, le législateur n'a pas attaché grande importance au conjoint « bras droit » de son époux ou épouse, seul ce dernier disposant alors officiellement du statut de commerçant. Il faut dire que cet assistant était très souvent une assistante et que la situation de l'épouse du commerçant était plutôt appréhendée comme un sujet juridique subalterne. Mais sous le double effet du principe de l'égalité entre les sexes et de la reconnaissance de la liberté pour la femme mariée d'accéder à la qualité de commerçant, le législateur s'est progressivement intéressé à ce sujet. En effet, le simple fait de participer à une activité commerciale ne permet pas l'attribution de la qualité de commerçant. D'ailleurs l'article L. 121-3 du Code de commerce dispose que « le conjoint d'un commerçant n'est réputé lui-même commerçant que s'il exerce une activité commerciale séparée de celle de son époux ».

316. La jurisprudence a étendu l'application de ce texte à la garantie à première demande (Cass. (1re civ.), 20 juin 2006, n° 04-11.037), mais non à une sûreté réelle (Cass. (ch. mixte), 2 décembre 2005, n° 03-18.210).

La situation de la personne qui participe aux activités commerciales de son conjoint a été prise en considération pour la première fois dans une loi du 10 juillet 1982, réformée ensuite par celle du 2 août 2005. Ces dispositions figurent dans le Code de commerce aux articles L. 121-4 et suivants. Un véritable statut est aujourd'hui proposé et offre même un choix entre différentes formules. Se pose néanmoins la question du sort de la personne qui continue à participer à l'activité commerciale de son conjoint sans avoir choisi l'un des statuts figurant dans la loi. Au-delà de ces dispositions spécifiques du Code de commerce, le droit prévoit également des règles plus générales pour assurer la protection du conjoint du commerçant.

α) Les statuts du conjoint du commerçant

– Les différents statuts offerts au choix du conjoint

245. Les statuts proposés par la loi – L'article L. 121-4 du Code de commerce indique que le conjoint du chef d'une entreprise commerciale, artisanale ou libérale doit opter pour l'un des statuts suivants :

1° Conjoint collaborateur ;

2° Conjoint salarié ;

3° Conjoint associé.

En choisissant l'un de ces statuts, le conjoint échappe en principe à l'attribution de la qualité de commerçant et aux conséquences qui en découlent. Pour que cette règle s'applique, encore faut-il que le conjoint respecte les limites strictes du statut et qu'il ne se comporte pas comme un véritable commerçant de fait, ou encore que sa situation n'entraîne pas la qualification de commerçant par détermination de la loi[317]. Les droits et obligations professionnels et sociaux du conjoint résultent du statut pour lequel il a opté. En fonction du choix ainsi opéré, le conjoint va être soumis à un ensemble de droits et obligations qui sont censés globalement mieux le protéger. Le chef d'entreprise déclare le statut finalement choisi par son conjoint auprès des organismes habilités à enregistrer l'immatriculation de l'entreprise

246. Le statut de conjoint collaborateur – Le statut de conjoint collaborateur d'un commerçant personne physique n'est accessible que si certaines conditions sont réunies. Sous les mêmes conditions, l'accès au statut est possible aux conjoints de certains dirigeants de société. Ainsi, en ce qui concerne les entreprises sociétaires, le statut de conjoint collaborateur n'est autorisé qu'au conjoint du gérant associé unique ou du gérant associé majoritaire d'une société à responsabilité limitée ou d'une société d'exercice libéral à responsabilité limitée répondant à des conditions réglementaires.

---

317. Voy. *supra*, n° 152 et *infra*, n° 250.

247. Les conditions d'accès au statut de conjoint collaborateur – Selon le Code de commerce[318], peut prétendre au statut de conjoint collaborateur le conjoint du chef d'une entreprise commerciale, artisanale ou libérale qui remplit trois conditions de fond, à savoir :

- l'exercice d'une activité professionnelle régulière dans l'entreprise ;
- l'absence de perception de rémunération à ce titre ;
- l'absence de qualité d'associé au sens de l'article 1832 du Code civil.

L'exclusion du statut est souvent liée à l'absence d'exercice d'une profession régulière au sein de l'entreprise. Ainsi, la loi précise que les conjoints qui exercent à l'extérieur de l'entreprise une activité salariée d'une durée au moins égale à la moitié de la durée légale du travail, ou une activité non salariée, sont présumés ne pas exercer dans l'entreprise une activité professionnelle de manière régulière[319].

Si les conditions de fond sont réunies, il convient de respecter les conditions de forme qui en découlent. Le conjoint collaborateur fait l'objet d'une mention dans les registres de publicité légale à caractère professionnel[320], à savoir au registre du commerce et des sociétés pour une entreprise commerciale.

248. Les attributs du statut de conjoint collaborateur – Dans le prolongement du devoir d'assistance que se doivent chacun des époux, le choix du statut de conjoint collaborateur entraine diverses conséquences.

Au regard des pouvoirs et de la responsabilité, le conjoint collaborateur « est réputé avoir reçu du chef d'entreprise le mandat d'accomplir au nom de ce dernier les actes d'administration concernant les besoins de l'entreprise »[321]. Par conséquent, le conjoint n'est pas responsable de ces actes, puisqu'il les accomplit seulement au nom et pour le compte du commerçant. Cette situation n'entraîne à la charge du conjoint collaborateur aucune obligation personnelle[322] . De même, n'agissant pas pour lui-même, le conjoint collaborateur ne peut pas présenter personnellement la qualité de commerçant[323]. En dépit de cette règle, le conjoint collaborateur est électeur aux élections des membres des chambres de commerce et d'industrie territoriales et de région[324].

La qualité de mandataire du conjoint collaborateur peut être écartée par l'effet de la volonté contenue dans un acte authentique. En effet, chaque époux a la faculté de mettre fin à la présomption de mandat,

318. Art. R. 121-1 C. com.
319. Art. R. 121-2 C. com.
320. Art. L. 121-4, IV, art. R. 121-5 et R. 123-37, 8°, et C. com.
321. Art. L. 121-6 C. com.
322. Art. L. 121-7 C. com.
323. Cass. (com.), 11 février 2004, n° 01-00.430.
324. Art. L. 713-1, II, C. com.

son conjoint présent à la signature de l'acte ou dûment appelé par le notaire[325]. En outre, la présomption de mandat cesse également de plein droit en cas d'absence présumée de l'un des époux, de séparation de corps ou de séparation de biens judiciaire, de même que lorsque la condition de publicité au registre du commerce et des sociétés n'est pas remplie[326].

Au regard de la protection sociale, le conjoint collaborateur est affilié de droit au régime de la sécurité sociale des indépendants. Il bénéficie donc du régime des travailleurs indépendants. Il doit cotiser aux charges sociales obligatoires concernant notamment l'assurance vieillesse (pour sa retraite) et l'assurance maladie (pour la couverture de ses soins médicaux) qui sont déductibles du revenu fiscal de l'entreprise commerciale. Il bénéficie aussi d'un droit à la formation continue.

249. Le statut de conjoint salarié – Les dispositions sont beaucoup moins nombreuses s'agissant de l'accès et du contenu du statut de conjoint salarié.

Issues de la loi du 10 juillet 1982, les conditions pour pouvoir bénéficier du statut sont doubles :

– une participation effective et habituelle à l'entreprise ou à l'activité de son époux ;

– la perception d'une rémunération à ce titre dont le montant est au moins égal au salaire minimum interprofessionnel de croissance (SMIC).

En raison certainement du principe d'égalité entre époux, la jurisprudence a indiqué qu'un lien de subordination n'était pas nécessaire dans ces circonstances particulières pour l'établissement de la qualité de salarié[327].

Les incidences de ce statut son simples à énoncer : ce sont celles qui découlent de toute personne pouvant être qualifiée de salarié selon le droit du travail. Ainsi, le conjoint bénéficie donc de la protection du Code du travail, notamment des règles encadrant le licenciement, et de celui de la sécurité sociale. Il est assujetti au régime général de la sécurité sociale. Les salaires versés au conjoint bénéficient d'une déductibilité fiscale pour le calcul de l'impôt de l'entreprise soumise à un plafond[328], même si ces revenus sont réintégrés ensuite dans le revenu familial.

---

325. Art. L. 121-6 C. com.

326. Art. L. 121-6 *in fine* C. com.

327. Cass. (soc.), 6 novembre 2001, n° 99-40.756.

328. Art. 154 C. gén. impôts : « Pour la détermination des bénéfices industriels et commerciaux et des bénéfices des professions non commerciales, le salaire du conjoint participant effectivement à l'exercice de la profession peut, à la demande du contribuable, être déduit du bénéfice imposable dans la limite de 17 500 € à la condition que ce salaire ait donné lieu au versement des cotisations prévues pour la sécurité sociale, des allocations familiales et autres prélèvements sociaux en vigueur. Ce salaire est rattaché, à ce titre, à la catégorie des traitements et salaires... ».

250. Le statut de conjoint associé – La dernière possibilité offerte au conjoint qui souhaite participer à l'activité de son époux commerçant est d'opter pour la qualité d'associé. Jusqu'à l'adoption de la loi du 10 juillet 1982, la loi interdisait la constitution de société entre époux. Depuis la loi du 23 décembre 1985, la constitution d'une société entre époux demeure possible même lorsque l'obligation indéfinie aux dettes sociales découle de la forme sociétaire choisie. Ainsi, deux époux peuvent aujourd'hui constituer une société en nom collectif ou une société en commandite simple, ce qui conduit notamment à ce que chacun d'eux se voit attribuer la qualité de commerçant par détermination de la loi lorsqu'il choisit d'être associé en nom[329] ou associé commandité[330].

Les conditions spécifiques pour bénéficier de ce statut résident dans le fait que le conjoint doit être associé dans la même société que son époux et qu'il doit également exercer une activité régulière dans l'entreprise sociétaire[331].

Les conséquences de ce statut sont multiples. D'une part, au regard de ses pouvoirs dans la direction des affaires commerciales de la société, le conjoint va bénéficier de tous les attributs classiques de l'associé, c'est-à-dire, les pouvoirs politiques (droit à l'information, droit à l'accès aux assemblées et droit de vote), les pouvoirs financiers (droit aux dividendes, au *boni* de liquidation...) et les pouvoirs patrimoniaux (droit de céder, de nantir, de louer ses titres sociaux...). D'autre part, le conjoint va bénéficier d'une protection sociale particulière, mais avec l'obligation corrélative de payer les charges financières qui en découlent. Par principe, le conjoint associé est affilié de plein droit au régime de la sécurité sociale des indépendants. Par exception, il peut bénéficier du régime général de la sécurité sociale s'il présente par ailleurs la qualité de salarié de la société ou que sa qualité de dirigeant lui en donne l'accès.

– <u>Le conjoint qui n'opte pour aucun statut</u>

251. Le conjoint hors statut – En dépit de l'obligation légale d'opter pour l'un des statuts indiqués par la loi, il est possible de rencontrer en pratique des conjoints qui concourent à l'activité commerciale de leur époux en dehors de tout statut. La question juridique qu'il convient alors de résoudre est celle de savoir si le conjoint peut se voir qualifier de commerçant de fait.

La réponse de principe à donner à cette interrogation est négative. Elle trouve son fondement dans l'article L. 121-3 du Code de commerce selon lequel « le conjoint d'un commerçant n'est réputé lui-même

329. Art. L. 221-1 C. com.

330. Art. L. 222-1 C. com.

331. Ce qui exclut du régime le conjoint qui se comporte comme un « *sleeping partner* » au regard du fonctionnement quotidien de la société.

commerçant que s'il exerce une activité commerciale séparée de celle de son époux ».

Toutefois, la jurisprudence accorde une portée limitée à cette règle qui ne s'applique que si le conjoint remplit un rôle secondaire et subalterne dans les activités commerciales de son conjoint. En revanche, s'il se comporte comme un véritable commerçant au sens de l'article L. 121-1 du Code de commerce, cette apparence a pu avoir des conséquences sur le comportement des tiers. Les tribunaux font alors prévaloir les dispositions de l'article L. 121-1 sur celles de l'article L. 121-3 du Code de commerce. Dans ce cas, il s'agira d'une hypothèse de coexploitation d'un fonds de commerce par les deux époux. Ainsi, l'ouverture d'une procédure collective peut intervenir à l'égard des deux époux si ceux-ci peuvent être considérés comme répondant à la définition classique du commerçant[332].

β) La protection du conjoint du commerçant

252. Les garanties du conjoint du vivant de l'époux commerçant – Selon l'article L. 121-5 du Code de commerce, « un commerçant ne peut, sans le consentement exprès de son conjoint, lorsque celui-ci participe à son activité professionnelle en qualité de conjoint travaillant dans l'entreprise, aliéner ou grever de droits réels les éléments du fonds de commerce ou de l'entreprise artisanale dépendant de la communauté, qui, par leur importance ou par leur nature, sont nécessaires à l'exploitation de l'entreprise, ni donner à bail ce fonds de commerce ou cette entreprise artisanale. Il ne peut, sans ce consentement exprès, percevoir les capitaux provenant de telles opérations ».

Cette disposition du Code de commerce vient utilement compléter la protection générale issue de l'article 1424 du Code civil[333] qui s'applique indifféremment selon que le conjoint concourt ou non à l'activité commerciale de son époux.

Outre l'autorisation exigée du conjoint pour aliéner ou grever de droits réels le fonds de commerce commun aux deux époux, le Code de commerce exige ici, c'est-à-dire en cas de collaboration effective du conjoint aux activités commerciales de son conjoint, cette même autorisation lorsque ces opérations (aliénation ou constitution de garantie réelle) portent sur des éléments substantiels seulement du fonds de

---

332. Cass. (com.), 15 mars 2005, n° 03-19.359. Dans cet arrêt, il est notamment constaté que l'épouse « est personnellement intervenue, seule ou avec son mari, selon des choix dont il n'est pas établi qu'ils lui ont été dictés, à la réalisation habituelle d'actes de nature commerciale ayant pour finalité l'intérêt de l'entreprise commune ».

333. Art. 1424, al. 1er, C. civ. : « Les époux ne peuvent, l'un sans l'autre, aliéner ou grever de droits réels les immeubles, fonds de commerce et exploitations dépendant de la communauté, non plus que les droits sociaux non négociables et les meubles corporels dont l'aliénation est soumise à publicité. Ils ne peuvent, sans leur conjoint, percevoir les capitaux provenant de telles opérations ».

commerce (droit au bail, marque...) ou encore lorsque le fonds de commerce doit faire l'objet d'une location-gérance.

La sanction est prévue par l'article L. 121-5 du Code de commerce. Le conjoint qui n'a pas donné son consentement exprès à l'acte peut seul en demander l'annulation. L'action en nullité lui est ouverte pendant deux années à compter du jour où il a eu connaissance de l'acte, sans pouvoir jamais être exercée plus de deux ans après la dissolution de la communauté.

253. Les garanties du conjoint au décès de l'époux commerçant – Le sort du conjoint au décès de son époux a été sans cesse amélioré par le droit civil au point qu'aujourd'hui il ne constitue plus un étranger lors de la succession, mais bien une personne qui a vocation à participer activement à la dévolution successorale de la personne décédée. Cette nouvelle approche du législateur se retrouve également lorsque le conjoint commerçant décède. Son époux dispose alors de deux mécanismes légaux qui viennent faciliter, soit la reprise d'activité personnellement par l'époux survivant, soit son indemnisation pour le travail qu'il a accompli durant la vie du commerçant décédé.

Le premier dispositif résulte des articles 831 et suivants du Code civil issus de la loi du 23 juin 2006. Il consacre la technique de l'attribution préférentielle. Comme tout héritier copropriétaire, le conjoint survivant peut demander l'attribution préférentielle par voie de partage, à charge de soulte s'il y a lieu, de toute entreprise, ou partie d'entreprise commerciale ou industrielle, à l'exploitation de laquelle il participe ou a participé effectivement. S'il y a lieu, la demande d'attribution préférentielle peut également porter sur des droits sociaux, sous réserve de respecter les dispositions légales ou statutaires applicables à la société. La notion d'entreprise ne se limite pas au seul fonds de commerce. Le conjoint survivant ou tout héritier copropriétaire peut également demander l'attribution préférentielle d'un élément de ce fonds ou même d'éléments qui ne rentrent pas habituellement dans sa composition. Sont ainsi visés par l'article 831-2 du Code civil la propriété ou le droit au bail du local à usage professionnel servant effectivement à l'exercice de sa profession, ainsi que la propriété ou la jouissance des objets mobiliers nécessaires à l'exercice de la profession du conjoint survivant.

Le second dispositif concerne l'indemnisation successorale du conjoint survivant qui a concouru à l'exercice de l'activité de l'entreprise familiale sans percevoir de rémunération. Ce mécanisme a été mis en place par l'article 14 de la loi n° 89-1008 du 31 décembre 1989, modifiée par une ordonnance du 23 mars 2006. Selon cette disposition, le conjoint survivant du chef d'une entreprise commerciale qui justifie par tous moyens avoir participé directement et effectivement à l'activité de l'entreprise pendant au moins dix années, sans recevoir de salaire ni être associé aux bénéfices et aux pertes de l'entreprise, bénéficie d'un droit de créance. Le montant de cette créance est égal à trois fois le salaire minimum interprofessionnel de croissance annuel en vigueur au jour du décès dans la limite de 25 % de l'actif successoral.

Enfin, au-delà de ces mécanismes légaux, il est également possible pour les époux de mettre en place une protection conventionnelle par la rédaction de clauses particulières dans le contrat de mariage. Cette protection passe donc par une anticipation des époux quant aux difficultés à venir et nécessite donc un aménagement du régime matrimonial. Parmi les clauses les plus usuelles, on peut citer la clause dite « commerciale » qui a vocation à jouer au moment de la liquidation du régime matrimonial lors de la survenance du décès de l'un des époux. La clause « commerciale » est régie par l'article 1390 du Code civil qui autorise les époux à stipuler qu'à la dissolution du mariage par la mort de l'un d'eux, le survivant dispose de la faculté d'acquérir ou, le cas échéant, de se faire attribuer dans le partage certains biens personnels du prédécédé. La stipulation a également vocation à prévoir que l'époux survivant qui exerce cette faculté peut exiger des héritiers que lui soit consenti un bail portant sur l'immeuble dans lequel l'entreprise attribuée ou acquise est exploitée.

2) *La situation du commerçant pacsé*

254. Alignement du pacte civil de solidarité sur les règles du mariage – Si, à la suite de réformes législatives progressives, le mariage permet aujourd'hui l'exercice de manière totalement libre de toute activité commerciale pour les époux, le pacte civil de solidarité (PACS) a immédiatement permis d'accorder cette garantie pour chacun des partenaires. C'est l'apanage des dispositifs récents que de bénéficier *ab initio* des évolutions ayant modernisé de plus vieilles institutions dont ils s'inspirent. De manière plus générale, la plupart des dispositions destinées à protéger les époux dont l'un est au moins commerçant s'applique également aux partenaires pacsés dans la même situation. C'est le cas notamment à propos des différents statuts (collaborateur, salarié, associé)[334] auquel le partenaire d'un PACS peut adhérer aux mêmes conditions que celles décrites précédemment[335]. Il peut également se trouver dans une situation de coexploitation du fonds de commerce, ce qui doit alors conduire chacun des partenaires à s'immatriculer en qualité de commerçant auprès du registre du commerce et des sociétés.

Il reste néanmoins que certaines règles sont propres au PACS, que le partenaire participe ou non aux activités commerciales de celui avec qui il est lié par un PACS.

255. La connaissance de l'existence du PACS par les tiers – La mention de l'existence du PACS n'apparaît sur le registre du commerce et des sociétés

334. Art. L. 121-8 C. com.
335. Voy. *supra*, n°s 245 et s.

que de manière incidente et exceptionnelle. Le partenaire qui concourt à l'activité commerciale et qui choisit d'opter pour le statut de collaborateur verra sa situation décrite sur l'extrait du registre du commerce et des sociétés concernant la situation du commerçant. Dans cette circonstance précise, le tiers qui consulte le registre peut donc avoir connaissance de l'existence du PACS.

En dehors de cette situation, le principe posé par l'article 513-3-1 du Code civil est que le pacte civil de solidarité n'est opposable aux tiers qu'à compter du jour où les formalités de publicité sont accomplies. Il est fait mention, en marge de l'acte de naissance de chaque partenaire, de la déclaration de pacte civil de solidarité, avec indication de l'identité de l'autre partenaire. Le greffier est chargé d'enregistrer la déclaration et de faire procéder aux formalités de publicité. Depuis le 1er janvier 2009, le PACS ne bénéficie donc plus de la confidentialité qui le caractérisait lors de sa création.

256. Les pouvoirs des partenaires sur le fonds de commerce – Lorsque l'exploitation du fonds de commerce est antérieure à la conclusion d'un PACS, ce dernier évènement n'a pas de répercussion sur les modalités de son exploitation future : le fonds de commerce constitue un bien personnel au partenaire ; la propriété de ce fonds reste attachée au partenaire qui exploitait déjà le fonds et qui dispose alors des mêmes pouvoirs exclusifs sur ce bien propre pour prendre toute décision juridique le concernant[336].

En revanche, la situation peut être différente dans l'hypothèse où l'acquisition du fonds de commerce intervient après la conclusion du PACS. Il faut alors examiner le statut patrimonial choisi par les partenaires.

Le principe demeure le régime de la séparation des biens. Ainsi, le partenaire est présumé avoir la qualité de propriétaire exclusif du fonds de commerce qu'il a acquis avec ses deniers personnels après la conclusion du PACS[337].

Mais les partenaires peuvent également opter pour le régime de l'indivision. En effet, selon l'article 515-5-1 du Code civil, les partenaires peuvent conventionnellement choisir de soumettre au régime de l'indivision les biens qu'ils acquièrent, ensemble ou séparément. Ces biens sont alors réputés indivis par moitié. Pour l'administration des biens indivis, les partenaires peuvent conclure une convention relative à l'exercice de leurs droits indivis. À défaut, ils sont tous deux reconnus gérants de l'indivision et peuvent exercer les pouvoirs reconnus par les articles 1873-6 à 1873-8 du Code civil. Toutefois, l'exigence d'un consentement double pour

336. L'article 515-5 du Code civil précise que sauf dispositions contraires de la convention conclue par les partenaires, chacun d'eux conserve l'administration, la jouissance et la libre disposition de ses biens personnels.
337. Art. 515-5, al. 1er, C. civ.

tout acte de gestion d'un fonds de commerce serait impossible à mettre en œuvre en pratique et contraire au principe de rapidité qui caractérise les activités commerciales. Ainsi, le partenaire exploitant normalement le fonds de commerce peut prendre seul tout acte conservatoire ou tout acte d'administration afférent à l'exploitation normale de ce fonds de commerce indivis[338]. En cas de crises, l'intervention du juge peut être sollicitée. Ainsi, au cas où l'un des indivisaires se trouve hors d'état de manifester sa volonté, l'autre partenaire peut se faire habiliter par le juge à le représenter[339]. De même, si le refus d'un coïndivisaire met en péril l'intérêt commun, l'autre partenaire peut être autorisé par justice à passer seul un acte pour lequel le consentement des deux partenaires serait nécessaire. Enfin, le régime de l'indivision peut prendre fin à tout moment par la demande de partage sollicité par l'un des coïndivisaires[340].

257. Les dettes liées à l'exploitation du fonds de commerce – Lors de l'exploitation du fonds de commerce, seul le commerçant pacsé est tenu en principe aux dettes qui en découlent. Le partenaire qui ne concourt pas à l'exploitation du fonds de commerce échappe à toute poursuite des créanciers du commerçant sur ses biens personnels. L'article 515-5 du Code civil prévoit en effet que chacun des partenaires reste seul tenu des dettes personnelles nées pendant le pacte, hors le cas de la solidarité légale qui joue exclusivement en matière de « dettes contractées pour les besoins de la vie courante »[341].

Les créanciers personnels de chacun des partenaires peuvent néanmoins poursuivre tous biens personnels du partenaire débiteur pour recouvrer leur créance, y compris sa quote-part indivise sur le fonds de commerce exploité par un seul des partenaires. Le régime de l'indivision est donc à éviter lorsque l'exploitation du fonds de commerce n'est effectuée que par un seul des partenaires.

338. J. Mestre, M.-E. Pancrazi, I. Grossi, L. Merland et N. Tagliarino-Vignal, *Droit commercial*, t. 1, 30e éd., Paris, LGDJ, 2016, n° 406.
339. Art. 815-4 C. civ.
340. Art. 815 C. civ. : « Nul ne peut être contraint à demeurer dans l'indivision et le partage peut toujours être provoqué, à moins qu'il n'y ait été sursis par jugement ou convention ».
341. Art. 515-4, al. 2, C. civ.

Chapitre 3

Le fonds de commerce

1. **La notion de fonds de commerce** 176
2. **Les opérations portant sur le fonds de commerce** 213
3. **Le bail commercial** 265

258. Plan – Le fonds de commerce est considéré comme le pilier du droit commercial, sa colonne vertébrale. Mais de manière paradoxale, la définition du fonds de commerce n'est pas sans poser des difficultés importantes. Il faut donc dans une première approche tenter de cerner la notion de fonds de commerce (section 1).

Ensuite, l'étude du seul fonds de commerce, considéré de manière abstraite, n'aurait qu'un intérêt intellectuel limité. Le fonds de commerce constitue une chose qui fait l'objet de différentes opérations mises en œuvre par des commerçants. Il est donc également nécessaire d'appréhender les principales opérations qui portent sur le fonds de commerce dans la mesure où elles sont régies par des dispositions spécifiques qu'il convient de maîtriser (section 2).

Enfin, le commerçant est souvent locataire du local où il exploite son fonds de commerce. Le bail qui porte sur le bien immobilier va alors être soumis à un régime dérogatoire en raison du lien très étroit qu'il entretient avec l'activité commerciale du locataire. L'étude du régime du bail commercial devient alors essentielle puisque ce contrat contient un ensemble de droits et d'obligations qui contribuent à caractériser le statut de commerçant (section 3).

SECTION 1

LA NOTION DE FONDS DE COMMERCE

259. Une notion sollicitée par le monde des affaires – Le fonds de commerce constitue un outil dont l'existence a été plus sollicitée par les différents acteurs du monde des affaires qu'imposée par le législateur ou le juge.

En effet, l'apparition du fonds de commerce semble liée à une conjonction d'intérêts convergents. En premier lieu, se manifeste l'intérêt du commerçant exploitant le fonds de commerce : celui-ci est enclin à réclamer que son outil de travail soit reconnu et identifié juridiquement pour le transmettre en toute sécurité et en retirer une contrepartie financière. En deuxième lieu, se manifeste également l'intérêt des créanciers du commerçant exploitant le fonds de commerce : ces derniers ont besoin d'un climat de confiance pour faire crédit aux commerçants ; il est donc nécessaire que le fonds de commerce constitue un bien juridique qui puisse faire l'objet d'une saisie ou bien d'une prise de garantie efficace. En dernier lieu, émerge l'intérêt de l'État qui consiste à tirer un profit financier des opérations portant sur le fonds de commerce, notamment par la perception de droits d'enregistrement. Le cabal constitue d'ailleurs une figure approchante du fonds de commerce qui était utilisée au Moyen-âge : il regroupait déjà l'ensemble des biens meubles du commerçant susceptibles d'être soumis à l'impôt.

Un consensus implicite s'est donc progressivement dégagé pour favoriser l'apparition moderne du fonds de commerce sur la scène juridique. Cet ensemble constitue alors une valeur qui peut être exploitée, cédée ou encore donnée en garantie.

260. Une notion consacrée tardivement et progressivement par le législateur français – Le fonds de commerce est donc une institution d'origine récente. Il a été l'objet d'une consécration lente de la part du législateur.

– Une première loi fiscale en 1872 vient considérer le fonds de commerce comme un bien unique faisant l'objet d'une taxation spécifique.

– La première loi commerciale date de 1898. Elle est consacrée à la seule question du nantissement du fonds de commerce, la création de cette garantie étant destinée à favoriser l'accès des commerçants au crédit bancaire. Cette loi se révèle rapidement imparfaite.

– La loi du 17 mars 1909 (dite loi Cordelet) est relative à la vente et au nantissement du fonds de commerce. Cette loi améliore le régime antérieur du nantissement en organisant plus efficacement la publicité du nantissement, ainsi que la protection du créancier nanti. Elle instaure en outre un privilège pour le vendeur du fonds de commerce qui fait crédit à l'acheteur.

– Le décret-loi du 30 juin 1935 apporte des améliorations sur le régime de la vente du fonds de commerce, notamment en donnant à l'acheteur du fonds de commerce des informations concernant le chiffre d'affaires et les bénéfices réalisés par le vendeur.

– La loi du 20 mars 1956 prévoit le régime juridique de la location du fonds de commerce en tentant de limiter cette pratique par l'exigence de certaines conditions concernant le propriétaire du fonds de commerce.

Aujourd'hui, l'ensemble de la législation consacrée au fonds de commerce figure aux articles L. 144 et suivants du Code de commerce. Ces dispositions doivent être complétées parfois par les règles contenues dans le Code civil et qui concernent généralement la vente, le louage et le nantissement, même si le Code civil n'évoque directement le fonds de commerce qu'à propos des pouvoirs des époux. Enfin, il est parfois nécessaire de se référer aux dispositions réglementaires des textes antérieurs qui n'ont pas toujours été intégrés dans le Code de commerce.

Le fonds de commerce apparaît donc comme une notion aboutie, qui aurait d'ailleurs inspiré la création par le législateur du fonds artisanal (loi du 5 juillet 1996) et du fonds agricole (loi du 5 janvier 2006) et par la jurisprudence celle du fonds libéral[342].

---

342. Cass. (civ.), 7 novembre 2000, n° 98-177731 : « Mais attendu que si la cession de la clientèle médicale, à l'occasion de la constitution ou de la cession d'un fonds libéral d'exercice de la profession, n'est pas illicite, c'est à la condition que soit sauvegardée la liberté de choix du patient ».

261. Le fonds de commerce et ses équivalents étrangers – Néanmoins, la notion de fonds de commerce est spécifique au droit commercial français. Les droits étrangers ne retiennent pas l'existence de cette institution, même s'il existe des notions voisines.

Ainsi, dans les droits anglo-saxons, c'est la notion de *goodwill* qui est retenue : elle serait la somme de la clientèle, de l'achalandage et de la raison sociale. En droit allemand, il est utilisé la théorie de la *firma* qui repose essentiellement sur le nom commercial qui est considéré comme le support essentiel de la valeur de l'entreprise.

Au regard de cette diversité, il apparaît fort peu probable qu'il puisse y avoir un jour une harmonisation au niveau du droit communautaire à propos du fonds de commerce tel qu'il est appréhendé par le droit français. En ce domaine, les cultures et les usages apparaissent très disparates.

261-2. Le fonds de commerce et sa modernisation : la reconnaissance du fonds de commerce électronique – Le développement du commerce électronique a conduit à faire évoluer l'approche classique du fonds de commerce. La boutique « physique », si elle reste une figure répandue pour réaliser du négoce, n'est plus celle qu'a nécessairement en tête aujourd'hui le commerçant qui souhaite débuter une activité. La création d'un site internet « classique » ou « wap » (Wireless Application Protocol)[343] offrent des outils qui sont fréquemment employés pour toucher une clientèle toujours plus large. Par la suite, la prestation du commerçant peut être entièrement dématérialisée, comme les éditeurs de musique, de cinéma ou de littérature, ou seulement partiellement dématérialisée, lorsque le bien commandé sur le site est livré ensuite au domicile du client. Il existe donc derrière la notion générale de fonds électronique diverses réalités économiques.

Toutefois, le fonds de commerce électronique ne présente pas une configuration qui l'éloigne énormément des caractéristiques juridiques du fonds de commerce classique : le cybercommerçant a besoin souvent de matériels, de marchandises, d'une enseigne, d'un nom commercial ou encore d'une marque. En somme, le fonds de commerce électronique nécessite souvent des éléments attractifs de la clientèle qui sont déjà connus depuis l'apparition du fonds de commerce. La principale distinction réside finalement dans l'utilisation de certains outils qui sont propres à satisfaire sa clientèle électronique. Il s'agit principalement du nom de domaine et du contrat d'hébergement.

Tout d'abord, le nom de domaine peut se définir en même temps comme la dénomination électronique de l'entreprise et son enseigne, lesquelles permettent à la clientèle d'entrer en contact avec le commerçant. Ce dernier dispose de la faculté de préenregistrer un nom de domaine

343. Les sites « WAP » permettent donc de réaliser des opérations commerciales via les téléphones portables ou encore les tablettes numériques.

auprès du centre de formalités des entreprises compétent. Le nom de domaine est alors bloqué pendant 15 jours. Pendant ce délai, le commerçant doit prendre contact avec un bureau d'enregistrement agréé par l'AFNIC[344] afin de procéder à l'enregistrement définitif. Selon la Cour européenne des droits de l'homme, le nom de domaine constitue un bien doté d'une valeur économique et qui est susceptible de cession[345]. La jurisprudence française s'inscrit parfaitement dans cet esprit en considérant notamment le nom de domaine comme un vecteur possible de concurrence déloyale[346]. Le nom de domaine constitue donc un élément souvent essentiel du fonds de commerce électronique qui pourra donc être cédé avec lui.

Ensuite, le contrat d'hébergement intervient quand le commerçant n'accueille pas son site sur son propre serveur et qu'il a recours à un prestataire extérieur. Le contrat d'hébergement est finalement un contrat de louage de l'espace disque appartenant à l'hébergeur au profit du commerçant. Il comprend des prestations variables en fonction des besoins de ce dernier (mises à disposition d'adresses électroniques, maintenance et protection contre les cyber-attaques, fourniture de données statistiques sur la fréquentation du site...). Toutefois, aussi important soit-il, le contrat d'hébergement ne constitue pas en principe un élément du fonds électronique. Tout d'abord, c'est un contrat et les contrats sont en principe exclus de tout fonds de commerce[347]. Ensuite, le contrat d'hébergement ne peut être assimilé à un bail commercial dans la mesure où le disque dur peut difficilement être assimilé à un immeuble ou un local dans lequel un fonds est exploité (par ailleurs, comment établir l'état des lieux ? Que sont alors les facteurs locaux de commercialité ? ...)[348].

Au final, il est donc possible de reconnaître au fonds de commerce électronique la véritable qualification de fonds de commerce. Ainsi, lorsque le commerçant développe à côté de son activité traditionnelle, une toute autre activité via un site internet, cette seconde activité renvoie à un fonds de commerce électronique dont l'élément déterminant sera souvent le nom de domaine. Lorsque les activités électronique et traditionnelle sont connexes ou complémentaires, il faudra bien en pratique distinguer les deux formes de clientèle. La distinction sera toutefois difficile à effectuer lorsque nom de domaine, marque, enseigne et nom commercial présenteront un caractère identique ou similaire[349].

---

344. Association française pour le nommage Internet en coopération.
345. CEDH, 18 septembre 2007, req. n° 25379/04, *JCP*, 2008, I, 158, n° 1, note C. Caron.
346. CA Toulouse, 28 avril 2010, R.G. n° 09-00093, *D.*, 2010, 1413, note Manara.
347. Voy. *infra*, n°s 312 et s.
348. En outre, le bail commercial n'est pas un élément qui entre nécessairement dans la composition du fonds de commerce.
349. Pour plus de détails sur le fonds de commerce électronique, A. Reygrobellet et C. Denizot, *Fonds de commerce*, Dalloz Action, 2012/2013, n°s 13.51 et s.

Si l'approche classique du fonds de commerce a permis la réception du fonds électronique dans cette catégorie juridique, c'est certainement aussi en raison des difficultés toujours contemporaines que pose la définition même du fonds de commerce.

262. Une notion aux contours mal définis – Ni le législateur, ni le juge, ni la doctrine ne donnent une définition unanimement acceptée du fonds de commerce.

De prime abord, le fonds de commerce pourrait être assimilé à l'outil de production d'une entreprise ou encore son outil de travail. Cette définition très générale donne déjà une première idée du fonds de commerce. On pourrait compléter cette approche en indiquant que le fonds de commerce est constitué par un ensemble de moyens qui permettent au commerçant d'attirer et de conserver une clientèle[350]. Mais dès lors qu'il s'agit de définir encore plus précisément son contenu, les difficultés commencent à surgir.

Aussi, est-il nécessaire de préciser les contours du fonds de commerce (sous-section 1) avant d'en déterminer la nature juridique (sous-section 2).

SOUS-SECTION 1

La composition du fonds de commerce

263. La composition du fonds de commerce – L'article L. 145-5 du Code de commerce consacré au privilège du vendeur de fonds de commerce dresse une liste des éléments constitutifs du fonds de commerce en distinguant les éléments corporels (matériel et marchandises) et les éléments incorporels (enseigne, le nom commercial, droit au bail, clientèle et achalandage).

Cette énumération légale constitue simplement une indication de la composition du fonds de commerce. D'une part, cette liste peut être réduite en fonction notamment de la nature et de l'intensité de l'activité commerciale exercée. D'autre part, cette liste peut être rallongée en prenant en considération des éléments supplémentaires susceptibles également de composer le fonds de commerce, comme les droits de propriété industrielle ou encore certaines autorisations administratives.

D'ailleurs, l'article L. 142-2 du Code de commerce relatif au nantissement du fonds de commerce énumère une liste quelque peu différente en évoquant « le mobilier commercial, le matériel et outillage servant à l'exploitation du fonds, les brevets d'invention, les licences, les marques,

350. C'est d'ailleurs la définition donnée par l'article 103 de l'acte uniforme relatif au droit commercial général issu du Traité OHADA.

les dessins et modèles industriels et les droits de propriété intellectuelle qui y sont généralement attachés ».

Au-delà de cet éclairage légal, il est donc nécessaire de préciser les éléments susceptibles d'être contenus dans le fonds de commerce (§ 1), comme ceux qui en sont nécessairement exclus (§ 2).

§ 1. Les éléments inclus dans le fonds de commerce

A. L'élément fondamental : la clientèle

1) *La définition de la clientèle*

264. La définition légale par comparaison – La loi ne donne pas de définition précise de la clientèle et l'envisage donc comme une notion essentiellement intuitive. Elle juxtapose simplement dans une énumération des éléments du fonds de commerce (art. L. 141-5 C. com.) la clientèle et l'achalandage. Dans cette perspective, il serait alors possible de comparer la clientèle, qui serait composée de personnes attirées par les qualités intrinsèques du commerçant, et l'achalandage, qui serait composé seulement de clients de passage. La clientèle présenterait alors un caractère subjectif comportant des clients effectifs et actuels tandis que l'achalandage se caractériserait par un aspect objectif comprenant un ensemble de clients potentiels.

Toutefois, si cette distinction permet de mieux appréhender les différents aspects de la clientèle, entendue dans une acception large, la jurisprudence n'a jamais tenu compte de cette distinction et utilise principalement dans ses décisions le terme de « clientèle ». Celui d'achalandage est presque tombé en désuétude.

265. Les définitions doctrinales – L'absence de définition légale précise de la clientèle a conduit la doctrine à faire œuvre de proposition. Il existe presque autant de définitions de la clientèle qu'il y a d'ouvrages traitants de cette question. C'est certainement parce que le client ne peut être considéré comme une simple chose fongible et qu'il n'est pas nécessairement fidèle au commerçant car il demeure libre de son choix pour obtenir un produit ou un service. La clientèle n'est jamais captive, elle fluctue sans cesse. Il faut alors choisir parmi les nombreuses définitions qui sont proposées par les auteurs.

La définition classique, la plus percutante, est sans doute celle donnée par le doyen Ripert selon lequel la clientèle constitue « une possibilité de contrats futurs et renouvelés ». Parmi les définitions plus récentes, il est possible de retenir celle selon laquelle la clientèle se conçoit comme « l'ensemble des éléments affectés à l'entreprise, permettant d'attirer et de conserver la clientèle »[351]. Au final, elle représente donc une valeur économique pour le commerçant, un chiffre d'affaires potentiel. Elle peut être notamment cédée ou donnée en garantie.

2) *Le rôle de la clientèle*

266. La clientèle, composante ou but du fonds de commerce ? – Si le contenu de la définition varie d'un auteur à un autre, le sens fondamental attaché à la clientèle reste souvent très proche. En revanche, ce qui semble opposer plus radicalement la doctrine a trait à la fonction attachée à la clientèle.

Dans une approche classique (les doyens Ripert et Roubier notamment), la clientèle ne constitue pas un élément du fonds de commerce : elle représente sa finalité. Le fonds de commerce est un « droit de clientèle ». La clientèle est le but, le résultat de l'exploitation du fonds de commerce. Pour d'autres auteurs au contraire, la clientèle constitue la fondation sur laquelle le fonds de commerce se construit. La clientèle participe ainsi, par essence, à la composition du fonds lui-même. Aucune de ces deux conceptions ne l'a vraiment emporté. D'ailleurs, elles ne semblent pas incompatibles. Et les auteurs sont unanimes, cette fois-ci, pour reconnaître le caractère essentiel de la clientèle à l'existence du fonds de commerce[352].

267. La clientèle, colonne vertébrale du fonds de commerce – Cette dernière unanimité doctrinale est d'ailleurs confortée par la jurisprudence qui a affirmé, depuis longtemps, que de tous les éléments du fonds de commerce « la clientèle représente le plus essentiel, celui sans lequel un fonds de commerce ne saurait exister »[353]. Ce principe entraîne deux conséquences principales : l'émergence de la clientèle donne naissance au fonds de commerce ; la disparition de la clientèle en sonne le glas.

Mais si la clientèle est un élément indispensable à l'existence du fonds de commerce, encore faut-il qu'elle comporte certains caractères.

---

351. J. Julien et A. Mendoza-Caminade, *Droit commercial*, *op. cit.*, n° 383.
352. Cette idée avait déjà été affirmée par l'auteur principal du fameux code portant son nom : « Ce n'est pas assez à un Marchand d'avoir de la marchandise dans une boutique, il faut, ou que cette boutique soit achalandée de longue main, par une grande réputation que lui ont acquise ceux qui l'ont occupée, pour y avoir toujours eu de belle et bonne marchandise, et à bon marché ; ou bien que ceux qui la veulent occuper aient acquis beaucoup d'habitudes depuis longtemps, sans quoi un marchand ne peut rien faire qui vaille, et aura peine à débiter sa marchandise... » (J. Savary, *Le Parfait négociant*, Paris, 1685, p. 114).
353. Req., 15 février 1937, DP 1938, 1, 13, Cordonnier.

3) *Les caractères de la clientèle*

268. Le caractère commercial de la clientèle – La clientèle doit être attachée à la personne du commerçant qui l'exploite. Le fonds de commerce doit avoir pour objet la réalisation d'actes de commerce. Si les artisans, les agriculteurs et les professionnels libéraux peuvent également exploiter une clientèle, en revanche, ces derniers ne sont pas les détenteurs d'un fonds de commerce. Ils disposent respectivement d'un fonds artisanal, d'un fonds agricole ou encore d'un fonds libéral dont le régime se rapproche du fonds de commerce, sans que l'assimilation de ces différents fonds au fonds de commerce puisse être totale. Si le fonds de commerce constitue une référence pour appliquer un régime juridique commun à l'ensemble des fonds, les autres fonds peuvent se voir appliquer toutefois des règles différentes.

269. Le caractère actuel et certain de la clientèle – La clientèle ne doit pas présenter un caractère futur ou hypothétique. D'ailleurs, le fonds de commerce ne commence à exister qu'à partir du moment où la clientèle fait l'objet d'une exploitation effective.

Le caractère actuel et certain de la clientèle est toutefois évincé par la jurisprudence de manière exceptionnelle. Ainsi, en présence d'une entreprise d'une grande notoriété, souvent en relation avec l'exploitation d'une marque renommée, le juge peut constater que la clientèle préexiste à l'exploitation du fonds. C'est ainsi que dans les arrêts *TOTAL* du 27 février 1973[354], la Cour de cassation a affirmé que le gérant de la station-service Total exploitait le fonds de commerce appartenant au groupe pétrolier au moyen d'un contrat de location-gérance. La thèse du gérant selon laquelle il avait créé le fonds de commerce en accueillant les premiers clients a été, dans ces circonstances particulières, écartée par les juges. L'une des conséquences pratiques de cette jurisprudence spécifique aux pompistes de marque est que le fonds de commerce peut exister seulement en présence d'une clientèle potentielle et que l'exploitant n'en est pas nécessairement le propriétaire.

Ensuite, le fonds de commerce disparaît dès lors que la clientèle n'est plus exploitée pendant un certain temps. Aussi, le courant d'affaires qui serait réactivé par la suite constitue, en dehors de circonstances particulières, un nouveau fonds de commerce et non pas la poursuite du fonds de commerce originel.

270. Le caractère personnel de la clientèle – Le titulaire du fonds de commerce doit pouvoir se prévaloir d'une clientèle qu'il exploite à titre personnel. Cette clientèle doit être autonome par rapport à celle d'un autre commerçant. À défaut, il s'agirait de l'exploitation d'une clientèle d'autrui qui n'entraîne pas l'attribution d'un fonds de commerce pour celui qui

354. Voy. not. Cass. (com.), 27 février 1973, n° 71-10653, *Bull. civ.* IV, n° 101.

en tire avantage. La jurisprudence a permis principalement de mettre en lumière deux types de situations qui posent difficulté à cet égard.

271. L'hypothèse de la dépendance matérielle – La première situation concerne la dépendance matérielle. Elle se présente lorsque que le commerçant exploite une activité au sein d'une enceinte qui appartient à un autre commerçant. Il s'agit d'une sorte de situation d'enclavement.

Ces circonstances se retrouvent pour un commerçant qui exploite une petite buvette au sein d'un hippodrome[355], qui tient un stand de cordonnerie à l'intérieur d'une grande surface, qui exploite un bar restaurant à proximité des remontées mécaniques[356], ou encore d'une boutique qui se situe dans le hall d'un hôtel de luxe[357]. Dans ces différents cas, le commerçant « enclavé » qui estime être titulaire d'une clientèle personnelle doit apporter la preuve, par différents indices, que cette clientèle s'adresse à lui en raison de ses compétences propres, que cette clientèle est susceptible de n'acheter que ses produits et non ceux des commerçants environnants, que l'accès à son commerce (horaires, accès physique) est indépendant en grande partie des décisions prises par les autres commerçants... Il s'agit alors, dans chaque cas d'espèce, de démontrer le caractère autonome et personnel de la clientèle. À défaut d'une gestion indépendante, le commerçant ne peut pas prétendre être propriétaire et exploitant de son fonds de commerce : il ne peut donc, ni le vendre, ni le louer, ni encore prétendre au statut des baux commerciaux.

272. L'hypothèse de la dépendance juridique – La seconde situation concerne la dépendance juridique. La pratique des affaires met en lumière la multiplication des réseaux de distribution, qui peuvent prendre la forme notamment de concessions ou de contrats de franchisage. Dans ces hypothèses, il est alors possible de soutenir que le concessionnaire ou le franchisé ne fait qu'exploiter la clientèle d'autrui, c'est-à-dire celle du fournisseur ou du franchiseur. Les conséquences sont souvent très lourdes pour les premiers. Elles sont identiques à celles examinées plus haut concernant la dépendance matérielle, à savoir principalement l'impossibilité de vendre le fonds de commerce ou de pouvoir bénéficier du droit au renouvellement attaché au statut des baux commerciaux. Devant de tels désagréments, la jurisprudence a su venir protéger la situation du commerçant le plus faible.

Un arrêt important en matière de contrats de franchisage a été rendu pour reconnaître au franchisé l'existence d'une clientèle autonome, distincte de celle du franchiseur : « si une clientèle est au plan

---

355. Cass. (ass. plén.), 24 avril 1970, *D.*, 1970, p. 381, note R. L. ; *JCP*, 1970, II, 16189, où la Cour de cassation juge que l'exploitant n'avait pas de clientèle personnelle distincte de celle de l'établissement principal (l'hippodrome) et en déduit qu'il ne pouvait pas invoquer le droit au renouvellement du bail commercial.

356. Cass. 3e (civ.), 19 mars 2003, n° 01-17679, *D.*, 2003, p. 2749, note H. Kenfack.

357. Cass. 3e (civ.), 19 janvier 2005, n° 03-15283, *Bull. civ.* III, n° 10.

national attachée à la notoriété de la marque du franchiseur, la clientèle locale n'existe que par le fait des moyens mis en œuvre par le franchisé, parmi lesquels les éléments corporels de son fonds de commerce, matériel et stock, et l'élément incorporel que constitue le bail, que cette clientèle fait elle-même partie du fonds de commerce du franchisé puisque, même si celui-ci n'est pas le propriétaire de la marque et de l'enseigne mises à sa disposition pendant l'exécution du contrat de franchise, elle est créée par son activité, avec des moyens que, contractant à titre personnel avec ses fournisseurs ou prêteurs de deniers, il met en œuvre à ses risques et périls »[358]. Il faut alors comprendre qu'en matière de contrats de franchisage, il existerait deux catégories de clientèle : une clientèle nationale (« macro-clientèle ») dont serait titulaire le franchiseur du fait de l'attractivité de sa marque notoire, d'une part, et une clientèle locale (« micro-clientèle ») qui serait la propriété du commerçant franchisé, d'autre part. Cette jurisprudence aurait vocation à s'appliquer aujourd'hui pour tout type de situation de dépendance juridique en reconnaissant, *a minima*, aux commerçants dépendants le bénéfice d'une clientèle locale qu'ils peuvent attirer avec des moyens dont ils sont propriétaires, cette clientèle locale fût-elle minime.

B. Les éléments complémentaires

273. La diversité des éléments complémentaires – Il est difficilement concevable de se trouver en présence d'un fonds de commerce qui ne serait composé que d'une clientèle. Cette clientèle doit être attirée par des éléments qui présentent une nature corporelle ou incorporelle. Ces éléments ne se retrouveront pas tous dans chaque fonds de commerce. Il conviendra, dans chaque espèce, de procéder à un inventaire de ces différents signes de ralliement de la clientèle.

1) *Les éléments incorporels*

a) Le nom commercial

274. La définition du nom commercial – Le nom commercial est le nom sous lequel le commerçant est amené à exercer son activité. C'est un moyen d'identification et de distinction du commerçant aux yeux des tiers. Le nom commercial sert donc à reconnaître le commerçant et à le distinguer de ses concurrents. Si le commerçant est une personne morale, il s'agit d'une dénomination sociale. Si le commerçant est une personne

358. Cass. (3e civ.), 27 mars 2002, *JCP E*, 2002, 1252, note F. Auque ; *D.*, 2002, p. 2400, note H. Kenfack ; *RTD com.*, 2002, p. 457 et 459, note B. Saintourens.

physique, il s'agit du nom patronymique, d'un pseudonyme ou d'un nom de fantaisie.

Puisque le nom commercial intervient à l'occasion de l'exercice d'une activité commerciale, le nom se détache de la personne et acquiert de manière exceptionnelle un caractère patrimonial. Par conséquent, il peut être ainsi inclus dans les éléments qui composent le fonds de commerce. Le titulaire du nom patronymique ne se trouve plus alors en mesure de faire défense à l'acquéreur du fonds d'en faire usage[359].

Le nom commercial se distingue de l'enseigne qui sert à caractériser un fonds de commerce. Le nom commercial constitue le signe distinctif d'une personne alors que l'enseigne sert à identifier une chose. Mais il arrive fréquemment que le nom commercial et l'enseigne soient identiques. Cette pratique est parfaitement licite. Ainsi, à titre d'exemple, la SARL TARTEMPION (nom commercial de la personne morale, donc sa dénomination sociale) peut exploiter un fonds de commerce à Toulouse dénommé TARTEMPION (enseigne qui se confond avec le nom commercial) et un autre fonds de commerce à Albi dénommé TARTALOIGNON (enseigne qui se distingue du nom commercial).

275. Le choix du nom commercial – Le choix du nom commercial est placé sous le signe de la liberté. Ainsi, il n'existe pas un formalisme propre pour l'attribution d'un nom commercial. Cette liberté ne présente néanmoins pas un caractère absolu. Elle est encadrée par des règles qui permettent la protection des droits des tiers.

En premier lieu, le nom commercial doit présenter un caractère licite.

Il s'agit ici de respecter l'ordre public et les bonnes mœurs. Des activités interdites ou réglementées, des produits prohibés, des incitations proscrites par la loi ne peuvent donc servir de support pour déterminer un nom commercial.

En second lieu, le nom commercial doit également présenter un caractère de disponibilité.

La difficulté principale en la matière est qu'il n'existe aucune obligation de déclaration de son nom commercial sur un registre particulier qui attesterait de son enregistrement. La date de l'origine de la création et de l'utilisation du nom commercial peut donc susciter des hésitations et des contestations de la part de tiers ou de concurrents. À titre de précaution, il conviendra de se ménager par tous moyens matériels la preuve qui permettra de dater avec certitude la première utilisation du nom commercial.

La jurisprudence a posé comme règle générale que le nom commercial ne doit pas constituer une source de confusion dans l'esprit du public avec l'exercice de l'activité d'un autre concurrent.

---

359. Cass. (com.), 12 mars 2005, *D.*, 1985, 471, note J. Ghestin.

La jurisprudence a été également amenée à apporter des solutions plus précises concernant l'utilisation du nom patronymique comme nom commercial. Dans ce cas, l'utilisation de son nom patronymique par un concurrent est par principe possible, même si ce nom est déjà utilisé par un autre commerçant. Le concurrent aura toutefois l'obligation de prendre toutes les précautions possibles pour éviter le risque de confusion. À cet effet, il pourra adjoindre à son nom patronymique son prénom, la date de création de son entreprise ou utiliser tout signe distinctif permettant de le différencier du commerçant utilisant déjà ce nom patronymique. Ce concurrent ne doit pas avoir été choisi délibérément comme un prête-nom et dans le but de frauder les droits du commerçant. Le concurrent doit être de bonne foi et ne doit pas chercher à tirer avantage de la notoriété d'autrui pour s'accaparer une clientèle qui ne lui appartient pas. Il pourrait alors s'agir d'une forme de concurrence déloyale ou de parasitisme.

276. La protection du nom commercial – Alors que la marque sert à identifier un produit ou service, le nom commercial désigne une entreprise individuelle ou sociétaire. Marque et non commercial obéissent donc à un régime juridique différent. À ce titre, il faut encore souligner que la loi ne prévoit pas de formalité concernant le dépôt ou l'enregistrement du nom commercial. L'immatriculation de l'entreprise commerciale ne peut être assimilée à un dépôt qui occasionnerait la naissance d'un droit de propriété industrielle. Ainsi, il est reconnu que le nom commercial s'acquiert par son premier usage. C'est l'entreprise qui peut revendiquer la première avoir utilisé ce nom qui peut bénéficier de la protection du droit pour son usage exclusif. La chronologie joue donc un rôle essentiel en la matière.

N'étant pas au sens strict un droit de propriété industrielle, le nom commercial ne bénéficie donc pas de la protection qui lui est accordée. Ainsi, l'action en contrefaçon ne peut pas être exercée contre le concurrent qui usurperait un nom commercial.

Néanmoins, le nom commercial doit être considéré comme un bien patrimonial qui peut être cédé avec le fonds de commerce dont il constitue un possible élément attractif de la clientèle. En fonction des conflits rencontrés, le titulaire du nom commercial pourra empêcher l'utilisation par autrui de son bien en utilisant soit le droit commun, soit des règles spéciales.

Tout d'abord, le droit commun peut être utilisé comme rempart contre l'utilisation illicite d'un nom commercial, et tout particulièrement l'action en concurrence déloyale fondée sur l'article 1240 du Code civil. En effet, l'imitation est l'une des manifestations privilégiées de l'action en concurrence déloyale reconnue par la jurisprudence. Le commerçant qui est titulaire du nom commercial pourra exercer une action en responsabilité civile à l'encontre de toutes les personnes qui l'utilisent sans son autorisation et de manière indue. L'élément essentiel qui devra être présent pour couronner de succès une telle action est le risque de confusion dans l'esprit du public. Ce risque découlera souvent de la zone géographique dans laquelle le nom commercial est concrètement exploité et connu de la part des consommateurs. Deux noms commerciaux identiques pourront donc parfaitement coexister dans une zone géographique distincte. L'originalité du nom commercial constitue également un élément qui joue un rôle important pour sa protection contre les imitations des tiers. Le nom commercial commun n'a pas en principe vocation à recevoir une protection particulière du droit commercial.

Dans la matière spécifique du droit des sociétés, la Cour de cassation a précisé que lorsque le nom patronymique d'un associé – une personne physique nécessairement alors – constitue la dénomination sociale, « en raison de son insertion dans les statuts de la société, le patronyme est devenu un signe distinctif qui s'est détaché de la personne physique qui le porte pour devenir objet de propriété incorporelle » (arrêt *Bordas*)[360]. Par conséquent, la société est devenue propriétaire de sa dénomination sociale : sauf dispositions particulières prévues dans les statuts, le départ de l'associé ne l'autorise pas à exiger de la personne morale qu'elle cesse d'utiliser son nom patronymique comme dénomination sociale.

Ensuite, certaines règles particulières peuvent être prévues par le législateur. Il en est ainsi par exemple lorsque le titulaire du nom commercial entre en conflit avec le titulaire d'une marque qui a été enregistrée ou qui est notoirement connue. Dans ce cas, c'est l'article L. 711-4 du Code de la propriété intellectuelle qui règle la situation. Le titulaire du nom commercial va l'emporter sur le titulaire de la marque si trois conditions cumulatives sont respectées :

– le nom commercial doit être connu sur l'ensemble du territoire national ;

– le conflit doit entraîner un risque de confusion dans l'esprit du public ;

– le nom doit être acquis par l'usage avant le dépôt de la demande d'enregistrement de la marque.

b) L'enseigne

277. La définition de l'enseigne – Alors que le nom commercial sert à identifier la personne du commerçant, l'enseigne constitue un signe distinctif du fonds de commerce lui-même. Elle identifie un bien en permettant d'individualiser le fonds. Elle se matérialise par la mise en place sur le

360. Cass. (com.), 12 mars 1985, n° 84-17163.

lieu de son exploitation « d'une inscription, d'une forme ou d'une image apposée sur un immeuble et relative à une activité qui s'y exerce »[361].

Le régime juridique de l'enseigne répond aux mêmes règles que celles énoncées à propos du nom commercial.

Concernant le choix de l'enseigne, il demeure soumis au principe de liberté sous réserve de ne pas créer une confusion dans l'esprit du public. Pour apprécier cette confusion, le rayonnement géographique du fonds de commerce comme l'originalité de son enseigne sont pris notamment en considération. L'enseigne peut être identique au nom commercial choisi par le commerçant qui exploite le fonds de commerce considéré. L'enseigne peut être également distincte.

278. La protection de l'enseigne – Concernant la protection de l'enseigne, elle est assurée essentiellement par l'action en concurrence déloyale fondée sur l'article 1240 du Code civil. Pour établir l'antériorité de l'usage de l'enseigne par rapport à celui du concurrent, le registre du commerce et des sociétés constitue l'instrument de datation qui sera utile en cas de litige.

c) Le droit au bail

279. L'importance du droit au bail – Le droit au bail est un élément facultatif, mais déterminant lorsqu'il existe. Le droit au bail se rencontre uniquement lorsque le commerçant exploite un fonds de commerce dans un local qui ne lui appartient pas et qu'il jouit d'un contrat de bail commercial. Dans cette hypothèse seulement, le locataire commerçant bénéficie de la « propriété commerciale » et va pouvoir intégrer dans les éléments constituant son fonds de commerce le droit pour toute personne qui viendrait à en être titulaire de pouvoir continuer à l'exploiter dans ces lieux.

Le droit au bail représente l'ensemble des droits du locataire commerçant contre son bailleur qui vont pouvoir être transmis avec le fonds lui-même. Le commerçant locataire dispose donc d'une garantie légale importante qui lui permet ainsi de valoriser son fonds de commerce dans la perspective d'une stabilité très forte de l'emplacement de son exploitation. Le contrat de bail commercial présente un caractère cessible, quelles que soient les clauses contraires insérées dans le contrat par le bailleur, dès lors que la cession du contrat de bail accompagne celle du fonds de commerce[362].

361. Art. L. 581-3 C. envir.

362. Selon l'article L. 145-16 du Code de commerce, sont réputées non écrites, « quelle qu'en soit la forme, les conventions tendant à interdire au locataire de céder son bail ou les droits qu'il tient du présent chapitre à l'acquéreur de son fonds de commerce ou de son entreprise ».

Le droit au bail n'existe pas notamment :

– lorsque le commerçant est propriétaire du local où est exploité le fonds de commerce (il pourra alors vendre l'immeuble concomitamment avec le fonds de commerce, ou bien consentir un bail commercial à l'acquéreur de ce fonds) ;

– lorsque l'exploitation du fonds de commerce ne nécessite pas de local.

d) Les droits de propriété intellectuelle

280. Marques et brevets – Afin d'aller à l'essentiel, il sera étudié uniquement les deux droits de propriété intellectuelle que l'on rencontre le plus fréquemment dans le monde des affaires, à savoir les marques et les brevets.

α) La marque de fabrique, de commerce ou de service

281. Les généralités sur la marque de fabrique, de commerce ou de service – Si le nom commercial identifie le commerçant, si l'enseigne caractérise le fonds de commerce, la marque s'attache quant à elle à promouvoir les produits et les services qui sont commercialisés ou fournis par le professionnel. La marque apparaît donc comme un élément facultatif puisque le nom commercial ou l'enseigne peuvent être jugés à eux seuls suffisants par le commerçant pour attraire la clientèle sans avoir recours à un droit de propriété industrielle.

La marque représente une valeur économique qui peut être importante. Elle peut ainsi faire l'objet d'une licence (sorte de contrat de location), d'une cession ou d'un nantissement. Elle peut faire également l'objet d'une saisie de la part d'un créancier.

La définition de la marque est donnée par la loi : La marque constitue « un signe distinctif susceptible de représentation graphique servant à distinguer les produits ou services d'une personne physique ou morale » (art. L. 711-1 C. propr. int.).

Les formes empruntées par la marque sont principalement au nombre de trois :

– la marque nominale regroupe l'utilisation de mots (Epéda...), de chiffre (n° 5), de lieu (Stylo Mont blanc) ou d'expressions (Culottes Petit Bateau) ou encore de nom patronymique (Sonia Rykiel) ;

– la marque sonore présente un caractère immatériel et peut consister en un son ou une mélodie (jingles de spot publicitaire, signature sonore des opérateurs de téléphonie mobile...) qui doit être susceptible de représentation graphique, en l'espèce une portée musicale ;

– la marque figurative utilise un dessin (Petit Navire), un logo (la pomme d'Apple, les chevrons de Citroën) ou encore une couleur (Le rose du lait Candia, l'orange d'Hermès, mais pas le Rouge des chaussures Louboutin[363]).

Dans la mesure où elle ne pourrait pas faire l'objet de représentation graphique fiable et reconnue, la marque olfactive ne peut pas exister en droit positif, malgré les réserves émises par une partie de la doctrine à l'égard d'un tel refus.

282. Les conditions de la protection légale – Le titulaire d'une marque est susceptible de bénéficier d'un régime protecteur prévu par la loi et soumis à certaines conditions de fond et de forme.

283. Les conditions de fond concernent le signe graphique caractérisant la marque – Le signe doit être distinctif et original, il doit être disponible et enfin présenter un caractère licite.

En premier lieu, le caractère distinctif de la marque est exigé.

Il ne faut pas que le signe qui a été choisi par le commerçant présente un caractère nécessaire, usuel ou encore générique pour désigner le produit ou le service. Par exemple, il n'est pas possible de choisir la dénomination « gâteau » comme marque d'une ligne de produits de pâtisserie. Si cette faculté était autorisée par la loi, elle empêcherait quiconque par la suite d'utiliser cette expression pour commercialiser toute forme de gâteaux, ce qui ne serait pas admissible.

La marque ne peut pas non plus en principe être descriptive. Le signe ne doit pas avoir pour vocation de désigner un élément caractéristique du produit ou du service, comme sa qualité, sa quantité… C'est ainsi que le terme « super glue » ne peut pas être utilisé comme marque d'une colle industrielle. En effet, toute personne qui commercialise de la colle doit pouvoir utiliser cette expression, qui est utile à l'information du consommateur. Cette exigence se poursuit également si la marque constitue une forme ou un dessin. Seule la marque portant sur un signe pourvu d'un caractère distinctif pourra faire l'objet d'une protection pour son titulaire. Une bouteille ne peut pas constituer la marque d'un distributeur de boissons. La bouteille stylisée et colorée de rouge peut en revanche être utilisée par l'entreprise Coca-Cola comme emblème de sa marque dans la mesure où cette bouteille présente un caractère original reconnu immédiatement par tous consommateurs.

En second lieu, le caractère disponible de la marque est indispensable.

Le signe choisi pour la marque ne doit pas avoir déjà fait l'objet d'une protection pour la même catégorie de produits ou de services.

363. Cass. (com.), 30 mai 2012, n° 11-20724.

La marque est soumise à un principe important qui est le principe de spécialité. Elle ne peut faire l'objet d'une protection juridique que pour certains produits ou services précis, et non pour la totalité des activités économiques. Il existe 45 classes de produits ou de services. Par exemple, une marque peut être déposée dans la classe n° 27 concernant les tapis, paillassons, nattes, linoléum et revêtements de sols[364]. Il est ainsi possible de bénéficier d'une marque qui préexiste mais qui n'a pas fait l'objet d'un enregistrement pour une classe de produits ou de services par le commerçant titulaire de cette marque. Il arrive fréquemment que des marques identiques soient détenues par des titulaires différents pour des produits distincts. C'est le cas de « Mazda » qui concerne des véhicules automobiles comme des piles électriques.

Par ailleurs, la marque ne doit pas porter atteinte à des droits dont la légitimité lui serait antérieure. Un droit d'auteur, une appellation d'origine contrôlée, un dessin ou un modèle protégé, un nom commercial, une enseigne... qui existent déjà, empêchent le titulaire d'une marque de pouvoir bénéficier de la protection attachée à ce signe, notamment si un risque de confusion existe dans l'esprit du consommateur.

En dernier lieu, la marque doit présenter un caractère licite.

Tout d'abord, le signe graphique de la marque ne doit pas porter atteinte ni à l'ordre public[365], ni aux bonnes mœurs[366]. Ensuite, le déposant d'une marque ne doit pas utiliser des signes ou des emblèmes officiels, comme des emblèmes des états et des organisations internationales, ou encore l'emblème olympique. Enfin, la marque ne doit pas présenter un caractère déceptif, c'est-à-dire qu'elle ne doit pas conduire à tromper le public, notamment sur la nature, la qualité ou encore la provenance géographique du produit ou du service en cause. Une appréciation *in abstracto* sera effectuée par le juge en cas de litige.

284. Les conditions de forme concernant l'enregistrement de la marque – Selon l'article L. 712-1 du Code de la propriété intellectuelle, « la propriété de la marque s'acquiert par l'enregistrement. La marque peut être acquise en copropriété ». L'enregistrement va produire ses effets à compter de la date de dépôt de la demande d'enregistrement, laquelle constitue donc une étape primordiale qui va définir notamment l'étendue géographique de la protection.

285. L'enregistrement de la marque auprès de l'INPI – Lorsque la protection géographique voulue se réduit à la France, la procédure doit être

---

364. Voy. le site de l'Institut national de la propriété industrielle, inpi.fr.

365. Pour le caractère illicite de la marque Notaires 37, Cass. (com.), 21 janvier 2014, n° 12-24.259.

366. La cour d'appel de Paris a jugé le 18 octobre 2000 que la marque « Cannabia », évoquant le cannabis pour désigner des produits de grande consommation, est contraire à l'ordre public.

effectuée auprès de l'institut national de la propriété intellectuelle (INPI). La demande d'enregistrement doit notamment comporter le modèle de la marque ainsi que l'énumération des produits ou services auxquels elle s'applique. Quarante-cinq classes de produits et services existent. Par application du principe de spécialité, la marque n'est définitivement appropriée que pour les seuls produits et services qui ont été spécifiquement désignés dans l'acte de dépôt. Toutefois, une marque notoirement connue (Coca-Cola, Dior, Apple...), et reconnue comme telle par le juge, est protégée même si elle n'a pas été déposée, et ce pour toutes les classes de produits.

L'étendue du contrôle de l'INPI doit être précisée lors du dépôt de la marque par son titulaire.

S'agissant du caractère licite de la marque, l'INPI procède à un contrôle de la légalité de la demande. Toute atteinte à l'ordre public ou aux bonnes mœurs par exemple empêchera le dépôt de la marque. Au-delà, l'INPI doit vérifier que la marque ne présente pas un caractère descriptif pour protéger l'intérêt général des consommateurs.

S'agissant du caractère de nouveauté et de disponibilité de la marque, leur contrôle n'incombe pas expressément à l'INPI. Cette obligation pèse sur les épaules du déposant, ainsi que sur les concurrents à l'occasion d'une veille juridique permanente qui a pour objectif de défendre leurs propres marques. Il revient donc au déposant d'effectuer par lui-même une recherche d'antériorité qui sera très souvent confiée en pratique à des cabinets de conseils en propriété intellectuelle qui sont spécialisés dans cette démarche. Avant de la déposer, il faut vérifier que la marque n'entre pas en conflit avec une marque voisine déjà protégée. Toutefois, cette recherche d'antériorité peut être confiée expressément à l'INPI si le déposant lui en fait la demande. À défaut d'effectuer cette recherche d'antériorité, la marque déposée pourra être contestée en justice selon une procédure organisée par le Code de la propriété intellectuelle (procédure d'opposition) ou par une action en nullité.

286. L'enregistrement de la marque auprès d'autres organismes internationaux – Si le déposant de la marque souhaite une protection qui va au-delà du territoire national, il est possible d'effectuer l'enregistrement de la marque auprès d'organismes internationaux qui pourront étendre la zone géographique du monopole d'exploitation.

Certaines démarches peuvent être effectuées sur le fondement de traités internationaux, comme la Convention de Paris du 20 mars 1883 ou encore le protocole de Madrid du 31 décembre 1989, ce dernier permettant un dépôt unique de la marque pour une protection dans 75 pays. Dans ce dernier cas, c'est l'Office mondial de la propriété industrielle (OMPI) situé à Genève qui est chargé d'assurer ce dépôt international de marque.

Pour la marque communautaire, c'est un règlement du conseil européen en date du 20 décembre 1993 qui prévoit son régime juridique. Ce règlement indique que la marque communautaire « ne peut être enregistrée, transférés, faire l'objet d'une renonciation, d'une décision de déchéance des droits du titulaire ou de nullité, et son usage ne peut être interdit, que pour l'ensemble de la communauté ». C'est ici l'Office pour l'harmonisation du marché intérieur (L'OHMI) qui va assurer la réception et l'examen des demandes d'enregistrement. Cet Office est situé à Alicante en Espagne.

287. Les effets de la protection nationale de la marque – En se limitant maintenant à l'étude de la protection de la marque nationale, l'article L. 712-1 du Code de la propriété intellectuelle indique que « l'enregistrement produit ses effets à compter de la date de dépôt de la demande pour une période de 10 ans indéfiniment renouvelable ».

287-1. Le monopole d'exploitation de la marque – Le titulaire de la marque détient par l'effet de cet enregistrement un droit de propriété sur la marque. Selon l'article L. 713-1 du Code de la propriété intellectuelle « l'enregistrement de la marque confère à son titulaire un droit de propriété sur cette marque pour les produits et services qu'il a désignés ». L'enregistrement confère donc un monopole d'exploitation de cette marque. La propriété sur la marque entraîne l'interdiction à toute personne, en l'absence d'autorisation du titulaire, de reproduire, utiliser ou de l'apposer sur ses produits. Ainsi, le titulaire de la marque peut exploiter personnellement la marque, la céder (art. L. 714-1 C. propr. int.) ou en concéder l'utilisation partielle ou totale à un tiers (concession de licence d'exploitation de marque autorisée par l'article L. 714-1, alinéa 2, C. propr. int.). Dans ce dernier cas, le licencié dispose du droit d'utiliser la marque selon les dispositions prévues par le contrat, à charge pour lui de verser une redevance au titulaire de la marque (*royalties*). La marque peut également faire l'objet d'un nantissement ou encore d'une saisie par les créanciers de son titulaire.

Le titulaire de la marque dispose de différentes prérogatives qui lui permettent de sauvegarder son droit de propriété intellectuelle.

288. Le droit d'opposition - Avant de procéder à l'enregistrement définitif de la marque, il est procédé à la publicité de la demande d'enregistrement au bulletin officiel de la propriété industrielle (BOPI). Cette publicité fait courir un délai de deux mois permettant aux tiers de formuler des observations et aux titulaires de marques antérieures de former opposition auprès du directeur de l'INPI sur le fondement de l'article L. 712-4 du Code de la propriété intellectuelle. Le directeur de l'INPI procède ensuite à des vérifications pour établir si la demande de dépôt de la marque satisfait aux conditions formelles exigées par la loi. Toutefois, le directeur n'a pas à vérifier si la marque porte atteinte aux droits d'autrui. Dans ce cas, les tiers qui s'estiment lésés devront introduire une action en nullité.

Ainsi, les procédures d'opposition et d'observation constituent des mesures préventives qui permettent de remettre en cause la validité de la marque en empêchant son enregistrement.

289. La saisie contrefaçon – En deuxième lieu, le titulaire de la marque peut entreprendre certaines démarches dans la perspective d'un procès futur. Il est souvent délicat d'apporter la preuve qu'un tiers contrefait sa marque car il faut pouvoir détenir le produit contrefait. Dans cette perspective, le droit a prévu l'existence de la saisie contrefaçon qui résulte d'une ordonnance du président du tribunal de grande instance rendue sur requête (art. L. 716-7 C. propr. int.). Une fois la saisie contrefaçon autorisée judiciairement, elle permet au titulaire de la marque de se rendre de manière inopinée, soit « en tout lieu par tous huissiers assistés d'experts de son choix, à la description détaillée avec ou sans prélèvement d'échantillons », soit faire procéder « à la saisie réelle des produits ou services prétendus contrefaisants, ainsi que de tout document s'y rapportant ».

290. L'action en contrefaçon – En troisième lieu, il est possible d'envisager l'exercice de l'action en contrefaçon par le titulaire de la marque. La contrefaçon s'analyse comme la violation du droit de propriété d'autrui. Elle consiste, soit à reproduire à l'identique, soit à imiter la marque qui a été déposée. Dans les deux cas, c'est le risque de confusion dans l'esprit du consommateur qui permet de retenir la qualification de contrefaçon.

Le contrefacteur est responsable tout d'abord civilement. L'article L. 716-1 du Code de la propriété intellectuelle énonce que « l'atteinte portée au droit du propriétaire de la marque constitue une contrefaçon engageant la responsabilité civile de son auteur ». L'action en contrefaçon doit être menée par le propriétaire de la marque ou le bénéficiaire d'un droit exclusif d'exploitation devant le tribunal de grande instance (art. L. 716-3 C. propr. int.), et seulement certains d'entre eux (art. D. 311-8 C. org. jud.). Le recours à l'arbitrage est toutefois possible (art. L. 716-4 C. propr. int.). La prescription de l'action en contrefaçon est quinquennale[367].

Le but essentiel de cette action est d'obtenir un dédommagement financier pour le titulaire de la marque qui a été contrefaite. Au-delà de l'indemnisation du préjudice subi, le titulaire de l'action en contrefaçon pourra également solliciter l'arme de l'astreinte judiciaire pour faire en sorte que les produits ou les services contrefaits disparaissent des circuits économiques dans un délai raisonnable et fixé par le juge.

Le contrefacteur est responsable ensuite pénalement, dès lors que son comportement correspond à l'une des incriminations prévues par la

367. L'article L. 712-6 dispose que « à moins que le déposant ne soit de mauvaise foi, l'action en revendication se prescrit par cinq ans à compter de la publication de la demande d'enregistrement ». Cette règle est confirmée un peu plus loin par l'article L. 716-5 du même code qui énonce en effet que « l'action en contrefaçon se prescrit par cinq ans ».

loi (art. L. 716-9 et L. 716-10 C. propr. int.). Les peines sont aggravées lorsque les délits de contrefaçon sont commis en bande organisée. Le recel de contrefaçon est également sanctionné.

291. L'action en revendication – En quatrième lieu, il est possible qu'un tiers procède au dépôt d'une marque de manière frauduleuse, c'est-à-dire en violation manifeste des droits du véritable titulaire et afin que celui-ci se voit interdire la poursuite de son activité commerciale. Un tel dépôt est nul. Dans ces circonstances et à l'instar du propriétaire d'un bien corporel, le titulaire de la marque peut mettre en œuvre une action en revendication.

Cette action est régie par l'article L. 712-6 du Code de la propriété intellectuelle qui dispose : « si un enregistrement a été demandé soit en fraude des droits d'un tiers, soit en violation d'une obligation légale ou conventionnelle, la personne qui estime avoir un droit sur la marque peut revendiquer sa propriété en justice ». L'illustration la plus courante de cette disposition consiste pour le salarié d'une société à effectuer les formalités d'enregistrement de la marque, dont la personne morale est propriétaire, en son nom personnel.

L'objectif principal de cette action réside dans la volonté d'obtenir une décision judiciaire qui va attribuer au revendiquant, de manière rétroactive, la qualité de titulaire légitime de la marque. En cas de succès de l'action, cette attribution prend alors effet à compter du jour où l'enregistrement frauduleux a été accompli.

292. L'action en nullité – L'enregistrement d'une marque n'est en principe possible que si la marque présente certains caractères : la marque doit être distinctive, disponible et licite. Certains moyens préventifs sont destinés à empêcher l'enregistrement d'une marque qui ne présenterait pas de telles caractéristiques. Il s'agit du contrôle opéré par l'INPI ainsi que du droit d'opposition qui est autorisé pour les tiers à la suite de la publicité de la demande d'enregistrement. Si, en dépit de ces dispositifs, une marque illicite a été enregistrée, il reste toujours possible d'entreprendre une action dans le dessein de solliciter son annulation.

Deux sortes d'action en nullité sont possibles :

– l'action en nullité absolue peut être intentée par toute personne qui y a intérêt. Elle doit reposer alors sur un motif d'ordre général (absence du caractère licite ou distinctif de la marque par exemple) ;

– l'action en nullité relative n'est possible que lorsque l'atteinte à un droit personnel est constatée (la marque contrevient à un nom commercial dont l'origine est antérieure, à un droit d'auteur ou elle a fait l'objet d'un dépôt frauduleux). Dans ce cas, seul le titulaire du droit pourra agir en nullité.

Les effets de l'action en nullité sont communs aux deux actions. Elle produit l'anéantissement rétroactif de l'enregistrement de la marque. Cette action n'est inscrite dans aucun délai et peut donc être introduite à tout moment par son titulaire. La nullité de la marque, si elle est prononcée, entraîne celle également de toutes les conventions subséquentes, et notamment des concessions de licence de la marque annulée.

293. La fin de la protection de la marque – Outre l'action en nullité ou en revendication qui scelle la fin de la marque de manière exceptionnelle, d'autres événements plus courants en pratique entraînent la disparition de la marque.

Le droit des marques est un droit vivant qui doit servir utilement l'économie. La loi lutte donc contre la pratique dite des marques de blocage qui consisterait pour un individu, non pas à utiliser la marque, mais à empêcher ses concurrents de pouvoir l'exploiter dans des secteurs économiques particuliers.

À ce titre, l'article L. 714-5 du Code de la propriété intellectuelle organise la déchéance de ses droits à l'encontre du « propriétaire de la marque qui, sans juste motif, n'a pas fait un usage sérieux, pour les produits et services visés dans l'enregistrement, pendant une période ininterrompue de cinq ans ». Le principe de spécialité impose le dépôt d'une marque pour un produit ou un service dans une ou plusieurs classes déterminées. La déchéance vient compléter ce principe puisque la marque laissée en jachère pendant une période de cinq ans tombe à nouveau dans le domaine public.

Un autre mode d'extinction consiste en la dégénérescence de la marque. Lorsque celle-ci tend à devenir un nom commun désignant un produit ou un service et que le titulaire de la marque n'effectue aucune diligence pour défendre sa marque, cette dernière peut être également privée de toute protection (absence du droit d'agir en nullité ou contrefaçon). L'exemple le plus fameux est la marque « Piña colada ». Aussi, c'est afin de ne pas se voir appliquer la perte de ses droits que les sociétés titulaires des marques « Caddie », « Karcher » ou « Meccano »[368] utilisent très souvent des communiqués de presse. Ils indiquent que l'utilisation de ces termes dans des articles de journaux ou dans des déclarations verbales ne doit pas faire oublier que ces termes sont des marques qui offrent à leurs titulaires légitimes un droit exclusif quant à leur exploitation.

β) Le brevet d'invention

294. Définition et finalité du droit applicable – Dès la période révolutionnaire, il est apparu nécessaire au législateur de protéger l'invention. Depuis ce temps, deux finalités complémentaires sont poursuivies par la loi.

---

368. Cass. (1re civ.), 1er mars 2017, n° 15-20.817, *RTD com.*, 2017, p. 340, note Azema.

D'une part, la protection d'un intérêt privé est recherchée à travers celle du droit moral de l'inventeur. Le mérite individuel de l'inventeur se traduit par une récompense juridique qui consiste à lui accorder personnellement des droits exclusifs sur son invention.

D'autre part, la loi poursuit un but d'intérêt général. Il s'agit de favoriser le développement de l'industrie nationale et de récompenser les innovations techniques lorsqu'elles permettent des investissements industriels dans le pays de délivrance du brevet. C'est la raison pour laquelle le législateur impose l'exploitation effective de l'invention sur le territoire national. Elle constitue la contrepartie essentielle exigée du droit exclusif reconnu au profit de l'inventeur. En outre, la loi impose la diffusion des connaissances techniques en obligeant à une description précise de l'invention qui fera l'objet d'une publicité officielle. L'objectif ici est plus large et vise à ce que l'invention protégée génère des améliorations et des développements toujours plus importants pour les consommateurs.

295. Brevet et certificat d'utilité – Le brevet ne doit pas être confondu avec le certificat d'utilité[369]. Ce dernier est régi par les dispositions de la loi du 21 janvier 1968 qui ont été insérées dans le Code de la propriété intellectuelle. La loi de modernisation de l'économie du 4 août 2008 a modernisé le droit du brevet pour qu'il soit en conformité avec les règles du brevet européen. En outre, le brevet français est dorénavant conforme aux nouveaux traités internationaux qui ont été ratifiés par la France.

296. Les conditions de fond de la brevetabilité – La brevetabilité est soumise à quatre conditions de fond qui intéressent l'invention de celui qui prétend devenir titulaire d'un brevet.

En premier lieu, l'invention doit présenter un caractère de nouveauté. L'invention ne doit pas être comprise dans l'état de la technique au jour du dépôt de la demande du titre (art. L. 611-10, al. 1er, C. propr. int.). Il ne faut pas que l'invention renvoie à des éléments qui ont déjà été rendus accessibles au public avant la date de dépôt de la demande de brevet, par le biais d'une description écrite, d'un usage ou de tout autre moyen. Si la divulgation ou le caractère accessible de l'invention au public lui retire le caractère de nouveauté, et donc le principe d'une brevetabilité, ce n'est que dans l'hypothèse précise que cette circonstance résulte de la volonté libre et éclairée de l'inventeur. Si le caractère public de l'invention a été obtenu à son insu, l'inventeur pourra alors revendiquer l'invention pour en devenir le seul titulaire.

---

369. Le certificat d'utilité confère certes des droits à l'inventeur mais il reste soumis à une procédure simplifiée. De plus, la protection qu'il confère, fixée à six années, est plus courte que celle dont jouit le titulaire d'un brevet. Le certificat d'utilité sera donc particulièrement approprié pour protéger une invention dont l'obsolescence peut être constatée à court terme. Concernant les conditions de fond de brevetabilité, le certificat d'utilité et le brevet d'invention obéissent aux mêmes règles.

En deuxième lieu, l'article L. 611-10 du Code de la propriété intellectuelle énonce que « sont brevetables les inventions nouvelles impliquant une activité inventive et susceptible d'application industrielle ». Le Code poursuit en son article L. 611-14 en indiquant « qu'une invention est considérée comme impliquant une activité inventive si, pour un homme de métier, elle ne découle pas de manière évidente de l'état de la technique ». L'invention doit tout d'abord marquer une rupture avec le progrès normal de la technique (élément d'appréciation objectif). Cette appréciation relève du pouvoir souverain des juges. L'activité inventive doit ensuite pouvoir être appréciée par un « un homme de métier » (élément d'appréciation subjectif), c'est-à-dire un praticien normalement qualifié qui possède les connaissances générales dans le domaine concerné. Le juge devra donc adopter ici un raisonnement *in abstracto*.

En troisième lieu, l'invention doit être susceptible d'application industrielle. Elle présentera ce caractère « si son objet peut être fabriqué ou utilisé dans tout genre d'industrie, y compris l'agriculture » (art. L. 611-17-a C. propr. int.). Mais la loi considère qu'un certain nombre de domaines d'activité ne sont pas susceptibles d'application industrielle. Parmi les exemples que l'on peut citer, on peut évoquer les méthodes de traitement chirurgical ou thérapeutique du corps humain ou animal, les procédés biologiques d'obtention de végétaux et animaux, ou encore les découvertes trop abstraites comme les théories scientifiques et les méthodes mathématiques…

En dernier lieu, l'invention doit être conforme à l'ordre public et aux bonnes mœurs. Selon l'article L. 611-17 du Code de la propriété intellectuelle, « ne sont pas brevetables les inventions dont l'exploitation commerciale serait contraire à la dignité de la personne humaine, à l'ordre public ou aux bonnes mœurs, cette contrariété ne pouvant résulter du seul fait que cette exploitation est interdite par une disposition législative ou réglementaire ».

297. Les conditions de forme de la brevetabilité – Comme en matière de marques ou de dessins et modèles, la protection du brevet nécessite l'accomplissement de certaines formalités nécessaires à son enregistrement. En droit interne, le brevet est délivré par l'institut national de la propriété industrielle à l'issue d'une procédure relativement complexe. En droit européen et international, il existe également certaines possibilités pour protéger un brevet.

298. Le brevet national : formalités et protection – L'inventeur doit respecter une procédure au terme de laquelle la protection de son brevet sera assurée sur le territoire national.

Dans un premier temps, le dépôt de la demande de brevet est effectué auprès de l'INPI, dans une préfecture de province ou encore dans un centre régional habilité. La demande est fréquemment effectuée aujourd'hui par voie électronique. Les documents déposés doivent obligatoirement comprendre la description et les revendications.

La description consiste à représenter de manière exacte l'invention. Elle est éventuellement accompagnée de croquis ou dessins. Elle doit être suffisamment « claire et complète pour qu'un homme de métier puisse l'exécuter » (art. L. 612-5 C. propr. int.).

Les revendications « définissent l'objet de la production demandée. Elles doivent être claires et concises et se fonder sur la description » (art. L. 612-6 C. propr. int.). Il s'agit donc d'une présentation synthétique de l'ensemble des éléments de l'invention que le créateur estime nouveau et donc digne de protection. Il faut préciser que « la demande de brevet ne peut concerner qu'une invention ou une pluralité d'inventions liées entre elles de telle sorte qu'elles ne forment qu'un seul concept inventif général » (art. L. 612-4 al. 1er C. propr. int.). Il est donc possible d'effectuer le dépôt d'un brevet dont l'objet consiste en la protection de plusieurs inventions qui présentent un lien de dépendance directe.

Dans un deuxième temps, l'auteur de l'invention doit rédiger un rapport de recherche qui devra être joint au dossier de demande de brevet. Ce rapport doit évoquer objectivement les éléments de l'état de la technique dans la perspective de mettre en lumière la nouveauté réelle de l'invention proposée. Ce rapport doit être en lien avec la description et les revendications qui accompagnent le dépôt du dossier.

Dans un troisième temps, l'examen du dossier déposé va être effectué par l'INPI. Le contrôle peut aboutir à une irrecevabilité ou à un rejet de la demande d'enregistrement.

L'INPI peut déclarer irrecevable la demande dès lors qu'il manque un élément essentiel du dossier. Une régularisation est néanmoins possible.

L'INPI peut rejeter la demande d'enregistrement dès lors que l'une des conditions de brevetabilité fait défaut. Il en va ainsi par exemple si le brevet porte atteinte à la dignité de la personne humaine, à l'ordre public ou encore aux bonnes mœurs, ou encore si la rédaction des revendications apparaît manifestement irrégulière. L'absence de paiement de la redevance dans le mois qui suit le dépôt entraîne également le rejet de la demande.

Dans un dernier temps, la délivrance du brevet relève de la compétence du directeur de l'INPI. Elle n'intervient que dans l'hypothèse où cette demande a été jugée recevable. Cette délivrance fera l'objet d'une publicité au bulletin officiel de la propriété industrielle (BOPI). Ce contrôle préalable de l'INPI et la publicité qui en découle n'empêchent pas néanmoins les tiers de pouvoir contester ultérieurement la régularité de ce projet. Des actions en nullité ou en revendication demeurent toujours possibles. Ces actions doivent être introduites devant le tribunal de grande instance de Paris, seule juridiction compétente (art. D. 211-6 du Code de l'organisation judiciaire).

Le brevet accorde une protection qui a une durée limitée à 20 ans, sans aucune possibilité de prorogation. À l'issue de cette période, l'invention tombe dans le domaine public. Toute personne peut donc exploiter sans avoir à demander l'autorisation de l'inventeur initial, et surtout sans avoir à lui verser une redevance. Il faut enfin noter que la protection de l'inventeur n'est effective que si le brevet est exploité concrètement et qu'il est donc utile pour le public et l'économie nationale. À défaut, un brevet qui serait inexploité pendant une période excédant trois ans autoriserait un tiers à solliciter et à obtenir une licence dite « d'exploitation de la découverte ».

299. Le brevet européen – La Convention de Munich qui a été signée le 5 octobre 1973 regroupe près d'une quarantaine d'États signataires qui ont créé l'Office européen des brevets (OEB). Elle a institué un brevet européen qui simplifie les démarches de l'inventeur. Un dépôt unique est effectué et permet alors une protection dans chacun des états signataires selon le régime national applicable. L'organe qui va recevoir la demande est l'Office européen des brevets qui joue un rôle similaire à celui de l'INPI. Son siège est établi en Allemagne, à Munich.

300. Le brevet communautaire – À la différence du brevet européen qui engendre la protection de l'invention à travers une multitude de brevets nationaux propres à chaque état signataire, l'idée est ici de générer un brevet unique qui va accorder une protection uniforme sur une grande partie du territoire communautaire. Un premier pas a été franchi avec la signature de la convention de Luxembourg du 15 décembre 1975 mais aucune suite concrète n'a été enregistrée à la suite de ce traité. Les négociations se sont éternisées entre les états membres, la discussion achoppant sur la question des langues qui seraient utilisées. En 2012, le processus est relancé avec le « paquet législatif sur le brevet de l'Union européenne », ainsi que l'adoption d'un règlement et d'un accord pour la mise en place d'une juridiction unifiée[370]. À terme, le brevet communautaire devrait sortir réellement de terre, mais la germination semble particulièrement poussive.

301. Le brevet international – Le régime juridique du brevet international repose sur différents textes internationaux qui ont été signés en matière de propriété industrielle. Deux traités principaux sont les plus souvent invoqués. La première convention est celle signée à Paris le 20 mars 1883 et qui a été réformée depuis à plusieurs reprises. Elle comporte aujourd'hui plus de 150 pays signataires qui sont regroupés au sein d'une union dont le siège est situé à Genève et qui est régie par l'Organisation mondiale de la propriété intellectuelle (OMPI). La seconde

370. Le « paquet » comprend le règlement n° 1257/2012 mettant en œuvre la coopération renforcée dans le domaine du brevet à effet unitaire avec les modalités applicables en matière de traduction du règlement n° 1260/2012 et l'Accord relatif à une juridiction unifiée du brevet.

convention, Patent Cooperation Treaty (PCT) a été signée à Washington le 19 juin 1970. Cet accord permet d'accorder une protection à l'inventeur en Europe et hors Europe dans les états ayant ratifié la convention. Chaque brevet, à l'image du brevet européen, est soumis à la législation nationale de l'État concerné.

e) Les autorisations administratives

302. La variété des autorisations administratives d'exploitation – Il est souvent nécessaire pour exploiter concrètement le fonds de commerce de bénéficier d'une autorisation administrative. Cette autorisation prend des appellations différentes selon les domaines d'activité concernés (agrément, licence, carte professionnelle...). Mais la question de savoir si cette autorisation est incluse ou non dans le fonds de commerce n'est pas simple à résoudre. La réponse dépend du fait de distinguer si l'autorisation a été délivrée en considération de la personne du commerçant (comme par exemple l'autorisation d'exploiter une discothèque[371], la carte professionnelle d'agent immobilier[372], la concession sur un emplacement de marché plein vent[373]...) ou si elle est simplement attachée à l'exploitation objective du fonds de commerce. C'est dans ce dernier cas uniquement qu'elle pourra être transmise librement et constituer sans conteste un élément possible du fonds de commerce.

L'exemple le plus classique est celui de la licence administrative qui est exigée pour exploiter un débit de boissons avec ou sans alcool (4 catégories de licences)[374]. La Cour de cassation a indiqué expressément que cette licence est susceptible d'être incluse dans la composition du fonds de commerce[375]. On peut aussi évoquer la licence requise pour l'ouverture et l'exploitation d'une officine de pharmacie qui « ne peut être cédée par son titulaire indépendamment du fonds de commerce auquel elle se rapporte »[376].

371. Cass. (com.), 5 avril 2012, n° 11-10.321, selon lequel « la société Y avait exploité une activité de discothèque et avait disposé des autorisations nécessaires ne comportant aucune réserve, et relevé que ces autorisations personnelles étaient caduques en cas de changement d'exploitant, ce dont la société X avait connaissance... ».

372. Cass. (1re civ.), 3 juillet 2013, n° 12-30.180 selon lequel « le fonds de commerce de l'agence immobilière existait réellement, avec la clientèle y attachée, et avait été exploité pendant sept ans par la société cessionnaire, écartant ainsi implicitement, à bon droit, que la carte professionnelle fût un élément du fonds de commerce... ».

373. Cass. (com.), 4 février 2014, n° 12-25.528, qui affirme que « l'activité non cessible de marchand ambulant, qui est exercée en vertu d'une autorisation administrative personnelle et dont la clientèle est attachée au marché et non au commerçant, ne peut en aucun cas constituer un fonds de commerce... ».

374. Art. L. 3331-1 et s. C. santé publ.

375. Cass. (com.), 7 mars 2006, n° 04-13-569, *Bull civ.* IV, n° 62.

376. Art. L. 5125-7 C. santé publ.

2) *Les éléments corporels*

303. Les critères de la distinction – Selon l'article L. 141-5 du Code de commerce, il existe deux catégories de meubles corporels qui constituent des éléments facultatifs du fonds de commerce.

304. Le matériel et l'outillage – Tout d'abord le matériel et l'outillage constituent l'ensemble des éléments d'équipement qui sont affectés à l'exploitation du fonds de commerce (mobilier commercial permettant la présentation des produits ou l'accueil des clients, caisses enregistreuses, bureaux, outillage industriel...). Il faut bien sûr veiller à ce que ce matériel soit réellement la propriété du titulaire du fonds de commerce. Tel ne sera pas le cas si le matériel est détenu en vertu d'un contrat de crédit-bail ou s'il est grevé d'une clause de réserve de propriété (dans ce cas, le transfert de propriété n'aura lieu, contrairement au droit commun de la vente, que lors du paiement intégral du prix de vente). Il faudrait également vérifier que le matériel ne constitue pas un immeuble par destination au sens de l'article 524 du Code civil.

305. Les marchandises – Ensuite, les marchandises constituent des meubles corporels destinés à être vendues et forment l'objet principal du commerce. Alors que le matériel présente un caractère de permanence, les marchandises n'ont pas vocation à demeurer dans le patrimoine du commerçant. Elles constituent le stock dont le taux de rotation dépend de la nature des marchandises. Les marchandises sont donc volatiles et constituent l'objet même de l'achat pour revente, archétype de l'acte de commerce par nature.

306. L'intérêt de la distinction – La distinction entre matériel et marchandise n'est pas purement pratique. Elle entraîne des conséquences juridiques précises :

– le nantissement sur le fonds de commerce peut porter sur le matériel, mais non sur les marchandises (art. L. 142-2 C. com.) ;

– les privilèges du vendeur de fonds de commerce s'exercent d'abord sur les marchandises, puis sur le matériel dès lors que des prix distincts ont été établis pour les deux catégories de biens (art. L. 141-5 C. com.) ;

– le nantissement peut porter exclusivement sur le matériel et l'outillage (art. L. 525-1 et s. C. com.) ou sur les stocks de marchandises (art. L. 527-1 et s. C. com.).

§ 2. Les éléments exclus du fonds de commerce

307. Les éléments liés à l'exploitation du fonds de commerce pourtant exclus de sa composition – Le fonds de commerce aurait pu être composé de l'ensemble des éléments, corporels ou incorporels, mobiliers ou immobiliers, qui entretiendraient un lien direct avec son exploitation. Cette analyse n'a pas été retenue par la jurisprudence, même si une partie de la doctrine critique l'exclusion parfois arbitraire de certains éléments qui sont indispensables à l'exploitation du fonds de commerce.

La jurisprudence fournit parfois, de manière claire et synthétique, l'état du droit positif. C'est ainsi qu'un arrêt de la cour d'appel de Paris du 19 juin 1991[377] donne des indications très utiles concernant les éléments qui demeurent étrangers à la composition du fonds de commerce :

« Il est de de principe constant que le fonds de commerce n'est pas un patrimoine autonome, et ne comprend ni les dettes, ni les créances du commerçant ; par voie de conséquence, les contrats en sont exclus ; il n'est exception que pour certains d'entre eux admis par la loi, à savoir les contrats de travail, d'assurance, d'édition et de bail ; pour tous les autres, il appartient aux parties de prévoir leur inclusion, ce qui peut être fait, de manière expresse ou tacite et dans les cas seulement où lesdits contrats n'ont pas été passés intuitu personae ».

Il suffit alors d'ajouter à la liste des éléments incorporels exclus (A) du fonds de commerce donnés par la cour d'appel de Paris les éléments corporels qui se trouvent soumis au même régime d'exclusion (B).

A. Les éléments incorporels exclus

1) *Les créances et les dettes*

a) L'exclusion des créances

308. Le principe d'exclusion des créances – Même si le Code de commerce n'exclut pas expressément les créances du fonds de commerce, la jurisprudence a pris une position très ancienne et catégorique à cet égard. Les créances ne peuvent pas faire partie des éléments composant le fonds de commerce. La Cour de cassation[378] l'a affirmé solennellement dans un arrêt de 1937 : « les créances possédées par un commerçant même pour cause commerciale ne deviennent pas des éléments constitutifs du fonds et la vente du fonds n'opère pas transport desdites créances à l'acheteur, sauf l'effet de clauses spéciales ».

Ainsi, même en cas de cession de fonds de commerce de banque comprenant tous ses actifs corporels et incorporels, la cour de cassation décide que les créances cambiaires ne sont pas des éléments inclus dans un tel fonds[379].

---

377. CA Paris, 19 juin 1991, *D.*, 1991. IR 204 ; *RTD com.*, 1991. 566, obs. Derruppé.
378. Cass. (civ.), 12 janvier 1937, DH 1937. 99.
379. Cass. (com.), 30 octobre 1984, n° 83-12.811, *Bull. civ.* IV, n° 286.

309. Le caractère relatif de l'exclusion des créances – Le principe d'exclusion des créances de la composition du fonds de commerce ne présente pas un caractère absolu. Deux exceptions notables peuvent être présentées.

Une première limite résulte de la volonté expresse des parties. Il est toujours loisible aux parties de prévoir expressément la cession d'une ou plusieurs créances concomitamment à celle du fonds de commerce. Les parties doivent alors respecter les dispositions des articles 1321 et suivants du Code civil, dans sa rédaction issue de l'ordonnance du 10 février 2016. Ainsi, à côté de la cession du fonds de commerce dans sa globalité et selon un corps de règles uniques – considéré comme une universalité de fait – la ou les créances sont transmises selon leurs propres règles.

Une seconde limite concerne la transmission active de la clause de non-concurrence. Selon une jurisprudence constante[380], cette créance dont est titulaire l'exploitant du fonds de commerce, par exemple vis-à-vis du précédent propriétaire ou à l'égard d'un ancien locataire-gérant, est incluse dans le fonds de commerce. Il s'agirait d'une obligation *propter rem*, qui serait attachée à la chose que constitue le fonds de commerce. Cette jurisprudence porte atteinte à l'effet relatif des conventions. Mais la clause de non-concurrence est transmise avec toutes ses restrictions contractuelles, et notamment sa durée de validité qui est nécessairement limitée.

b) L'exclusion des dettes

310. Le principe d'exclusion des dettes – L'exclusion des dettes du périmètre du fonds de commerce semble cohérente avec l'exclusion examinée précédemment des créances. Il doit s'agir des dettes au sens large, c'est-à-dire non seulement des dettes de sommes d'argent, mais plus généralement des obligations de faire ou de ne pas faire.

311. Le caractère relatif de l'exclusion des dettes – L'exclusion des dettes ne présente pas non plus un caractère absolu. La volonté des parties comme la loi peuvent porter atteinte à cette règle.

En premier lieu, comme en matière de créances, les parties peuvent valablement décider d'opérer une cession de dettes concomitantes à la transmission du fonds de commerce. Cette possibilité est dorénavant prévue à la suite de la réforme du Code civil issue de l'ordonnance du 10 février 2016. Il convient alors que les parties respectent scrupuleusement les dispositions des articles 1327 et suivants du Code civil.

380. Cass. req., 5 juillet 1865, *D.*, 1865, 1, 425.

En second lieu, de manière exceptionnelle, la loi peut prévoir de manière imparfaite ou de manière temporaire qu'une dette propre à l'exploitation d'un fonds de commerce sera supportée par celui qui en devient propriétaire postérieurement au fait générateur de cette créance. Une illustration peut être donnée en matière de dette fiscale par l'article 1684-1 du Code général des impôts. Ainsi, en cas de cession d'un fonds de commerce réalisé à titre onéreux ou à titre gratuit, qu'il s'agisse d'une vente forcée ou volontaire, le cessionnaire peut être rendu responsable solidairement avec le cédant du paiement de l'impôt sur le revenu afférent aux bénéfices réalisés par ce dernier pendant l'année ou l'exercice de la cession jusqu'au jour de celle-ci, ainsi qu'aux bénéfices de l'année ou de l'exercice précédent lorsque, la cession étant intervenue dans le délai normal de déclaration, ces bénéfices n'ont pas été déclarés par le cédant avant la date de la cession. Il faut préciser que le cessionnaire n'est responsable que jusqu'à concurrence du prix du fonds de commerce, si la cession a été faite à titre onéreux, ou de la valeur retenue pour la liquidation du droit de mutation entre vifs, si elle a eu lieu à titre gratuit.

2) *Les contrats*

a) Le principe d'exclusion des contrats

312. L'exclusion des contrats de la composition du fonds de commerce – Selon une forme de coutume implicite, la jurisprudence a pris pour habitude de décider que les contrats sont par principe exclus de la composition du fonds de commerce[381]. Le contrat constituant un nœud de créances et dettes enchevêtrées, l'exclusion jurisprudentielle de ces deux éléments – évoquées précédemment – doit conduire logiquement à l'exclusion du contrat.

Ainsi, les contrats qui sont très souvent le support essentiel de la clientèle du fonds de commerce seront étrangers à toute opération concernant ce fonds. Par exemple, la cession de fonds de commerce ne peut pas entraîner automatiquement la substitution du cédant par le cessionnaire dans l'exécution d'un contrat en lien avec l'exploitation d'un fonds de commerce et qui pourrait être opposable au partenaire contractuel. Il s'agit principalement de respecter le caractère obligatoire du contrat et son effet relatif. Le partenaire contractuel a signé un contrat avec l'exploitant du fonds de commerce. Il n'est pas possible de lui imposer un changement de partie lors de l'exécution du contrat, au prétexte d'un changement du titulaire du fonds de commerce sur lequel il n'a pas d'emprise.

381. Voy. par exemple, CA Paris, 19 juin 1991, *D.*, 1991. IR 204 ; *RTD com.*, 1991. 566, obs. Derruppé.

En l'état de la jurisprudence actuelle, une opération juridique qui concerne le fonds de commerce ne peut pas en principe affecter les contrats qui constituent le support de la clientèle. Pour que la clientèle soit cédée concrètement avec le fonds de commerce, il sera donc parfois indispensable de contourner ce principe d'exclusion afin de protéger l'intérêt des parties ou des tiers, soit par la volonté des parties, soit par l'effet la loi.

b) Les tempéraments à l'exclusion des contrats

313. Les contrats inclus dans la composition du fonds de commerce par l'effet de la loi – De manière impérative, la loi va parfois imposer la présence de certains contrats dans la composition du fonds de commerce. Plus précisément, à l'occasion d'une opération de cession du fonds de commerce, la loi décide que la cession de certains contrats s'opère de plein droit.

Plusieurs exemples peuvent être cités en ce sens :

– Les contrats de travail : selon l'article L. 1224-1 du Code du travail, « lorsqu'il survient une modification dans la situation juridique de l'employeur, notamment par succession, vente, fusion, transformation du fonds, mise en société de l'entreprise, tous les contrats de travail en cours au jour de la modification subsistent entre le nouvel employeur et le personnel de l'entreprise ». Cette disposition vise notamment toute cession de fonds de commerce, mais également la cession de tous éléments du fonds qui emporte cession de la clientèle[382].

– Le bail commercial : le droit au bail est visé expressément par l'article L. 142-2 du Code de commerce comme un élément susceptible de constituer l'assiette d'un nantissement sur le fonds de commerce. Il constitue donc un élément de nature contractuelle qui a vocation à entrer dans la composition du fonds de commerce. En outre, l'article L. 145-16 de ce même code indique que sont réputées non écrites les conventions ayant pour effet d'interdire au locataire de céder son bail à l'acquéreur de son fonds de commerce ou de son entreprise. Le bailleur du local où est exploité le fonds de commerce cédé ne peut donc que se soumettre à cette disposition légale et devra subir le changement de locataire à la suite de cette cession.

– Le contrat d'assurance : selon l'article L. 121-10 du Code des assurances en cas « d'aliénation de la chose assurée, l'assurance continue de plein droit au profit de l'acquéreur, à charge pour lui d'exécuter toutes les obligations dont l'assuré était tenu vis-à-vis de l'assureur ».

---

382. Par exemple pour la cession d'une marque constituant un élément attractif d'une part importante de la clientèle, Cass. (soc.), 19 février 1981, n° 79-42.484, *Bull.* V, n° 144.

Cette poursuite, et ainsi la transmission du contrat, concerne principalement tous les contrats d'assurance de dommage qui portant sur les éléments composant le fonds comme celui qui résulte de l'exploitation de ces éléments du fonds. La transmission de plein droit du contrat suppose aussi que le fonds de commerce soit l'objet d'un risque assuré qui lui soit propre et identifiable au regard de la prime totale versée à l'assureur.

– Le contrat d'édition : selon l'article L. 132-16 du Code de la propriété intellectuelle, « l'éditeur ne peut transmettre, à titre gratuit ou onéreux, ou par voie d'apport en société, le bénéfice du contrat d'édition à des tiers, indépendamment de son fonds de commerce, sans avoir préalablement obtenu l'autorisation de l'auteur ». De manière implicite et par l'effet d'une dérogation légale, la transmission du fonds de commerce d'édition peut s'accompagner des contrats d'édition qui s'y rapportent sans que l'autorisation expresse de l'auteur soit alors exigée. Le second alinéa vient alors accorder une protection à l'auteur qui subit ainsi une cession forcée de son contrat : « en cas d'aliénation du fonds de commerce, si celle-ci est de nature à compromettre gravement les intérêts matériels ou moraux de l'auteur, celui-ci est fondé à obtenir réparation même par voie de résiliation du contrat ». Cette cession forcée peut donc entraîner le versement de dommages-intérêts, voire provoquer la disparition du contrat lui-même.

314. Les contrats inclus dans la composition du fonds de commerce par l'effet de la volonté des parties – Il n'est pas interdit de considérer que d'autres contrats encore – c'est-à-dire d'autres que ceux évoqués précédemment et faisant expressément l'objet d'une disposition légale – peuvent être inclus dans la composition du fonds de commerce. Pour que cette situation se réalise, il faut néanmoins que les personnes qui participent à cette transmission du contrat – cédant, cessionnaire et cédé – émettent une volonté en ce sens ou du moins en soient informés. Mais la question de la transmission des contrats qui sont attachés à l'exploitation d'un fonds de commerce se pose différemment selon que le titulaire du fonds de commerce et une personne morale ou une personne physique.

En présence d'une personne morale, il sera possible de céder le fonds de commerce par l'effet d'une transmission universelle du patrimoine. Ainsi, une fusion ou un apport partiel d'actif va entraîner automatiquement la cession du fonds de commerce, avec ses dettes et ses créances, et également ses contrats sans que l'accord des parties soit sollicité. Les seules exceptions peuvent concerner certains contrats expressément exclus par la loi ou qui contiennent des clauses empêchant un tel transfert automatique. En dehors des cas de transmission universelle du patrimoine, la personne morale pourra toujours transmettre un contrat à l'occasion de la cession de son fonds de commerce, mais elle devra alors respecter les conditions qui s'appliquent aux personnes physiques.

En présence d'une personne physique, la cession des contrats peut s'effectuer par une stipulation contractuelle expresse qui est insérée avant la réalisation de la transmission du fonds de commerce. Lorsqu'une telle stipulation contractuelle n'a pas été prévue dans le contrat, les parties pourront avoir recours à la cession de contrats au moment où sera effectuée la cession du fonds de commerce. Il faudra alors veiller à obtenir l'assentiment exprès du cessionnaire du fonds de commerce et du cocontractant cédé. Depuis l'entrée en vigueur de l'ordonnance du 10 février 2016, il faudra respecter également les dispositions des articles 1216 et suivants du Code civil qui concernent la cession de tout contrat.

B. Les éléments corporels exclus

315. L'exclusion des biens immobiliers – À aucun moment le Code de commerce ne cite l'immeuble comme un bien qui est susceptible de faire partie des éléments composant le fonds de commerce. De manière classique, la jurisprudence affirme que le bien immobilier ne peut figurer dans le périmètre du fonds de commerce : il en est nécessairement extérieur puisque le fonds de commerce présente la nature d'un bien mobilier incorporel[383].

Cette règle est posée dans un arrêt de principe ancien rendu par la cour de cassation : « le propriétaire d'un immeuble, en même temps commerçant, ne fait qu'user de son droit réel sur cet immeuble, quand il l'affecte, en tout ou en partie, aux besoins de son exploitation commerciale ; le droit réel en vertu duquel il occupe ainsi son propre immeuble est en dehors des éléments du fonds de commerce susceptibles de faire l'objet du nantissement essentiellement mobilier »[384].

Posée en matière de nantissement du fonds de commerce, l'exclusion de l'immeuble de la composition du fonds de commerce n'en est pas moins générale. Elle concerne aussi bien les immeubles par nature que les immeubles par destination, les droits réels immobiliers que les droits réels immobiliers accessoires (servitude, usufruit, ...).

316. L'exclusion des livres de commerce et documents comptables – D'après les dispositions de l'article L. 141-2 du Code de commerce, pendant une durée de trois ans à compter de l'entrée de l'acquéreur en jouissance du fonds, le vendeur met à sa disposition, à sa demande, tous les livres de comptabilité qu'il a tenus durant les trois exercices comptables précédant celui de la vente. Cette disposition est d'ordre public.

---

383. Voy. *infra*, n°s 323 et s.

384. Cass. (civ.), 21 juillet 1937, DP 1940. 1. 17, note Voirin ; *Gaz. pal.*, 1937. 2. 639 ; *JCP*, 1937, I, 408 ; *S.*, 1938. 1. 337, note Lagarde.

Cette règle signifie que les livres de commerce et des documents comptables ne constituent pas des éléments composant le fonds de commerce. Il reste la propriété de celui qui en a été l'auteur et qui doit simplement les mettre à disposition de celui qui est devenu le nouveau titulaire de ce fonds de commerce.

SOUS-SECTION 2

La nature du fonds de commerce

§ 1. L'approche négative

A. Le fonds de commerce n'est pas réductible à la société

317. L'absence de personne morale organisée – Le fonds de commerce ne donne pas naissance à la création d'une personne morale. Il n'est pas question non plus en évoquant le fonds de commerce d'entraîner la création de rapports juridiques complexes entre des associés et des dirigeants, de prévoir la rédaction de statuts ou d'augmenter le capital social. Ces dernières notions sont étrangères au fonds de commerce et renvoient exclusivement au droit des sociétés.

318. La possible conjonction du fonds de commerce et de la société – Une société, dotée de la personnalité juridique, peut néanmoins être propriétaire d'un ou de plusieurs fonds de commerce. Mais les deux notions – société et fonds de commerce – ne se confondent pas, elles se superposent. D'ailleurs, il existe des sociétés qui n'exploitent pas de fonds de commerce. On peut citer par exemple les sociétés de portefeuille, encore appelés société holding, qui ne font que détenir des titres sociaux d'autres sociétés. Dans ce dernier exemple, la simple détention de titres sociaux ne peut justifier, sauf hypothèse exceptionnelle, l'exploitation d'une clientèle personnelle par la société holding dite « pure ».

B. Le fonds de commerce n'est pas réductible à l'entreprise

319. Le fonds de commerce constitue un élément de l'entreprise commerciale – L'entreprise n'est pas une notion juridique. Elle n'est pas définie en droit interne, même si celui-ci évoque cette notion économique dans certains textes de loi (droit des entreprises en difficulté, droit de la concurrence...). Pour la définir, il est possible d'énoncer que l'entreprise regroupe un certain nombre de moyens humains et matériels dans la perspective d'exercer une activité économique.

L'entreprise présente des points de convergence avec le fonds de commerce, notamment à travers la mise en œuvre d'éléments matériels qui participent à l'activité économique. Mais l'entreprise apparaît comme une notion plus vaste que celle du fonds de commerce, puisqu'elle présente une dimension sociale et qu'elle a vocation à accueillir en son sein des éléments qui sont exclus du fonds de commerce (immeubles, dettes et créances, contrats).

C. Le fonds de commerce n'est pas réductible au patrimoine

320. Le fonds de commerce n'est pas une universalité de droit – Traditionnellement, le patrimoine – illustration d'une universalité de droit – est composé de trois éléments, l'actif, le passif et le fait que l'actif doit permettre de pouvoir répondre du passif. Or, il a déjà été énoncé que les dettes et les créances constituent des éléments exclus du fonds de commerce. Dans sa conception traditionnelle, le fonds de commerce est incompatible avec la notion de passif.

321. Le fonds de commerce n'est pas un patrimoine d'affectation – Par ailleurs, le fonds de commerce ne peut pas être considéré comme un patrimoine d'affectation, caractère que la loi ne lui attribue jamais. Ainsi, le titulaire du fonds de commerce, qu'il soit une personne morale ou une personne physique, est susceptible de générer des dettes à l'occasion de l'exploitation de ce fonds. Mais les créanciers, dont le titre résulte de l'activité du fonds de commerce, peuvent saisir les éléments de ce fonds de commerce comme tous les autres éléments qui appartiennent au titulaire du fonds de commerce. De la même manière, les créanciers dont le titre est étranger à l'activité du fonds de commerce peuvent parfaitement exercer des recours pour saisir un élément composant ledit fonds. Le fonds de commerce est donc un élément de l'actif du patrimoine du commerçant, qu'il soit personne physique ou morale.

§ 2. L'approche positive

322. À la recherche de la nature du fonds de commerce – À l'occasion des observations développées au sujet de ce que le fonds de commerce n'est pas, il a déjà été abordé une analyse utile mais incomplète de la nature juridique du fonds de commerce. Il reste maintenant à définir positivement le fonds de commerce. Deux caractéristiques principales peuvent être mises en valeur : la première concerne le caractère mobilier et incorporel du fonds de commerce (A) ; la seconde a trait à la qualification possible d'universalité de fait (B).

A. Le fonds de commerce est un bien meuble incorporel

323. Le fonds de commerce est une chose mobilière – De manière traditionnelle, la jurisprudence a toujours considéré que les immeubles ne peuvent se ranger dans la catégorie des éléments constitutifs du fonds de commerce[385]. La terre et la propriété foncière sont essentiellement du ressort des activités civiles et régies principalement par le Code civil. Même si l'achat d'immeuble pour la revente est susceptible d'être qualifié d'acte de commerce, cette évolution n'a pas eu d'emprise sur la composition nécessairement mobilière du fonds de commerce.

Les immeubles par nature, comme ceux par destination[386] seront donc exclus du fonds de commerce, même s'ils participent directement ou indirectement à la bonne exploitation du fonds de commerce. Ainsi, la Cour de cassation a jugé que les objets mobiliers (lits, armoires...) affectés à l'exploitation d'un fonds de commerce d'hôtellerie constituent des immeubles par destination définis par l'article 524 du Code civil et ne peuvent être considérés comme des éléments constitutifs du fonds de commerce[387].

La conséquence pratique majeure de cette jurisprudence implique que le commerçant propriétaire du local où il exploite son fonds de commerce doit rédiger deux actes de vente s'il souhaite céder la totalité de ses actifs professionnels : un acte pour la cession mobilière du fonds de commerce, un autre acte pour la cession immobilière – nécessairement par acte notarié – du local commercial où ce fonds est exploité.

324. Le fonds de commerce est une chose incorporelle – Dans la mesure où la clientèle constitue l'élément central et indispensable du fonds de commerce, la jurisprudence a toujours affirmé que le fonds de commerce présente un caractère incorporel[388]. Cette analyse entraîne deux conséquences principales.

D'une part, en sa qualité d'universalité de fait, le fonds de commerce, considéré dans sa globalité, ne peut pas faire l'objet d'une possession au sens de l'article 2255 du Code civil. Seuls les éléments matériels composant le fonds sont susceptibles d'une telle possession. Aussi, les articles 2276 (« En fait de meubles, la possession vaut titre ») et 1198 (conflits entre deux acquéreurs successifs d'un même meuble corporel) du Code civil ne s'appliquent pas au fonds de commerce.

D'autre part, la qualification de bien incorporel n'empêche pas une revendication du fonds de commerce. Cette action peut être notamment

---

385. Voy. *supra*, n° 315.

386. L'immeuble par destination est soumis à la réunion de deux conditions : la première condition concerne l'unité de propriété entre le bien immobilier et les meubles qui lui sont affectés ; la seconde exigence renvoie à l'existence d'un lien intellectuel ou matériel entre l'immeuble et les meubles concernés.

387. Cass. (3e civ.), 29 octobre 1984, n° 82-14037.

388. Cass. (civ.), 26 janvier, 1914, DP, 1914. 1. 112 ; Cass. (com.), 16 février 1993, n° 91-13.277, *Bull. civ.* IV, n° 63.

mise en œuvre dans l'hypothèse de l'ouverture d'une procédure collective. C'est ainsi que le loueur du fonds de commerce donné en location-gérance peut exercer son action en revendication en cas de procédures collectives venant frapper le locataire-gérant[389].

B. Le fonds de commerce est une universalité de fait

325. Le fonds de commerce est une universalité – Le fonds de commerce constitue une universalité dans le sens où il constitue une sorte de réceptacle qui contient un certain nombre d'éléments corporels et incorporels qui vont être soumis ensemble, du fait de cette réunion, à un corps de règles propres. Cette analyse n'empêche pas chacun des éléments composant le fonds de commerce de retrouver sa singularité dès lors qu'il est appréhendé individuellement. Ainsi, la cession d'un élément isolé du fonds de commerce va être soumise à un régime différent que si cet élément est inclus dans la vente du fonds de commerce lui-même. Par ailleurs, le fonds de commerce n'a pas une composition figée. Il continue d'exister dès lors qu'il permet toujours d'exploiter une clientèle, peu importe que tel élément sorte du fonds de commerce et soit remplacé ou non par un autre.

326. Le fonds de commerce est une universalité de fait – Le fonds de commerce constitue une universalité de fait dans le sens où il ne constitue pas un patrimoine[390], archétype de l'universalité de droit. Ainsi, le passif du commerçant n'est pas inclus dans le fonds de commerce[391]. De même, les créanciers dont le titre est en relation avec l'exploitation du fonds de commerce n'ont pas pour seul gage les éléments composant le fonds de commerce, mais également les autres biens ou droits qui sont inclus plus largement dans le patrimoine de leur débiteur. Le fonds de commerce n'est pas un patrimoine d'affectation.

SECTION 2
LES OPÉRATIONS PORTANT SUR LE FONDS DE COMMERCE

327. Le fonds de commerce, objet de contrats – Si l'on devait se contenter d'une étude de la simple composition du fonds de commerce et de sa nature juridique, cette observation « statique » présenterait un intérêt

389. Cass. (com.), 15 mars 2005, n° 00-18.550, *Bull. civ.* IV, n° 60. Dans cette espèce, la Cour de cassation juge que la publicité spécifique du contrat de location-gérance permet au loueur d'être dispensé de la publicité propre au contrat de crédit-bail. Le loueur est donc exempté des formalités complémentaires prévues par le droit des procédures collectives, conformément aux dispositions de l'article L. 624-10 du Code de commerce.
390. Voy. *supra*, n°s 320 et s.
391. Voy. *supra*, n°s 310 et s.

essentiellement théorique qui ne serait pas pleinement satisfaisant. Si l'on considère que le fonds de commerce a pour vocation de constituer l'objet de contrats, l'étude de cette notion devient alors bien plus dynamique et concrète. Connaître la composition et la nature du fonds de commerce permet alors d'appréhender la réelle portée des contrats qui concernent le fonds de commerce, ce bien d'une composition et d'une nature si particulières.

Considéré comme une universalité de fait, le fonds de commerce apparaît comme une masse d'éléments mobiliers corporels ou incorporels, comprenant nécessairement une clientèle commerciale. Cette masse peut alors constituer le support d'un contrat qui va être soumis à des règles spécifiques. Cette singularité a d'ailleurs été très rapidement reconnue par la jurisprudence, laquelle voit dans les actes juridiques concernant un fonds de commerce des actes de commerce par accessoire objectif[392], quelle que soit donc la qualité des parties intervenant à cet acte.

Il n'est donc pas étonnant que le fonds de commerce attire également l'attention du législateur dans la mesure où il s'agit d'un bien d'une valeur économique souvent élevée. Le fonds de commerce mérite un régime juridique adapté et précis. Les enjeux sont donc importants non seulement pour les parties, mais encore pour les acteurs économiques au premier rang desquels figurent les créanciers.

328. Les contrats ayant pour objet le fonds de commerce – le fonds de commerce peut tout d'abord faire l'objet d'un contrat de vente (sous-section 1). Il s'agit de l'opération la plus courante et qui intervient fréquemment dans la vie économique. Au-delà du transfert de propriété, le fonds de commerce peut également être apporté à une société (sous-section 2), donné en location (sous-section 3), même si la gérance de fonds de commerce recouvre plusieurs réalités. Ensuite, le fonds de commerce peut être soumis à une location puis à une éventuelle vente à l'occasion de la signature d'un contrat de crédit-bail (sous-section 4). Enfin, le fonds de commerce est susceptible également de constituer une garantie qui sera offerte par le propriétaire à ses créanciers (sous-section 5).

SOUS-SECTION 1
La vente du fonds de commerce

329. Une opération complexe à la croisée de différents intérêts à protéger – L'une des caractéristiques essentielles du contrat de vente de fonds de commerce réside dans la multiplicité des intérêts souvent divergents

392. *Supra*, n°s 119 et s.

des différentes personnes qui sont susceptibles de subir les répercussions d'une telle opération.

Au premier chef, sont particulièrement concernées les parties, à savoir le vendeur ou le cédant, l'acheteur ou le cessionnaire. Ainsi, l'acheteur doit pouvoir bénéficier d'une information renforcée au sujet du fonds de commerce pour effectuer sa valorisation de manière la plus objective et précise possible. Quant au vendeur qui fait crédit, il faut lui accorder des garanties fortes pour assurer le remboursement effectif du solde du prix de vente : il n'a plus d'emprise directe sur la chose vendue dans la mesure où le fonds de commerce a été transféré dans le patrimoine de l'acheteur.

De second chef, des personnes qui sont tiers par rapport à ce contrat pourraient voir leur situation grandement modifiée ; il s'agit notamment des salariés qui contribuent à l'exploitation du fonds de commerce cédé, de l'époux du commerçant qui va constater qu'un bien commun va sortir du « patrimoine » familial, la commune où est exploitée le fonds et qui peut réagir face à une désertification économique du tissu local, l'administration fiscale qui doit lutter contre les dissimulations de prix et les fraudes en tout genre.

Au regard de la protection de ces différents intérêts, le législateur est intervenu progressivement pour compléter la réglementation de la vente de fonds de commerce. Cette opération est devenue aujourd'hui très complexe et constitue l'un des actes les plus risqués pour un professionnel du droit des affaires. La vigilance reste donc de mise et les actions en responsabilité des clients insatisfaits se multiplient à l'occasion des cessions de fonds de commerce.

330. Une opération précise soumise à une réglementation propre – La vente de fonds de commerce est initialement soumise à deux lois fondamentales qui vont constituer l'assise de son régime juridique : il s'agit de la loi du 17 mars 1909 et de celle du 29 juin 1935. Leurs dispositions sont aujourd'hui insérées aux articles L. 141-1 et suivants du Code de commerce. La réglementation subit régulièrement des réformes qui portent le plus souvent sur des aspects secondaires, sans remettre en cause l'architecture générale du dispositif législatif[393].

331. Le cas particulier de la cession d'éléments isolés du fonds de commerce – Il est nécessaire de bien avoir à l'esprit que le dispositif législatif ne s'applique qu'à la cession de fonds de commerce, considéré comme une universalité de fait. L'ensemble des éléments figurant dans le périmètre

393. On peut notamment évoquer les hésitations du législateur qui fait puis défait les modifications apportées au régime de la cession du fonds de commerce. Alors qu'elle avait été supprimée par la loi Macron du 7 août 2015, l'obligation de publier une annonce dans un journal légal en cas de vente d'un fonds de commerce vient d'être rétablie par la loi n° 2016-1524 du 14 novembre 2016, dite « Loi Bloche » qui tend à renforcer la liberté, l'indépendance et le pluralisme des médias. La publication dans un journal d'annonces légales et au BODACC reste donc de mise en droit positif.

du fonds de commerce cédé seront tous soumis à un régime unique étudié ci-après. En revanche, la cession d'un élément isolé n'est pas assujettie en principe à cette législation, mais plus simplement au droit concernant précisément l'élément isolé cédé (la vente internationale de marchandises, le droit des marques...). La difficulté provient du fait que la cession d'un élément isolé peut être assimilée à une cession de fonds de commerce si cet élément est prépondérant dans l'attractivité de la clientèle. En effet, si la cession de l'élément isolé entraîne à lui-seul la cession de la clientèle (par exemple une marque exploitée, le droit au bail, une enseigne connue...), c'est le droit de la vente du fonds de commerce et toutes ses règles impératives qu'il convient alors de respecter. Le critère d'applicabilité de ce régime réside donc dans l'existence d'un transfert de clientèle, qu'il s'effectue à travers la cession d'un ou de la globalité des éléments du fonds de commerce.

332. Le cas particulier de la cession de contrôle – Une autre précision doit être également apportée au regard d'une opération voisine que constitue la cession de contrôle, c'est-à-dire la cession massive des titres d'une société. Dans la perspective d'une démonstration pertinente, il est en outre nécessaire que cette société soit ici propriétaire d'un fonds de commerce.

Lorsqu'une société est propriétaire d'un fonds de commerce, la cession « économique » de ce fonds peut se réaliser de deux manières principales. La première est la cession directe du fonds, la société présentant alors la qualité de vendeur à l'acte de vente de ce fonds. Les règles de la vente du fonds prévues par le Code de commerce vont alors pleinement s'appliquer. La seconde manière d'appréhender économiquement le fonds de commerce est de prendre le contrôle de la société propriétaire du fonds de commerce. Le fonds de commerce ne change pas de patrimoine et reste un actif dont la propriété demeure juridiquement établie au profit de la société. C'est seulement la composition de l'actionnariat qui change, un associé « contrôlaire » étant remplacé par un autre par l'effet d'une acquisition massive des titres sociaux. Cet associé cessionnaire, par ses droits de vote et par ses droits financiers qu'il vient d'acquérir, va avoir une emprise décisionnaire et financière sur l'exploitation du fonds de commerce. Même si la jurisprudence a un temps appliqué à la cession de contrôle les règles de la vente de fonds de commerce, cette approche est aujourd'hui rejetée par la cour de cassation. La cession de contrôle n'emporte pas juridiquement cession du fonds de commerce et reste seulement soumise aux règles prévues par le droit des sociétés concernant la cession des titres sociaux[394].

394. Cass. (com.), 13 février 1990, n° 88-10.661, *Bull. civ.* IV, n° 42. Dans cet arrêt, on peut lire que la décision de la cour d'appel « retient que, si la cession des parts sociales ne s'analyse pas, fiscalement, en une cession de fonds de commerce, il n'en est pas de même dans les relations entre cédant et cessionnaire, qu'en conséquence la cession litigieuse constituait, au sens de l'article 12 de la loi du 29 juin 1935, une vente de fonds de commerce sous la forme d'un autre contrat et que, faute de comporter les énonciations légales, elle était nulle ; qu'en statuant ainsi, la cour d'appel a violé le texte susvisé ».

§ 1. Les conditions de la vente du fonds de commerce

A. Les conditions générales

333. Le droit commun des obligations – Le contrat de vente de fonds de commerce doit respecter les conditions habituelles qui régissent les conventions en général d'une part (art. 1128 et s. du Code civil), et les contrats de vente en particulier (art. 1101 et s. et 1582 et s. du Code civil). Il ne sera donc évoqué ici que les difficultés qui intéressent plus concrètement la cession de fonds de commerce.

334. Le consentement des parties – Le consentement donné par les parties à l'acte ne doit pas être vicié. L'erreur, la violence ou le dol peuvent donc être invoqués pour solliciter la nullité de l'acte de cession. Comme en droit commun, l'erreur sur la valeur du fonds de commerce ne peut être admise[395]. Mais le dol est plus particulièrement concerné par les décisions jurisprudentielles. Selon les dispositions de l'article 1137 du Code civil, il faut rappeler que le dol est le fait pour un contractant d'obtenir le consentement de l'autre par des manœuvres ou des mensonges. Il peut résulter également de la dissimulation intentionnelle par l'un des contractants d'une information dont il sait le caractère déterminant pour l'autre partie. Il s'agit alors de la réticence dolosive. Ainsi, taire le fait que le fonds de commerce n'a pas été exploité pendant plus de quatre mois constitue une réticence dolosive de la part du vendeur qui vicie le consentement de l'acheteur[396]. Il en est de même si le vendeur n'informe pas l'acheteur de l'ouverture prochaine d'un commerce concurrent[397]. Les conséquences judiciaires qui peuvent en découler sont donc la nullité de l'acte de cession et la restitution du prix de cession versé par l'acquéreur.

335. La capacité et le pouvoir des parties – La contestation de l'acte de cession peut reposer ensuite sur la capacité ou les pouvoirs qui ne seraient pas conformes aux exigences de la législation ou de la jurisprudence.

Concernant les personnes physiques intervenant à l'acte, il faut rappeler que la cession d'un fonds de commerce constitue un acte de commerce par accessoire objectif. Il est donc nécessaire que chacune des parties au contrat dispose de la capacité commerciale. En outre, en raison de la qualité de certaines personnes, une protection particulière est parfois mise en place pour les plus vulnérables. Ainsi, pour les mineurs, l'article 387-1 du Code civil indique que « l'administrateur légal ne peut, sans l'autorisation préalable du juge des tutelles, vendre de gré à gré un immeuble ou un fonds de commerce appartenant au mineur ». Cette autorisation

395. En ce sens, Cass. (com.), 4 octobre 2011, n° 10-23706.
396. Cass. (com.), 6 janvier 2015, n° 13-27.340,
397. Cass. (com.), 13 février 2007, n° 04-16.520.

du juge des tutelles est également requise par l'article 505 du Code civil pour un majeur placé sous le régime de la tutelle. Une protection particulière intervient également lorsque le fonds de commerce est un bien commun aux époux. Selon l'article 1424 du Code civil, les époux ne peuvent, l'un sans l'autre, aliéner ou grever de droits réels les fonds de commerce et exploitations dépendant de la communauté. Ils ne peuvent également, sans leur conjoint, percevoir les capitaux provenant de telles opérations.

Concernant les personnes morales intervenant à l'acte, la jurisprudence a mis en valeur une règle particulière s'agissant du droit des sociétés. De manière générale, un dirigeant dispose des pouvoirs les plus étendus pour agir en toute circonstance au nom et pour le compte de la société. Néanmoins, lorsque la vente du fonds de commerce entraîne une modification nécessaire de l'objet social, le dirigeant ne dispose plus du pouvoir de passer un tel acte et la société n'est pas engagée par l'acte de vente signé par son représentant légal. En effet, seuls les associés lors d'une assemblée générale extraordinaire ont vocation à autoriser les modifications statutaires[398].

336. Le contenu licite et certain du contrat – En remplacement de la cause et de l'objet de l'engagement, le Code civil évoque à son article 1128, depuis l'ordonnance du 10 février 2016 portant réforme du droit des contrats, un contenu licite et certain. Cette condition générale de validité de l'acte appelle trois observations.

En premier lieu, la vente du fonds de commerce n'est valable qu'à la condition que l'objet même de ce fonds de commerce soit licite. La jurisprudence a notamment statué sur des ventes de maisons de tolérance lorsqu'elles étaient licites. En raison de l'objet immoral du contrat de cession d'un tel fonds de commerce, la Cour de cassation avait estimé que de telles transactions devaient être frappées de nullité[399]. Dans ce même esprit et après l'interdiction des maisons closes par la loi dite « Marthe Richard » du 13 avril 1946, il a été appliqué cette jurisprudence à la vente d'un fonds d'hôtel dont la clientèle se composait essentiellement de prostituées[400]. La nullité de la cession d'un fonds de commerce de ventes d'armes, de trafic de stupéfiants ou d'animaux protégés serait également encourue, mais il est fort rare que les protagonistes de telles transactions règlent leur différend devant la justice...

En second lieu, la cession du fonds de commerce ne peut porter sur la clientèle d'autrui. Le caractère personnel de la clientèle doit être établi au profit du vendeur. Selon l'article 1599 du Code civil, « la vente de la chose d'autrui est nulle : elle peut donner lieu à des dommages-intérêts lorsque l'acheteur a ignoré que la chose fût à autrui ». En outre, s'il

398. Cass. (com.), 12 janvier 1988, n° 85-12666, *Bull. civ.* IV, n° 24.
399. Cass. req., 17 juillet 1905, DP 1906, 1, 72.
400. CA Lyon, 27 février 1961, *JCP*, 1961, IV, 179.

est établi que l'acheteur était de mauvaise foi, il aura l'obligation d'indemniser le véritable propriétaire de la perte d'exploitation que ce dernier aurait subie[401].

En dernier lieu, il convient de vérifier la régularité du périmètre de la vente telle que précisée dans l'acte. Il a déjà été exposé que certains biens étaient totalement exclus de la composition du fonds de commerce, comme les immeubles ou certaines autorisations administratives délivrées strictement en considération de la personne. Dans d'autres hypothèses, certains biens ou liens sont susceptibles d'être intégrés dans le fonds de commerce, mais à la condition expresse qu'une clause du contrat organise spécifiquement cette cession. À ce titre, il est possible d'évoquer les créances et les dettes, ou encore les contrats dont la cession n'a pas été imposée par ailleurs par la loi[402].

B. Les conditions particulières

337. Les particularités techniques liées à l'activité inhérente au fonds de commerce – De manière liminaire, il faut indiquer que certains commerces ne peuvent être cédés que si des conditions particulières sont remplies par l'acquéreur lorsqu'il exerce des activités réglementées. À titre d'illustrations, les débits de boissons, les officines de pharmacie, les entreprises de spectacle, comme les agences de voyage nécessitent des diplômes ou des autorisations spécifiques. Lors de la rédaction de l'acte de cession, une attention particulière devra être portée à l'activité commerciale exercée. En dehors de cette vérification ponctuelle, un nombre important d'autres conditions propres à la cession de fonds de commerce doit être vérifié pour que la régularité de l'opération ne soit pas ultérieurement contestée. Ces conditions renvoient à une volonté, soit de protéger les parties au contrat de vente, soit d'apporter un avantage supplémentaire aux tiers.

1) *La protection des parties au contrat de vente*

a) La protection de l'acheteur par la présence de mentions obligatoires d'information

338. Le contenu des mentions obligatoires dans l'acte de vente – Le fonds de commerce a pour particularité de souvent présenter une valeur économique importante. L'enjeu financier est donc de taille pour l'acquéreur qui fréquemment va s'endetter pour procéder à l'acquisition du fonds. Du côté du vendeur, la tendance serait plutôt à enjoliver la situation pour

401. Cass. (com.), 10 septembre 2013, n° 12-21.678.
402. *Cf. supra*, n°s 307 et s.

obtenir le prix le plus élevé possible d'un bien qu'il a contribué à développer. La surestimation du fonds est donc le risque principal encouru par l'acquéreur.

Dans ces circonstances, le législateur est intervenu pour imposer une information renforcée et obligatoire dans l'acte de cession, qu'il s'agisse de l'acte de vente lui-même, mais aussi d'une promesse unilatérale ou synallagmatique ayant pour objet la cession dudit fonds. Le but recherché est que l'acheteur dispose de l'image la plus fidèle possible de la clientèle et des autres éléments du fonds de commerce pour qu'il puisse s'engager en toute connaissance de cause.

C'est l'article L. 141-1 du Code de commerce qui prévoit cinq mentions obligatoires, mais certaines peuvent disparaître au gré des circonstances de la vente et des éléments finalement inclus dans le fonds de commerce.

L'article L. 141-1-I du Code de commerce dispose que dans tout acte constatant une cession amiable de fonds de commerce, le vendeur est tenu d'énoncer :

1° le nom du précédent vendeur, la date et la nature de son acte d'acquisition et le prix de cette acquisition pour les éléments incorporels, les marchandises et le matériel ;

2° l'état des privilèges et nantissements grevant le fonds ;

3° le chiffre d'affaires qu'il a réalisé durant les trois exercices comptables précédant celui de la vente, ce nombre étant réduit à la durée de la possession du fonds si elle a été inférieure à trois ans ;

4° les résultats d'exploitation réalisés pendant le même temps ;

5° le bail, sa date, sa durée, le nom et l'adresse du bailleur et du cédant, s'il y a lieu.

Au-delà de ces mentions obligatoires, le Code de commerce prévoit deux dispositions complémentaires toujours d'ordre public afin d'assurer la sincérité des mentions énoncées dans l'acte :

– au jour de la cession, le vendeur et l'acquéreur visent un document présentant les chiffres d'affaires mensuels réalisés entre la clôture du dernier exercice comptable et le mois précédant celui de la vente[403] ;

– pendant une durée de trois ans à compter de l'entrée de l'acquéreur en jouissance du fonds, le vendeur met à sa disposition, à sa demande, tous les livres de comptabilité qu'il a tenus durant les trois exercices comptables précédant celui de la vente[404].

403. Art. L. 141-2, al. 1, C. com.
404. Art. L. 141-2, al. 2, C. com.

339. La conséquence formelle liée au caractère obligatoire des mentions légales – Même si le législateur ne l'affirme jamais expressément, l'acte de cession d'un fonds de commerce doit résulter obligatoirement d'un écrit, puisque des mentions sont exigées à peine de nullité.

Cette exigence légale est en revanche expresse s'agissant de la promesse unilatérale de vente afférente à un fonds de commerce. En effet, selon l'article 1589-2 du Code civil, cette promesse doit être constatée par un acte authentique ou par un acte sous seing privé enregistré dans le délai de dix jours à compter de la date de son acceptation par le bénéficiaire. Un acte écrit s'impose également si le vendeur entend se prévaloir d'un privilège sur le fonds[405].

340. La sanction liée à l'absence d'une mention obligatoire – La question se pose de savoir quelle est la sanction prévue cas de violation de l'article L. 141-1 du Code de commerce. Le texte prévoit que si une mention obligatoire prescrite fait défaut, l'acquéreur peut seul solliciter la nullité de l'acte de vente. Cette sanction est logique dans la mesure où une condition de formation du contrat fait défaut. Néanmoins, le texte ne prévoit pas une nullité de plein droit. Elle reste facultative pour le juge. La nullité ne sera prononcée que si véritablement l'absence d'une ou plusieurs mentions obligatoires a vicié de manière déterminante son consentement. Il est alors nécessaire que l'acheteur démontre que les effets de cet acte incomplet sont semblables à une erreur sur les valeurs substantielles ou à une réticence dolosive.

Les modalités de la mise en œuvre de cette action en nullité doivent être décrites car elles présentent des singularités. Tout d'abord, la demande est réservée à l'acheteur qui est le seul à pouvoir introduire cette action en nullité relative. Ensuite, le délai pour agir est très bref puisqu'il est fixé à une année. Ce délai présente un caractère préfix, c'est-à-dire que la prescription annale n'est pas susceptible de suspension ou d'interruption. Enfin, le délai commence à courir à compter de la signature de l'acte, et non à partir de la prise de possession du fonds de commerce.

341. La sanction liée à l'inexactitude d'une mention obligatoire – Une situation différente se présente lorsque les mentions imposées par la loi figurent bien dans l'acte de cession, mais qu'il apparaît que ces mentions comportent finalement des indications erronées. La sanction présente alors une spécificité qui est prévue à l'article L. 141-3 du Code de commerce. Selon cette disposition d'ordre public, le vendeur est tenu de la garantie à raison de l'inexactitude de ses énonciations dans les conditions édictées par les articles 1644 et 1645 du Code civil. Ainsi, cette garantie ne repose plus sur un vice du consentement, comme c'est le cas dans l'hypothèse d'une absence de mentions obligatoires.

405. Voy. *infra*, n° 343.

En cas d'inexactitude, la garantie repose alors sur l'existence d'un vice caché qui viendrait affecter la chose vendue. Contrairement au droit commun de la vente, la garantie des vices cachés ne peut pas être écartée par une clause contraire dans l'acte de vente. En outre, l'action résultant de l'article L. 141-3 ne peut être intentée que par l'acquéreur dans le délai d'une année, à compter de la date de sa prise de possession du fonds de commerce. Ce délai est appliqué strictement par la jurisprudence[406]. Si l'existence du vice caché est reconnue par le juge, le bénéficiaire de la garantie pourra solliciter la nullité de l'acte (action rédhibitoire) ou une réduction du prix (action estimatoire). En outre, si le vendeur connaît les vices au moment de la vente, sa mauvaise foi est prise en compte par l'article 1645 du Code civil. Selon cette disposition, le vendeur « est tenu, outre la restitution du prix qu'il en a reçu, de tous les dommages et intérêts envers l'acheteur ». L'étendue de la réparation varie donc en fonction du choix du demandeur, mais aussi en raison du comportement du vendeur.

Enfin, il faut évoquer une disposition peu fréquente de la part du législateur qui prend le soin d'encadrer expressément la responsabilité éventuelle du professionnel qui aurait prêté son concours à la finalisation de l'acte erroné de cession du fonds de commerce. En effet, l'article L. 141-3 *in fine* dispose que les intermédiaires, rédacteurs des actes et leurs préposés, sont tenus solidairement avec le vendeur du fonds de commerce s'ils connaissaient l'inexactitude des énonciations formulées[407].

b) La protection du vendeur par l'octroi d'un privilège

342. La fragilité de la situation du vendeur à crédit de fonds de commerce – Le vendeur qui a réalisé la cession de son fonds de commerce moyennant le versement du prix comptant par l'acheteur n'a pas vocation à être protégé particulièrement par le législateur. Le vendeur n'a pas à craindre de subir particulièrement une situation défavorable puisqu'au moment de la signature l'acheteur exécute intégralement son obligation principale.

La situation est bien plus fragile pour le vendeur qui a accordé un crédit à l'acheteur. Le fonds de commerce va être transféré dans le patrimoine de l'acheteur au moment de l'acte de cession. Dépossédé de son

406. Cass. (com.), 21 mars 2018, n° 16-24.245.
407. Pour une illustration concernant la cession d'un fonds de commerce de débit de boissons, Cass. (civ. 1re), 6 septembre 2017, n° 16-18.524, publié au bulletin, *RTD com.*, 2017, p. 822, note Saintourens. Il est ainsi jugé que « lorsque le notaire reçoit un acte de cession de fonds de commerce de débit de boissons, il n'engage sa responsabilité, au regard des déclarations erronées du cessionnaire sur sa capacité à l'exploiter résultant de l'absence de condamnation pénale, que s'il est établi qu'il disposait d'éléments de nature à faire douter de leur véracité ou de leur exactitude ».

bien, le vendeur dispose simplement d'un droit de créance à l'encontre de l'acheteur pour le solde du prix restant à payer. Dans la mesure où le fonds de commerce constitue bien souvent le travail de toute une vie, la loi est intervenue pour offrir au vendeur une garantie supplémentaire destinée à sécuriser le paiement intégral du prix convenu. Le législateur a donc institué de manière expresse un privilège dont le vendeur de fonds de commerce peut bénéficier en respectant certaines conditions. Lorsqu'il est titulaire de ce privilège, le vendeur va notamment bénéficier d'un droit de préférence sur la valeur du fonds de commerce par rapport aux autres créanciers de l'acheteur.

343. La constitution du privilège du vendeur de fonds de commerce – Le bénéfice de ce privilège pour le vendeur de fonds de commerce est soumis à différentes conditions posées par le Code de commerce.

En premier lieu, la vente du fonds de commerce doit avoir été constatée par un acte authentique ou par un acte sous-seing-privé, dûment enregistré[408]. En deuxième lieu, le privilège doit avoir fait l'objet d'une inscription sur un registre public tenu au greffe du tribunal de commerce dans le ressort duquel le fonds est exploité[409]. Cette inscription doit être prise, à peine de nullité dans les trente jours suivant la date de l'acte de vente[410]. En troisième lieu, le vendeur doit donner des précisions sur l'assiette de son privilège. Ainsi, le privilège porte en principe sur les éléments du fonds énumérés dans la vente et dans l'inscription. À défaut d'une telle précision, le privilège ne porte que sur l'enseigne et le nom commercial, le droit au bail, la clientèle et l'achalandage[411]. En dernier lieu, le prix de vente doit faire l'objet d'une ventilation portant sur trois masses distinctes, à savoir les éléments incorporels, le matériel et les marchandises. Des prix distincts doivent donc être établis pour ces trois catégories d'éléments[412].

344. La réalisation du privilège du vendeur de fonds de commerce – Dans la mesure où la constitution du privilège est régulière, le vendeur va bénéficier de deux prérogatives essentielles.

D'une part, le privilège accorde un droit de préférence dont la portée est précisée par l'article L. 141-6 du Code de commerce : l'inscription du privilège « prime toute inscription prise dans le même délai du chef de l'acquéreur ; elle est opposable aux créanciers de l'acquéreur en redressement ou en liquidation judiciaire, ainsi qu'à sa succession bénéficiaire ». Il convient alors de respecter la ventilation du privilège telle qu'indiquée par le vendeur lors de l'inscription. Ainsi, le privilège du vendeur garantit chacun des prix distincts imputés aux trois masses d'éléments, ou ce qui en

408. Art. L. 141-5, al. 1, C. com.
409. Art. L. 141-5, al. 1, C. com.
410. Art. L. 141-6 C. com.
411. Art. L. 141-5, al. 2, C. com.
412. Art. L. 141-5, al. 3, C. com.

reste dû ; il s'exerce distinctement sur les prix respectifs de la revente afférents aux marchandises, au matériel et aux éléments incorporels du fonds.

D'autre part, le privilège génère un droit de suite dont le principe est affirmé par l'article L. 143-12 du Code de commerce. Selon cette disposition, le privilège du vendeur suit « le fonds en quelques mains qu'il passe ». Le privilège du vendeur est opposable aux différents sous-acquéreurs du fonds de commerce, alors que ces derniers ne lui sont pas redevables du remboursement du solde du prix de vente. Mais cette règle est légitime puisque parmi les mentions obligatoires exigées par l'article L. 141-1 du Code de commerce dans l'acte de vente, il est fait mention de « l'état des privilèges et nantissements grevant le fonds ». Les sous-acquéreurs ne seront donc pas surpris de voir surgir un créancier dont le privilège n'aurait pas été purgé lors des ventes successives. Le privilège dure 10 années mais peut être renouvelé pour la même période avant l'expiration du premier délai[413].

345. Les autres éléments de protection du vendeur privilégié : action résolutoire et droit à l'information – Outre son privilège, le vendeur de fonds de commerce se voit accorder par le législateur un certain nombre de prérogatives supplémentaires qui viennent renforcer sa situation vis-à-vis de l'acheteur à crédit.

En premier lieu, le vendeur pourrait préférer ne pas poursuivre la vente forcée du fonds de commerce pour bénéficier de la préférence résultant de son privilège. Ainsi, il peut décider de solliciter la résolution de la vente : la remise des choses en l'état antérieur à l'acte de cession impose la restitution du fonds de commerce au vendeur. Cette possibilité n'est pas accordée de plein droit au vendeur. En effet, l'action résolutoire doit avoir fait l'objet d'une mention concomitante avec l'inscription du privilège. Le vendeur doit donc anticiper sa stratégie et se réserver initialement le droit d'exercer l'action résolutoire. À défaut, celle-ci deviendrait impossible en cas de non-paiement du solde du prix. L'action résolutoire constitue donc l'accessoire possible du privilège. Sa validité est donc intimement liée au respect des conditions strictes d'existence dudit privilège. La résolution ne peut intervenir qu'après sa notification aux autres créanciers inscrits du fonds qui disposent alors d'un délai d'un mois pour éventuellement réagir[414]. Les créanciers inscrits peuvent préférer payer au lieu et place de l'acquéreur défaillant plutôt que de subir l'anéantissement de l'acte.

En second lieu, le vendeur dispose d'un droit spécial à l'information au cas de survenance de certains événements qui peuvent mettre en danger l'efficacité de son privilège. Ainsi, le déplacement géographique du fonds[415], la résiliation du bail commercial relatif au local où est exploité

413. Art. L. 143-19 C. com.
414. Art. L. 141-8 et 141-9 C. com.
415. Art. L. 143-1 C. com.

le fonds vendu[416], la vente séparée d'éléments du fonds de commerce[417], le nantissement du matériel ou de l'outillage[418], ou la demande de déspécialisation simple ou plénière du bail commercial[419] donnent droit pour le vendeur privilégié à une information spécifique, assortie parfois d'une protection particulière.

2) *La protection des tiers au contrat de vente*

a) La protection des salariés par la diffusion d'une information concernant la vente envisagée

346. Favoriser la transmission du fonds de commerce aux salariés – Il a déjà été développé le fait que les contrats de travail sont transmis de plein droit avec le fonds de commerce lors de sa cession. Puisque les mêmes salariés ont vocation à poursuivre l'exploitation du fonds de commerce, le législateur a envisagé un mécanisme qui permet de faciliter une transmission qui s'opérerait en leur faveur.

Ainsi, la loi n° 2014-856 du 31 juillet 2014 relative à l'économie sociale et solidaire (ESS) a mis en place un droit d'information préalable des salariés (DIPS). La diffusion obligatoire de cette information aux salariés doit leur permettre de présenter une offre de rachat en cas de cession d'un fonds de commerce. Mais en aucun cas les salariés intéressés ne disposent d'un quelconque droit de priorité au rachat. Le propriétaire du fonds de commerce reste totalement libre de choisir l'identité de l'acquéreur. La loi n° 2015-990 du 6 août 2015 – dite « loi Macron » – pour la croissance, l'activité et l'égalité des chances économiques a assoupli le régime de ce droit à l'information. Ce dispositif existe également dans l'hypothèse d'une cession de contrôle, c'est-à-dire principalement la cession de la majorité de titres sociaux[420].

L'ensemble de ces dispositions ont été intégrées dans le Code de commerce : les articles L. 141-23 et s. traitent du droit à l'information des salariés dans les entreprises de moins de 50 salariés, tandis que les articles L. 141-28 régissent la situation des entreprises qui dépassent le seuil de 50 salariés.

347. L'information des salariés dans les entreprises de moins de 50 salariés – Le dispositif de la loi est très précis (art. L. 141-23 et s. C. com.). Lorsque le propriétaire d'un fonds de commerce veut le vendre, les salariés en sont informés, et ce au plus tard deux mois avant la vente, afin de

416. Art. L. 143-2 C. com.
417. Art. L. 143-10 C. com.
418. Art. L. 525-9, III, C. com.
419. Art. L. 145-49 C. com.
420. Art. L. 23-10-1 et s. C. com., dispositions qui se situent après l'article L. 239-5 !

permettre à un ou plusieurs salariés de l'entreprise de présenter une offre pour l'acquisition du fonds. Deux situations se présentent alors :

– lorsque le propriétaire du fonds n'en est pas l'exploitant, cette information est notifiée à l'exploitant du fonds et le délai court à compter de la date de cette notification. L'exploitant du fonds porte sans délai à la connaissance des salariés cette notification, en les informant qu'ils peuvent lui présenter une offre d'achat. L'exploitant notifie sans délai au propriétaire toute offre d'achat présentée par un salarié ;

– lorsque le fonds est exploité par son propriétaire, celui-ci notifie sa volonté de vendre directement aux salariés en les informant qu'ils peuvent lui présenter une offre d'achat, et le délai court à compter de la date de cette notification.

L'information des salariés peut être effectuée par tout moyen prévu par l'article D. 141-4 du Code de commerce (réunion d'information, affichage, courrier électronique...), de nature à rendre certaine la date de sa réception par ces derniers. Les salariés sont tenus à une obligation de discrétion s'agissant des informations reçues par application de ce dispositif.

Pendant le délai de deux mois, la cession ne peut pas se réaliser. La vente peut néanmoins intervenir avant l'expiration du délai de deux mois dès lors que chaque salarié a fait connaître sa décision de ne pas présenter d'offre. À compter du moment où la vente devient possible, La vente doit intervenir dans un délai maximal de deux ans. À défaut, le processus d'information doit être à nouveau respecté.

La sanction de la violation de ces règles a été adoucie par la loi « Macron ». Dorénavant, seule une action en responsabilité peut être envisagée. En outre, la juridiction saisie peut, à la demande du ministère public, prononcer une amende civile dont le montant ne doit pas excéder 2 % du montant de la vente.

Enfin, toutes les cessions de fonds de commerce ne sont pas soumises à ce dispositif d'ordre public. En effet, les cessions au profit d'un conjoint, d'un ascendant ou d'un descendant, comme les cessions d'un fonds appartenant à une entreprise soumise à une procédure collective échappent à la réglementation décrite. De la même manière, est soustraite à cette réglementation la vente qui a déjà fait l'objet d'une information au cours des douze mois qui précèdent sa réalisation[421].

348. L'information des salariés dans les entreprises de 50 à 249 salariés – Le dispositif de la loi (art. L. 141-28 et s. C. com.) est repris de manière similaire dans les entreprises qui sont assujetties à l'obligation de constituer un comité d'entreprise – ou un comité social et économique qui a vocation à remplacer ce dernier au plus tard le 1er janvier 2020. Le principe est de diffuser l'information aux salariés de la cession

421. Art. L. 141-27 C. com.

prochaine du fonds de commerce et ainsi de leur permettre de formuler une offre de reprise. La procédure dans le détail est toutefois différente en raison du nombre beaucoup plus important de salariés. La loi évoque alors une « information anticipée » auprès du comité d'entreprise ou du comité social et économique qui joue un rôle important et centralisateur dans la diffusion de l'information.

b) La protection des créanciers par l'organisation d'une publicité

349. La publicité de l'acte de cession de fonds de commerce – L'opération de cession du fonds de commerce est susceptible d'avoir d'abord une incidence sur la qualité de commerçant des parties au contrat. L'acquéreur s'il accède à ce statut, et le vendeur s'il perd cette qualité, ont l'obligation de respectivement s'immatriculer et de se radier auprès du registre du commerce et des sociétés.

Au-delà de ces incidences personnelles, la cession de fonds de commerce en elle-même nécessite l'accomplissement de certaines formalités de publicité. Elles sont destinées à informer les créanciers du vendeur.

La publicité prend la forme d'un avis dans un journal d'annonces légales (retour de cette formalité à la suite de la loi n° 2016-1524 du 14 novembre 2016) et d'une publication au BODACC à la diligence de l'acquéreur dans les 15 jours qui suivent la date de signature de la vente[422]. Au préalable et à peine de nullité des publicités, il est impératif de procéder à la formalité fiscale de l'enregistrement de l'acte de cession passée sous seing privé[423].

Les effets de cette publicité présentent un caractère limité mais en pratique substantiel. En effet, le respect de la publicité n'est pas une condition de validité ni d'opposabilité de la cession aux tiers. Néanmoins, en l'absence de publicité, le versement du prix de vente de la part de l'acquéreur entre les mains du cédant est inopposable aux créanciers de ce dernier[424]. En effet, selon l'article L. 141-17 du Code de commerce, « l'acquéreur qui paie son vendeur sans avoir procédé aux publications prescrites, ou avant l'expiration du délai de dix jours, n'est pas libéré à l'égard des tiers ». Il s'expose donc à payer deux fois, une fois l'acquéreur par le versement précipité et effectif du prix, une autre fois le créancier du vendeur, lequel pourrait appréhender le prix de vente entre ses mains puisqu'aux yeux du poursuivant l'acquéreur est toujours débiteur du prix vis-à-vis du vendeur. En outre, la publicité permet de déclencher le processus d'opposition réservé aux créanciers du vendeur.

---

422. Art. L. 141-12 C. com.
423. Art. L. 141-13 C. com.
424. Art. L. 141-17 C. com.

Enfin, en cas de publicité seulement incomplète ou comportant des inexactitudes, le juge apprécie souverainement si le vice constaté est de nature à avoir empêché l'information des créanciers et la mise en œuvre de leur droit d'opposition.

350. Le régime de l'opposition des créanciers du vendeur – Une fois avisés par la publicité de la cession, les créanciers peuvent mettre en œuvre une prérogative qui leur est réservée. Ainsi, dans les dix jours suivant la dernière des deux publications effectuées (JAL ou BODACC), tout créancier du précédent propriétaire, que sa créance soit ou non exigible, peut former au domicile élu[425], par acte extrajudiciaire ou par lettre recommandée avec demande d'avis de réception, opposition au paiement du prix[426]. L'opposition, à peine de nullité, énonce le chiffre et les causes de la créance et contient une élection de domicile. Le bailleur est le seul créancier à ne pas pouvoir former opposition pour les loyers en cours ou à échoir, en dépit de toute clause contraire. L'effet de l'opposition régulière est précisé par le législateur à l'article L. 141-14 *in fine* du Code de commerce : « Aucun transport amiable ou judiciaire du prix ou de partie du prix n'est opposable aux créanciers qui se sont ainsi fait connaître dans ce délai ». Tout paiement du prix devient donc inopposable aux créanciers opposants. Enfin, la mainlevée de l'opposition peut, en tout état de cause, mais après l'expiration du délai de dix jours, être obtenue en référé devant le président du tribunal. Le juge pourra alors autoriser le vendeur à toucher son prix malgré l'opposition, sous réserve de séquestrer le montant de la somme décidée par le juge. À partir du dépôt de cette somme entre les mains du tiers détenteur, l'acquéreur est déchargé et les effets de l'opposition sont reportés sur ce tiers détenteur.

351. La suppression de la procédure dite de « surenchère du sixième » – L'ancien article L. 141-19 du Code de commerce qui permettait à un créancier de former surenchère lorsqu'il estimait que le prix était trop bas a été supprimé par la loi Macron du 6 août 2015[427].

c) La protection de l'intérêt général par l'octroi d'un droit de préemption communal

352. Le droit de préemption de la commune – Afin de lutter contre la désertification de certaines zones rurales ou pour permettre de diversifier les offres de commerce dans les centres villes, l'article L. 214-1 du Code de l'urbanisme a institué un droit de préemption au profit des communes.

425. Cass. (com.), 8 juin 2017, n° 16-11.441, *RTD com.*, 2017, p. 824, note SAINTOURENS, où les juges apportent des précisions sur les conditions formelles de régularité de l'opposition.

426. Art. L. 141-14 C. com.

427. Auparavant, la procédure était régie par l'article L. 141-19 C. com.

En effet, selon cette disposition, le conseil municipal peut notamment, par délibération motivée, délimiter un périmètre de sauvegarde du commerce de proximité, à l'intérieur duquel sont soumises au droit de préemption les aliénations à titre onéreux de fonds de commerce, de baux commerciaux ou de terrains portant ou destinés à porter des commerces d'une surface de vente comprise entre 300 et 1 000 mètres carrés.

À peine de nullité de l'aliénation, la loi impose au cédant d'effectuer une déclaration préalable à la commune. Cette déclaration doit mentionner le prix, l'activité de l'acquéreur pressentie, le nombre de salariés du cédant, la nature de leur contrat de travail, les conditions principales de la cession. Elle doit comporter également le bail commercial, le cas échéant, et préciser le chiffre d'affaires lorsque la cession porte sur un bail commercial ou un fonds artisanal ou commercial.

Le silence du titulaire du droit de préemption pendant le délai de deux mois à compter de la réception de cette déclaration vaut renonciation à l'exercice du droit de préemption. Cette renonciation peut également être expresse à l'intérieur de ce délai. Dès que le refus est certain, le cédant peut alors réaliser la vente aux prix et conditions telles qu'elles figurent dans sa déclaration.

Lorsque le droit de préemption a été exercé, l'acte de cession devra être dressé, selon l'article R. 214-9 du Code de l'urbanisme, dans un délai de trois mois suivant la notification de l'accord sur le prix et les conditions indiquées dans la déclaration préalable. Le prix doit être payé au moment de l'établissement de l'acte de cession. Une fois le fonds cédé, la commune l'exploite, soit en personne, soit en consentant une location-gérance. En outre, la commune peut, dans le délai de deux ans à compter de la prise d'effet de l'aliénation à titre onéreux, rétrocéder le fonds de commerce, le bail commercial ou le terrain à une entreprise immatriculée au registre du commerce et des sociétés ou au répertoire des métiers, « en vue d'une exploitation destinée à préserver la diversité et à promouvoir le développement de l'activité commerciale et artisanale dans le périmètre concerné »[428]. Ce délai peut être porté à trois ans en cas de mise en location-gérance du fonds de commerce. L'acte de rétrocession prévoit les conditions dans lesquelles il peut être résilié en cas d'inexécution par le cessionnaire du cahier des charges.

En pratique, il faudra donc veiller à anticiper cette démarche avant la signature de l'acte de cession. À défaut, la nullité de la cession serait encourue.

428. Art. L. 214-2 du Code de l'urbanisme.

§ 2. Les effets de la vente du fonds de commerce

353. Les effets entre les parties – Pour une meilleure compréhension de la complexité de la cession du fonds de commerce, les incidences de ce contrat à l'égard des tiers ont été déjà évoquées précédemment au moment de sa conclusion et de ses conditions. En effet, ces incidences doivent être anticipées par les parties et la protection des tiers est envisagée par le législateur, soit avant la date de signature de l'acte (informations des salariés, droit de préemption de la commune), soit dès sa publication (droit d'opposition des créanciers). Dans les développements qui suivent, les effets du contrat de cession seront ainsi uniquement envisagés du côté des parties à l'acte.

354. Les obligations issues du contrat de vente adaptées au fonds de commerce – Le contrat de vente de fonds de commerce est avant tout un contrat de vente. Au regard des obligations découlant de ce contrat, les parties sont soumises notamment aux dispositions des articles 1602 et suivants du Code civil. Ces obligations classiques prévues en matière d'une vente quelconque nécessitent souvent une approche particulière puisque l'objet de la vente ici, à savoir le fonds de commerce, est un bien mobilier incorporel présentant une spécificité marquée.

A. Les effets à l'égard du vendeur

355. L'obligation de délivrance et ses manifestations - L'article 1603 du Code civil indique que la première des deux obligations du vendeur consiste à délivrer la chose vendue qui doit être transportée en « la puissance et possession de l'acheteur »[429]. L'obligation de délivrance porte sur le fonds de commerce, c'est-à-dire sur l'ensemble des éléments qui le composent ainsi que ses accessoires.

Concernant l'élément principal, à savoir la clientèle, une présentation effective peut être mise en place. Mais bien souvent, la simple présence du vendeur sur les lieux de l'exploitation de l'activité commerciale le met spontanément en présence avec la clientèle.

Concernant les autres éléments, il sera parfois indispensable d'accomplir des formalités supplémentaires pour que la cession devienne opposable aux tiers en raison d'une réglementation spécifique. Il en va ainsi par exemple du droit au bail qui nécessitera une signification au bailleur ou une acceptation de ce dernier par acte authentique. De même, la cession des marques et des brevets nécessite l'accomplissement de formalités particulières auprès de l'INPI.

429. Art. 1606 C. civ.

356. L'obligation de garantie et son dédoublement – La seconde obligation prévue par l'article 1603 du Code civil est celle de garantie que doit le vendeur vis-à-vis de l'acheteur. Cette obligation de garantie se dédouble : elle porte sur les vices cachés et doit également prémunir l'acheteur d'une éviction au regard de la chose vendue.

La garantie des vices cachés répond aux mêmes conditions et effets que celle du droit commun de la vente dont le régime est évoqué aux articles 1641 et suivants du Code civil. De manière plus spécifique à la vente de fonds de commerce, il est rappelé que l'inexactitude d'une des cinq mentions exigées par l'article L. 141-1 du Code de commerce est assimilée par la loi à une garantie des vices cachés.

La garantie d'éviction a vocation à jouer un rôle plus déterminant lors de la vente d'un fonds de commerce. La garantie d'éviction peut être mise en œuvre par l'acheteur du fait du comportement de tiers ou en raison des agissements du vendeur lui-même.

L'éviction du fait de tiers se rencontre assez rarement pratique. Il peut être envisagé l'hypothèse où un tiers revendiquerait la propriété d'un des éléments du fonds de commerce vendu. La garantie du vendeur pourrait donc jouer en cette circonstance.

L'éviction du fait personnel du vendeur est une situation beaucoup plus fréquente. Le vendeur ne peut dans le même temps, signer un acte qui opère volontairement le transfert du fonds de commerce et de sa clientèle dans le patrimoine d'acheteur, puis détourner la clientèle d'autrui pour l'exploiter à nouveau et en tirer profit. Toutefois, en dehors des agissements qui pourraient être qualifiés de concurrence déloyale, le seul fait pour le cédant d'un fonds de commerce de procéder à sa réinstallation à proximité de la commune où est exploité le fonds vendu ne suffit pas à constituer une méconnaissance de l'obligation de garantie[430]. La garantie du vendeur pourra être mise en œuvre dans la mesure où il sera démontré que par ses agissements il a capté tout ou partie de la clientèle qui appartient dorénavant à l'acheteur. Enfin, il faut préciser que la garantie d'éviction du fait personnel peut être assimilée à une sorte d'obligation légale de non-concurrence qui jouera nécessairement même en l'absence de toute clause expresse dans le contrat. En présence d'une clause spécifique de non-concurrence rédigée dans le contrat, il faut préciser que la garantie légale et la protection contractuelle se cumulent. Cette règle signifie que, à l'expiration de la clause de non-concurrence ou si la clause est déclarée nulle par le juge, la garantie d'éviction peut toujours être invoquée par l'acheteur à condition de démontrer le détournement effectif de sa clientèle du fait des agissements du vendeur[431]. Il faudra alors arriver à en convaincre le juge.

430. Cass. (com.), 16 juin 1969, *Bull. civ.* IV, n° 224 ; *D.*, 1970, 37, V.
431. Voy. not. Cass. (com.), 14 avril 1992, *Bull. civ.* IV, n° 160.

357. Une obligation contractuelle facultative : la clause de non concurrence – Il est très fréquent en pratique que les parties insèrent dans un acte de cession de vente du fonds de commerce une clause expresse de non-concurrence, laquelle vient donc renforcer et s'adosser à la garantie légale d'éviction.

Dans la mesure où la liberté d'entreprendre constitue un principe majeur dans la vie des affaires, la clause de non-concurrence n'a été acceptée par la jurisprudence que dans la mesure où elle apporte des tempéraments à ce principe, mais sans conduire à sa négation même. Selon la jurisprudence, la clause de non-concurrence est donc soumise à trois conditions de validité cumulatives, à savoir :

– la détermination de son objet ; les activités soumises à l'interdiction de concurrence doivent être spécifiées ;

– la proportionnalité des effets de la clause par rapport à l'objectif raisonnablement recherché par l'acheteur ;

– la limitation dans le temps et dans l'espace des effets de la clause.

De manière exceptionnelle, une jurisprudence classique admet que la clause de non-concurrence reste attachée au fonds et le suit en quelques mains qu'il se trouve. En dépit de l'effet relatif des conventions, et dans les limites de la clause de non-concurrence rédigée initialement, un sous-acquéreur pourrait donc invoquer la clause de non-concurrence dont pouvait se prévaloir l'acquéreur précédent du fonds à l'égard de son propre vendeur.

358. Les droits du vendeur – Le vendeur de fonds de commerce dispose de droits plus importants s'il a inscrit son privilège. À cette condition seulement, il dispose alors du droit de solliciter la résolution du contrat, s'il s'en est réservé expressément la possibilité lors de l'inscription de son privilège[432]. De même, le vendeur dispose de la faculté de mettre en œuvre la vente forcée du fonds de commerce. Selon l'article L. 143-5 du Code de commerce, huit jours après sommation de payer faite à l'acheteur demeurée infructueuse, le vendeur peut saisir à cette fin le tribunal de commerce dans le ressort duquel est exploité ledit fonds.

B. Les effets à l'égard de l'acheteur

359. Obligation de prendre livraison et de payer le prix – Il pèse sur l'acheteur des obligations plus simples à décrire.

La première obligation est le pendant de la délivrance que doit effectuer le vendeur : il s'agit pour l'acheteur de prendre possession du

---

432. Voy. *supra*, n° 345.

fonds de commerce ainsi remis. Cette obligation ne pose pas de grande difficulté en principe, sauf à envisager une éventuelle exécution forcée de la vente le cas échéant.

La seconde obligation consiste à effectuer le paiement du prix qui était convenu entre les parties. Il s'agit de l'obligation fondamentale que doit respecter l'acheteur. Les difficultés sont plus importantes lorsqu'il était convenu un paiement différé de tout ou partie du prix. Il a déjà été indiqué que le vendeur pouvait à ce titre disposer d'un privilège et d'une action résolutoire en cas de défaillance de l'acheteur[433].

360. L'indisponibilité du prix – Il faut également indiquer que le prix ne pourra pas être versé entre les mains du vendeur à la date de signature de l'acte de cession. L'intervention d'un séquestre sera fréquente en pratique pour conserver les fonds versés par l'acheteur afin de procéder à certaines vérifications. Deux raisons principales peuvent être invoquées.

En premier lieu, au regard des règles de droit commercial, les créanciers peuvent exercer un droit d'opposition dans les 10 jours qui suivent la dernière publication de la vente. Le prix est alors indisponible pendant ce délai, voire au-delà en cas d'opposition effective.

En second lieu, l'indisponibilité va se prolonger en raison de règles de droit fiscal. En effet, l'article 1684 du Code général des impôts prévoit une solidarité de l'acquéreur et du vendeur en cas de cession de fonds de commerce. Ainsi, le cessionnaire est responsable solidairement avec le cédant du paiement de certains impôts, à savoir la taxe d'apprentissage, l'impôt sur le revenu ou sur les sociétés concernant les bénéfices réalisés par le cédant. En principe, la solidarité concerne les impôts qui n'auraient pas été payés au cours de l'exercice de la cession jusqu'au jour de la cession. Le délai de cette solidarité est en principe fixé à 90 jours, sachant que ce délai peut être réduit à 30 jours lorsque certaines conditions sont remplies. Le point de départ du délai (de 30 ou 90 jours) est fixé au jour du dépôt de la déclaration de résultats du cédant auprès de l'administration fiscale[434], et non de la déclaration de cession. Cette mesure avec les deux délais envisageables s'applique aux cessions de fonds de commerce réalisées à compter du 1er janvier 2017. En pratique, le prix peut donc être séquestré jusqu'à 4 ou 5 mois, le temps que le jeu de la solidarité s'éteigne définitivement. Une difficulté psychologique s'ajoute donc pour le professionnel qui défend le vendeur : calmer son impatience à recevoir concrètement le prix dû.

361. La simulation du prix ou la pratique du « dessous-de-table » – Selon l'article 1202 du Code civil, doit être frappé de nullité tout contrat ayant

---

433. Voy. *supra*, nos 342 et s.

434. L'article 201 du Code général des impôts prévoit un délai de 45 jours pour effectuer cette déclaration à compter de la publicité de la cession du fonds de commerce dans un journal d'annonces légales.

pour but de dissimuler une partie du prix, lorsqu'elle porte notamment sur une cession de fonds de commerce ou de clientèle ou encore une cession d'un droit au bail. L'objectif du législateur est ici de lutter contre les pratiques de dessous-de-table qui consistent à faire figurer dans l'acte un prix de vente inférieur à la valeur du fonds de commerce, qui est complété par le règlement d'une somme en espèces de manière occulte. Le texte prévoit que si ce montage est relaté dans une contre-lettre, cet acte sera frappé de nullité. Par conséquent, l'acte ostensible, c'est-à-dire l'acte de vente officiel de fonds de commerce, demeure valable. L'acheteur ne serait alors tenu juridiquement qu'au paiement de la somme du seul prix indiqué dans l'acte apparent.

SOUS-SECTION 2
L'apport du fonds de commerce

362. Description de l'opération – Le fonds de commerce est un bien qui peut être apporté à une société. Il s'agit alors d'un apport en nature : l'apporteur transfère ce bien de son patrimoine dans le patrimoine de la société. En contrepartie de cet apport en pleine propriété[435], l'apporteur va recevoir des titres de la société. À cette occasion, soit il devient associé, soit il conserve cette qualité tout en renforçant sa participation dans le capital social s'il disposait déjà de cette qualité avant l'opération d'apport.

En pratique, cette opération survient fréquemment lorsqu'un entrepreneur individuel veut poursuivre son activité en créant une entreprise sociétaire. Le fonds de commerce que le commerçant personne physique exploite et dont il est propriétaire est apporté à une société unipersonnelle dont il devient l'unique associé.

363. Le caractère hybride de l'opération d'apport de fonds de commerce – L'opération d'apport d'un fonds de commerce présente quelques particularités juridiques puisqu'elle emprunte à différentes figures connues du droit.

Dans la mesure où il y a transfert de propriété, le contrat de vente de fonds de commerce se rapproche très fortement de l'apport de celui-ci à une société. Économiquement, dans les deux opérations, des risques très importants sont encourus par les créanciers du vendeur ou de l'apporteur. Le plus important est celui de la surestimation de la valeur du bien vendu ou apporté. Le régime juridique de l'apport de fonds de commerce présente donc des points de convergence nombreux avec celui de sa vente puisque la protection de ces créanciers a vocation à être assurée.

---

435. L'apport peut également avoir lieu en jouissance ou en usufruit, mais ces hypothèses sont plus rares en pratique.

Néanmoins, la divergence n'est point totale entre ces opérations. La différence fondamentale entre les deux opérations réside dans l'obligation principale de la société qui va bénéficier de l'apport. Contrairement à une vente classique, elle n'aura pas à verser un prix. La contrepartie de l'apport réside dans l'attribution de titres que la société aura créés. Les créanciers inscrits peuvent poursuivre le fonds de commerce en quelques mains qu'il se trouve. Les créanciers de l'apporteur pourraient donc exercer des recours contre la société. Leur situation ne mérite donc pas une protection particulière. En revanche, les autres créanciers ne disposeraient pas du droit d'opposition qui est accordé classiquement dans l'hypothèse de la vente. Une mesure de protection spécifique a donc été mise en œuvre dans le cadre de l'apport en société du fonds de commerce.

Dans la mesure où il y également apport en nature au profit de la société, les règles propres à cet apport en fonction de la forme de la société bénéficiaire ont vocation à s'appliquer.

L'apport d'un fonds de commerce obéit donc pour l'essentiel aux règles concernant la vente soumise au Code civil, mais aussi à celles de l'apport en nature régi par le droit des sociétés.

361. Conditions de validité de l'apport du fonds de commerce – Concernant les règles de validité de l'apport d'un fonds de commerce à une société, certaines seront communes à la vente de fonds de commerce et les autres seront propres à l'opération d'apport.

Les règles communes entre l'apport et la vente de fonds de commerce concernent essentiellement les mentions obligatoires qui sont énoncées à l'article L. 141-1 du Code de commerce, l'obligation de délivrance ou de garantie de l'apporteur, ainsi que les mesures de publicités concernant l'opération. Toutefois, les règles de publicité dans un journal d'annonces légales et au sein du BODACC n'ont pas vocation à s'appliquer dans l'hypothèse particulière où l'apport est réalisé par une société à l'occasion d'une opération de fusion ou de scission, lesquelles ont pour effet d'opérer une transmission universelle de son patrimoine à la société bénéficiaire[436]. À l'inverse, certaines règles propres aux sociétés par actions et à la SARL doivent s'appliquer en matière d'évaluation du fonds de commerce apporté, notamment avec la désignation d'un commissaire aux apports qui doit rédiger un rapport[437].

Enfin, il est possible d'évoquer l'hypothèse où l'apporteur du fonds de commerce présente la qualité d'associé unique de la société bénéficiaire de cet apport. Certaines précisions apportées par la loi du 9 décembre 2016 ont assoupli le régime juridique d'une telle opération. D'une part, les mentions obligatoires prévues à l'article L. 141-1 du Code de commerce ne sont pas exigées, ce qui relève du bon sens pratique. Ces informations

436. Art. L. 141-21 C. com.
437. Art. L. 223-9 et L. 225-14 C. com.

pourront néanmoins manquer aux futurs associés qui intègreront ultérieurement la société à l'origine unipersonnelle. Il faudra donc qu'ils les sollicitent pour une meilleure connaissance de la situation de la société. D'autre part, comme en matière de fusion, l'article L. 141-21 n'impose plus de procéder à la double publicité de l'opération dans un journal d'annonces légales et dans le BODACC.

365. Effets de l'apport du fonds de commerce – Au regard des effets de l'opération d'apport du fonds de commerce, une règle particulière concerne les créanciers de l'apporteur qui ne seraient titulaires d'aucune inscription sur le fonds. Dans les dix jours de la dernière en date des deux publications prévues par la loi, tout créancier non inscrit de l'associé apporteur fait connaître au greffe du tribunal de commerce de la situation du fonds, sa qualité de créancier et la somme qui lui est due. À défaut, les associés ou l'un d'eux peuvent former dans la quinzaine suivante une demande en annulation de la société ou de l'apport[438] ; si l'annulation n'est pas prononcée, la société est tenue, solidairement avec le débiteur principal, au paiement du passif déclaré dans le délai ci-dessus et justifié[439]. Cette règle est à nouveau écartée en cas d'apport du fonds de la société à une autre au titre d'une opération de fusion ou de scission. Dans ces dernières hypothèses, les créanciers de l'apporteur sont déjà protégés par l'effet de la transmission universelle du patrimoine, et notamment de son passif : ils peuvent alors agir directement contre la société bénéficiaire de l'apport.

SOUS-SECTION 3
La location-gérance du fonds de commerce

366. Présentation de la situation – Le propriétaire d'un fonds de commerce peut décider de l'exploiter à titre personnel ou peut confier son exploitation à un tiers. Dans ce dernier cas, le fonds est alors donné en location. Cette situation doit être parfaitement distinguée du contrat de bail commercial lequel concerne un contrat de location certes, mais qui porte uniquement sur le local où est exploité le fonds de commerce. Le bail commercial a donc pour objet exclusif un bien immobilier.

Lorsque le propriétaire décide de donner son fonds de commerce en location, il dispose de différentes formules qui n'entraînent pas toutes les mêmes conséquences juridiques.

---

438. Si la valeur de l'apport est compensée par le montant des dettes que l'apporteur devrait payer à la société, il est possible de considérer qu'il s'agit d'un défaut d'apport, du moins comptablement. La demande de nullité de cet apport, voire de la société est donc prévue par l'article L. 141-22 C. com.
439. Art. L. 141-22 C. com.

367. La typologie des locations de fonds de commerce – Donner son fonds en location ne constitue pas en soi une expression qui permet de distinguer clairement le régime juridique applicable à cette opération. Trois possibilités différentes sont en effet offertes au propriétaire du fonds.

368. La gérance salariée – La première forme de location est appelée « gérance salariée ». Dans ce cas, le propriétaire confie l'exploitation de son fonds de commerce à un gérant qui ne dispose que d'une latitude très faible. Il doit respecter les instructions données par le propriétaire et se trouve dans une situation de subordination. Tous les éléments sont réunis pour qu'apparaisse l'existence d'un contrat de travail. Les relations entre le propriétaire du fonds de commerce et le gérant sont alors régies par le droit du travail et de la protection sociale. Cette relation échappe donc à la sphère du droit commercial entendu au sens strict.

369. La gérance mandat – La deuxième forme de location est appelée « gérance mandat ». Dans cette hypothèse, le gérant jouit d'une liberté plus importante que dans le cadre d'une gestion salariée. Il dispose d'une assez grande liberté pour gérer le fonds de commerce selon son propre ressenti et son expérience dans les affaires. Le gérant ne peut pas alors être qualifié de salarié. Il exploite le fonds de commerce pour le compte du propriétaire. C'est donc un contrat de mandat qui régit les relations entre le propriétaire du fonds et le gérant. En dépit de l'existence de ce contrat de mandat, la loi impose au gérant de s'immatriculer au registre du commerce et des sociétés. Le contrat est alors mentionné à ce registre et fait l'objet d'une publication dans un journal habilité à recevoir des annonces légales[440]. Outre les règles du droit commun du mandat, cette forme de gérance est également soumise aux dispositions spécifiques des articles L. 146-1 et suivants du Code de commerce.

Ce régime spécifique apporte quelques précisions sur les relations que vont entretenir le propriétaire du fonds de commerce et le gérant.

En premier lieu, au début de leur relation contractuelle, le propriétaire doit fournir une information précontractuelle[441] au gérant dont le contenu est fixé réglementairement[442] pour que ce dernier s'engage en connaissance de cause.

En deuxième lieu, pendant l'exécution du contrat, la rémunération du gérant, dont le montant minimal est garanti par la loi[443], doit se présenter sous la forme d'une commission proportionnelle au chiffre d'affaires. Cette technique de rémunération doit permettre un investissement personnel du gérant qui, en cas de succès, en récolte une partie des

---

440. Art. L. 146-1, al. 3, C. com.
441. Art. L. 146-2 C. com.
442. L'article D. 146-1 du Code de commerce prévoit huit mentions d'information obligatoires.
443. Art. L. 146-3 C. com.

fruits. En outre, le Code de commerce précise que l'exploitation se fait aux risques et périls du propriétaire qui doit donc faire face aux dépenses d'investissement pour moderniser le fonds de commerce et aux actions en recouvrement de leurs créances des partenaires contractuels. Enfin, c'est le propriétaire qui fixe les grands axes d'orientation pour la gestion du fonds de commerce, mais c'est le gérant qui met en œuvre librement les modalités concrètes pour atteindre ces objectifs (achat de marchandises, recrutement du personnel et organisation du travail...).

En dernier lieu, au moment de la résiliation du contrat de gérance mandat à l'initiative du propriétaire du fonds de commerce (le mandant), le gérant bénéficie, sauf faute grave de sa part, d'une indemnité de rupture. Le montant de cette indemnité est fixé par l'article L. 146-4 du Code de commerce.

370. La gérance libre – La dernière situation qui peut se présenter correspond à ce que la pratique dénomme la gérance libre. Dans cette hypothèse, le gérant exploite le fonds de commerce d'autrui, mais de manière complètement autonome et en assumant pleinement les risques et périls de sa propre gestion. C'est uniquement dans cette hypothèse que le juriste parle véritablement de location-gérance et que le régime juridique imposé par le Code de commerce aux articles L. 141 et suivants se montre le plus sophistiqué.

La définition de cette convention est donnée par l'article L. 144-1 du Code de commerce comme celle « par laquelle le propriétaire ou l'exploitant d'un fonds de commerce ou d'un établissement artisanal en concède totalement ou partiellement la location à un gérant qui l'exploite à ses risques et périls ».

Cette location est souvent consentie en pratique à titre onéreux, moyennant le payement de loyers appelés « redevances ». Toutefois, la location-gérance ne peut être remise en cause au motif qu'aucun contrat écrit n'est venu organiser les relations entre les parties ou encore qu'aucune redevance n'a été convenue ou versée[444]. De même, la location-gérance n'emporte ni cession, ni cessation de l'entreprise : elle n'entraîne donc aucune conséquence fiscale ou sociale particulière[445].

371. Les intérêts de la location-gérance – La location-gérance du fonds de commerce constitue une opération assez courante en pratique en raison des intérêts qu'elle peut présenter pour chacune des parties au contrat.

En se plaçant du côté du propriétaire, la location-gérance sera utile dans les situations où il ne peut pas exploiter personnellement le fonds de commerce, ou alors s'il ne le veut pas. Le propriétaire du fonds de

444. Cass. (com.), 23 mars 1999, n° 97-15.000, *Bull. civ.* IV, n° 71 où l'existence d'un contrat de location-gérance a été reconnue en l'absence de tout versement d'une redevance.

445. Cass. (soc.), 19 juillet 2000, n° 99-13.159.

commerce ne peut pas exploiter personnellement le fonds lorsqu'il s'agit d'un mineur non émancipé ou d'un mineur même émancipé qui n'a pas reçu l'autorisation d'exercer une activité commerciale. Cette situation peut se présenter en cas de succession où le fonds de commerce est dévolu à ce mineur. Il sera alors possible de confier le fonds de commerce en location-gérance. Ainsi, le fonds de commerce sera toujours exploité et la clientèle aura toujours la possibilité de poursuivre ses relations avec le locataire-gérant. La location-gérance permet donc de conserver une certaine valeur au fonds de commerce, de disposer d'un temps de réflexion pour que le propriétaire trouve éventuellement une autre solution (vente, apport à une société, donation...) ou attende sa majorité pour exploiter personnellement ce fonds de commerce. Cet intérêt existe également pour les personnes qui sont frappées d'une incapacité ne leur permettant plus seules, en pratique, d'exploiter le fonds de commerce (tutelle, curatelle...) ou qui ont fait l'objet de sanctions leur interdisant d'exercer une activité commerciale.

En se plaçant du côté du locataire, la location-gérance constitue un moyen pour se lancer dans l'exploitation d'une activité commerciale sans avoir besoin de la trésorerie importante que nécessiterait l'acquisition même du fonds de commerce. Sans mise de départ, le locataire-gérant pourra ainsi tester le fonds de commerce en situation réelle ; à l'issue du contrat de location-gérance, il sera éventuellement en mesure de pouvoir acheter le fonds de commerce (possibilité d'inclure une promesse de vente lors de la signature du contrat de location-gérance). Lors de cette éventuelle acquisition, le locataire-gérant pourra présenter de manière plus crédible à son banquier un « business plan » réaliste et reposant sur du vécu, afin de pouvoir bénéficier d'un concours bancaire pour le financement du prix d'acquisition.

371-1. La réglementation de la location-gérance – Le contrat de location-gérance a été appréhendé avec une certaine méfiance de la part du législateur. À la fin de la seconde guerre mondiale et en pleine relance de l'économie, il fallait éviter que des acteurs économiques achètent massivement des fonds de commerce dans l'unique dessein de les donner immédiatement en location-gérance. À défaut, une forte spéculation sur les fonds de commerce aurait pu être générée. Le risque qui en découlait était de voir les redevances stipulées dans les contrats augmenter alors considérablement pour être répercutées sur les prix de vente des biens ou des prestations proposés aux consommateurs.

C'est donc pour éviter cet enchaînement néfaste pour l'économie et pour lutter contre le risque d'inflation, que le législateur a mis en place une législation d'ordre public destinée à encadrer la pratique de la location-gérance. Ainsi, un décret en date du 22 septembre 1953, rapidement complété par la loi importante du 20 mars 1956, ont fixé le cadre juridique de la location-gérance de fonds de commerce.

L'ensemble de ces règles ont été intégrées dans le Code de commerce aux articles L. 144-1 et s. du Code de commerce.

§ 1. Le choix de la location-gérance

372. Les conditions d'utilisation de la location-gérance – Le propriétaire d'un fonds de commerce qui désire confier son exploitation à un locataire-gérant doit se soumettre à un ensemble de règles impératives. Le statut de la location-gérance implique de respecter certaines conditions de formation du contrat (A) et de se soumettre à certaines obligations spécifiques au cours de l'exécution de celui-ci (B).

A. Les conditions de formation

373. Existence du fonds donné en location-gérance – La location-gérance exige que le loueur procure au preneur la jouissance paisible d'un fonds de commerce. La question de l'existence juridique du fonds donné en location-gérance se pose. Elle revient ainsi à s'interroger sur l'existence de la clientèle du propriétaire qui doit présenter un caractère commercial, personnel et actuel.

À ce sujet, Il a été jugé que la cessation temporaire d'activité n'entraîne pas nécessairement la disparition de la clientèle. Ainsi, après le décès de l'exploitant, l'interruption temporaire de l'exploitation du fonds de commerce n'affecte pas nécessairement la clientèle attachée au fonds dès lors qu'elle s'est spontanément reconstituée dès la réouverture du commerce au public[446].

Dans une autre affaire, deux époux exploitent un fonds de commerce en location-gérance et décident d'assigner leur loueur afin de voir prononcer la nullité du contrat de location-gérance. L'argument soulevé au soutien de l'assignation est l'absence d'objet de la convention puisque la disparition du fonds était constatée au moment de la conclusion du contrat. La Cour de cassation a jugé que, en dépit de l'absence d'exploitation pendant près de deux années, la clientèle du fonds n'avait pas totalement disparu. En effet, après 10 mois d'exploitation du fonds en location-gérance, le chiffre d'affaires réalisé par les locataires-gérants, loin d'être symbolique, avait dépassé les 170 000 euros. Le contrat de location-gérance ne peut donc être frappé de nullité[447].

374. Le respect du droit commun – Le contrat de location-gérance reste par ailleurs soumis aux règles communes concernant le droit commun des

446. Cass. (3e civ.), 15 septembre 2010, n° 09-68.521, *Bull. civ.* III, n° 155.
447. Cass. (com.), 29 janvier 2013, n° 11-28.690.

obligations (consentement, contenu des obligations…), mais aussi aux règles spécifiques contenues dans le Code civil régissant le bail. En outre, le contrat de location portant sur un fonds de commerce, il faudra bien sûr veiller à la régularité de sa composition et à l'existence d'une clientèle commerciale, personnelle et actuelle du propriétaire. Il faut enfin veiller à indiquer précisément dans la convention quels sont les éléments du fonds de commerce qui entrent dans le champ d'application contractuel.

375. Le respect d'un statut d'ordre public – L'ensemble des règles rappelées ci-dessus auront vocation à être respectées si elles ne sont pas expressément écartées par une disposition particulière du statut de la location-gérance. En effet, dès lors que la convention étudiée tombe sous le coup de la définition donnée par le législateur à l'article L. 144-1 du Code de commerce, il est précisé que toutes clauses contraires aux règles de ce statut seront réputées non-écrites. Le caractère impératif du statut découle de la volonté affichée du législateur de lutter contre toute forme de spéculation en la matière. Il faudra alors prendre grand soin au moment de la qualification du contrat de vérifier qu'il s'agit véritablement d'une gérance libre, et non d'une gérance salariée ou d'une gérance mandat[448].

Les règles du statut concernant les conditions de validité du contrat de location-gérance concernent non seulement les parties au contrat, mais aussi la nécessité d'accomplir certaines mesures de publicité.

1) *Les conditions spéciales tenant aux parties*

a) La condition spéciale concernant le propriétaire du fonds de commerce

376. La durée d'exploitation personnelle du fonds par son propriétaire – La contrainte principale que doit respecter le propriétaire du fonds de commerce résulte de l'article L. 144- 3 du Code de commerce. Selon cette disposition, les personnes physiques ou morales qui concèdent une location-gérance doivent avoir exploité pendant deux années au moins le fonds de commerce mis en gérance.

Cette durée minimale d'exploitation s'explique là encore par la volonté du législateur d'éviter toute spéculation. La location-gérance ne peut pas être en principe conclue après son acquisition par le loueur. Ce dernier se doit d'être un véritable commerçant et de démontrer un minimum d'ancienneté dans l'exploitation du fonds de commerce. En outre, cette exploitation effective pendant une durée minimum de deux années permet au loueur d'être en mesure de donner des informations précises

448. Voy. *supra*, n°s 367 et s.

sur les performances économiques du fonds de commerce, et ainsi de justifier le montant de la redevance éventuellement prévue. En revanche, peu importe en quelle qualité l'exploitation du fonds de commerce a été effectuée. Ainsi, un locataire-gérant qui a exploité le fonds de commerce pendant plus de deux ans et qui en devient propriétaire à l'issue du contrat pourra immédiatement mettre en place une nouvelle location-gérance.

Il revient au loueur de justifier qu'il répond à la condition de durée requise par le Code de commerce. Les juges du fond apprécient souverainement si cette condition a été effectivement remplie[449]. La sanction prévue par la loi est la nullité absolue[450].

La loi a néanmoins prévu des mécanismes qui permettent d'écarter, de manière exceptionnelle, cette exigence d'exploitation pendant une durée de deux ans.

377. Les exemptions légales – La loi a prévu une certaine forme de souplesse pour permettre une location-gérance immédiate lorsque l'idée de spéculation n'est pas censée animer le propriétaire du fonds. L'article L. 144-5 du Code de commerce prévoit 10 hypothèses légales d'exemption.

Ainsi, l'article L. 144-3 n'est pas applicable :

1° à l'État ;

2° aux collectivités territoriales ;

3° aux établissements de crédit et aux sociétés de financement ;

4° aux majeurs faisant l'objet d'une mesure de protection légale ou aux personnes faisant l'objet de soins psychiatriques en raison de troubles mentaux ;

5° aux héritiers ou légataires d'un commerçant ou d'un artisan décédé, ainsi qu'aux bénéficiaires d'un partage d'ascendant, en ce qui concerne le fonds recueilli ;

6° à l'établissement public créé par l'article L. 325-1 du Code de l'urbanisme ;

7° au conjoint attributaire du fonds de commerce à la suite de la dissolution du régime matrimonial, lorsque ce conjoint a participé à son exploitation pendant au moins deux ans avant la dissolution du régime matrimonial ou son partage ;

8° au loueur de fonds de commerce, lorsque la location-gérance a pour objet principal d'assurer, sous contrat d'exclusivité, l'écoulement au détail des produits fabriqués ou distribués par lui-même ;

---

449. Cass. (com.), 18 avril 2000, n° 98-12.286, *Bull. civ.* IV, n° 77.
450. Cass. (com.), 4 février 1997, *JCP E*, 1997, II, 977, obs. L. Leveneur.

9° aux loueurs de fonds de commerce de cinéma, théâtres et music-halls ;

10° aux titulaires d'une autorisation de stationnement mentionnée à l'article L. 3121-1 du Code des transports en vue d'assurer l'exploitation de cette autorisation.

À cette énumération, il faut aussi ajouter la situation de l'entreprise soumise à une procédure collective qui n'est pas assujettie à cette exigence de durée d'exploitation pour le loueur[451].

La liste légale est assez hétéroclite car elle concerne à la fois des personnes physiques et des personnes morales, des commerçants et des non-commerçants, des situations subies et choisies... Cette liste présente l'avantage d'être objective et de ne pas souffrir de réelle discussion.

Si le propriétaire veut échapper à la contrainte de l'exploitation personnelle du fonds de commerce pendant deux années et que son cas ne correspond pas à ceux énumérés par l'article L. 144- 5 du Code de commerce, il peut en dernier recours se tourner vers le juge pour solliciter une dispense.

378. L'exemption judiciaire – Selon l'article L. 144-4 du Code de commerce, le délai prévu par l'article L. 144-3 peut être supprimé ou réduit par ordonnance du président du tribunal de grande instance rendue sur simple requête de l'intéressé, notamment lorsque celui-ci justifie qu'il est dans l'impossibilité d'exploiter son fonds personnellement ou par l'intermédiaire de préposés. Le loueur peut ici bénéficier de souplesse dans l'appréciation de sa situation. Le cas le plus fréquemment invoqué et accepté par le juge est la maladie qui rend impossible l'exploitation personnelle du fonds de commerce. Il s'agit alors de protéger la valeur patrimoniale du fonds de commerce en permettant son exploitation par un tiers afin de conserver une activité et la clientèle attachée au fonds.

Dans un arrêt du 13 septembre 2017, la cour de cassation a apporté la précision selon laquelle la dispense judiciaire d'avoir à exploiter de manière personnelle le fonds de commerce avant de pouvoir le donner en location-gérance selon l'article L. 144-3 du Code de commerce est limitée à un seul contrat. Cette dispense judiciaire ne peut valoir pour d'autres contrats de location-gérance ultérieurs. Pour chacun d'eux, il faudra solliciter une nouvelle autorisation judiciaire[452].

379. La condition spéciale concernant le locataire-gérant : acquérir la qualité de commerçant – Le locataire-gérant a notamment pour obligation contractuelle d'exploiter le fonds de commerce donné en location comme un professionnel normalement diligent et avisé. Par conséquent, il

451. Art. L. 642-14 C. com.

452. Cass. (com.), 13 septembre 2017, n° 16-15.049, publié au bulletin, *RTD com.*, 2017, p. 825, note Saintourens.

a vocation à accomplir de manière habituelle des actes de commerce à ses risques et périls. Il doit donc avoir la capacité commerciale et procéder à son immatriculation auprès du registre du commerce et des sociétés pour acquérir officiellement la qualité de commerçant de droit.

Lorsque le fonds de commerce est donné en location-gérance à des époux dont la femme est fonctionnaire et ne peut avoir, en raison d'une incompatibilité, la qualité de commerçant, la cour de cassation a jugé que le locataire-gérant ne peut se prévaloir de cette incompatibilité pour se soustraire à ses obligations contractuelles[453]. On peut considérer alors que s'applique le régime du commerçant de fait.

2) *Les conditions tenant aux formalités*

380. L'obligation d'information renforcée en cas de clause d'exclusivité imposée au locataire-gérant – Le loueur de fonds de commerce qui souhaite imposer une exclusivité au locataire-gérant pendant l'exécution du contrat de location-gérance se doit de lui délivrer une information précontractuelle. En effet, l'article L. 330-3 du Code commerce prévoit que toute personne qui met à la disposition d'une autre personne un nom commercial, une marque ou une enseigne, en exigeant d'elle un engagement d'exclusivité ou de quasi-exclusivité pour l'exercice de son activité, est tenue, préalablement à la signature de tout contrat conclu dans l'intérêt commun des deux parties, de fournir à l'autre partie un document donnant des informations sincères lui permettant de s'engager en connaissance de cause[454].

381. La publicité du contrat de location-gérance – À la lecture des textes, le contrat de location-gérance apparaît comme un contrat consensuel. Aucune exigence formelle concernant l'acte lui-même n'est requise. Néanmoins, puisqu'une publicité doit être effectuée, un acte écrit se révèle indispensable.

En effet, Le Code de commerce exige que les contrats de location-gérance soient publiés dans la quinzaine de leur date sous forme d'extraits ou d'avis dans un journal habilité à recevoir les annonces légales[455]. Cette publicité n'est pas requise à peine de nullité.

En pratique, cette publicité sera effectuée au plus vite par le loueur car elle marque l'extinction de sa responsabilité solidaire avec le

453. Cass. (com.), 30 janvier 1996, n° 94-10.233, *Bull. civ.* IV, n° 30.
454. Cass. (com.), 10 février 1998, n° 95-21.906, *Bull. civ.* IV, n° 71.
455. Art. R. 144-1 C. com.

locataire-gérant pour les dettes afférentes à l'exploitation du fonds de commerce donné en location-gérance[456].

382. Les formalités liées au registre du commerce et des sociétés – La signature d'un contrat de location-gérance implique souvent l'accomplissement de formalités complémentaires auprès du Registre du commerce et des sociétés.

D'une part, du fait de l'acquisition de la qualité de commerçant, le locataire-gérant doit s'immatriculer en tant que tel auprès du registre du commerce et des sociétés du lieu d'exploitation du fonds. Dans sa demande d'immatriculation, le locataire doit déclarer l'identité et l'adresse du loueur de fonds, les dates du début et du terme de la location-gérance avec, le cas échéant, l'indication que le contrat est renouvelable par tacite reconduction[457]. Depuis un décret du 14 mars 1986, le locataire-gérant n'a plus l'obligation d'apposer la mention de la location-gérance sur ses papiers commerciaux.

D'autre part, et à l'inverse, le propriétaire du fonds n'est plus commerçant s'il n'exploite pas au moins un autre fonds de commerce. Dans ce cas, il devra procéder à sa radiation du registre du commerce et des sociétés[458]. À cet égard, le propriétaire qui resterait inscrit au RCS alors qu'il a confié l'exploitation de son unique fonds en location-gérance est toujours présumé détenir la qualité de commerçant. Il ne peut donc, par exemple, bénéficier du régime de surendettement prévu pour les seuls particuliers[459].

B. Les modalités d'exécution

1) *Les effets du contrat à l'égard des parties*

383. Les obligations du loueur – Le loueur est susceptible de perdre sa qualité de commerçant si c'est le seul fonds qu'il exploitait personnellement et qu'il donne en location-gérance. Dans ce cas, il sera un bailleur simple particulier, disposant toutefois de la propriété commerciale en cas d'existence d'un bail commercial nécessaire à l'exploitation du fonds de commerce.

456. Art. L. 144-7 C. com. Cela vaut aussi pour les dettes fiscales selon l'article 1684 du Code général des impôts.

457. Art. R. 123-38, 8°, C. com.

458. Depuis un décret n° 86-465 du 25 mars 1986 qui a supprimé l'obligation faite à celui qui donne son fonds en location-gérance de s'immatriculer au registre du commerce et des sociétés.

459. Cass. (com.), 17 février 2015, n° 13-27.508, *Bull. civ.* IV, n° 34.

Au regard de ses obligations, il est tenu mettre en possession le locataire-gérant de tous les éléments du fonds de commerce pour lui en accorder une jouissance paisible. Le loueur lui doit la garantie contre les vices cachés et contre les troubles droits. Le loueur s'interdit naturellement d'exploiter la clientèle qui fait l'objet du contrat de location-gérance, à l'instar de la garantie d'éviction évoquée à l'occasion de la vente du fonds de commerce. Il ne garantit pas le locataire-gérant contre la concurrence des tiers.

Enfin, le loueur peut en principe librement vendre ou nantir son fonds de commerce en cours d'exécution du bail. Dans le premier cas, une jurisprudence ancienne[460] considère que le contrat de location-gérance est opposable au nouvel acquéreur. Cela semble logique dans la mesure où la publicité régulièrement effectuée doit prévenir l'acquéreur que l'objet même de la vente est grevé d'un contrat de location-gérance. Mais d'un autre côté, l'effet relatif des conventions conduirait à penser que le nouvel acquéreur du fonds de commerce n'est pas contraint de poursuivre une relation contractuelle à laquelle il n'a jamais donné son consentement. En pratique, il convient de prévoir dans le contrat des dispositions spécifiques pour éviter toute difficulté qui serait soumise à l'aléa judiciaire.

384. Les obligations du locataire-gérant – En raison de la signature de ce contrat de location-gérance, à moins qu'il n'exerce déjà un commerce par ailleurs, le locataire-gérant accède à la qualité de commerçant et il est astreint à supporter toutes les obligations qui découlent de ce statut[461]. Il doit donc disposer de la capacité commerciale et de toutes les conditions requises pour exercer de manière régulière le commerce considéré (absence d'interdiction d'exercer une activité commerciale, détention de diplômes, autorisation administrative...).

Par ailleurs, le locataire-gérant est tenu de se comporter comme un commerçant normalement prudent et avisé. Il a l'obligation d'acheter les marchandises qui existent dans le fonds de commerce au début de l'exploitation et de maintenir l'exécution des contrats de travail en cours au moment de la signature du contrat de location-gérance. Il doit également conserver le matériel et le mobilier en bon état et assurer toutes les réparations qui sont nécessaires à une exploitation normale de la clientèle. Il n'a pas la possibilité de modifier la destination du fonds de commerce donné en location-gérance. Toutes ces obligations sont susceptibles d'aménagements particuliers dans le contrat de location-gérance.

Son obligation principale et récurrente consiste certainement dans le paiement de loyers ou de redevances. Toutefois, il ne s'agit pas d'une condition exigée par la loi à titre de validité du contrat de location-gérance. La loi n'a pas prévu de régime d'ampleur concernant le sort de

---

460. CA Rouen, 23 décembre 1927, *D.*, 1928, 2, 18, note F. Montier.
461. Art. L. 144-2 C. com.

ce loyer. Ainsi, l'article L. 144-11 du Code de commerce s'intéresse uniquement au cas où le contrat serait assorti d'une clause d'indexation (ou clause d'échelle mobile). Il s'agit d'une clause qui permet de faire varier le montant du loyer de manière périodique selon l'évolution d'un indice qui ne peut dépendre de la seule volonté des parties[462]. Dans cette hypothèse, la révision du loyer peut, en dépit de toute convention contraire, être demandée chaque fois que, par le jeu de cette clause, le loyer se trouve augmenté ou diminué de plus du quart par rapport au prix précédemment fixé contractuellement ou par décision judiciaire En outre, si l'un des éléments retenus pour le calcul de la clause d'échelle mobile vient à disparaître, la révision ne peut être demandée et poursuivie que si les conditions économiques se sont modifiées au point d'entraîner une variation de plus du quart de la valeur locative du fonds. Si la révision est possible dans l'un ou l'autre cas, elle intervient alors selon des modalités identiques à celles qui régissent la révision des baux commerciaux en pareil occurrence[463].

2) *Les effets à l'égard des créanciers des parties*

385. La déchéance facultative du terme sollicitée par les créanciers du loueur – La location-gérance conduit le loueur à confier le destin de son fonds de commerce momentanément à un locataire-gérant. Il est donc possible que les créanciers du loueur voient d'un mauvais œil cette situation. En cas de gestion imprudente du locataire-gérant qu'ils ne connaissent pas, la valeur du fonds de commerce pourrait se déprécier et leur gage s'amoindrir dangereusement.

C'est la raison pour laquelle le Code de commerce a prévu un mécanisme de déchéance du terme qui peut être mis en œuvre par tous créanciers du loueur, pourvu qu'ils respectent les conditions imposées par l'article L. 144-6. Selon cette disposition, au moment de la location-gérance, les dettes du loueur du fonds afférentes à l'exploitation du fonds peuvent être déclarées immédiatement exigibles par le tribunal de commerce de la situation du fonds, s'il estime que la location-gérance met en péril leur recouvrement. Pour ce faire, l'action doit être introduite, à peine de forclusion, dans le délai de trois mois à dater de la publication du contrat de gérance dans un journal habilité à recevoir les annonces légales.

Par ailleurs, en dehors de l'hypothèse du péril dans le recouvrement de leur créance démontré, le gage des créanciers du loueur ne se trouve pas nécessairement diminué puisque ce dernier conserve la propriété du

462. La clause doit également respecter les dispositions de l'article L. 112-2 du Code monétaire et financier selon lesquelles il est notamment exigé que l'indice doit être en relation directe avec l'objet de la convention ou avec l'activité de l'une des parties.
463. Voy. *infra*, n° 446.

fonds. C'est ainsi que le législateur n'a envisagé aucune responsabilité particulière du locataire-gérant à l'égard des dettes contractées par le loueur. Les contrats passés par celui-ci sont donc en principe inopposables au locataire-gérant : les créanciers du loueur ne disposent d'aucun recours contre lui.

386. La solidarité passive dont peuvent bénéficier certains créanciers du locataire-gérant – Par application de l'article L. 144-7 du Code de commerce, le loueur du fonds est solidairement responsable avec le locataire-gérant des dettes contractées par celui-ci à l'occasion de l'exploitation du fonds.

Cette règle constituait l'une des pierres angulaires du régime de la location-gérance en accordant aux locataires un avantage certain pour obtenir du crédit ou des délais afin de débuter sereinement l'exploitation du fonds de commerce. Mais la jurisprudence a toujours eu une lecture restrictive de ce texte. Dans ce prolongement, la loi dite « Sapin II » du 9 décembre 2016 a contribué à rogner encore plus sa portée au point qu'elle ne peut que produire en pratique aujourd'hui des effets très restreints. En effet, cette solidarité passive comporte trois séries de limites.

En premier lieu, la solidarité passive ne joue qu'à l'égard des dettes commerciales contractées par le locataire-gérant à l'occasion de l'exploitation du fonds de commerce et qui présentent un caractère utile à cette exploitation. Les dettes contractées pour les besoins personnels du locataire-gérant ou qui ne sont pas utiles à l'activité commerciale ne bénéficient pas de la garantie solidaire.

En second lieu, la solidarité passive ne joue pas dans deux cas visés par le Code de commerce :

– lorsque la location-gérance est mise en œuvre par des mandataires de justice (art. L. 144-8 C. com.) ;

– lorsque la location-gérance est conclue à l'occasion d'une procédure collective (art. L. 622-14 C. com.).

En dernier lieu, la solidarité ne peut se produire que pendant une durée très limitée par effet de la loi du 9 décembre 2016. Depuis l'application de cette loi, la solidarité ne peut jouer que jusqu'à la publication du contrat de location-gérance (avec non plus comme date butoir le 180e jour suivant cette publication comme auparavant). Le critère reste la date de naissance de la créance, et non son exigibilité. Ainsi, les créanciers dont la créance vis-à-vis du locataire-gérant est née postérieurement à cette publication ne peuvent donc nullement s'adresser au loueur pour son paiement. Toutefois et comme auparavant, cela signifie aussi que si aucune publicité du contrat de location-gérance n'intervient, la solidarité s'applique pendant toute la durée d'exécution du contrat de location-gérance.

Enfin, il faut évoquer la situation d'un créancier particulier, à savoir l'administration fiscale. Le Code général des impôts prévoyait que le loueur du fonds de commerce était tenu solidairement responsable avec le locataire-gérant des impôts directs rendus exigibles par l'exploitation du fonds. Cette solidarité fiscale jouait pendant toute la durée d'exécution du contrat de location-gérance. Deux réformes sont venues réduire de manière considérable la portée de cette obligation particulière à la charge du loueur en modifiant le paragraphe 3 de l'article 1684 du Code général des impôts. Tout d'abord, la loi du 9 décembre 2006 en a réduit la portée dans le temps. Dorénavant, la solidarité fiscale ne peut jouer que jusqu'à la publication du contrat de location-gérance, comme pour les autres créanciers du locataire-gérant. Ensuite, la loi du 29 décembre 2016 a réduit l'assiette de la solidarité fiscale : elle ne peut être invoquée que si les impositions en cause ont fait l'objet de majoration et si le propriétaire du fonds de commerce connaissait ou ne pouvait ignorer l'existence des manquements ayant entraîné l'application de ces majorations. Au regard de ces nouvelles contraintes diaboliques, il est possible de se demander pourquoi le législateur n'a pas supprimé purement et simplement cette solidarité fiscale qui semble demeurer « pour l'honneur ».

§ 2. La fin de la location-gérance

A. Les modes d'achèvement du contrat

387. La diversité des modes d'achèvement de la location-gérance – La fin du contrat de location-gérance peut survenir à la suite de causes classiques qui sont prévues par le droit commun des obligations. Ces hypothèses ne seront étudiées que si la location-gérance génère des règles particulières. Avant de les aborder en détails, il convient juste d'évoquer l'hypothèse particulière où le fonds de commerce vient à disparaître pour une cause quelconque. La location-gérance disparaît alors faute d'objet et de clientèle à exploiter.

Quelles que soient les causes de la fin du contrat de location-gérance, des formalités seront à accomplir par application du principe de parallélisme des formes. Ainsi, une publicité dans les 15 jours consécutifs à la fin du contrat doit être effectuée pour signaler aux tiers le changement de situation concernant l'exploitation du fonds de commerce. De même, si le locataire-gérant n'exerce pas par ailleurs une activité commerciale, il doit procéder à sa radiation auprès du registre du commerce et des sociétés.

388. La nullité – Selon l'article L. 144-10 du Code de commerce, tout contrat de location-gérance ne remplissant pas les conditions prévues par le statut d'ordre public de la location-gérance, doit être frappé de nullité. Il s'agit d'une nullité absolue qui peut être invoquée par l'une des parties contre l'autre, ou par un tiers contre les parties. Comme l'énonce la cour de cassation dans un arrêt du 22 mars 2018, cette nullité n'a donc pas « pour finalité la protection des intérêts particuliers des parties »[464].

La nullité produit ses pleins effets entre les parties. Les effets produits sont tout d'abord classiques. La nullité prononcée conduit à l'effacement rétroactif du contrat et les parties se retrouvent alors dans la situation initiale (*statu quo ante*). Pour la jurisprudence, si le loueur n'a jamais été le propriétaire du fonds (clientèle appartenant à autrui par exemple), il n'a offert en réalité aucune prestation de mise en jouissance au locataire-gérant. Ainsi, la nullité empêche que le bailleur puisse obtenir une indemnité dont le montant correspondrait au profit tiré par le locataire de l'exploitation du fonds de commerce[465].

Les effets produits sont ensuite plus particuliers et redoutables encore. Ainsi, par application de l'article L. 144-10, alinéa 2, du Code de commerce, la nullité entraîne à l'égard des contractants la déchéance du droit au renouvellement ou à indemnité d'éviction lorsque le fonds est exploité au sein d'un local pris à bail. Dans ce cas, le loueur ne peut prétendre à aucune réitération de la convention pour échapper à la déchéance, même si depuis son prononcé la cause de nullité aurait cessé[466]. La déchéance du droit au renouvellement du bail commercial sera notamment constatée lorsque le preneur n'a pas respecté la durée minimale d'exploitation personnelle du fonds de commerce préalable à tout contrat de location-gérance prévue par l'article L. 144-3 du Code de commerce[467].

Toutefois, les contractants ne peuvent invoquer cette nullité à l'encontre des tiers. Le législateur a souhaité protéger les transactions commerciales qui se sont nouées entre le locataire-gérant et ses partenaires avant le prononcé de la nullité. Ainsi, la nullité de la location-gérance ne peut permettre d'échapper à ses obligations contractuelles vis-à-vis des tiers.

389. Le terme ou la reconduction – Lorsque le contrat n'est pas nul, la situation normale conduit à ce que chacune des parties exécute ses obligations contractuelles jusqu'au terme du contrat.

Dans l'hypothèse d'un contrat à durée indéterminée, le principe demeure que chacune des parties peut mettre un terme aux relations contractuelles, sous réserve de respecter un préavis raisonnable. En pratique, s'il existe, le contrat écrit aménagera les modalités de cette résiliation.

Dans l'hypothèse d'un contrat à durée déterminée, la simple arrivée du terme marque l'achèvement des relations contractuelles. Toutefois, il

---

464. Cass. (3e civ.), 22 mars 2018, n° 17-15.380, *Bull.* à paraître.
465. Cass. (3e civ.), 3 décembre 2015, n° 14-22.692,
466. Cass. (com.), 30 juin 1992, n° 90-15.912, *Bull. civ.* IV, n° 256.
467. Cass. (3e civ.), 22 mars 2018, préc.

peut arriver en pratique que les parties poursuivent au-delà du terme l'exécution du contrat de location-gérance. La reconduction de ce contrat est soumise à des règles juridiques différentes selon qu'elles présentent un caractère express ou tacite.

Lorsque la reconduction est tacite, c'est souvent le même contrat qui est poursuivi sans aucune modification particulière. La jurisprudence a tendance à considérer alors qu'aucune nouvelle publicité ne doit être effectuée puisqu'il s'agit de poursuivre le contrat originellement publié.

Lorsque la reconduction est expresse, les parties décident d'engager de nouvelles relations contractuelles avec souvent des modifications par rapport aux conditions initiales et la signature d'un nouveau contrat. Dans ce cas, la jurisprudence considère qu'une seconde publicité doit être effectuée consécutivement à ce second contrat avec toutes les conséquences qui en découlent (solidarité entre loueur et locataire-gérant notamment).

390. La résiliation pour faute – En dehors de la rupture « normale » des relations entre les parties par la survenance du terme, la rupture peut se produire de manière anticipée et dans un contexte conflictuel. En effet, outre les obligations classiques résultant du contrat de bail, le contrat de location-gérance peut naturellement comporter des obligations particulières pour chacune des parties. Conformément au droit commun des obligations, il sera alors possible de solliciter la résiliation du contrat en raison d'une faute contractuelle démontrée lors de son exécution. Le versement de dommages et intérêts pourra également être prononcé par le juge. Afin de faciliter le prononcé de cette résiliation judiciaire, il est possible d'insérer des clauses résolutoires dans le contrat de location-gérance.

Les fautes qui auraient été commises par le gérant peuvent également avoir un retentissement au moment de la restitution du fonds de commerce entre les mains du loueur. À cet instant, le loueur peut finalement découvrir les manquements ou erreurs manifestes commis par son partenaire contractuel. Des demandes indemnitaires supplémentaires peuvent alors venir fragiliser la situation du locataire-gérant qui ne bénéficie pas d'un statut très protecteur à l'issue des relations contractuelles.

B. Les causes de fragilisation du locataire-gérant

391. La déchéance du terme des dettes commerciales du locataire-gérant – La fin de la location-gérance entraîne une forme de purge à l'égard de la situation financière du locataire-gérant. En effet, par application de l'article L. 144-9 du Code de commerce, l'achèvement de la location-gérance rend immédiatement exigibles les dettes afférentes à l'exploitation du fonds contractées par le locataire-gérant pendant la durée de la gérance. Il s'agit ici d'une déchéance automatique qui ne nécessite pas une appréciation du juge, comme c'est le cas s'agissant des créanciers du loueur au début des relations contractuelles. La fin du contrat entraîne l'exigibilité immédiate du passif dû par le locataire-gérant lorsqu'il a été généré par l'exploitation du fonds de commerce.

392. L'indemnisation possible du loueur à la suite de la restitution du fonds – L'obligation de restituer le fonds en tous ses éléments est une conséquence naturelle de la fin des relations contractuelles. En revanche, cette obligation n'implique pas celle de rendre un fonds doté de la même valeur économique qu'en début de contrat. La baisse de cette valeur peut notamment résulter de circonstances macro-économiques sur lesquels le locataire-gérant n'a pas d'emprise. Si aucune faute personnelle ne peut lui être reprochée, le locataire-gérant ne peut pas être inquiété en raison de cette dépréciation du fonds de commerce.

Mais le locataire-gérant est tenu de répondre de la perte de la valeur du fonds de commerce lorsqu'elle est survenue en raison de son comportement fautif dûment démontré par le loueur[468].

393. L'indemnisation écartée du locataire-gérant à la suite de la restitution du fonds – À l'inverse, il peut arriver que la restitution du fonds de commerce à l'issue du contrat de location-gérance laisse apparaître une augmentation de la valeur du fonds de commerce. Selon le droit commun et par application de la théorie de l'accession, le propriétaire du bien donné en location recouvre la plénitude de ses pouvoirs sur ce bien à l'issue du contrat, avec toutes les améliorations éventuelles qui ont pu être apportées par l'activité du locataire. Les améliorations du fonds se trouvent en quelque sorte incorporées à celui-ci et ne peuvent en être détachées. Ainsi, sauf stipulations particulières dans la convention, le locataire n'a droit en principe à aucune indemnisation particulière du fait de la valorisation de la clientèle d'autrui.

394. Le non-rétablissement contractuel du locataire-gérant – Parmi les autres handicaps que doit affronter le locataire-gérant à l'issue des relations contractuelles, il faut rappeler qu'il ne dispose pas de la propriété commerciale et ne peut donc bénéficier du statut des baux commerciaux. Il n'a pas droit au renouvellement du bail commercial ou de l'indemnité d'éviction qui en découle à la charge du bailleur de l'immeuble. Dans ce prolongement, le locataire-gérant ne dispose également d'aucun droit au renouvellement de la gérance. Il en irait autrement que si les parties prévoyaient des dispositions spécifiques en ce sens.

Une fois libéré de ses liens contractuels avec le loueur, le locataire-gérant a la possibilité d'accomplir toutes activités commerciales qu'il souhaite, même celles qui relevaient du fonds de commerce exploité en location-gérance. Il est alors simplement tenu à ne pas exercer cette activité sous la forme d'une concurrence déloyale à l'égard du loueur du fonds de commerce. Toutefois, en pratique, une clause de non-concurrence est

468. Cass. (com.), 6 mai 2002, n° 00-11.569 ; Cass. (com.), 19 mai 1998, n° 95-21.950.

très souvent insérée dans le contrat. Elle sera valable si elle apparaît proportionnée aux buts légitimes poursuivis par le loueur et si la clause est limitée dans le temps et dans l'espace.

SOUS-SECTION 4
Le crédit-bail portant sur le fonds de commerce

395. Description générale de l'opération de crédit-bail – Le crédit-bail constitue une opération juridique inspirée des pays anglo-saxons où elle porte le nom de *leasing*. Il a connu un succès grandissant, en raison notamment de la garantie qu'il procure au crédit-bailleur et des bienfaits de son régime fiscal.

Dans une approche juridique, il s'agit d'une opération à trois personnes en vertu de laquelle un bien est acheté par un établissement de crédit[469] (crédit-bailleur) auprès d'un fabricant sur les instructions de son client. Le crédit-bailleur demeure propriétaire de ce bien qu'il donne en location à son client, le crédit-preneur, lequel doit verser une redevance pendant la période location. Au terme du contrat, le crédit-preneur dispose d'un choix qui peut prendre les trois formes suivantes : soit poursuivre le contrat pour une nouvelle période de location, soit résilier le contrat et restituer le bien loué, soit lever l'option d'achat du bien et en devenir propriétaire. Dans cette dernière hypothèse, le crédit-preneur doit avoir la possibilité d'acquérir tout ou partie des biens loués, moyennant un prix convenu tenant compte, au moins pour partie, des versements effectués à titre de loyers ou de redevances[470].

Dans une approche économique ou bancaire, le crédit-bail est une technique de financement qui permet à une personne de pouvoir utiliser immédiatement un bien sans avoir à débourser à court ou moyen terme une somme importante. Le crédit-bailleur reste propriétaire du bien utilisé et dispose donc de la meilleure des garanties : il s'agit de la propriété qui autorise une revendication du bien entre les mains du crédit-preneur si celui vient à ne pas respecter les dispositions contractuelles du crédit-bail.

396. Le fonds de commerce, objet possible d'un contrat de crédit-bail – Une figure particulière du crédit-bail consiste à faire du fonds de commerce le bien acheté par le crédit-bailleur, puis exploité par le crédit preneur. Un commerçant va ainsi pouvoir exercer une activité commerciale sans avoir à trouver un financement souvent important pour

469. Il peut s'agir exceptionnellement de toute entreprise mais qui n'effectue pas alors de manière habituelle cette opération de banque.
470. Art. L. 313-7 C. mon. fin.

l'acquisition d'un fonds de commerce. Pendant la période de location, le commerçant pourra « tester » les potentialités du fonds de commerce pour éventuellement lever l'option d'achat à l'issue de la période de location. Il peut ensuite se présenter plus sereinement devant le banquier puisqu'il a exploité personnellement le fonds de commerce sur une période significative et qu'il a pu ainsi apprécier ses potentialités. Depuis la loi du 31 décembre 1989, la loi encadre aussi le crédit-bail portant sur le seul bail commercial. Cette dernière opération reste néanmoins très marginale dans la pratique des affaires.

397. La réglementation applicable au crédit-bail portant sur un fonds de commerce – De manière générale, il faut considérer que le crédit-bail portant sur un fonds de commerce est soumis par principe aux mêmes règles que tout contrat de crédit-bail. Cette réglementation générale est prévue aux articles L. 313-7 et suivants du Code monétaire et financier.

Dans le détail, certaines règles générales vont être spécifiquement écartées ou aménagées pour prendre en considération la spécificité du fonds de commerce, objet du crédit-bail.

Ainsi, l'opération de lease-back, qui consiste pour le propriétaire d'un bien à le vendre préalablement au crédit bailleur avant de mettre en place l'opération de crédit-bail est strictement interdite[471].

En outre, pendant la phase de location, l'opération est soumise aux règles générales de la location-gérance, mais elles subissent quelques allégements pour tenir compte de la spécificité de l'opération. Trois illustrations peuvent être citées en ce sens. La première dérogation concerne l'exigence d'exploitation personnelle du fonds de commerce pendant deux années pour le propriétaire du fonds qui est écartée à l'égard du crédit-bailleur, qui est nécessairement un établissement de crédit ou une société de financement[472]. La deuxième règle particulière a trait à l'exclusion de toute possibilité de révision des loyers assortis d'une clause d'échelle mobile sur le fondement de l'article L. 144-11 et suivants du Code de commerce[473]. Seuls les loyers conventionnellement déterminés sont dus par le crédit-preneur. Cette disposition se comprend dans la mesure où le loyer inclut nécessairement une partie du prix d'achat. Enfin, une troisième spécificité est relative à l'absence possible de déchéance du terme des dettes afférentes à l'exploitation du fonds contractées par le crédit preneur à l'issue de la période de location[474]. L'article L. 144-9 est en effet écarté si l'option d'achat est levée par le crédit preneur ; dans ce cas, les créanciers ne subissent alors aucun risque particulier pour le recouvrement de leur créance.

---

471. Art. L. 313-7, 3°, C. mon. fin.
472. Art. L. 144-5, 3°, C. com.
473. Art. L. 144-13 C. com.
474. Art. L. 144-13 *in fine* C. com.

Enfin, lorsque le crédit-preneur lève l'option d'achat au terme du contrat, les règles de la cession de fonds de commerce doivent s'appliquer, et notamment l'exigence des mentions obligatoires imposées par l'article L. 144-1 du Code de commerce. Cette lourdeur juridique aurait pu être allégée par le législateur dans la mesure où le droit d'information de l'acheteur et la protection des créanciers n'ont pas besoin d'une attention particulière : l'acheteur est celui qui a exploité le fonds (il le connaît bien) et qui va certainement poursuivre à titre personnel cette exploitation (les créanciers voient leur gage renforcé).

SOUS-SECTION 5

Le fonds de commerce ou ses éléments utilisés comme garantie

398. Présentation – Le fonds de commerce est un bien qui figure à l'actif du patrimoine de son propriétaire. Pour financer ses activités commerciales, voire même extra-professionnelles, il est possible que l'octroi d'un concours bancaire ou des délais de paiement soient soumis à l'exigence d'une garantie. Le fonds de commerce présente souvent une valeur importante. Il peut donc être amené à constituer une garantie intéressante pour le créancier du propriétaire du fonds de commerce. Différentes configurations sont alors possibles : soit la mise en place de garanties qui portent sur le fonds de commerce dans sa globalité (§ 1), soit l'instauration de celles qui auront pour assiette seulement des éléments précis de ce fonds de commerce (§ 2).

§ 1. Le nantissement sur le fonds de commerce

399. Nantissement conventionnel ou judiciaire – Selon l'article 2355 du Code civil, « *le nantissement est l'affectation, en garantie d'une obligation, d'un bien meuble incorporel ou d'un ensemble de biens meubles incorporels, présents ou futurs* ». Il peut avoir une source conventionnelle ou judiciaire.

A. Le nantissement conventionnel du fonds de commerce

400. Un accord des parties – Le nantissement conventionnel repose nécessairement sur la volonté du créancier garanti et du débiteur propriétaire du fonds de commerce. *A priori*, la garantie est donc prise dans un climat serein où chacune des parties, sans être nécessairement d'accord à l'origine sur les modalités contractuelles voulues par l'autre partie, finit par donner son assentiment à la prise de garantie sur le fonds de commerce.

Une condition fondamentale doit être respectée : le constituant (le débiteur) doit nécessairement être propriétaire du fonds de commerce. Toutefois, la nullité du nantissement d'un fonds de commerce appartenant à autrui est couverte lorsque, avant toute action en nullité, le constituant devient propriétaire du fonds[475].

La première réglementation spécifique du nantissement conventionnel du fonds de commerce sans dépossession date d'une loi du 1er avril 1898. Aujourd'hui, l'ensemble des règles applicables sont insérées aux articles L. 142-1 et suivants du Code de commerce.

401. La détermination de l'assiette de la garantie – L'étendue de l'assiette du nantissement conventionnel est régie par l'article L. 142-2 du Code de commerce. Tout d'abord, le législateur fixe le périmètre maximal que peut couvrir cette garantie. Ainsi, sont seuls susceptibles d'être compris dans le nantissement comme faisant partie d'un fonds de commerce, l'enseigne et le nom commercial, le droit au bail, la clientèle et l'achalandage, le mobilier commercial, le matériel ou l'outillage servant à l'exploitation du fonds, les brevets d'invention, les licences, les marques, les dessins et modèles industriels, et généralement les droits de propriété intellectuelle qui y sont attachés. Les parties ont donc le choix pour composer l'assiette de la garantie parmi les éléments précités.

À défaut de volonté expresse et précise dans l'acte constitutif, la loi prévoit une liste d'éléments du fonds de commerce qui seront nécessairement inclus dans l'assiette du nantissement, du moins s'ils se retrouvent dans sa composition[476]. Il s'agit de l'enseigne et du nom commercial, du droit au bail, de la clientèle et de l'achalandage.

Enfin, il faut préciser que si le nantissement porte sur un fonds de commerce et ses succursales, celles-ci doivent être désignées par l'indication précise de leur siège[477].

402. Les formalités de constitution du nantissement – Certaine formalités sont à accomplir pour que la garantie puisse produire ses effets. Elles sont indiquées à l'article L. 142-2 du Code de commerce. Tout d'abord, la convention entre les parties est soumise à des contraintes formelles. Elle doit être constatée par un acte authentique ou par un acte sous seing privé, dûment enregistré. L'enregistrement constitue en l'espèce une formalité strictement civile qui ne donne pas lieu à la perception de droits par l'administration fiscale. Ensuite, concernant le privilège qui résulte de

475. Cass. (com.), 5 novembre 2002, n° 00-14885, *Bull. civ.* IV, n° 159.
476. L'assiette sera composée au minimum de la clientèle, élément indispensable.
477. Art. L. 142-2 *in fine* C. com.

cette convention, il s'établit par le seul fait de l'inscription sur un registre public tenu au greffe du tribunal de commerce dans le ressort duquel le fonds est exploité. Le cas échéant, cette formalité doit être remplie au greffe du tribunal de commerce dans le ressort duquel est située chacune des succursales du fonds comprise dans le nantissement[478]. Dans tous les cas, l'inscription doit être prise, à peine de nullité du nantissement, dans les trente jours suivant la date de l'acte constitutif. À défaut, le créancier inscrit perd son privilège[479]. En l'absence de date dans l'acte constitutif, c'est la date d'enregistrement qui fixe, selon la jurisprudence, le point de départ du délai[480].

403. Les effets du nantissement conventionnel – Les effets du nantissement sont similaires pour le créancier nanti à ceux qui résultent de l'inscription du privilège pour le vendeur de fonds de commerce. Pour que l'exercice de ses droits soit effectif, le Code de commerce a prévu une obligation d'information renforcée à l'égard du créancier nanti. C'est le cas notamment si le vendeur exerce son action résolutoire ou si le fonds est déplacé[481]. En cas de transmission de la créance par voie d'endossement (notamment d'effets de commerce), le privilège est transmis avec la créance dont il constitue l'accessoire[482]. L'endossataire bénéficie alors de tous les effets du privilège.

Alors qu'il ne dispose pas de la faculté de mettre en œuvre un droit de rétention faute de détention du bien ou encore de solliciter l'attribution du bien[483], le créancier nanti dispose tout d'abord d'un droit de préférence par rapport aux autres créanciers. En cas de vente amiable ou par suite d'une vente forcée qu'il peut solliciter en justice[484], le créancier bénéficie d'une priorité pour le paiement de sa créance. Cette priorité a également vocation à jouer lors de la survenance d'une procédure collective frappant le propriétaire du fonds de commerce. Une condition doit être alors respectée : l'inscription du nantissement doit avoir été effectuée antérieurement au jugement d'ouverture de la procédure. La préférence dont jouit le créancier nanti sur le fonds est néanmoins amoindrie : il est notamment primé par le privilège du vendeur de fonds de commerce et par celui du créancier nanti sur le matériel et l'outillage. Enfin, dans les rapports entre les créanciers nantis sur le fonds, l'article L. 142-5 fixe la détermination du rang entre eux au cas où ils entreraient en concours

---

478. L. 142-3 *in fine* C. com.
479. Cass. (3e civ.), 15 février 2012, nos 10-25-443 et 11-10.911.
480. Cass. (com.), 17 septembre 2002, n° 99-17938, *Bull. civ.* IV, n° 127. Cette jurisprudence antérieure à la loi du 6 août 2015 s'appliquait pour le délai fixé alors à 15 jours. Le principe posé par l'arrêt reste le même, même si depuis cette loi le délai a été porté à 30 jours.
481. Le droit à l'information est calqué sur celui du vendeur du fonds de commerce titulaire d'un privilège. Voy. *supra*, n° 345.
482. Art. L. 143-18 C. com.
483. Art. L. 142-1 *in fine* C. com.
484. Art. L. 143-5, al. 1er, C. com.

pour le règlement de leur créance à l'occasion de la répartition du prix de vente du fonds de commerce. Ainsi, le rang des créanciers gagistes entre eux est déterminé par la date de leurs inscriptions ; les créanciers inscrits le même jour viennent en concurrence.

Le créancier nanti bénéficie ensuite d'un droit de suite par application de l'article L. 143-12 du Code de commerce. Si l'acquéreur du fonds de commerce veut éviter de tels désagréments occasionnés par les poursuites des créanciers préalablement nantis, il peut procéder à la purge de ces inscriptions. Il devra alors respecter la procédure prévue à l'article L. 143-12 qui prévoit des notifications aux créanciers inscrits dans le délai et les formes prévues strictement par la loi. Cette procédure est toutefois facultative et l'acquéreur n'est jamais contraint de l'engager.

Enfin, et contrairement au vendeur du fonds titulaire d'un privilège[485], le créancier nanti peut mettre en œuvre la procédure de surenchère du dixième dont les modalités sont décrites à l'article L. 143-13 du Code de commerce.

Comme le privilège du vendeur, l'inscription du créancier nanti conserve le privilège pendant dix années à compter du jour de sa date. Son effet cesse si elle n'a pas été renouvelée avant l'expiration de ce délai[486].

B. Le nantissement judiciaire du fonds de commerce

404. Une décision de justice – Un nantissement judiciaire est étranger à tout processus volontaire. Il intervient nécessairement postérieurement à la date de naissance de la créance. Dans ce cas, un créancier du propriétaire du fonds de commerce estime que l'évolution de la situation est de nature à mettre en péril le recouvrement de sa créance. Le créancier cherche donc à obtenir une sûreté qui viendrait grever un bien du commerçant et renforcer sa position pour le règlement futur de sa créance. Si le débiteur refuse de lui consentir une garantie supplémentaire, il peut passer outre ce refus et engager une procédure judiciaire pour en obtenir le bénéfice. Le nantissement sur le fonds de commerce résulte alors d'une décision de justice qui s'impose au débiteur, propriétaire du fonds de commerce. Sans autorisation judiciaire, le créancier conserve alors, sauf exceptions, sa qualité de chirographaire.

Le régime juridique du nantissement judiciaire du fonds de commerce, initialement mis en place par une loi du 12 novembre 1955, résulte aujourd'hui d'une loi du 31 juillet 1992 dont les dispositions ont

485. Suppression de la procédure de surenchère du sixième par la loi Macron, voy. *supra*, n° 351.
486. Art. L. 143-19 C. com.

été intégrées dans le Code des procédures civiles d'exécution. En effet, selon l'article 2355 du Code civil, le nantissement judiciaire sur le fonds de commerce est régi par les dispositions applicables aux procédures civiles d'exécution. Ainsi, les articles L. 511-1 et suivants de ce Code précisent les conditions et les effets de ce nantissement dont les caractéristiques sont similaires à une saisie conservatoire.

405. Les conditions d'obtention du nantissement judiciaire – L'action en justice qui tend à l'obtention d'un nantissement judiciaire est complexe et enfermée dans des délais stricts. Elle peut être formée, soit devant le juge de l'exécution, soit devant le président du tribunal de commerce lorsque, intervenant avant tout procès, elle tend à la conservation d'une créance relevant de la compétence de la juridiction commerciale. La procédure d'obtention du nantissement judiciaire doit respecter certaines conditions et se déroule en deux phases : d'abord l'obtention d'une inscription provisoire, ensuite la quête d'une inscription définitive.

Une première condition de fond concernant la créance est classique en matière de saisie conservatoire et permet le déclenchement de la procédure : le créancier doit justifier devant le juge saisi, d'une part, de l'existence d'une créance fondée en son principe, et d'autre part, de circonstances particulières qui mettent en péril le recouvrement de celle-ci[487]. Cette autorisation judicaire n'est pas nécessaire pour le créancier qui se prévaut d'un titre exécutoire ou d'une décision de justice qui n'a pas encore force exécutoire, ou encore du défaut de paiement d'une lettre de change acceptée, d'un billet à ordre, d'un chèque ou d'un loyer resté impayé dès lors qu'il résulte d'un contrat écrit de louage d'immeubles[488].

Une seconde condition de publicité est ensuite exigée, dès lors que le juge saisi a expressément autorisé la mesure conservatoire ou que le créancier titulaire d'un titre se trouve en situation d'être exempté d'autorisation judiciaire.

Dans le premier cas, l'autorisation du juge est caduque si la mesure conservatoire n'a pas été inscrite dans un délai de trois mois à compter de l'ordonnance.

Dans les deux cas, selon l'article R. 532-2 du Code des procédures civiles d'exécution, l'inscription provisoire de nantissement sur un fonds de commerce est opérée par le dépôt au greffe du tribunal de commerce de deux bordereaux sur papier libre contenant :

1° la désignation du créancier, son élection de domicile dans le ressort du tribunal de commerce où se trouve situé le fonds et la désignation du débiteur ;

487. Art. L. 511-1 C. proc. civ. exécution.
488. Art. L. 511-2 C. proc. civ. exécution.

2° l'indication de l'autorisation ou du titre en vertu duquel l'inscription est requise ;

3° l'indication du capital de la créance et de ses accessoires.

À peine de caducité, huit jours au plus tard après le dépôt des bordereaux d'inscription ou la signification du nantissement, le débiteur en est informé par acte d'huissier de justice. Il peut alors en demander la mainlevée s'il estime que les conditions de son existence ne sont pas justifiées. En outre, la publicité provisoire conserve la sûreté pendant trois ans. Elle peut être renouvelée pour la même durée.

Une troisième condition d'action au fond est exigée. L'inscription provisoire est suivie d'une inscription définitive qui exige l'obtention d'un titre exécutoire. Selon l'article L. 511-4 du Code des procédures civiles d'exécution, le créancier qui n'est pas en possession d'un titre exécutoire doit nécessairement engager une procédure en validité de la mesure conservatoire ou une procédure judiciaire au fond dans le but d'obtenir un titre exécutoire. Il s'agit ici de convertir l'inscription provisoire en inscription définitive. Le créancier dispose d'un délai d'un mois pour accomplir les formalités nécessaires ou engager une procédure au fond à partir du dépôt des bordereaux, à peine de caducité de l'inscription provisoire. Dès lors qu'un titre exécutoire est finalement obtenu à l'encontre du débiteur, le créancier peut procéder à une inscription définitive qui doit intervenir dans un délai de deux mois à compter du jour où la décision constatant les droits du créancier est passée en force de chose jugée. Cette inscription définitive produit un effet rétroactif pour prendre date au jour de l'inscription provisoire. L'inscription ne reste valable que pendant une période de trois ans qui est renouvelable[489].

406. Les effets du nantissement judiciaire – Le créancier nanti dispose d'une protection progressive qui diffère selon qu'il est titulaire d'une inscription provisoire ou définitive.

L'inscription provisoire ne rend pas indisponible le fonds de commerce par application de l'article L. 531-2 du Code des procédures civiles d'exécution. Le débiteur a donc toute liberté pour céder le fonds de commerce. Cette situation n'est pas préjudiciable pour le créancier dans la mesure où il dispose déjà à cet instant de la même protection que le créancier titulaire d'un nantissement conventionnel, à savoir un droit de préférence et un droit de suite. En revanche, le créancier nanti ne peut dans cette première phase, bénéficier de sa part qui lui reviendrait dans la distribution du prix de vente du fonds de commerce. Son droit de préférence n'est pas immédiat et présente seulement un caractère conservatoire.

489. Art. R. 532-7 C. proc. civ. exécution.

Pour pouvoir bénéficier pleinement de son droit de préférence et se voir attribuer la part du prix du fonds de commerce qu'il lui revient, le créancier nanti doit pouvoir se prévaloir d'une inscription définitive.

§ 2. Les garanties sur les éléments du fonds de commerce

407. Nantissement sur le matériel et l'outillage ou gage sur les stocks – Le créancier peut préférer avoir comme assiette pour sa garantie seulement des éléments du fonds de commerce. Dans ce cas, il a notamment le choix entre nantir le matériel et l'outillage, ou bénéficier d'un gage sur les stocks.

A. Le nantissement sur le matériel et l'outillage

408. Le nantissement, un instrument destiné à faciliter le crédit pour l'équipement du commerçant – C'est une loi de 1951 qui a institué le nantissement sur le matériel et l'outillage. L'objectif recherché est de permettre aux commerçants en mal de trésorerie de pouvoir offrir une garantie au vendeur à crédit ou aux prêteurs de deniers. De manière plus précise, le paiement du prix d'acquisition de l'outillage et du matériel d'équipement professionnel peut être garanti, soit vis-à-vis du vendeur, soit vis-à-vis du prêteur qui avance les fonds nécessaires au paiement du vendeur, par un nantissement portant seulement sur l'outillage ou sur le matériel ainsi acquis.

La réglementation de cette sureté réelle immobilière sans dépossession est prévue aux articles L. 525-1 et suivants du Code de commerce.

409. Les conditions de validité du nantissement sur le matériel et l'outillage – Comme en matière de nantissement sur le fonds de commerce, les exigences du législateur sont assez nombreuses et strictes, puisque souvent prévues à peine de nullité.

Pour évoquer les contraintes essentielles, il faut préciser que le nantissement est consenti par un acte authentique ou sous seing privé enregistré au droit fixe. Lorsqu'il est accordé au profit du vendeur, il est consenti dans l'acte de vente. Lorsqu'il est accordé au bénéfice du prêteur qui avance les fonds nécessaires au paiement du vendeur, le nantissement doit figurer dans l'acte de prêt. Dans ce cas, l'acte doit mentionner, à peine de nullité, que les fonds versés par le prêteur ont pour objet d'assurer le paiement du prix des biens acquis. De manière générale, les biens acquis doivent être énumérés dans l'acte avec une description précise qui permet leur individualisation par rapport aux autres biens de même nature appartenant à l'entreprise. L'acte indique aussi le lieu où les biens ont leur attache fixe ou mentionne, au cas contraire, qu'ils sont susceptibles d'être déplacés[490]. Dans le prolongement de cette disposition, la loi prévoit également que les biens donnés en nantissement peuvent à la demande du bénéficiaire du nantissement, être revêtus sur une pièce essentielle et d'une manière apparente d'une plaque fixée à demeure indiquant le lieu, la date et le numéro d'inscription du privilège dont ils sont grevés : le débiteur ne peut s'opposer à cette apposition, et les marques ainsi apposées ne peuvent être détruites, retirées ou recouvertes avant l'extinction ou la radiation du privilège du créancier nanti. Ces plaques sont destinées à faire échec à la règle selon laquelle « en fait de meubles, la possession vaut titre ». En outre, Le privilège du créancier nanti subsiste si le bien qui est grevé devient immeuble par destination[491].

Ensuite, Le nantissement doit être conclu au plus tard dans le délai de deux mois à compter du jour de la livraison du matériel d'équipement sur les lieux où il doit être installé. Le nantissement doit être presque concomitant avec l'utilisation effective du matériel par le commerçant.

Enfin, le nantissement doit être inscrit dans un délai de quinze jours à compter de la date de l'acte constitutif du nantissement sur un registre public tenu au greffe du tribunal de commerce dans le ressort duquel le fonds est exploité. Cette mesure est destinée à rendre opposable le droit du créancier nanti aux tiers. Le privilège produit ses effets pendant cinq années à compter de son inscription régulière. L'inscription cesse d'avoir effet si elle n'a pas été renouvelée avant l'expiration du délai ci-dessus ; elle peut être renouvelée deux fois[492].

410. Les effets attachés au nantissement sur le matériel et l'outillage – Il est possible de mettre en valeur deux séries d'effets distincts du nantissement étudié.

D'une part, certains effets sont communs et partagés avec le privilège dont disposent les créanciers nantis sur le fonds de commerce. Il s'agit du droit de préférence, mais doté d'une force considérable accordée par le législateur[493], du droit de suite[494], du droit d'exercer la surenchère du

490. Art. L. 525-2 C. com.
491. Art. L. 525-8 C. com.
492. Art. L. 525-11 C. com.
493. Art. L. 525-9 C. com. Le créancier nanti sur le matériel prime notamment le créancier hypothécaire, le privilège du Trésor et de la Sécurité sociale, le privilège du vendeur du fonds de commerce à l'exploitation duquel est affecté le bien grevé, ainsi que le privilège du créancier nanti sur l'ensemble du fonds de commerce. Cette primauté nécessite parfois une signification spécifique (outre la mesure de publicité) pour son opposabilité adressée à certains de ces créanciers privilégiés, à savoir le créancier hypothécaire, le vendeur du fonds de commerce et le créancier nanti sur l'ensemble du fonds, préalablement inscrits.
494. Art. L. 525-7 C. com. Le droit de suite est lié au respect des mesures de publicité et à l'apposition de plaque sur les biens grevés.

dixième[495], ou encore d'un droit d'information particulier en raison de certains évènements qui peuvent affecter le fonds de commerce[496].

D'autre part, certains effets sont spécifiquement attachés au privilège du créancier nanti sur le matériel. Le premier concerne l'interdiction pour le débiteur de vendre le matériel ou l'outillage grevé avant paiement ou remboursement des sommes garanties, sans l'assentiment préalable du créancier nanti, ni l'autorisation du juge[497]. À défaut, le débiteur vendeur, mais aussi les acquéreurs sont susceptibles d'être poursuivis sur le fondement de l'abus de confiance[498]. Le second concerne la faculté pour le créancier impayé, outre le droit de poursuivre la vente forcée du matériel grevé[499], de solliciter son attribution en paiement[500].

L'utilisation du nantissement sur le matériel et l'outillage est en régression du fait de la concurrence d'autres techniques d'une redoutable efficacité. Ainsi, le prêteur de deniers pourra préférer la technique du crédit-bail mobilier, tandis que le vendeur peut opter pour la technique contractuelle de la clause de réserve de propriété, très efficace en cas de procédure collective et avec un formalisme particulièrement simple à respecter. Le gage des stocks constitue également un outil qui élargit les possibilités de choix pour le créancier.

B. Le gage des stocks

411. Réglementation – Le gage des stocks est une garantie récente. Il est issu d'une ordonnance du 23 mars 2006 dont les dispositions ont été intégrées aux articles L. 527-1 et suivants et R. 527-1 et suivants du Code de commerce. Les premiers mois ont été mouvementés pour cette garantie qui a subi pas moins de trois interventions législatives (ordonnance du 29 janvier et 10 février 2016 et la loi du 18 novembre 2016) et a fait l'objet d'un arrêt de l'assemblée plénière de la cour de cassation[501].

412. Mise en œuvre du gage sur stocks – Le cadre de cette garantie est strict. Sa délimitation est fixée par l'article L. 527-1 du Code de commerce selon lequel « le gage des stocks est une convention par laquelle une personne morale de droit privé ou une personne physique accorde à un établissement de crédit ou à une société de financement qui lui a consenti un crédit pour l'exercice de son activité professionnelle le droit de se faire payer sur ses stocks par préférence à ses autres créanciers ». Cette

495. Art. L. 525-14 C. com.
496. Art. L. 525-10 C. com.
497. Art. L. 525-7 C. com.
498. Art. L. 525-19 C. com.
499. Art. L. 525-14 C. com.
500. Cass. (ass. plén.), 26 octobre 1984, n° 83-10.055, *Bull. civ.*, ass. plén. n° 6.
501. Cass. (ass. plén.), 7 décembre 2015, n° 14-18.435.

convention doit porter un certain nombre de mentions, exigées à peine de nullité[502]. L'assiette du gage, à l'exclusion des biens soumis à une clause de réserve de propriété, peut être constituée des stocks de matières premières et approvisionnements, des produits intermédiaires, résiduels et finis ainsi que des marchandises appartenant au débiteur et estimées en nature et en valeur à la date du dernier inventaire[503].

L'opposabilité du gage aux tiers dépend des caractéristiques du gage. En effet, il peut être constitué avec ou sans dépossession.

En l'absence de dépossession, une mesure de publicité doit être effectuée pour rendre opposable cette garantie aux tiers. Il est nécessaire alors de procéder à son inscription sur un registre public tenu au greffe du tribunal de commerce dans le ressort duquel le débiteur a son siège ou son domicile. Pour inscrire son gage, le créancier remet ou adresse au greffier du tribunal de commerce dans le ressort duquel le constituant a son siège ou son domicile l'un des originaux de l'acte constitutif du gage ou une expédition s'il est établi sous forme authentique, auquel sera joint un bordereau avec certaines mentions[504]. Cette inscription permet au gage de produire ses effets pendant cinq années, mais elle peut faire l'objet d'un renouvellement[505].

En présence d'une dépossession, le gage est opposable aux tiers dès lors qu'ils en ont une connaissance effective.

413. Effets du gage des stocks avec ou sans dépossession – Lorsque le gage est sans dépossession, le débiteur est astreint à un certain nombre d'obligations pour assurer le créancier que l'assiette de sa garantie ne dépérit pas[506]. Le débiteur est donc responsable de la conservation des stocks en quantité et en qualité. De même, le débiteur s'engage à ne pas diminuer de son fait la valeur des stocks. Il doit tenir à la disposition du créancier un état des stocks engagés ainsi que la comptabilité de toutes les opérations les concernant. Lorsque l'état des stocks fait apparaître une diminution d'au moins 10 % de leur valeur telle que mentionnée dans l'acte constitutif, le créancier peut exiger, après mise en demeure du débiteur, le rétablissement de la garantie ou le remboursement d'une partie des sommes prêtées en proportion de la diminution constatée. Lorsque l'état des stocks fait apparaître une diminution d'au moins 20 % de leur valeur, le créancier peut exiger, après mise en demeure du débiteur, le remboursement total de la créance considérée comme échue. Le créancier ne dispose pas de droit de suite, mais seulement d'un droit de préférence.

502. Art. L. 527- 2 C. com.
503. Art. L. 527- 3 C. com.
504. Art. R. 527-1 et 527-2 C. com.
505. Art. R. 527-10 C. com.
506. Art. L. 527-6 C. com.

Lorsque le gage est avec dépossession, la position du créancier est plus solide. Il dispose d'une emprise directe sur le stock gagé, ce qui confère une force encore supérieure par rapport au droit de suite classique. Il dispose également d'un droit de préférence.

Le droit de préférence, dont est nécessairement titulaire le créancier gagiste, l'autorise à faire vendre en justice le stock ou même à se le faire attribuer en paiement[507].

414. Le débat autour du pacte commissoire – La question a été débattue de savoir si un pacte commissoire pouvait être prévu par les parties comme une modalité de réalisation du gage des stocks. Selon cette convention particulière, les parties peuvent convenir dès l'origine de la constitution de la garantie qu'à défaut de règlement de la créance, le créancier deviendra propriétaire des stocks gagés. Le pacte commissoire est autorisé en droit commun du gage par l'article 2348 du Code civil. Mais la version législative originale du régime du gage des stocks ne prévoit pas cette éventualité. Dans un arrêt rendu le 7 décembre 2015 par l'assemblée plénière, la cour de cassation a posé comme règle que les parties ne pouvaient recourir au pacte commissoire en soumettant leur convention au droit commun du gage.

L'ordonnance du 29 janvier 2016 est intervenue pour mettre un terme à cette jurisprudence. La version ainsi remaniée de l'article L. 527-8 du Code de commerce prévoit que « à défaut de paiement de la dette garantie, le créancier peut poursuivre la réalisation de son gage suivant l'une des modalités prévues aux articles 2346 à 2348 du code civil ». Le pacte commissoire devient donc expressément autorisé en matière de gage des stocks.

SECTION 3

LE BAIL COMMERCIAL

415. L'emplacement, critère souvent déterminant de la valeur du fonds de commerce – L'emplacement constitue souvent l'élément fondamental qui détermine la valeur du fonds de commerce. La situation ne pose pas de difficulté à cet égard pour le commerçant qui exploite son fonds de commerce dans un local qui lui appartient. Sa qualité de propriétaire du local lui offre une protection forte : aucune raison particulière ne pourrait le contraindre à quitter les lieux et à voir ainsi s'échapper sa clientèle.

La situation est tout autre lorsque le commerçant n'est pas propriétaire du local où est exploité le fonds de commerce. Dans ce cas, il y a une dissociation à effectuer entre l'exploitation du fonds de commerce – un

507. Art. L. 527-8 C. com.

bien meuble incorporel – et la jouissance des « murs » – un bien immobilier. En effet, le bailleur du local pourrait contrarier l'exploitation de la clientèle en exigeant le départ du commerçant en sa qualité de locataire du local commercial. Le destin du commerçant serait alors lié à la volonté du bailleur du local.

Afin de protéger le commerçant locataire, le législateur est intervenu avec un dispositif dérogatoire et pour l'essentiel d'ordre public.

416. La construction du statut des baux commerciaux tournée vers la protection du locataire – Le premier dispositif législatif protecteur du locataire est instauré par la loi du 30 juin 1926. Cette loi accorde un droit au renouvellement du bail commercial pour le locataire, qui peut se convertir, en cas de refus du bailleur de poursuivre le bail, en versement d'une indemnité d'éviction. Il est alors évoqué « la propriété commerciale » dont serait devenu titulaire le commerçant locataire. Cette expression n'a pas un sens juridique puisqu'au regard du droit des biens, le locataire n'est pas un propriétaire. Elle est utilisée dans une perspective politique pour démontrer combien le législateur se préoccupe des « petits commerçants » face à l'emprise des propriétaires fonciers.

Ce statut originaire du bail commercial a fait l'objet d'une refonte totale à la suite de l'application du décret du 30 septembre 1953. Des réformes successives sont intervenues pour apporter des modifications ou des ajustements aux règles déjà existantes. C'est ainsi que la loi du 12 mai 1965 a instauré la possibilité d'une déspécialisation au profit du locataire. La dernière réforme d'ampleur est intervenue à la suite de la loi du 18 juin 2014 – dite « loi Pinel » – qui a apporté encore plus de protection pour les petits commerçants, afin de les garantir contre une hausse excessive du loyer et en leur permettant plus aisément de résilier ou de céder le bail commercial.

Les règles du bail commercial sont aujourd'hui intégrées dans le Code de commerce aux articles L. 145-1 et suivants et R. 145-1 et suivants.

417. Le particularisme du statut des baux commerciaux – Le statut des baux commerciaux est souvent présenté comme un exemple de l'exception française dans le paysage juridique international du monde des affaires. En effet, la règle qui prédomine dans les pays anglo-saxons demeure la liberté contractuelle pour la signature d'un bail commercial.

Pour preuve complémentaire de cette observation, il faut noter qu'aucun texte européen ou international n'est intervenu en matière de bail commercial. Cependant, il arrive parfois que la Cour de cassation invoque la Convention européenne de sauvegarde des droits de l'homme pour tempérer les ardeurs du législateur français. Dans un arrêt qu'elle a rendu le 9 novembre 2011[508], l'article L. 145-13 du Code de commerce qui refusait

508. Cass. (3e civ.), 9 novembre 2011, n° 10-30291, *Bull. civ.* III, n° 194.

le droit au renouvellement du bail commercial aux commerçants non ressortissant de l'Union européenne a été déclaré contraire à l'article 14 de la Convention européenne des droits de l'homme. La loi du 18 juin 2014 a pris acte de cette jurisprudence pour abroger finalement cette disposition.

Une autre expression du particularisme du bail commercial est la diversité de ses sources internes. Le bail commercial reste soumis au Code civil dès lors qu'aucune règle spéciale n'est prévue par le Code de commerce. Le bail commercial reste un contrat (art. 1101 et s. C. civ.) et un louage de chose (art. 1709 et s. C. civ.). C'est ainsi que la question épineuse de la répartition des charges entre propriétaire et locataire commerçant relève des articles 1719, 1720 et 1754 du Code civil.

418. La force du statut des baux commerciaux – Lorsque le Code de commerce s'applique, la plupart de ses dispositions sont d'ordre public. Ainsi, l'article L. 145-15 prévoit que sont réputés non écrits, quelle qu'en soit la forme, les clauses, stipulations et arrangements qui ont pour effet de faire échec au droit de renouvellement institué par le statut des baux commerciaux. Mais la difficulté est que les parties peuvent néanmoins, sous certaines conditions, aménager ou renoncer à de telles dispositions. Ainsi, l'article L. 145-16 énonce que sont également réputées non écrites, quelle qu'en soit la forme, les conventions tendant à interdire au locataire de céder son bail ou les droits qu'il tient des dispositions du Code de commerce à l'acquéreur de son fonds de commerce ou de son entreprise. La jurisprudence a toutefois admis la régularité des clauses d'agrément du nouveau locataire au profit du bailleur. Ainsi, le statut des baux commerciaux est d'ordre public, mais seulement pour certaines règles qui constituent le noyau dur du statut (droit au renouvellement, révision égale du loyer, encadrement de la clause résolutoire, déspécialisation...). Lorsque le législateur n'a pas prévu expressément le caractère d'ordre public d'une règle, c'est le juge qui peut lui attribuer ce caractère. Parfois, en sens inverse, la jurisprudence peut consentir des régimes dérogatoires étonnants. À titre d'exemple, les clauses-recettes qui échappent au mécanisme de la révision légale[509].

419. La technicité du statut des baux commerciaux – Cette rudesse du contenu du statut des baux commerciaux se révèle également à travers des règles ou des pratiques inhérentes aux baux commerciaux. Sur le fond, l'article L. 145-60 pose par exemple le principe d'une prescription biennale. Sur la compétence d'attribution et selon l'article R. 145-23 du Code de commerce, Il faut signaler la compétence étendue du tribunal de grande instance qui connaît dorénavant toutes les contestations relatives à cette matière. Même si le litige mêle une contestation de bail commercial avec une question concernant des pratiques restrictives de concurrence[510],

509. Voy. *infra*, n° 447.
510. Un décret du 11 novembre 2009 fixe une liste des juridictions seules compétentes pour statuer sur les litiges relatifs aux pratiques restrictives de concurrence, à savoir 8 tribunaux de commerce nommément désignés.

c'est le tribunal de grande instance qui reste seul compétent pour trancher l'entier litige[511]. En outre, le tribunal de commerce demeure incompétent même si le différend oppose des commerçants[512]. En la matière plus particulière de la fixation des loyers commerciaux, la compétence revient au président du tribunal de grande instance[513], même si le tribunal saisi dans sa formation collégiale pour une autre question peut accessoirement rester compétent pour fixer le loyer. Par ailleurs, le juge est souvent incapable de chiffrer concrètement la valeur locative ou encore une indemnité d'éviction. Le recours à l'expertise judiciaire est alors fréquent pour que la situation factuelle soit appréciée par des techniciens spécialistes de l'évaluation des locaux commerciaux.

420. Le plan – L'étude du bail commercial peut être envisagée classiquement en deux temps. Tout d'abord, il convient de s'intéresser aux conditions requises pour que le contrat de bail soit soumis au statut des baux commerciaux. C'est la question de l'applicabilité du statut des baux commerciaux (§ 1). Ensuite, une fois que le bail demeure soumis à ce statut, il faut s'intéresser aux règles spécifiques qui vont régir le contrat (§ 2).

§ 1. L'applicabilité du statut des baux commerciaux

421. Le plan – La soumission d'un contrat de bail au statut des baux commerciaux peut tout d'abord résulter de la réunion d'un ensemble de conditions posées par le Code de commerce (A). En cette occurrence, cette soumission prend un caractère obligatoire sans que la volonté des parties intervienne. En cas de contentieux, le juge sera amené à vérifier si les conditions exigées par la loi sont toutes présentes pour en déduire automatiquement, dans l'affirmative, que le contrat de bail doit être régi par le statut des baux commerciaux. En dehors de ce cadre légal, l'accès au statut des baux commerciaux peut également résulter de la seule volonté des parties qui souhaiteraient soumettre leurs relations contractuelles aux règles qui régissent habituellement le bail commercial (B).

A. La soumission de droit au statut des baux commerciaux

1) *Les conditions concernant les caractéristiques du bail*

422. Le bail commercial chasse les autres baux – Le statut des baux commerciaux n'a vocation à s'appliquer qu'à l'égard des contrats de louage tels qu'ils sont définis à l'article 1709 du Code civil. Selon cette disposition, « le louage des choses est un contrat par lequel l'une des parties s'oblige

---

511. Cass. (3e civ.), 15 février 2018, n° 17-11.329, à paraître au *Bulletin*.
512. Art. R. 145-3 C. com. et R. 211-4, 11°, C. org. jud.
513. Art. R. 145-23 C. com.

à faire jouir l'autre d'une chose pendant un certain temps, et moyennant un certain prix que celle-ci s'oblige de lui payer ». Le bail confère un droit personnel au locataire qui dispose d'un droit de créance à l'égard du loueur sans avoir de prérogatives juridiques particulières à l'égard du bien immobilier dont la jouissance lui est accordée.

Le statut des baux commerciaux a vocation à s'intéresser au bail se caractérisant par une certaine normalité de ses conditions d'exécution. Vont donc être exclus du statut des baux commerciaux les contrats atypiques de longue durée, le crédit-bail immobilier, les contrats affectés d'une certaine précarité ou encore les contrats à brève durée.

423. L'exclusion des autres baux réglementés de longue durée – Le droit français marque sa reconnaissance pour des catégories de baux atypiques qui ont la double particularité de conférer un droit réel au preneur et de lui accorder une durée d'exécution du contrat plus longue que de coutume. Ces baux spécifiques contiennent déjà dans leur réglementation des dispositifs protecteurs pour le locataire. Le statut des baux commerciaux est donc expressément écarté. Trois conventions particulières sont concernées par cette exclusion.

En premier lieu, le bail emphytéotique est une convention régie par l'article L. 145-3 du Code de commerce. Il doit être conclu pour une durée allant de 18 à 99 ans. Les règles du bail commercial ne s'appliquent pas, à l'exception de celles concernant la révision du loyer. Par conséquent, le locataire n'aura pas droit, ni au renouvellement du bail, ni au versement d'une indemnité d'éviction au terme de ce contrat.

En second lieu, la concession immobilière confère également un droit réel immobilier au preneur d'une durée minimale de 20 ans contre le versement d'une redevance annuelle. Par application de l'article 57 de la loi du 30 décembre 1967, la concession immobilière n'est pas soumise aux statuts des baux commerciaux.

En dernier lieu, le bail à construction ne relève pas non plus du statut des baux commerciaux en raison de sa très longue durée comprise entre 18 et 99 ans et de la nature du droit conféré au preneur, qui constitue là encore un droit réel immobilier. Le régime juridique de ce contrat relève exclusivement des articles L. 251-1 et suivants du Code de la construction de l'habitation.

424. L'exclusion du crédit-bail immobilier – Le contrat de crédit-bail immobilier constitue une juxtaposition de figures contractuelles diverses, parmi lesquelles figurent un contrat de bail. Toutefois, à l'issue du crédit-bail immobilier, le locataire a vocation à devenir propriétaire de l'immeuble qu'il a pris en location. À la lumière de cet objectif, la jurisprudence considère qu'il s'agit plus d'une opération financière d'acquisition d'un bien immobilier que d'un véritable contrat de bail classique. Par conséquent, le crédit-bail immobilier échappe aux règles prévues par le statut des baux commerciaux[514].

425. L'exclusion de la convention d'occupation précaire – La jurisprudence a construit la notion de convention d'occupation précaire qui, de manière classique, se trouvait exclue du champ d'application du statut des baux commerciaux. La loi Pinel du 18 juin 2014 a pris acte de cette jurisprudence en définissant de manière expresse la convention d'occupation précaire à l'article L. 145-5-1 du Code de commerce. Selon cette disposition, cette convention « se caractérise, quelle que soit sa durée, par le fait que l'occupation des lieux n'est autorisée qu'à raison de circonstances particulières indépendantes de la seule volonté des parties ». À titre d'exemple, il peut s'agir de la location d'un local dont le propriétaire est menacé d'expropriation ou destinataire d'un arrêté de péril. Le juge devra veiller à ce que les parties n'aient pas frauduleusement attribué les caractéristiques d'une convention d'occupation précaire à un bail qui devrait être juridiquement soumis au statut des baux commerciaux[515].

426. L'exclusion des baux de courte durée : bail précaire et location saisonnière – Le statut des baux commerciaux n'a pas vocation à accueillir naturellement en son sein les baux d'une courte durée. Deux hypothèses d'exclusion sont prévues par la loi.

La première hypothèse concerne ce que les praticiens appellent le « bail précaire » ou le « bail dérogatoire ». L'article L. 145-5 du Code de commerce pose deux conditions pour que ce bail de courte durée échappe au statut des baux commerciaux. D'une part, le bail dérogatoire doit être conclu lors de l'entrée dans les lieux du preneur. Il s'agit d'une sorte de période de location d'essai qui pourrait aboutir à un bail commercial classique. D'autre part, la durée du bail dérogatoire ne peut excéder trois ans. À l'expiration de ce délai de trois ans, si les parties décident de poursuivre expressément ou tacitement leurs relations contractuelles, celles-ci seront soumises nécessairement au statut des baux commerciaux. L'article L. 145-5 prévoit un délai d'un mois à l'issue de la période de trois ans durant lequel le bailleur peut valablement s'opposer au maintien dans les lieux du preneur.

La jurisprudence avait admis un tempérament à cette règle de conversion du bail précaire en bail commercial au nom de la théorie de la renonciation à un droit acquis. En effet, la jurisprudence acceptait que les parties, une fois le délai légal expiré, puissent volontairement et valablement exprimer le souhait de renouveler un contrat de bail échappant à nouveau au statut des baux commerciaux. Cette jurisprudence a été écartée par la loi du 18 juin 2014 qui prend le soin de préciser, toujours à l'article L. 145-5 du Code de commerce qu'à « l'expiration de cette durée, les

514. Cass. (3e civ.), 10 juin 1980, n° 78-11.032, *Bull. civ.* III, n° 113.
515. Cass. (3e civ.), 1er avril 2009, n° 07-21.833, *Bull. civ.* III, n° 74.

parties ne peuvent plus conclure un nouveau bail dérogeant aux dispositions du présent chapitre pour exploiter le même fonds dans les mêmes locaux ».

La seconde hypothèse concerne la location saisonnière qui se situe également hors statut. Par définition, sa durée est courte et la jouissance des locaux se fait par intermittence (station balnéaire, station de ski...). La location saisonnière peut durer plus de trois ans, pourvu que l'occupation intermittente des lieux ne se fasse que de manière périodique et régulière.

2) *Les conditions concernant l'objet du contrat*

427. Les caractéristiques du local, objet direct du contrat – L'article L. 145-1 du Code de commerce dispose que le statut des baux commerciaux s'applique aux baux des immeubles ou locaux dans lesquels un fonds est exploité. La jurisprudence a été amenée à préciser les caractéristiques du bien foncier qui constitue l'objet direct du contrat.

En premier lieu, sont exclus les biens mobiliers qui, même s'ils peuvent être le siège de l'exploitation d'un fonds de commerce, peuvent se déplacer facilement, comme par exemple un mobile-home ou un chalet simplement posé à même le sol. L'immeuble ou le local se caractérise par leur fixité. Il en sera de même si le bailleur dispose de la possibilité d'attribuer un emplacement variable au locataire au cours de l'exécution du bail. La fixité concerne également le preneur en quelque sorte.

En deuxième lieu, le terrain nu – c'est-à-dire sans construction – ne peut pas en principe faire l'objet d'un bail commercial. Toutefois, l'article L. 145-1, 2°, du Code de commerce prévoit une exception pour les baux de terrains nus sur lesquels ont été édifiées – soit avant, soit après le bail – des constructions à usage commercial, à condition que ces constructions aient été élevées ou exploitées avec le consentement exprès du propriétaire. Ainsi, l'exploitation d'un remonte-pente édifié par le locataire est susceptible de correspondre aux prévisions de ce texte.

En troisième lieu, contrairement à un certain courant jurisprudentiel, il n'est pas nécessaire que le bien immobilier présente les caractéristiques d'un lieu clos et couvert. La cour de cassation n'exclut pas le bénéfice du statut à « une surface d'exploitation si l'emplacement concédé est stable et permanent »[516]. Un stand au sein d'un centre commercial est donc susceptible de constituer un bail commercial.

En quatrième lieu, le Code de commerce régit également le sort des locaux mixtes, mêlant un usage commercial et d'habitation. Le principe posé est que l'ensemble du bien foncier reste soumis au statut des baux

516. Cass. (3e civ.), 20 mars 2014, n° 13-24.439, *Bull. civ.* III, n° 40.

commerciaux, l'application de la loi du 6 juillet 1989 tendant à améliorer les rapports locatifs pour les locaux à usage d'habitation étant alors écartée. À ce titre, le Code de commerce évoque les baux de locaux ou d'immeubles accessoires à l'exploitation d'un fonds de commerce quand leur privation est de nature à compromettre l'exploitation du fonds et qu'ils appartiennent au propriétaire du local ou de l'immeuble où est situé l'établissement principal. La condition essentielle réside donc dans le caractère nécessaire, et non pas seulement utile, de la partie de l'immeuble à usage d'habitation pour l'exploitation du fonds de commerce.

En dernier lieu, ne peuvent nullement être soumis au statut des baux commerciaux les immeubles ou locaux dépendant du domaine public.

428. Les caractéristiques du fonds de commerce exploité, objet indirect du bail – Au-delà des caractéristiques du bâtiment exigées pour rendre applicable le statut des baux commerciaux, la loi requiert une seconde condition relative à l'exploitation d'un fonds de commerce dans cet immeuble.

L'exploitation effective d'un fonds de commerce implique tout d'abord l'existence d'une clientèle propre dont est titulaire le locataire. Si le locataire exploite la clientèle d'autrui, il ne mérite plus alors la protection de la loi qui lui accorde un droit au renouvellement de son bail. Il faudra veiller à vérifier l'existence d'un fonds de commerce dont est véritablement titulaire le locataire. L'enclavement du locataire commerçant dans un ensemble commercial plus vaste ou la dépendance juridique qu'il entretiendrait à l'égard d'un autre commerçant constituent autant de situations de nature à exclure la législation des baux commerciaux[517].

En outre, le fonds de commerce doit faire l'objet d'une exploitation effective dans les locaux donnés en location. Sauf motif légitime, le droit au renouvellement ne sera accordé qu'en cas d'exploitation effective dans les trois années précédant la demande de renouvellement. Plus que la personne du commerçant, le législateur entend ainsi accorder un régime protecteur au bénéfice d'une entreprise commerciale active et viable.

3) les conditions concernant les parties au contrat de bail

429. Le bailleur face à la signature d'un acte grave – Comme cela est exigé pour tout contractant, le bailleur (ou le loueur) doit avoir naturellement la capacité juridique. Toutefois, la signature d'un bail commercial peut entraîner des conséquences importantes pour le bailleur qui voit son droit de propriété amoindri par l'octroi d'un droit au renouvellement au profit du locataire et de l'encadrement législatif du loyer. La conclusion d'un bail commercial ne constitue pas un simple acte d'administration. Il est assimilé à un acte de disposition.

Par conséquent, un mineur non émancipé ne peut consentir seul un bail commercial sur un immeuble qui lui appartient. Sous le régime de

517. Voy. *supra*, n°s 271 et s.

l'administration légale pure et simple, le bail commercial ne pourra être consenti qu'avec l'accord des deux parents. En cas de désaccord, l'autorisation du juge des tutelles devra être requise. Sous le régime de l'administration légale sous contrôle judiciaire, le bail commercial ne pourra être conclu qu'avec l'accord du parent et l'autorisation conjointe du juge des tutelles.

Le majeur sous tutelle ne peut aussi s'engager valablement seul en signant un bail commercial. Le bail commercial devra être consenti par le tuteur avec l'autorisation du conseil de famille, ou à défaut celle du juge des tutelles.

Quant au majeur sous curatelle, il ne pourra consentir un bail commercial qu'avec l'assistance de son curateur.

Par ailleurs, concernant les pouvoirs des époux communs en biens, il faut rappeler le contenu de l'article 1425 du Code civil, qui précise que les époux ne peuvent consentir l'un sans l'autre un bail commercial portant sur un immeuble dépendant de la communauté. La sanction encourue en cas de non-respect de cette double signature est une nullité relative qui pourra être invoquée uniquement par le conjoint dont le consentement n'a pas été obtenu.

430. Le preneur et la condition effective : l'immatriculation au RCS du preneur – En raison de la protection accordée par la loi envers la personne du locataire (ou le preneur), la signature d'un bail commercial ne présente que peu de danger à son égard. La signature du bail commercial s'analyse donc comme un simple acte d'administration. Ainsi, en cas de mariage sous le régime de la communauté, le locataire est donc autorisé à signer seul un bail commercial par application de l'article 1421 du Code civil.

La véritable condition imposée au locataire est celle d'être immatriculé au registre du commerce et des sociétés et de disposer ainsi de la qualité de commerçant de droit. Ce formalisme est essentiel pour pouvoir accéder au statut des baux commerciaux. C'est ainsi que les associations ne peuvent bénéficier du statut des baux commerciaux, faute de pouvoir s'immatriculer au registre du commerce et des sociétés.

Des dérogations sont néanmoins prévues par la loi à l'égard de certains commerçants. Ainsi, l'immatriculation au registre du commerce et des sociétés n'est pas exigée du propriétaire d'un fonds de commerce qui a décidé de le soumettre au régime de la location-gérance[518]. En effet, ce dernier a en principe perdu la qualité de commerçant à la suite de la signature de cette convention, ce qui a entraîné sa radiation du registre. De même, les copreneurs ou les coindivisaires qui n'exploitent pas personnellement le fonds de commerce ne sont pas tenus de s'immatriculer[519].

518. Art. L. 145-1, II, C. com.
519. Art. L. 145-1, III, C. com.

Par ailleurs, au-delà de ces dérogations légales, il y a lieu de noter également certains assouplissements jurisprudentiels au regard de l'exigence d'immatriculation. Ainsi, la Cour de cassation a pu considérer que l'obligation d'immatriculation n'était pas une formalité à respecter dès la signature du contrat. Selon la jurisprudence, il faut simplement veiller à ce que l'immatriculation existe au plus tard au moment où est introduite l'action en justice qui concernerait le bénéfice ou l'exclusion du droit au renouvellement du bail[520].

Enfin, il faut préciser que la loi prévoit à l'article L. 145-2 du Code de commerce une liste hétéroclite de preneurs pouvant bénéficier du statut des baux commerciaux sans avoir à respecter cette obligation d'immatriculation au RCS (établissement d'enseignement supérieur, artiste, établissement public à caractère industriel ou commercial...).

431. Le preneur et la condition disparue : la nationalité française du locataire – Le Code de commerce exigeait classiquement la nationalité française du locataire pour lui reconnaître la plénitude du statut des baux commerciaux, et notamment le droit au renouvellement du bail. Il faut rappeler qu'à la suite d'une jurisprudence de la Cour de cassation qui contestait la régularité de cette disposition, la loi Pinel du 18 juin 2014 a abrogé cette disposition. Le droit positif accorde donc à tout commerçant, quelle que soit sa nationalité, qu'il soit ou non ressortissant de l'Union européenne, le bénéfice du statut des baux commerciaux s'il respecte, par ailleurs, toutes les autres conditions de son applicabilité.

B. L'effet de la volonté sur l'applicabilité du statut des baux commerciaux

432. La renonciation au statut des baux commerciaux – Lorsque les conditions légales sont toutes réunies, l'applicabilité du statut des baux commerciaux ne dépend pas de la volonté des parties. Elle s'opère de plein droit. Les parties ne pourraient alors exprimer leur volonté que pour renoncer à la protection du statut des baux commerciaux, mais uniquement lorsque que celle-ci est définitivement accordée par le législateur. Aussi, la jurisprudence reconnaît traditionnellement que cette renonciation expresse et non équivoque peut résulter de la volonté expresse des parties : elle n'est possible au plus tôt que le lendemain de la conclusion du bail, élément déclenchant du statut[521]. C'est l'application de la théorie de la renonciation des droits acquis. Le juge s'attachera tout particulièrement à vérifier que le consentement du locataire a été donné de manière libre et éclairée.

520. Cass. (3e civ.), 22 janvier 2014, n° 12-26179, *Bull. civ.* III, n° 3.
521. Cass. (3e civ.), 4 mai 2006, n° 05-15151, *Bull. civ.* III, n° 110.

433. Les conditions de la soumission conventionnelle du contrat au statut des baux commerciaux – À l'inverse, lorsque les conditions légales ne sont pas toutes réunies, le contrat de bail n'est pas soumis au statut. Cette soumission peut néanmoins résulter de la volonté des parties en cas de bail d'un local affecté à un usage exclusivement professionnel[522].

Deux conditions principales sont exigées pour que l'adoption volontaire du statut des baux commerciaux soit admise. D'une part, la volonté des parties doit être claire et non équivoque. Le juge veillera notamment à ce que le bailleur ait bien exprimé son consentement en connaissance de cause, eu égard à la restriction de ses droits que génère l'application du statut des baux commerciaux. D'autre part, l'application volontaire du statut des baux commerciaux ne doit pas permettre d'écarter l'application d'un statut impératif prévu par la loi et attaché au bail concerné.

434. Les effets de la soumission conventionnelle du contrat au statut des baux commerciaux – À partir du moment où les parties ont expressément accepté de soumettre leurs relations contractuelles au statut des baux commerciaux, l'ensemble des règles prévues par le Code de commerce conserve son caractère d'ordre public, de la même manière que si le statut des baux commerciaux s'appliquait automatiquement.

Ainsi, les parties ne peuvent pas pratiquer une sorte de panachage, en indiquant dans leur contrat quelles seraient les dispositions du statut des baux commerciaux qui s'appliqueraient et quelles seraient celles qui ne recevraient aucun effet. C'est donc la loi du tout ou rien : « tout le statut des baux commerciaux », ou sinon les parties devront choisir « pas de statut des baux commerciaux ». Il n'existe pas de voie intermédiaire. Il est vrai qu'une approche différente aurait conduit à l'existence de baux commerciaux personnalisables et à une multitude de règles parfois difficilement compréhensibles pour les parties et pour le juge.

§ 2. L'application du statut des baux commerciaux

435. Un lien contractuel préservé susceptible de variation encadrée – La première idée générale qui anime le législateur est de conférer une sécurité forte au profit du locataire. Cette sécurité apparaît parfois ponctuellement au détour de certaines dispositions légales. Ainsi, selon l'article L. 145-4 du Code de commerce, la durée du contrat de location ne peut être inférieure à neuf ans. De manière plus récente, la loi du 18 juin 2014 a imposé l'établissement d'un état des lieux tant lors de la prise de possession qu'au départ du locataire[523]. À défaut d'un tel état des lieux, le bailleur devra apporter la preuve des manquements du preneur à ses obli-

522. Art. L. 145-2, I, 7°, C. com.
523. Art. L. 145-40-1 C. civ.

gations d'entretien et de conservation au moment où ce dernier quitte les lieux. En effet, le bailleur ne peut invoquer la présomption de l'article 1731 du Code civil [524].

À l'aide d'autres mécanismes encore plus élaborés et d'ordre public, le Code de commerce va donc assurer la permanence du lien contractuel une fois qu'il a été librement noué. Plus précisément, le bailleur ne pourra se délier de son engagement que de manière exceptionnelle ou à la condition d'indemniser à sa juste valeur le locataire ainsi évincé.

Mais le maintien du lien contractuel serait un objectif vain si le bailleur avait la possibilité de prévoir l'augmentation des obligations du locataire de manière importante, ou encore si le locataire ne pouvait pas faire évoluer son activité en fonction d'un contexte économique changeant. Le bailleur pourrait ainsi, indirectement et de manière progressive, pousser le locataire à partir en raison de l'alourdissement de ses obligations contractuelles.

C'est donc un double objectif de sécurité et de flexibilité du lien contractuel au profit essentiellement du locataire que le législateur insuffle dans le régime du bail commercial, que ce soit lors de son exécution (A) ou à l'arrivée de son terme (B).

A. L'exécution du contrat de bail

1) *Les obligations du preneur*

436. Le respect du contrat – De manière générale, il ne faut pas oublier que le bail commercial est soumis au droit commun des obligations. Dans la mesure où le Code de commerce n'interdit pas une clause particulière, les parties seront libres de prévoir telle ou telle obligation à la charge de l'une ou l'autre des parties. Les obligations peuvent être financières (loyers, paiement des charges...) mais aussi constituer des obligations de faire (respecter les règles spécifiques communales pour exploiter une activité commerciale sur la place du Capitole à Toulouse...) ou de ne pas faire (ne pas émettre des nuisances sonores dépassant un seuil précis). Chacune des parties pourrait donc engager sa responsabilité contractuelle au cas où elle ne respecterait pas ses engagements. La résiliation du contrat pourrait être également sollicitée selon des modalités encadrées par le Code de commerce [525].

---

524. L'article 1731 du Code civil dispose que « s'il n'a pas été fait d'état des lieux, le preneur est présumé les avoir reçus en bon état de réparations locatives, et doit les rendre tels, sauf la preuve contraire ».
525. Voy. *infra*, n°s 462 et s.

437. L'exploitation du fonds de commerce – Le locataire doit jouir des locaux commerciaux faisant l'objet du contrat de bail en personne normalement diligente et avisée. Selon l'article 1728 du Code civil, il est tenu « d'user de la chose louée raisonnablement, et suivant la destination qui lui a été donnée par le bail, ou suivant celle présumée d'après les circonstances, à défaut de convention ». Plus concrètement, il s'agit d'entretenir correctement les locaux, de les maintenir en état de propreté et de sécurité de telle sorte à offrir un accueil régulier pour la clientèle. Par principe, le locataire doit également exploiter le commerce tel qu'il a été prévu, soit expressément, soit tacitement par les parties[526]. À défaut d'exploitation du fonds de commerce, la résiliation du bail commercial pourra être prononcée du fait de la perte du droit au renouvellement[527].

438. Le paiement du loyer – L'article 1728 du Code civil énonce la seconde obligation principale du locataire, à savoir « payer le prix du bail aux termes convenus ». Là encore, en cas de non-respect de cette obligation, le bailleur pourra solliciter la résiliation du contrat[528].

439. La fixation du loyer initial et le versement éventuel d'un pas de porte – Le loyer initial est librement fixé par les parties. Il résulte du libre jeu de l'offre et de la demande en n'étant soumis à aucune contrainte particulière. La liberté contractuelle joue ici de manière absolue dans la mesure où le locataire dispose de toute latitude pour s'engager ou non au regard des conditions initiales proposées par le bailleur.

Outre le loyer principal, le contrat de bail peut prévoir le versement unique d'une somme d'argent que le locataire est tenu de verser au bailleur lors de son entrée en jouissance dans les locaux. Cette pratique est admise par la jurisprudence[529]. Il s'agit de ce que les professionnels dénomment « le pas de porte » (somme versée par le locataire lorsqu'il franchit le pas de la porte donnant accès au local donné à bail). Elle intervient en pratique souvent lorsque l'emplacement est prestigieux et que les locataires sont prêts à mettre « le prix » pour disposer du local convoité. Une difficulté peut surgir quant à la qualification de ce pas de porte lorsque les parties n'auront rien indiqué dans leur contrat. Il peut s'agir, soit d'un supplément de loyer exceptionnel, soit d'une indemnité venant compenser le préjudice que subit le loueur du fait du transfert au locataire de la « propriété commerciale » (le droit au renouvellement). Le juge sera amené à choisir entre ces deux qualifications en fonction de la volonté implicite des parties. L'enjeu de cette qualification peut être important en pratique puisque seul le pas de porte qui constitue un supplément de loyer sera pris en considération lors de la révision ultérieure du loyer.

---

526. Voy. *infra*, sur la possibilité de changement d'activité au moyen d'une déspécialisation, n°s 448 et s.
527. Art. L. 145-8 C. com.
528. Voy. *infra*, n°s 464 et s.
529. Cass. (3e civ.), 15 février 1995, n° 92-18.769, *Bull. civ.* III, n° 50.

440. L'ajustement légal du loyer lors de la révision triennale – Lorsque les parties n'ont rien prévu dans leur contrat pour l'ajustement des loyers, le principe du nominalisme monétaire doit s'appliquer. C'est donc le loyer initial qui doit être payé par le locataire, ce montant n'étant pas susceptible de variation.

Toutefois, le Code de commerce a prévu un régime dérogatoire qui permet un encadrement légal de la variation du loyer. Ce régime est complexe et subit des modifications régulières, soit en raison des réformes législatives incessantes, soit à cause des fluctuations ou des ajustements de la jurisprudence.

441. La procédure de la révision triennale – Lorsque la pratique évoque un bail « 3-6-9 » en évoquant ce que le juriste nomme plus sobrement un bail commercial, il est fait directement allusion à la possibilité de réviser le montant du loyer au bout de la troisième année, de la sixième année et de la neuvième année du contrat de bail qui marque en principe son renouvellement.

Le principe reste donc que la première demande de révision ne peut être introduite qu'après l'écoulement d'une période de trois ans consécutifs à la date d'entrée en jouissance du preneur. Pour les demandes suivantes, elles peuvent être formées tous les trois ans à compter du jour où le nouveau loyer devient applicable[530].

La révision triennale du loyer peut intervenir à la demande de l'une ou l'autre des parties[531]. La demande peut être effectuée par acte d'huissier ou par lettre recommandée avec demande d'avis de réception. Elle doit contenir, à peine de nullité le montant du nouveau loyer demandé[532].

En cas de désaccord des parties sur le montant proposé, il est possible de soumettre le litige à une commission départementale de conciliation. Sa composition mêle en nombre égal représentants des bailleurs, des locataires et des personnes qualifiées du monde de l'immobilier commercial. Pendant une période de trois mois à compter de sa saisine, elle a pour mission de concilier les parties et, en cas d'échec, elle doit rendre un avis circonstancié. Une action judicaire peut être également introduite en parallèle avec la saisine de cette commission. Dans ce cas, le juge compétent, c'est-à-dire le président du tribunal de grande instance, ne pourra se prononcer tant que la commission n'aura pas rendu son avis dans le délai prévu par la loi.

442. La valeur locative, élément central de fixation du loyer révisé – Lorsque les démarches amiables ont échoué et que les parties n'arrivent pas à trouver ensemble un accord, c'est le juge qui va fixer le montant du

530. Art. L. 145-38 C. com.
531. Art. L. 145-37 C. com.
532. Art. R. 145-20 C. com.

loyer révisé, avec l'aide presque systématiquement d'un expert judiciaire qu'il va désigner.

L'article L. 145-33 du Code de commerce précise que le montant des loyers des baux révisés doit correspondre à la valeur locative. Cette valeur peut être donc supérieure ou inférieure au montant du loyer existant au jour de la saisine du juge.

De manière consensuelle, le juge ne va fixer le montant du loyer révisé, et celle de la valeur locative, qu'à défaut d'accord des parties. Dans ce cas, la détermination du montant de la valeur locative est strictement encadrée par la loi qui fixe cinq critères que le juge et l'expert judiciaire éventuellement désigné sont contraints de prendre en considération.

Selon les articles L. 145-33 et R. 145-1 et suivants du Code de commerce, la valeur locative est déterminée d'après les critères limitatifs suivants :

– Les caractéristiques du local considéré : elles concernent notamment la situation du local dans l'immeuble où il se trouve, sa surface, son volume, la commodité de son accès pour le public, l'importance des surfaces respectivement affectées à la réception du public, son adaptation à la forme d'activité qui y est exercée, son état d'entretien, de vétusté ou de salubrité et sa conformité aux normes exigées par la législation du travail, la nature et l'état des équipements et des moyens d'exploitation mis à la disposition du locataire, la présence ou non de locaux accessoires...

– La destination des lieux : cette destination est celle autorisée par le bail et ses avenants ou par le tribunal en cas notamment de déspécialisation autorisée.

– Les obligations respectives des parties : les restrictions à la jouissance des lieux et les obligations incombant normalement au bailleur dont celui-ci se serait déchargé sur le locataire sans contrepartie constituent par exemple un facteur de diminution de la valeur locative. Il en est de même des obligations imposées au locataire au-delà de celles qui découlent de la loi ou des usages.

– Les facteurs locaux de commercialité : ils dépendent principalement de l'intérêt que présente, pour le commerce considéré, l'importance de la ville, du quartier ou de la rue où il est situé, du lieu de son implantation, de la répartition des diverses activités dans le voisinage, des moyens de transport, de l'attrait particulier ou des sujétions que peut présenter l'emplacement pour l'activité considérée et des modifications que ces éléments subissent d'une manière durable ou provisoire.

– Les prix couramment pratiqués dans le voisinage : ils concernent des locaux équivalents eu égard à l'ensemble des quatre critères énoncés précédemment.

443. Le plafonnement, élément modérateur de la révision du loyer – La valeur locative qui a été déterminée en fonction des critères légaux ne constitue pas nécessairement le montant du loyer révisé. En effet, le législateur a prévu un mécanisme supplémentaire de correction qui va permettre un dernier ajustement éventuel du loyer.

En effet, par application de l'article L. 145-38 du Code de commerce, la majoration ou la diminution de loyer consécutive à une révision triennale ne peut excéder la variation de l'indice trimestriel des loyers commerciaux (ou de l'indice trimestriel des loyers des activités tertiaires lorsque l'activité exercée dans le local n'est pas commerciale) intervenue depuis la dernière fixation amiable ou judiciaire du loyer.

Dans le cas où cette preuve est rapportée, un autre plafonnement – la doctrine parle souvent de lissage – intervient : la variation de loyer qui en découle ne peut conduire à des augmentations supérieures, pour une année, à 10 % du loyer acquitté au cours de l'année précédente.

Au final, le montant du loyer révisé est fixé au montant de la valeur locative si son montant se situe entre le loyer en cours et le plafond résultant de la variation de l'indice applicable par effet de l'article L. 145-38 du Code de commerce[533]. Le montant du loyer révisé sera fixé au montant du plafond déterminé par l'évolution de l'indice trimestriel des loyers commerciaux, ou éventuellement celui-ci réajusté s'il vient à dépasser les 10 % du loyer acquitté au cours de l'année précédente.

444. Le déplafonnement, élément libérateur de la révision du loyer – Le régime de révision du loyer, déjà fort complexe, comprend également des hypothèses où le plafonnement ne jouera pas : la révision triennale redevient déplafonnée avec pour seule référence la valeur locative. Trois hypothèses de déplafonnement peuvent être citées :

– si la preuve est rapportée d'une modification matérielle des facteurs locaux de commercialité ayant entraîné par elle-même une variation de plus de 10 % de la valeur locative (art. L. 145-5 C. com.). Dans ces cas, le second plafond fixé à 10 % du loyer acquitté au cours de l'année précédente joue néanmoins ;

– si une sous-location a été accordée par le preneur avec un sous-loyer dû par le sous-locataire à ce dernier dont le montant est supérieur au montant du loyer principal exigé initialement par le bailleur à la charge du locataire (art. L. 145-31 C. com.) ;

– si une déspécialisation plénière ou partielle est intervenue (art. L. 145-47 et L. 145-50 C. com.).

445. L'ajustement contractuel des loyers : clause d'échelle mobile et clause recettes – Afin d'éviter d'être soumis entièrement aux règles d'ordre

533. Cass. (3e civ.), 6 février 2008, n° 06-21983, *Bull. civ.* III, n° 23.

public concernant la révision triennale du loyer, les parties peuvent volontairement soumettre la variation du loyer à un processus contractuel. Deux possibilités distinctes peuvent être envisagées par les parties.

446. La clause d'échelle mobile ou d'indexation – La première possibilité pour les parties concerne l'insertion d'une clause d'indexation, encore appelée clause d'échelle mobile. Aucune définition de cette clause n'est prévue par la loi. Il s'agit d'une stipulation contractuelle qui permet de fixer à l'avance une évolution périodique et automatique du loyer au regard de l'évolution d'un indice de référence. Il s'agit d'éviter les effets de l'érosion monétaire en permettant au loyer d'être fixé à un juste prix tout au long de l'exécution du contrat.

La validité de la clause dépend essentiellement du choix de l'indice qui sera effectué par les parties. Selon les dispositions des articles L. 112-1 et L. 112-2 du Code monétaire et financier, l'indice choisi doit, à peine de nullité, être en relation directe, soit avec l'objet de la convention, soit avec l'activité de l'une des parties. Dans la mesure où la loi présume l'indice du coût de la construction comme étant de manière irréfragable réputé se trouver en relation directe avec l'objet d'un bail portant sur un immeuble bâti, les parties ont traditionnellement recours à cet indice pour éviter toute contestation concernant la régularité de l'indice.

La jurisprudence a apporté une précision complémentaire importante s'agissant de la validité de la clause d'indexation. En effet, la Cour de cassation a condamné l'usage des clauses d'indexation dites « asymétriques », c'est-à-dire pratiquement celles qui ne sont susceptibles de jouer qu'à la hausse. Cette clause a vocation à être insérée par le bailleur pour l'unique défense de ses propres intérêts. Ainsi, de manière plus générale, « est nulle une clause d'indexation qui exclut la réciprocité de la variation et stipule que le loyer ne peut être révisé qu'à la hausse »[534]. En effet, le propre d'une clause d'échelle mobile consiste à générer une variation à la hausse comme à la baisse : la clause qui écarte toute réciprocité de variation fausse inévitablement le jeu normal de l'indexation. La cour de cassation a également déclaré irrecevable la question prioritaire de constitutionnalité tendant à contester « le principe jurisprudentiel suivant lequel est nulle une clause d'indexation qui exclut la réciprocité de la variation et stipule que le loyer ne peut être révisé qu'à la hausse »[535].

Sa validité vérifiée, le principal effet de la clause d'indexation est qu'elle écarte en principe le mécanisme légal de la révision triennale. La clause d'indexation permet un réajustement du loyer sans avoir à respecter l'attente d'une période de trois ans et sans qu'aucune demande particulière ne soit formée par l'une ou l'autre des parties.

---

534. Cass. (3e civ.), 14 janvier 2016, n° 14-24.681, publié au *Bulletin*.
535. Cass. (3e civ.), 15 février 2018, n° 17-40.069.

Toutefois, cette dernière règle n'est pas absolue. En effet, par application de l'article L. 145-39 du Code de commerce, si le bail est assorti d'une clause d'échelle mobile, la révision peut être demandée chaque fois que, par le jeu de cette clause, le loyer se trouve augmenté ou diminué de plus d'un quart par rapport au prix précédemment fixé contractuellement ou par décision judiciaire. La révision légale peut donc intervenir, à tout moment, sans avoir à attendre l'expiration d'une période triennale. La révision légale doit alors conduire à fixer le loyer révisé au montant de la valeur locative, sans que les règles concernant le plafonnement par l'indice trimestriel des loyers commerciaux n'interviennent. La variation de loyer qui découle de cette révision est néanmoins soumise au « lissage » puisqu'elle ne peut conduire à des augmentations supérieures, pour une année, à 10 % du loyer acquitté au cours de l'année précédente.

447. La clause-recettes – La seconde possibilité pour les parties consiste à insérer dans le contrat de bail une clause-recettes. Cette clause licite permet de déterminer le loyer en fonction d'un pourcentage du chiffre d'affaires réalisé par le locataire commerçant. Cette clause nécessite une certaine dose de confiance entre les parties puisque le locataire aurait parfois la possibilité de minorer le chiffre d'affaires par rapport à l'activité réellement exercée.

En pratique, il sera souvent prévu un loyer de base qui sert de plancher. Au-delà de ce loyer qui constitue une garantie minimum pour le bailleur, un loyer variable indexé sur le chiffre d'affaires vient s'ajouter. On parle alors de loyer binaire qui constitue une forme particulière de clause-recettes.

Même si le loyer plancher est affecté d'une clause d'indexation, la cour de cassation décide que la clause recettes de manière générale ne peut pas constituer une clause d'indexation. Par conséquent, le mécanisme de révision légale du loyer sera écarté au terme de chaque période triennale, quand bien même les parties auraient souhaité chercher ce résultat[536]. De même, le juge ne peut fixer le loyer binaire lors du renouvellement du bail commercial. À défaut de dispositions particulières dans le bail commercial, le loyer initialement prévu par les parties sera appliqué à nouveau lors de son renouvellement.

2) *Les droits spécifiques du preneur*

448. La déspécialisation et ses variantes – Selon l'article 1729 du Code civil, « si le preneur n'use pas de la chose louée raisonnablement ou emploie la chose louée à un autre usage que celui auquel elle a été destinée, ou dont il puisse résulter un dommage pour le bailleur, celui-ci peut,

536. Cass. (3e civ.), 5 mars 2013, n° 11-28461.

suivant les circonstances, faire résilier le bail ». Le principe demeure donc le respect par le locataire du type d'activités qui est décrit dans le bail. À défaut, il pourra se faire évincer sans recevoir aucune indemnité particulière.

En pratique, deux types de baux commerciaux se rencontrent à cet égard. Le bail dit « tous commerces » qui autorise le locataire à changer d'activités quand bon lui semble. Ce bail est prisé puisque lors de la cession du fonds de commerce, l'acquéreur pourra changer d'activités s'il le souhaite. L'autre catégorie de baux renvoie à ceux qui précisent la nature de l'activité commerciale qu'il est seulement possible d'exercer au sein du local loué.

Cette dernière situation peut s'avérer problématique pour le locataire dont l'activité péricliterait et qui n'aurait ainsi pas la possibilité de faire évoluer son affaire pour redresser sa situation. Le législateur a donc prévu des dispositions qui permettent, sous certaines conditions, de faire échec à la force obligatoire du contrat. Le locataire est alors autorisé à compléter ou changer d'activité selon des conditions différentes Plus juridiquement, il s'agit de la possibilité pour le locataire de solliciter le bénéfice d'une déspécialisation simple ou alors d'une déspécialisation plénière.

449. La déspécialisation simple ou partielle – Selon l'article L. 145-47 du Code de commerce, le locataire peut adjoindre à l'activité prévue au bail des activités connexes ou complémentaires, peu importe que ces activités nouvelles deviennent prépondérantes par rapport à l'activité initiale[537].

Si cette éventualité est choisie par le locataire, une procédure particulière est prévue par cet article. Le locataire doit faire connaître son intention au propriétaire par acte extrajudiciaire ou par lettre recommandée avec demande d'avis de réception, en indiquant les activités dont l'exercice est envisagé. Une fois que cette mise en demeure est adressée au propriétaire, ce dernier doit faire connaître dans un délai de deux mois s'il conteste le caractère connexe ou complémentaire de ces activités. À défaut de réponse du propriétaire contestant cette demande dans ce délai, il ne peut plus contester la déspécialisation sollicitée qui peut donc être mise en œuvre.

En cas de contestation régulière en la forme, le tribunal de grande instance, saisi par la partie la plus diligente, se prononce en fonction notamment de l'évolution des usages commerciaux. La jurisprudence en la matière est très empirique et peu facile à prévoir. Ainsi, la connexité ou la complémentarité existe entre une activité de prêt-à-porter à celle de lingerie fine[538]. En revanche, la déspécialisation est rejetée lorsque l'activité principale concerne une activité de mécanique automobile et que l'adjonction porte sur des prestations de tôlerie et peinture, « le matériel

537. Cass. (3e civ.), 24 octobre 1984, n° 83-11.43, *Bull. civ.* III, n° 174.
538. Cass. (3e civ.), 24 octobre 1984, préc.

employé et les compétences requises pour l'exercice de ces deux activités étant totalement différents »[539].

Il faut préciser que le locataire bénéficie d'un droit de rétractation. D'après l'article L. 145-55 du Code de commerce, à tout moment et jusqu'à l'expiration d'un délai de quinze jours à compter de la date à laquelle la décision est passée en force de chose jugée, le locataire qui a formé une demande de déspécialisation simple peut y renoncer en le notifiant au bailleur par acte extrajudiciaire ou par lettre recommandée avec demande d'avis de réception. Dans ce cas, il supporte seul tous les frais de l'instance.

Enfin, il faut préciser que le législateur a réservé une mesure de faveur à l'égard du bailleur qui peut être amené à subir cette déspécialisation partielle. L'article L. 145-47 du Code de commerce prévoit que lors de la première révision triennale suivant la notification adressée par le locataire aux fins d'adjonction d'une activité connexe ou complémentaire, et si cette nouvelle situation a modifié la valeur locative, le bailleur peut alors bénéficier d'une augmentation de loyer qui échappe au plafonnement.

450. La déspécialisation plénière ou totale – Alors que la déspécialisation partielle entraîne une simple adjonction d'activités nouvelles, l'hypothèse de la déspécialisation plénière produit des effets beaucoup plus radicaux : il est effectivement possible de substituer à l'activité initialement prévue dans le bail une nouvelle activité choisie unilatéralement par le locataire.

Selon l'article L. 145-47 du Code de commerce, le locataire peut, sur sa demande, être autorisé à exercer dans les lieux loués une ou plusieurs activités différentes de celles prévues au bail. La procédure pour bénéficier de la déspécialisation plénière est ici encore particulièrement encadrée par l'article L. 145-48 et suivants du Code de commerce.

Dans un premier temps, la demande faite au bailleur doit, à peine de nullité, comporter l'indication des activités dont l'exercice est envisagé. Elle est formée par acte extrajudiciaire ou par lettre recommandée avec demande d'avis de réception et dénoncée, en la même forme, aux créanciers inscrits sur le fonds de commerce. Ces derniers peuvent demander que le changement d'activité soit subordonné aux conditions de nature à sauvegarder leurs intérêts.

Dans un deuxième temps, le bailleur doit, dans le mois de cette demande, en aviser, dans la même forme, ceux de ses locataires envers lesquels il se serait obligé à ne pas louer en vue de l'exercice d'activités similaires à celles visées dans la demande. Ceux-ci doivent, à peine de forclusion, faire connaître leur attitude dans le mois de cette notification. Il s'agit de connaître la réaction des autres locataires du bailleur qui bénéficieraient de stipulations particulières en leur faveur.

539. Cass. (3e civ.), 4 février 1997, n° 95-11.914.

Dans un troisième temps, à défaut par le bailleur d'avoir, dans les trois mois de la demande, notifié son refus, son acceptation ou encore les conditions auxquelles il subordonne son accord, il est réputé avoir acquiescé à la demande. Le changement d'activité peut alors motiver le paiement, à la charge du locataire, d'une indemnité égale au montant du préjudice dont le bailleur établirait l'existence.

Dans un dernier temps, et si le refus du propriétaire est intervenu de manière régulière, le tribunal de grande instance peut autoriser la transformation totale ou partielle malgré le refus du bailleur. Trois conditions de fond devront alors être réunies pour que le juge fasse droit à la demande de déspécialisation plénière :

– la demande du locataire est formée eu égard à la conjoncture économique et aux nécessités de l'organisation rationnelle de la distribution (art. L. 145-48 C. com.) ;

– les activités nouvelles doivent être compatibles avec la destination, les caractères et la situation de l'immeuble ou de l'ensemble immobilier (art. L. 145-48 et L. 145-51 C. com.) ;

– le refus du bailleur ne doit pas être justifié par un motif grave et légitime (art. L. 145-52 C. com.).

Si la contestation porte uniquement sur le montant du loyer, c'est le seul président du Tribunal de grande instance qui devra statuer sur cette difficulté. Comme lors de l'exécution du bail[540], la présence d'une clause-recettes fait échec à l'ensemble de ces mécanismes légaux de révision à l'occasion de la fixation du loyer du bail renouvelé[541].

Le locataire bénéficie d'un droit de rétraction qui s'exerce selon les mêmes modalités que celles prévues en cas de demande de déspécialisation simple[542].

Enfin, le bailleur va bénéficier d'une mesure de faveur concernant la fixation du loyer à la suite de la déspécialisation plénière. Par application de l'article L. 145-50, alinéa 2, du Code de commerce, dès l'exercice effectif de la nouvelle activité par le locataire, le bailleur peut solliciter la révision du loyer qui sera alors fixée à la valeur locative sans application des règles concernant le plafonnement.

451. La sous-location, objet de la méfiance du législateur – Alors que l'article 1717 du Code civil affirme le droit pour le preneur de sous-louer le

---

540. Voy. *supra*, n° 447.
541. Cass. (3e civ.), 7 mars 2001, n° 99-17.055, *Bull. civ.* III, n° 29, selon lequel « la cour d'appel a retenu à bon droit que par les stipulations du bail relatives à la fixation du loyer les parties avaient entendu déroger aux dispositions du statut des baux commerciaux et que le propriétaire ne pouvait invoquer le pouvoir reconnu au juge des loyers commerciaux en cette matière ».
542. Voy. *supra*, n° 449.

bien dont il a la jouissance si aucune convention ne lui interdit, le Code de commerce prévoit la règle strictement inverse à propos du bail commercial. En effet, selon l'article 145-31 du Code de commerce, sauf stipulation contraire du bail ou accord du bailleur, toute sous-location totale ou partielle est interdite. La prohibition de la sous-location en matière de bail commercial n'est toutefois pas d'ordre public.

452. La procédure d'autorisation de la sous-location – Ainsi, la sous-location est vue d'un œil méfiant de la part du législateur lorsqu'il intervient à propos d'un bail commercial. La simple tolérance du bailleur qui accepterait tacitement la mise en place d'une sous-location ne permet pas de la rendre régulière si une stipulation précise du contrat ne l'autorise pas expressément. Il est nécessaire de suivre une procédure particulière édictée à l'article L. 145-31 du Code de commerce.

Cette disposition exige que le propriétaire soit appelé à concourir à l'acte. Dans cette perspective, le locataire doit faire connaître au propriétaire son intention de sous-louer par acte extrajudiciaire ou par lettre recommandée avec demande d'avis de réception. Dans les quinze jours de la réception de cet avis, le propriétaire doit faire savoir s'il entend concourir à l'acte. Si, malgré l'autorisation prévue par le contrat, le bailleur refuse ou s'il omet de répondre dans le délai de quinzaine, le locataire et le sous-locataire peuvent passer outre son inertie. La sous-location devient alors possible et procure au sous-locataire des droits importants.

453. Les effets de la sous-location – Lorsque la sous-location est possible, elle produit tous les effets classiques d'un contrat de bail. En outre, certains effets spécifiques font l'objet d'une attention particulière du législateur.

En premier lieu, le sous-locataire va bénéficier du statut des baux commerciaux et tout particulièrement du droit au renouvellement de son contrat à l'égard du locataire principal, « dans la mesure des droits que ce dernier tient lui-même du propriétaire »[543].

En deuxième lieu, lorsque le loyer de la sous-location est supérieur au prix de la location principale, le propriétaire a la faculté d'exiger une augmentation correspondante du loyer de la location principale.

En dernier lieu, à l'expiration du bail principal, le propriétaire n'est tenu au renouvellement que s'il a, expressément ou tacitement, autorisé ou agréé la sous-location[544]. Le non-respect de la procédure qui doit aboutir à l'autorisation licite de la sous-location produit donc un retentissement particulièrement dévastateur pour le locataire principal au moment du renouvellement du bail.

543. Art. L. 145-32 C. com.
544. Art. L. 145-32 *in fine* C. com.

454. La cession du bail commercial, objet de vigilance du législateur – L'article 1717 du Code civil prévoit que la cession du bail est libre sauf stipulation contraire des parties. En matière de bail commercial, la cession du bail est toujours possible lorsque la vente du fonds de commerce est décidée par le locataire. L'article L. 145-16 du Code de commerce l'affirme clairement : sont ainsi réputées non écrites toutes conventions qui tendent à interdire au locataire de céder son bail commercial à l'acquéreur de son fonds de commerce.

455. Les atteintes autorisées à la cession du bail – La jurisprudence interprète de manière stricte cette interdiction légale d'entraver la cession du bail commercial. Finalement, la cession du bail commercial peut être contrariée dans deux hypothèses distinctes.

La première hypothèse concerne des clauses contractuelles qui n'interdisent pas la cession du bail en cas de vente du fonds de commerce, mais simplement qui restreignent cette possibilité en prévoyant des conditions supplémentaires. Par exemple, une clause peut valablement exiger la rédaction d'un acte notarié auquel le bailleur devrait être nécessairement appelé. De même, il est possible de prévoir un agrément de la part du bailleur qui devra accepter le nouvel acquéreur pressenti pour l'acquisition du fonds de commerce. Dans ce cas néanmoins, la jurisprudence veille à ce que le refus d'agrément du bailleur ne soit pas abusif et un contrôle judiciaire peut toujours être exercé sur les décisions rendues par le bailleur.

La seconde hypothèse a trait à la possibilité d'insérer dans un contrat de bail commercial l'interdiction de céder le bail à titre isolé. Cette clause est alors parfaitement valable en dehors de l'hypothèse particulière où le commerçant fait valoir ses droits à la retraite ou à une pension d'invalidité. Dans ce cas précis, l'article L. 145-51 du Code de commerce prévoit que lorsque ce locataire a signifié à son propriétaire et aux créanciers inscrits sur le fonds de commerce son intention de céder son bail en indiquant la nature des activités dont l'exercice est envisagé et le prix proposé, le bailleur dispose, dans un délai de deux mois, d'une priorité de rachat. Ce rachat peut alors s'effectuer aux conditions fixées dans la signification. À défaut d'usage de ce droit par le bailleur ou si, dans le même délai de deux mois, il n'a pas saisi le tribunal de grande instance, son accord est alors réputé acquis.

Concernant les conditions de validité de la cession du bail commercial, elles résultent de l'article 1216 du Code civil qui est relatif aux cessions de contrat. La première exigence est un contrat écrit, à peine de nullité. La seconde exigence a trait au bailleur : ce dernier doit avoir, soit donné par avance son accord dans le bail commercial, soit s'être vu notifié la cession, soit enfin en avoir pris acte.

456. Les effets de la cession de bail – La cession de bail produit une substitution de parties. Ce n'est plus le cédant qui est locataire mais le cessionnaire. Les règles qui avaient été établies par la jurisprudence concernant les effets de cette cession semblent être perturbées par des réformes législatives postérieures.

La première question concerne l'éventuelle reprise des obligations du cédant vis-à-vis du bailleur par le cessionnaire. La principale hypothèse pratique concerne les dégradations commises par le cessionnaire. La jurisprudence avait considéré que le cessionnaire devait répondre de ces dégradations envers le bailleur[545]. Cette jurisprudence semble être aujourd'hui contestable. En effet, l'article L. 145-40-1 du Code de commerce, dont la rédaction est issue de la loi du 18 juin 2014, prévoit l'établissement d'un état des lieux en cas notamment de cession du droit au bail et de cession ou de mutation à titre gratuit du fonds de commerce. Il faut alors comprendre que le cessionnaire n'est tenu des dégradations que de son seul fait, c'est-à-dire après l'établissement de l'état des lieux d'entrée dans les locaux.

La seconde question concerne la situation du cédant au regard du paiement des loyers échus postérieurement à la cession. Dans cette hypothèse, la jurisprudence avait décidé que, par principe, le cédant était libéré de toute obligation au paiement des loyers. Seul le cessionnaire était débiteur des loyers dont le fait générateur était postérieur à la cession[546]. Cette solution apparaît contraire aux dispositions de l'article 1216-1 du Code civil issu de l'ordonnance du 10 février 2016 portant réforme du droit des contrats, du régime général et de la preuve des obligations. Selon cette disposition, si le bailleur a expressément consenti à la cession du bail, la cession de ce contrat libère le cédant pour l'avenir. À défaut, et sauf clause contraire, le cédant est tenu solidairement à l'exécution du contrat. La solution dépend dorénavant de l'accord ou non du bailleur à la cession du bail. Or, il a été vu que cette cession pouvait s'imposer à lui sans son consentement.

Il reste que sur ce point précis, le contrat de bail contient fréquemment une clause qui prévoit les modalités de garantie dues par le cédant au regard du paiement des loyers postérieurs à la cession. Les stipulations contractuelles ont donc vocation à écarter le régime du Code civil qui prévoit la garantie solidaire du cédant. C'est au regard de cette pratique contractuelle que le Code de commerce a été enrichi par la loi du 18 juin 2014. En effet, l'article L. 145-16-1 de ce code prévoit tout d'abord une obligation d'information à la charge du bailleur : « si la cession du bail commercial est accompagnée d'une clause de garantie du cédant au bénéfice du bailleur, ce dernier informe le cédant de tout défaut de paiement du locataire dans le délai d'un mois à compter de la date à laquelle la somme aurait dû être acquittée par celui-ci ». On peut supposer qu'en cas de défaillance du bailleur au regard de cette obligation, la sanction soit la déchéance de la garantie, ou du moins le versement de

545. Cass. (3e civ.), 9 juillet 2003, n° 02-11.794, *Bull. civ.* III, n° 345.
546. Cass. (3e civ.), 12 juillet 1988, n° 86-15.759, *Bull. civ.* III, n° 125.

dommages-intérêts au cédant au regard du préjudice qu'il aurait pu subir. Dans un second temps, l'article L. 145-16-2 du Code de commerce limite la garantie du cédant à une durée de 3 années à compter de la cession du bail.

Enfin, il faut préciser que l'article L. 214-1 et suivants du Code de l'urbanisme prévoit un droit de préemption au profit des communes qu'elles peuvent instituer dans un périmètre considéré. Ce droit de préemption, qui concerne aussi bien la cession du bail avec ou sans fonds de commerce, a été étudié plus en détails au sujet de la vente de fonds de commerce[547].

457. Le droit au renouvellement – Manifestation juridique de la propriété commerciale, le droit au renouvellement constitue l'élément central de la protection accordée par le législateur au locataire. D'ailleurs, dans le sillage de la jurisprudence, l'article L. 145-15 du Code de commerce pose la règle que sont réputés non écrits, quelle qu'en soit la forme, les clauses, stipulations et arrangements qui ont pour effet de faire échec au droit de renouvellement. Les conditions de fond et de forme pour que locataire puisse bénéficier du droit au renouvellement sont multiples.

458. Les conditions de fond du droit au renouvellement – En premier lieu, le droit au renouvellement n'est accordé au locataire que pour les baux demeurant soumis au statut prévu par les articles L. 145-1 et suivants du Code de commerce. Si cette première condition n'est pas réunie, à l'expiration du bail, le bailleur pourra mettre un terme aux relations contractuelles. Le locataire devra quitter les lieux sans recevoir la moindre indemnisation.

En second lieu, deux autres conditions sont relatives au titulaire du droit au renouvellement. D'une part, selon l'article L. 145-8 du Code de commerce, il est prévu que le droit au renouvellement « ne peut être invoqué que par le propriétaire du fonds qui est exploité dans les lieux ». Ce droit au renouvellement du bail appartient donc non seulement au locataire initial, mais le cas échéant aussi au cessionnaire du bail ou encore au sous-locataire. En cas de location-gérance, seul le propriétaire du fonds de commerce, et non le locataire-gérant, peut prétendre au bénéfice de ce droit au renouvellement. D'autre part, il faut également que le propriétaire du fonds de commerce soit immatriculé au registre du commerce et des sociétés, au plus tard au moment où une action en justice est lancée aux fins de contester ou de reconnaître ce droit au renouvellement. Lorsque le bail a été consenti à plusieurs locataires, l'immatriculation du ou des locataires qui n'exploitent pas effectivement le fonds de commerce n'est pas exigée par le Code de commerce. Enfin, il faut préciser que le défaut d'immatriculation du locataire-gérant ne fait pas perdre au loueur le droit au renouvellement du bail commercial. Ce dernier n'a pas besoin d'être immatriculé au registre du commerce et des sociétés pour bénéficier

---

547. Voy. *supra*, n° 352.

de ce droit. L'immatriculation du locataire – qui n'est alors plus nécessairement un commerçant – n'est pas non plus exigée en cas de soumission volontaire aux statuts des baux commerciaux[548].

En dernier lieu, l'article L. 145-8 du Code de commerce exige l'exploitation effective du fonds de commerce lors des trois dernières années du bail. En revanche, ce texte n'exige pas une exploitation continue du fonds de commerce. La cessation d'activité ne pourra être utilement invoquée par le bailleur que si elle présente un caractère définitif et irréversible.

459. Les modalités procédurales donnant accès au droit au renouvellement – La procédure de renouvellement peut être mise en œuvre par chacune des parties.

Le plus souvent, en pratique, elle émane du preneur qui va former une demande de renouvellement du bail par acte d'huissier ou par lettre recommandée avec demande d'avis de réception. Cette demande est adressée soit dans les six mois qui précèdent l'expiration du bail, soit à tout moment en cas de tacite reconduction de ce contrat[549]. Dans les trois mois de la notification de la demande en renouvellement, le bailleur doit, par acte extrajudiciaire, faire connaître au demandeur s'il refuse le renouvellement en précisant les motifs de ce refus. Le refus de renouvellement doit également, à peine de nullité, indiquer que le locataire qui entend, soit contester le refus de renouvellement, soit demander le paiement d'une indemnité d'éviction, doit saisir le tribunal avant l'expiration d'un délai de deux ans à compter de la date à laquelle est signifié le refus de renouvellement. Le bailleur qui, sans être opposé au principe du renouvellement, désire obtenir une modification du prix du bail doit faire connaître le loyer qu'il propose. À défaut d'avoir fait connaître ses intentions dans le délai de trois mois, le bailleur est réputé avoir accepté le principe du renouvellement du bail précédent.

La procédure de demande de renouvellement peut également émaner de la part du bailleur. Dans ce cas, il adresse un congé assorti d'une offre de renouvellement moyennant une modification du loyer du bail dont il doit indiquer le nouveau montant proposé[550]. Le congé doit là encore prendre la forme d'un acte d'huissier qui doit être délivré au moins six mois à l'avance. Il doit indiquer à peine de nullité les modalités d'une contestation judiciaire que pourrait mettre en œuvre le preneur[551]. À défaut de respecter l'ensemble de ces conditions, le bail se poursuit alors aux conditions antérieures par tacite reconduction.

---

548. Cass. (3e civ.), 9 février 2005, n° 03-17476, *Bull. civ.* III, n° 33, selon lequel « en cas de soumission volontaire au statut des baux commerciaux, l'immatriculation du preneur au registre du commerce et des sociétés n'est pas une condition impérative de son droit au renouvellement ».

549. Art. L. 145-10 C. com.

550. Art. L. 145-11 C. com.

551. Art. L. 145-9 C. com.

460. La fixation du loyer du bail renouvelé – En pratique, le renouvellement du bail est souvent l'occasion pour le bailleur de solliciter une hausse du loyer. Mais le locataire peut également contester cette hausse et même demander une diminution du loyer. À défaut d'accord entre les parties, elles peuvent saisir la commission départementale de conciliation[552] ou introduire une action en justice devant le président du tribunal de grande instance.

Le montant du loyer du bail renouvelé est fixé en considération de la valeur locative[553]. La variation obtenue est soumise, comme en matière de révision légale en cours d'exécution du bail, à un plafonnement : cette variation ne peut aller au-delà de la variation de l'indice trimestriel des loyers commerciaux intervenue depuis la fixation du loyer initial du bail dont le renouvellement est sollicité[554].

Il existe également des hypothèses spécifiques où le déplafonnement peut être obtenu[555] :

– en cas d'une modification notable des éléments mentionnés aux 1° à 4° de l'article L. 145-33 du Code de commerce et qui servent à la fixation de la valeur locative. Ne sont pas pris en considération ici les modifications notables des facteurs locaux de commercialité (le 5° de l'article L. 145-33 du même code) ;

– si la durée du bail initial à renouveler est d'une durée supérieure à neuf années.

Dans ces deux hypothèses de déplafonnement, un « lissage » est prévu par le législateur : la variation de loyer qui en découle ne peut conduire à des augmentations supérieures, pour une année, à 10 % du loyer acquitté au cours de l'année précédente.

Les clauses-recettes, comme lors de l'exécution du bail, ne sont pas soumises aux règles de révision légale. Selon le célèbre arrêt de la cour de cassation du 10 mars 1993 (arrêt Théâtre Saint Georges)[556], la fixation du loyer renouvelé d'un bail commercial comportant une clause-recettes échappe aux dispositions du statut des baux commerciaux et n'est régie que par la convention des parties.

Dans bien des cas, la question du renouvellement du bail et la fixation de son loyer posent des difficultés importantes au point qu'elles peuvent conduire les parties à envisager de mettre fin au contrat.

---

552. Art. L. 145-35 C. com.
553. Art. L. 145-33 C. com.
554. Art. L. 145-34 C. com.
555. Art. L. 145-34 C. com.
556. Cass. (3e civ.), 10 mars 1993, n° 91-13418, *Bull. civ.* III, n° 30 ; *JCP*, 1993, II, 22089, note F. Auque ; *RTD com.*, 1993, p. 638, obs. M. Pédamon.

B. La fin du contrat de bail

461. Le respect du droit commun, la résiliation amiable et la résiliation de plein droit – La résiliation du bail commercial reste soumise au droit commun des contrats. Par application de l'article 1229 du Code civil, la résiliation du contrat n'opère que pour l'avenir : il n'y a pas lieu d'anéantir rétroactivement les prestations déjà effectuées qui ont trouvé leur utilité au fur et à mesure de l'exécution réciproque du contrat. Néanmoins, le Code de commerce prévoit de nombreuses règles dérogatoires qui donnent une configuration particulière à la rupture du bail commercial.

Une situation ne pose pas de grandes difficultés, autres que celles posées pour tout contrat à exécution successive rompu de la sorte. Il s'agit de la résiliation amiable du contrat de bail qui demeure toujours possible à tout instant. La volonté commune des parties de cesser les relations contractuelles est suffisante pour anéantir le lien contractuel qu'elle avait créé. Une règle spécifique doit être respectée. En effet, l'article L. 143-2, alinéa 2, du Code de commerce prévoit une formalité particulière : la résiliation amiable du bail ne devient définitive qu'un mois après la notification qui en a été faite aux créanciers inscrits à leurs domiciles élus.

Une autre situation particulière n'appelle guère que quelques commentaires. La perte de la chose louée entraîne la résiliation automatique du bail commercial (destruction de l'immeuble par un incendie par exemple). La notion de faute des parties n'intervient pas. La résiliation du contrat ne nécessite donc pas de respecter les formalités spécifiques prévues par l'article L. 145-41 Code de commerce (délivrance d'un commandement d'huissier et respect d'un délai d'un mois)[557].

Toutefois, c'est la résiliation unilatérale du contrat de bail par une seule des parties qui a suscité l'intérêt particulier du législateur, essentiellement dans l'objectif de protéger le commerçant locataire.

1) *L'exercice de la résiliation triennale*

462. Une possibilité de rupture anticipée essentiellement réservée au locataire – D'après l'article L. 145-4, alinéa 1er, du Code de commerce, le bail commercial doit avoir une durée qui ne peut pas être inférieure à neuf années. Il s'agit d'accorder au locataire l'assurance d'une certaine stabilité des relations contractuelles en lui permettant de mettre en œuvre des projets à moyen terme. En somme, le locataire doit pouvoir se « projeter » sereinement dans l'exploitation de son activité commerciale sans avoir la crainte que le contrat de bail puisse être rompu à tout moment par le bailleur.

557. Cass. (3e civ.), 14 octobre 2009, n° 08-14926, *Bull. civ.* III, n° 222.

Toutefois, il ne faut pas que cette volonté du législateur d'apporter une stabilité aux relations contractuelles constitue finalement un piège au sein duquel le locataire resterait enfermé jusqu'au terme du bail. Si les affaires sont moins florissantes qu'escomptées, si le locataire s'est trompé dans la réalisation concrète de son projet en choisissant un emplacement inadéquat, il doit avoir la possibilité de mettre un terme de manière anticipée au bail afin de lui éviter la charge financière des loyers devenue pour lui inopportune.

C'est la raison pour laquelle l'article L. 145-4, alinéa 2, du Code de commerce accorde la faculté pour le locataire de donner congé à l'issue de chaque période triennale du contrat de bail commercial. Pour faire valoir cette faculté de résiliation anticipée, le congé doit être délivré au moins six mois à l'avance par rapport à la date où la résiliation triennale peut prendre effet, soit par lettre recommandée avec demande d'avis de réception, soit par acte extrajudiciaire.

Lorsque le preneur entend bénéficier de ses droits à la retraite du régime social auquel il est affilié ou s'il a été admis au bénéfice d'une pension d'invalidité attribuée dans le cadre de ce régime social, la résiliation peut intervenir à tout moment. Le locataire doit alors simplement respecter les formes et délais énoncées précédemment pour la délivrance du congé au bailleur[558].

Enfin, cette résiliation triennale réservée au locataire peut être écartée par une clause du contrat de bail, mais seulement dans deux hypothèses limitatives énumérées par la loi. La première concerne les baux d'une durée de plus de neuf années. La seconde est relative aux baux des locaux construits en vue d'une seule utilisation, aux baux des locaux à usage exclusif de bureaux et à ceux des locaux de stockage qui peuvent comporter des stipulations écartant la faculté de résiliation triennale pour le locataire.

463. Une possibilité de rupture anticipée exceptionnellement accordée au propriétaire – La faculté de résiliation triennale n'est accordée au bailleur par le législateur qu'avec parcimonie. En effet, par application de l'article L. 145-4, alinéa 3, du Code de commerce, le congé triennal n'est possible pour le bailleur que s'il peut invoquer l'existence d'un droit de reprise aux fins de construire, de reconstruire ou de surélever l'immeuble existant, de réaffecter le local d'habitation accessoire à cet usage ou d'exécuter des travaux prescrits ou autorisés dans le cadre d'une opération de restauration immobilière et en cas de démolition de l'immeuble dans le cadre d'un projet de renouvellement urbain. Le bailleur ne pourra donc rompre le contrat qu'au terme d'un congé donné au moins six mois à l'avance et si l'un des cas de reprise évoqué par la loi se réalise.

558. Art. L. 145-4, al. 4, C. com.

Dans ces hypothèses, le bailleur n'aura en principe aucune indemnisation à verser au locataire à la suite de son éviction.

2) *La résiliation du bail pour inexécution*

464. La résiliation judiciaire sur le fondement de l'article 1227 du Code civil – Selon l'article 1227 du Code civil, la résolution peut, en toute hypothèse, être demandée en justice. L'une des parties – souvent le bailleur en pratique – devra démontrer la violation manifeste d'une obligation contractuelle et saisir le tribunal de grande instance aux fins de prononcer la résiliation du contrat de bail. Il peut s'agir du non-paiement des loyers ou encore du non-respect d'une obligation de faire ou de ne pas faire, comme le défaut d'exploitation du fonds de commerce ou l'exercice d'une activité qui n'est pas conforme à la destination des lieux comme indiquée dans le bail. À défaut d'une inexécution grave, les juges pourraient aussi choisir de ne prononcer que l'allocation de dommages et intérêts sans remettre en cause la poursuite des relations contractuelles.

La résiliation judiciaire ne peut produire ses effets que si certaines règles de formalisme prévues par le Code de commerce ont bien été respectées. Ainsi, selon l'article L. 143-2, alinéa 1er, le propriétaire qui poursuit la résiliation du bail de l'immeuble dans lequel s'exploite un fonds de commerce grevé d'inscriptions doit notifier sa demande aux créanciers antérieurement inscrits. En outre, le jugement ne peut intervenir qu'après un mois écoulé depuis la notification.

465. La résiliation sur le fondement d'une clause résolutoire insérée dans le contrat de bail – Sous la plume du bailleur en pratique, le contrat de bail va contenir une clause résolutoire qui est censée produire ses effets dans l'hypothèse où le locataire manquerait à ses obligations contractuelles. Le bailleur souhaite ainsi anticiper et organiser les modalités d'une éventuelle rupture du contrat. En pratique, on parle aussi de clause de résiliation de plein droit.

Cette clause présente un caractère éminemment dangereux pour le locataire en raison de son automaticité. En effet, dans cette hypothèse, le juge ne dispose pas d'un pouvoir d'appréciation au regard de la gravité du manquement aux obligations contractuelles. Le juge a simplement vocation à vérifier que les conditions objectives du jeu de la clause résolutoire sont réunies. C'est la raison pour laquelle la jurisprudence et le législateur œuvrent ensemble pour encadrer strictement l'utilisation de la clause résolutoire dans le contrat de bail commercial.

Concernant la jurisprudence, elle exige tout d'abord que la clause renvoie précisément aux différentes obligations contractuelles dont le manquement déclenchera sa mise en œuvre. La clause ne peut donc jouer que si le manquement concerne une stipulation expresse du bail visée par la clause résolutoire. Ainsi, le manquement à une obligation légale ou un comportement fautif qui n'est pas évoqué par le contrat de bail ne peut être invoqué pour bénéficier de la clause résolutoire[559]. Ensuite, la clause résolutoire doit être invoquée de bonne foi. Le bailleur qui invoque la nécessité de travaux importants pour se conformer aux stipulations du bail en sachant que ces travaux ne pourront être achevés avant le délai d'un mois imparti par le commandement sera de mauvaise foi.

Concernant la loi, plusieurs dispositions viennent protéger le locataire. Tout d'abord, un formalisme est imposé par l'article L. 145-41, alinéa 1er, du Code de commerce : toute clause insérée dans le bail prévoyant la résiliation de plein droit ne produit effet qu'un mois après un commandement demeuré infructueux. Il s'agit nécessairement d'un acte extrajudiciaire, c'est-à-dire délivré par un huissier. La lettre recommandée ne produit aucun effet juridique en ce domaine[560]. Le commandement doit, à peine de nullité, mentionner ce délai. Si le locataire satisfait à la demande mentionnée dans le commandement en temps utile, la clause résolutoire ne peut plus jouer pour ce motif. Ensuite, la loi prévoit la possibilité d'accorder du temps supplémentaire au locataire pour se conformer au commandement du bailleur si pendant le délai d'un mois le locataire n'a pu satisfaire son exigence légitime. C'est alors le juge qui peut en décider ainsi. L'article L. 145-41, alinéa 2, du Code de commerce dispose que les juges saisis d'une demande de délais de grâce présentée dans les formes et conditions prévues à l'article 1343-5 du Code civil peuvent, en accordant des délais, suspendre la réalisation et les effets des clauses de résiliation.

Cette possibilité n'est réservée au juge que dans l'hypothèse où la résiliation n'est pas constatée ou prononcée par une décision de justice ayant acquis force de chose jugée. Le juge prendra en considération les besoins du bailleur et la situation du débiteur, notamment financière. La clause résolutoire ne joue pas, si le locataire se libère dans les conditions fixées par le juge. En revanche, si le locataire qui a obtenu des délais ne respecte pas scrupuleusement l'échéancier, la clause résolutoire produit irrémédiablement ses effets. Enfin, l'article L. 415-5 du Code de commerce énonce que le redressement et la liquidation judiciaires n'entraînent pas, de plein droit, la résiliation du bail des immeubles affectés au commerce, y compris les locaux dépendant de ces immeubles et servant à son habitation ou à celle de sa famille. Toute stipulation contraire est réputée non écrite.

559. Cass. (3e civ.), 15 septembre 2010, n° 09-10339, *Bull. civ.* III, n° 157, selon lequel « la résiliation de plein droit d'un bail commercial par application de la clause résolutoire implique un manquement aux obligations expressément visées dans ce bail ».
560. Cass. (3e civ.), 21 décembre 2017, n° 16-10.583, à paraître au *Bulletin*.

3) *La fin du bail par suite d'un refus de son renouvellement*

466. Les vertus de la propriété commerciale au service des intérêts du locataire – La propriété commerciale qui est accordée par le législateur au locataire se manifeste essentiellement sous la forme d'un droit alternatif qui constitue le cœur de la protection du locataire : au terme du bail, le locataire bénéficie, soit du renouvellement du bail, soit d'une indemnité d'éviction qui vient réparer cette absence effective de renouvellement.

Pour bénéficier pleinement du droit au renouvellement de son bail, le locataire doit satisfaire, outre les conditions générales requises pour bénéficier du statut des baux commerciaux, à des exigences spécifiques qui ont déjà été étudiées précédemment[561]. Il faut maintenant envisager l'hypothèse où le bailleur refuse de renouveler le bail alors que le locataire dispose d'un droit au renouvellement. Certaines situations doivent également être évoquées lorsque la loi donne exceptionnellement la faculté au propriétaire de ne pas renouveler le bail commercial sans être astreint au paiement d'une indemnité d'éviction.

467. Le montant de l'indemnité d'éviction – Lorsque le propriétaire oppose un refus de poursuivre les relations contractuelles, sa décision produit ses pleins effets sur le contrat de bail qui va alors être rompu. En parallèle, le propriétaire doit verser une indemnité d'éviction qui est destinée à compenser le fait d'évincer le locataire au mépris de son droit au maintien dans les lieux loués. Cette situation pose tout d'abord la question du montant de cette indemnité destinée à compenser le dommage subi par le locataire commerçant contraint au départ. Le principe posé par la loi est d'ailleurs qu'elle doit être égale au préjudice causé par le défaut de renouvellement.

L'article L. 145-14 *in fine* du Code de commerce indique que cette indemnité comprend notamment la valeur marchande du fonds de commerce, déterminée suivant les usages de la profession, augmentée éventuellement des frais normaux de déménagement et de réinstallation, ainsi que des frais et droits de mutation à payer pour un fonds de même valeur. Cette méthode de calcul de l'indemnité peut être contestée par le propriétaire dès lors qu'il démontre que le préjudice est moindre pour le locataire. Le montant de l'indemnité d'éviction peut donc dépasser la valeur du fonds de commerce lorsque l'éviction entraîne l'impossibilité pour le locataire d'exploiter la clientèle attachée aux locaux loués. Elle peut être également d'un montant dérisoire si le locataire évincé a trouvé un nouvel emplacement à proximité immédiate des locaux loués. La question sera tranchée en pratique par le juge assisté d'un expert judiciaire.

468. Le versement de l'indemnité d'éviction – Ensuite, se pose la question du paiement de l'indemnité d'éviction. Au regard de son montant, le

561. Voy. *supra*, n°s 457 et s.

bailleur aura parfois des difficultés à mobiliser rapidement cette somme. Aussi, selon l'article L. 145- 28 du Code de commerce, aucun locataire pouvant prétendre à une indemnité d'éviction ne peut être obligé de quitter les lieux avant de l'avoir reçue. Jusqu'au paiement de cette indemnité, il a droit au maintien dans les lieux aux conditions et clauses du contrat de bail expiré. Toutefois, une indemnité d'occupation devra être acquittée par le locataire ayant choisi de rester dans les lieux. Lorsque le refus de renouvellement intervient parce que le propriétaire veut reprendre le local pour effectuer des travaux[562], le locataire doit quitter immédiatement les lieux après avoir reçu une indemnité provisionnelle fixée par le président du tribunal de grande instance.

469. Le droit de repentir du bailleur – Au regard de l'importance du montant de l'indemnité d'éviction, il se peut, qu'en cours de procédure, le propriétaire qui avait initialement opposé un refus de renouvellement souhaite revenir sur sa décision. Il échapperait ainsi au paiement de l'indemnité d'éviction.

À la lecture de l'article L. 145-58 du Code de commerce, le propriétaire peut, jusqu'à l'expiration d'un délai de quinze jours à compter de la date à laquelle la décision intéressant la fixation de l'indemnité d'éviction est passée en force de chose jugée, se soustraire au paiement de l'indemnité. Il doit alors seul supporter les frais de l'instance et consentir au renouvellement du bail. Ce droit de repentir ne peut être exercé par le propriétaire qu'autant que le locataire est encore dans les lieux et n'a pas déjà loué ou acheté un autre immeuble destiné à sa réinstallation. Le droit de repentir, une fois qu'il s'est manifesté et a été porté à la connaissance du locataire, présente un caractère irrévocable[563].

470. Le droit de reprise du bailleur opposable au locataire – Dans des hypothèses spécifiées par la loi, le bailleur va disposer d'un droit de reprise du local donné à bail. Le bailleur pourra ainsi s'opposer au renouvellement formulé par le preneur sans avoir l'obligation, sauf exception légale, de payer une indemnité d'éviction lorsque l'une des situations suivantes se présente :

– La reprise pour motif grave et légitime : l'article L. 145-17, I, 1°, du Code de commerce dispose que s'il s'agit, soit de l'inexécution d'une obligation, soit de la cessation sans raison sérieuse et légitime de l'exploitation du fonds, l'infraction commise par le preneur ne peut être invoquée que si elle s'est poursuivie ou renouvelée plus d'un mois après mise en demeure du bailleur d'avoir à la faire cesser. Cette mise en demeure doit, à peine de nullité, être effectuée par acte extrajudiciaire et préciser le motif invoqué.

562. Sur le fondement de l'art. L. 145-18 C. com.
563. Art. L. 145-59 C. com.

– La reprise pour démolir (art. L. 145-17, I, 2°, C. com.) : lorsque la reconstruction porte sur des locaux commerciaux, le locataire qui a manifesté la volonté de bénéficier d'un bail nouveau dispose d'un droit de priorité pour occuper ces locaux une fois achevés (art. L. 145-17, II, du même code).

– La reprise pour construire ou reconstruire (art. L. 145-18 du même code) : elle permet au bailleur d'échapper au paiement de l'indemnité d'éviction uniquement si un local équivalent est proposé au locataire évincé.

– La reprise pour surélever (art. L. 145-21 du même code) : elle autorise simplement à surseoir au renouvellement du bail pendant une période maximale de 3 années et elle conduit au versement d'une indemnité d'éviction dont le montant est plafonné à 3 années de loyers.

– La reprise pour habiter (art. L. 145-22 du même code) : le bailleur peut refuser le renouvellement du bail exclusivement sur la partie concernant les locaux d'habitation accessoires des locaux commerciaux pour les habiter lui-même ou les faire habiter par son conjoint, ses ascendants, ses descendants ou ceux de son conjoint. Une condition supplémentaire est posée par ce texte : le bénéficiaire de la reprise ne doit pas disposer d'une habitation correspondant à ses besoins normaux et à ceux des membres de sa famille vivant habituellement ou domiciliés avec lui. En outre, la reprise ne peut être exercée lorsque le locataire établit que la privation de jouissance des locaux d'habitation apporte un trouble grave à l'exploitation du fonds ou lorsque les locaux commerciaux et les locaux d'habitation forment un tout indivisible. Enfin, sauf motif légitime, le bénéficiaire de la reprise doit occuper personnellement les lieux dans un délai de six mois à dater du départ du locataire évincé et pendant une durée minimum de six ans. À défaut, le locataire évincé a droit à une indemnité d'éviction en rapport avec l'importance des locaux repris.

Des locaux vacants peuvent également faire l'objet d'une reprise sous réserve de respecter les dispositions de l'article L. 145-23-1 du Code de commerce.

4) *La fin du bail par l'effet du droit de préemption du locataire*

471. L'accession du locataire à la propriété – Une dernière modalité de disparition du contrat se produit par une sorte de « confusion » entre la qualité de propriétaire et de locataire. L'accession à la propriété est la meilleure protection pour le locataire. Cette transition est facilitée par le législateur qui a accordé un droit de préemption au locataire en cas de vente du local soumis au bail commercial.

En effet, à la suite de la réforme apportée par la loi du 18 juin 2014, l'article L. 145-46-1 du Code de commerce dispose que lorsque le propriétaire d'un local à usage commercial envisage de vendre celui-ci, il doit en informer le locataire par lettre recommandée avec demande d'avis de réception, ou remise en main propre contre récépissé ou émargement. Cette notification doit, à peine de nullité, indiquer le prix et les conditions de la vente envisagée. Elle vaut offre de vente au profit du locataire.

Une fois cette information délivrée, le locataire dispose d'un délai d'un mois à compter de la réception de cette offre pour se prononcer. En cas d'acceptation, le locataire dispose, à compter de la date d'envoi de sa réponse au bailleur ou au notaire, d'un délai de deux mois pour la réalisation de la vente. Si, dans sa réponse, il notifie son intention de recourir à un prêt, l'acceptation par le locataire de l'offre de vente est subordonnée à l'obtention du prêt et le délai de réalisation de la vente est porté à quatre mois.

Si, à l'expiration de l'un ou l'autre de ce délai, la vente n'a pas été réalisée, l'acceptation de l'offre de vente est sans effet et le propriétaire retrouve toute sa liberté pour choisir un autre candidat à l'acquisition de son bien immobilier. Le bail commercial se poursuit alors aux conditions initiales.

[illegible] (article L. 145-46-1 [illegible]) [illegible] commerciale [illegible] notification [illegible] à peine de nullité, indiquer le prix et les conditions de la vente envisagée. Elle vaut offre de vente au profit du locataire.

[illegible] cette notification, le locataire dispose d'un délai d'un mois à compter de la réception de cette offre pour se prononcer. En cas d'acceptation, le locataire dispose, à compter de la date d'envoi de sa réponse au bailleur, ou au notaire, d'un délai de deux mois pour la réalisation de la vente. Si, dans sa réponse, il notifie son intention de recourir à un prêt, l'acceptation par le locataire de l'offre de vente est subordonnée à l'obtention du prêt et le délai de réalisation de la vente est porté à quatre mois.

Si, à l'expiration de l'un ou l'autre de ce délai, la vente n'a pas été réalisée, l'acceptation de l'offre de vente est sans effet et le propriétaire retrouve toute sa liberté pour choisir un autre candidat à l'acquisition de son bien immobilier. Le bail commercial se poursuit alors aux conditions initiales.

Bibliographie indicative

Pour une approche universitaire :

ARNAUD-GROSSI I., MERLAND L., MESTRE J., PANCRAZI M.-E. et TAGLIARIMO-VIGNAL N., *Droit commercial*, t. 1, 30e éd., coll. Manuels, Paris, LGDJ, 2016.

BALLOT-LENA A. et DECOCQ G., *Droit commercial*, 8e éd., coll. HyperCours, Paris, Dalloz, 2017.

BERT D. et PLANCKEEL F., *Cours de droit commercial et des affaires*, 3e éd., coll. Amphi LMD, Gualino, 2017-2018.

BLAISE J.-B. et DESGORCES R., *Droit des affaires*, 9e éd., coll. Manuels, Paris, LGDJ, 2017.

CANIN P., *Droit commercial*, 7e éd., Paris, Hachette, 2017.

GUEVEL D., *Droit du commerce et des affaires*, 5e éd., coll. Systèmes, Paris, LGDJ, 2017.

HOUTCIEFF D., *Droit commercial*, 4e éd., coll. Sirey université, Paris, Sirey, 2016.

JULIEN J. et MENDOZA-CAMINADE A., *Droit commercial*, 3e éd., coll. Cours, Paris, LGDJ, 2017.

LE GALL J.-P. et RUELLAN C., *Droit commercial*, 17e éd., coll. Mémentos, Paris, Dalloz, 2017.

LEGEAIS D., *Droit commercial et des affaires*, 24e éd., coll. Sirey université, Paris, Sirey, 2017.

LUCAS F.-X. et PORACCHIA D., *Manuel de droit commercial*, 1re éd., coll. Droit fondamental, Paris, PUF, 2018.

MENJUCQ M., *Droit commercial et des affaires*, 11e éd., coll. Mémentos LMD, Gualino, 2018.

PEDAMON M. et KENFACK H., *Droit commercial*, 4e éd., coll. Précis, Paris, Dalloz, 2015.

PETIT B., *Droit commercial*, 6e éd., coll. Objectif droit, LexisNexis, 2016.

PIEDELIEVRE S., *Droit commercial*, 11e éd., coll. Cours, Paris, Dalloz, 2017.

REBOUL-MAUPIN N. et LASBORDES DE VIRVILLE V., *Droit commercial*, 1re éd., coll. Vuibert droit, Vuibert, 2013.

THIOYE M., *Fiches de droit commercial*, Ellipses, 2015.

VOGEL L., *Du droit commercial au droit économique*, 20e éd., coll. Traités, Paris, LGDJ, 2016.

Pour une approche encore plus pratique :

LAMY, *Droit commercial*, ouvrage collectif, réédition annuelle.
Mémento F. LEFEBVRE, *Droit commercial*, par MERCADAL B., réédition annuelle.
Dictionnaire Permanent, *Droit des affaires*, Editions législatives, ouvrage collectif avec mise à jour périodique.

Index alphabétique

A

Accessoire : 109
Achalandage : 264
Achat pour revente :
- d'un bien immobilier : 83 et s.
- d'un bien mobilier : 81 et s.
Actes de commerce
- cautionnement intéressé : 126
- cession d'entreprise : 120 et s.
- cession d'un bloc de contrôle : 123 et s.
- compétence en cas de litige : 51, 138
- construction doctrinale : 77
- construction jurisprudentielle : 76
- critère de spéculation : 77
- critère de l'entremise : 77
- critère de l'entreprise : 77
- définition du commerçant : 157
- énumération légale : 75
- par accessoire : 109 et s.
- par la forme : 103 et s.
- par nature : 79 et s., 157
- régime juridique : 128 et s.
Actes de consommation : 148
Actes mixtes : 129, 143 et s.
Actes civils : 111 et s.
Action
- en contrefaçon : 275, 289
- en nullité : 251, 284, 286, 291, 339, 399
- résolutoire : 344, 358, 401
Activités
- ambulantes : 187
- agricoles : 167
- artisanales : 163
- civiles : 170
Administration légale : 428
AFNIC : 261-2
AFNOR : 22, 35
Agent commercial :
- accès au statut, 173-3
- contenu du statut, 171-4
- définition, 171-2
- généralités : 100, 171-1 et s.
- indemnité compensatrice, 171-4
- préavis, 171-4
Agent d'affaires : 100
Agent immobiliers : 87
Agrément administratif : 186
Agriculteur : 166 et s.
Amende civile : 346
Anatocisme : 18, 129, 134
Annexe comptable : 213
Apport en société d'un fonds de commerce
- description de l'opération : 362 et s.
- effets : 365
- validité : 364
Arbitrage
- avantages et inconvénients : 64
- caractéristiques : 63
- clause compromissoire : 66
- compromis d'arbitrage : 67
- instance arbitrale : 68
- sentence arbitrale : 69
Arrêté : 13
Artisan : 161 et s.

Associations : 102
Associé en nom : 152
Assurance : 91
Attribution préférentielle : 253
Auto-entrepreneur : V. Micro-entrepreneur
Autorisations administratives : 185 et s., 302
Autorité de régulation professionnelle de la publicité (ARPP) : 35
Autorité des normes comptables : 210
Autorités administratives indépendantes : 13
Avarie commune : 2
Avis : 13
Avocat : 57, 176

B

Bail
- à construction : 423
- commercial : 415 et s.
- emphytéotique : 423
- rural : 168

Bail commercial
- bail précaire ou dérogatoire : 426
- cession de bail : 454
- clause d'échelle mobile : 445 et s.
- clause recettes : 445 et s.
- clause résolutoire : 465
- commission départementale de conciliation : 441, 460
- convention d'occupation précaire : 425
- déplafonnement : 444
- déspécialisation plénière ou totale : 450
- déspécialisation simple ou partielle : 449 et s.
- droit de préemption du locataire : 471
- droit de repentir : 469
- droit de reprise : 470
- droits du preneur : 448 et s.
- durée : 423 et s.
- emplacement : 415
- expertise judiciaire : 419
- facteurs locaux de commercialité : 442
- fin : 461 et s.
- fonds de commerce : 428
- garantie de paiement des loyers : 456
- immatriculation au RCS : 430
- indemnité d'éviction : 466 et s.
- inexécution : 464 et s.
- local : 427 et s.
- location saisonnière : 426
- loyer : 438 et s., 460
- obligations du preneur : 436 et s.
- ordre public : 415
- pas de porte : 439
- plafonnement : 443 et s.
- propriété commerciale : 457
- renonciation : 432
- renouvellement : 457 et s.
- résiliation triennale : 462 et s.
- révision triennale : 440 et s.
- soumission conventionnelle : 433 et s.
- sous-location : 451 et s.
- statut : 416 et s.
- tribunal de grande instance : 419
- valeur locative : 442

Banque : 75, 89, 90 126, 219, 307
Bilan comptable : 213
BODACC : 70, 348, 363
Brevets d'invention :
- brevetabilité : 296 et s.
- certificat d'utilité : 295
- définition : 294
- communautaire : 300
- européen : 299
- national : 298

Business Registers Interconnexion System (BRIS) : 201

C

Cautionnement : 126 et s.
Centre de formalités des entreprises : 33, 203

Certificat d'utilité : 295
Cession
- de bail : 454 et s.
- de contrat : 314
- de contrôle : 123 et s., 332
- de créance : 309
- de dette : 311
- de fonds de commerce : 121, 329 et s.
Chambre de commerce et d'industrie : 22, 32 et s.
Chambre de commerce international : 35
Chambre syndicale : 22
Circulaires administratives : 13
Circulaires ministérielles : 13
Clause
- attributive de compétence d'attribution ou matérielle : 53
- attributive de compétence territoriale : 55
- commerciale : 253
- compromissoire : 66, 146
- d'échelle mobile : 445 et s.
- d'exclusivité : 378
- d'indexation : 445 et s.
- de non-concurrence :173, 308, 356, 393
- recettes : 443 et s.
- résolutoire : 416, 465
Clientèle
- achalandage : 264
- caractères : 268 et s.
- définition : 264 et s.
- dépendance juridique : 272
- dépendance matérielle : 271
- fonctions : 266 et s.
Code d'Hammourabi : 2
Code de commerce : 6 et s.
Code Savary : 4
Colbertisme : 4
Commandité : 152
Commerçant
- acte de commerce par accessoire subjectif : 114
- compétence en cas de litige : 49
- définition : 150 et s.
- étranger : 193 et s.
- statut : 172 et s.
Commissaire-priseur : 101
Commission départementale d'aménagement commercial : 186
Commission départementale de conciliation : 441, 460
Commissionnaire : 99
Commune : 352 et s.
Compromis d'arbitrage : 65 et s.
Comptabilité : 210 et s.
Compte courant : 14
Compte de résultat : 213
Comptes annuels : 213
Comptes consolidés : 210
Concession
- commerciale : 272
- immobilière : 423
Conciliation : 60
Concubinage : 234
Concurrence déloyale : 14, 118
Confusion : 276, 277
Congé : 459, 462 et s.
Conjoint du commerçant
- associé : 250
- coexploitant : 251
- collaborateur : 246 et s.
- salarié : 249
Constitution : 9 et s.
Contrats
- d'assurance : 313
- de bail commercial : 313
- d'édition : 313
- de travail : 313
- exclus du fonds de commerce : 312 et s.
- d'hébergement, 261-2
- inclus dans le fonds de commerce : 313 et s.
Contre-lettre : 361
Convention d'occupation précaire : 425
Corporations : 5, 21

Cour de justice de l'Union européenne (CJUE) : 30
Courtier : 88
Créance : 308 et s.
Créanciers professionnels
- prise de sûreté : 219
- orientation des poursuites : 220
Crédit : 70
Crédit-bail
- du droit au bail : 396
- du fonds de commerce : 395 et s.
- immobilier : 424
Curatelle : 182

D

Décès du commerçant : 204, 253
Déclaration
- d'activité : 187
- d'affectation patrimoniale : 228
- d'insaisissabilité : 222 et s.
Délais de grâce : 132
Déontologie : 22, 169 et s.
Déspécialisation : 449 et s.
Dette : 310 et s.
Divorce du commerçant : 238
Doctrine : 16 et s.
Documents comptables : 316
Droit :
- au bail : 279
- civil : 71
- communautaire : 27 et s.
- de l'entreprise : 34, 72
- de préemption : 352, 471
- de préférence : 341 et s., 402 et s.
- propriété intellectuelle : 280 et s.
- de repentir : 469
- de reprise : 470
- de rétractation : 469
- des affaires : 29, 72 75, 328
- de suite : 344, 403
- économique : 29
Droits du commerçant : 199

E

Échevinage : 39
Emancipation : 178 et s.
Enchères : 101
Enregistrement :
- de la marque : 284 et s.
- du brevet : 297 et s.
Enseigne : 277 et s.
Entrepreneur individuel à responsabilité limitée (EIRL) : 227 et s.
Entreprise :
- d'agence d'affaires : 100
- de fournitures : 96
- de location de meubles : 94
- de manufacture : 97 et s.
- de spectacles publics : 102
- de vente à l'encan : 101
- notion : 93
Entreprise unipersonnelle à responsabilité limitée (EURL) : 216
Estoppel : 15
Étrangers : 193 et s.
Exemption : 377 et s.
Extrait K et K-bis : 203

F

Facteurs locaux de commercialité : 442
Faillite personnelle : 190
Fichier national des interdictions de gérer : 191
Fiducie : 224 et s.
Firma : 261
Foires : 2
Fonctionnaires : 175
Fonds
- agricole : 166 et s.
- artisanal : 161 et s.
- de commerce : 258 et s.
- de commerce électronique : 261-2
- libéral : 169 et s.
Fourniture : 96
Franchisage ou franchise : 272

G

Gage de stocks : 411 et s.
Gérance de fonds de commerce
- gérance libre ou location gérance : 366 et s.
- gérance-mandataire : 369
- gérance salariée : 368

Goodwill : 261
Grand-livre : 211
Greffe du tribunal de commerce : 44
Groupement d'intérêt économique : 155

I

Image fidèle : 214
Immatriculation
- défaut : 208
- effets : 206
- principale : 202 et s.
- complémentaire : 204
- sanctions : 205 et s.
- secondaire : 204

Immeuble : 315
Incapacités : 177 et s.
Incompatibilités : 174
Incoterms : 20, 26
Indemnité :
- de clientèle : 369
- d'éviction : 466 et s.
- successorale : 253

Information :
- des salariés : 346
- du créancier nanti sur le fonds de commerce : 403
- du vendeur de fonds de commerce : 345

Injonction de payer : 62
Insaisissabilité : 221 et s.
Inscriptions complémentaires : 204
Inscriptions modificatives : 204
Institut international pour l'unification du droit privé (UNIDROIT) : 15
Institut national de la propriété industrielle (INPI) : 285
Interdictions : 188 et s.

J

Juge :
- commis à la surveillance du RCS : 205
- du tribunal de commerce : 40 et s.
- rapporteur : 60

Jurisprudence
- interne : 14 et s.
- communautaire : 29

Jus mercatorum : 3

L

Lettre de change : 3, 103 et s.
Lex mercatoria : 20, 26
Liberté
- d'association : 9
- de la preuve : 139 et s.
- d'entreprendre : 9
- du commerce et de l'industrie : 5,

Licences : 186
Livre d'inventaire : 211
Livres-journal : 211
Location de meubles : 94
Location gérance (ou gérance libre) :
- acte de commerce : 122
- concurrence du locataire : 394
- conditions de validité : 372 et s.
- déchéance des créances du loueur : 385
- déchéance des créances du locataire : 391
- durée d'exploitation du fonds : 376 et s.
- fin : 387 et s.
- formalités : 380 et s.
- gérance salariée : 368
- gérance mandat : 369
- indemnisation : 392 et s.
- intérêts de l'opération : 371

- nullité : 388
- obligations des parties : 383 et s.
- ordre public : 375
- reconduction : 389
- redevance : 384
- résiliation : 390
- solidarité fiscale : 386
- solidarité passive : 386
- terme : 389

Loi : 12 et s.

Loyers commerciaux : 438 et s., 460.

M

Magasin à grande surface : 186

Magasins généraux : 33

Majeurs protégés : 180 et s.

Manufacture : 97 et s.

Marchandises : 305

Mariage du commerçant : 235 et s.

Marques
- caractères : 283 et s.
- contrefaçon : 290
- déchéance : 293
- dégénérescence : 293
- définition : 281
- enregistrement : 284 et s.
- nullité : 292
- protection : 282 et s.
- revendication : 291
- sanction : 287 et s.

Matériel et outillage : 303

Micro-entrepreneur : 216

Mines : 77

Mineurs : 177 et s.

Ministère public : 45

Mise en demeure : 131

Mobilisation d'une créance : 103

Monopole : 184

N

Nantissement sur le fonds de commerce
- nantissement conventionnel : 398 et s.
- nantissement judiciaire : 404 et s.

Nantissement sur le matériel et l'outillage : 408 et s.

Nature du fonds de commerce : 317 et s.

Nom commercial : 274 et s.

Nom de domaine : 261-2

Numéro d'identification : 202

O

Obligations
- comptables : 210 et s.
- de délivrance : 355
- de garantie : 356
- de *mitigation* : 15
- des époux aux dettes sociales : 243 et s.
- du commerçant : 200 et s.

Opérations
- d'assurance : 91
- de banque : 90
- de bourse : 92
- de change : 90
- sur le fonds de commerce : 327 et s.

Opposition
- créanciers : 350
- EIRL : 231
- Mainlevée : 350
- vente de fonds de commerce : 350

Ordonnance
- de référé : 62
- d'injonction de payer : 62
- sur requête : 62

Outillage et matériel : 304, 408 et s.

P

Pacte civil de solidarité : 254 et s.

Pacte commissoire : 414

Paracommercialité : 102

Parasitisme : 14

Parères : 20, 34

Pas-de-porte : 439
Patrimoine d'affectation : 228
Personnalité juridique : 209
Plafonnement du loyer : 443 et s.
Pluriactivité : 158, 167, 227
Possession : 324
Pouvoirs des époux commerçants : 239 et s.
Prescription extinctive : 137, 147
Preuve : 139 et s., 144
Preuve des documents comptables : 215
Présomption de commercialité : 115, 156
Prêt à la grosse : 2
Principes comptables : 214
Privilège du vendeur : 342 et s.
Procédures collectives : 3, 52, 190
Production en justice d'un document comptable : 215
Profession agricole : 166 et s.
Profession artisanale : 161 et s.
Profession habituelle : 158
Profession libérale : 169
Professionnel : 148, 160
Profession personnelle : 159
Promotion immobilière : 84
Propriété
- commerciale : 457
- industrielle : 280 et s.
Protection patrimoniale du commerçant : 216 et s.

Q

Question prioritaire de constitutionnalité : 10 et s.

R

Radiation du registre du commerce et des sociétés : 204
Rapidité : 70
Recommandations : 13
Réfaction du contrat commercial : 135
Référé : 62
Régime matrimonial : 236 et s.
Registre de l'agriculture : 168
Registre du commerce et des sociétés : 201 et s.
Règlement : 13
Remplacement : 136
Renouvellement du bail commercial : 457 et s.
Répertoire des métiers : 162
Réponse ministérielle : 13
Résiliation du bail commercial : 462 et s.
Rétractation : 469

S

Saisie des biens professionnels : 219
Salle des ventes : 33, 101
Sauvegarde de justice : 183
Sentence arbitrale : 15
Sévérité : 70
Sociétés
- civiles : 155
- commerciales : 50, 106 et s., 153 et s.
- d'exercice libéral : 50
- en participation : 155
- unipersonnelle : 216
Solidarité passive : 133
Sources du droit commercial : 8 et s.
Sous-location : 451 et s.
Spectacles publics : 102
Succursales : 401
Surenchère
- du dixième : 403, 410
- du sixième : 351
Syndicats professionnels : 34
Système d'interconnexion des registres du commerce et des sociétés : 201

T

Traite, *V. Lettre de change*
Traités internationaux : 23 et s.
Transparence : 201
Transports : 95
Tribunal de commerce
- approche historique : 3 et s., 36 et s.
- auxiliaires de justice : 46
- compétence matérielle ou d'attribution : 48 et s., 124
- compétence territoriale : 54 et s., 142
- composition : 40 et s.
- critique : 37 et s.
- greffe : 44
- injonction de payer : 62
- juge consulaire : 40 et s.
- jugement : 61
- juge-rapporteur : 60
- ministère public : 45
- ordonnance sur requête : 62
- président : 42, 62 et s.
- procédure : 56 et s.
- référé : 62
- saisine d'office : 11

Tribunal de l'Union européenne : 30
Tutelle : 181

U

Usages :
- conventionnels : 20
- de droit : 19
- internationaux : 20, 26

V

Valeur locative : 440
Vente à l'encan : 101
Vente de fonds de commerce
- acte de commerce : 122
- action résolutoire : 345
- cession de contrôle : 332
- cession isolée : 331
- condition de validité : 333 et s.
- dessous-de-table : 361
- effets : 353 et s.
- garantie d'éviction : 356
- garantie des vices cachés : 356
- information des salariés : 346
- informations du vendeur : 345
- mentions obligatoires : 338 et s.
- non-concurrence : 357
- obligation de délivrance : 355
- opposition des créanciers : 350
- préemption de la commune : 352
- privilège du vendeur : 342 et s.
- prix : 359 et s.
- publicité : 349 et s.
- simulation du prix : 361
- surenchère du sixième : 351

Voyageurs, représentants et placiers (VRP) :
- accès au statut, 171-6
- contenu du statut, 171-7
- définition : 159, 171-5
- indemnité de clientèle : 171-7
- VRP monocarte ; 171-6
- VRP multicarte : 171-6

Table des matières

Sommaire 5

Introduction 7

SECTION 1
La construction du droit commercial 7

SECTION 2
Les sources du droit commercial 11

§ 1. Les sources formelles du droit commercial 11
A. Les sources nationales 11
1) Les sources classiques 11
a) La constitution 11
b) La loi 12
c) La jurisprudence 14
d) La doctrine 15
2) Les sources privées 16
a) Les usages 16
b) Les réglementations professionnelles 18
B. Les sources supranationales 19
1) Les sources internationales 19
2) Les sources européennes 21

§ 2. Les sources institutionnelles 23
A. Les organisations professionnelles 23
1) Les chambres de commerce et d'industrie 23
2) Les autres institutions professionnelles 25
B. L'organisation judiciaire 26
1) Le tribunal de commerce 27
a) La composition du tribunal de commerce 28

b) La compétence ... 31
c) Le fonctionnement du tribunal de commerce ... 37
2) Le tribunal arbitral ... 40

SECTION 3
Les difficultés du droit commercial ... 45

CHAPITRE 1
Les actes de commerce ... 49

SECTION 1
La qualification d'acte de commerce ... 50

Sous-section 1
L'acte de commerce par nature ... 53

§ 1. L'acte de commerce par nature accompli de manière isolée ... 53
A. L'achat pour revente ... 53
1) L'achat pour revente d'un bien mobilier ... 53
2) L'achat pour revente d'un bien immobilier ... 55
B. Certaines activités d'intermédiaires ... 56
C. Les services financiers ... 57

§ 2. L'acte de commerce par nature accompli en entreprise ... 59
A. L'entreprise de location de meubles ... 59
B. L'entreprise de transport ... 60
C. L'entreprise de fourniture ... 60
D. L'entreprise de manufacture ... 60
E. Les entreprises d'intermédiaires ... 61
F. Les entreprises de vente à l'encan ... 62
G. Les entreprises de spectacle public ... 63

Sous-section 2
L'acte de commerce par la forme ... 63

§ 1. La lettre de change ... 63
§ 2. Certaines sociétés commerciales ... 65

Sous-section 3
Acte de commerce par accessoire 66

§ 1. L'acte de commerce par accessoire subjectif 67

A. Les conditions d'existence d'actes de commerce par accessoire subjectif 68

B. Le domaine des actes de commerce par accessoire subjectif... 70

§ 2. L'acte de commerce par accessoire objectif 71

A. La cession d'une entreprise 72

1) La cession d'un fonds de commerce 72

2) La cession d'un bloc de contrôle 74

B. Le cautionnement intéressé 77

Section 2
Le régime des actes de commerce 78

§ 1. Les règles applicables aux actes commerciaux à l'égard des deux parties 79

A. Les actes de commerce passés entre toutes personnes 79

B. Les actes de commerce passés entre commerçants 83

§ 2. Les règles applicables aux actes commerciaux à l'égard d'une seule des parties 84

A. Le principe du régime dualiste 85

B. L'exception du régime unitaire 87

Chapitre 2
Le commerçant 89

Section 1
La notion de commerçant 90

§ 1. La définition positive du commerçant 90

A. Les situations particulières liées au droit des sociétés 91

B. La définition générale du commerçant donnée par le Code de commerce 93

§ 2. **La définition négative du commerçant** 96

A. L'artisan 97

1) Les critères de la qualification 97

2) Les intérêts de la qualification 99

B. L'agriculteur 100
C. Le professionnel libéral 102
D. Les autres partenaires du commerçant 104
1) L'agent commercial 105
2) Le voyageur représentant ou placier (VRP) 109

SECTION 2
Le statut de commerçant 111

§ 1. L'accès encadré au statut 111
A. Les limites liées à la protection du commerçant 113
1) Le mineur 113
2) Le majeur protégé 115
B. Les limites liées à la protection du commerce 117
1) Le contrôle étatique de certaines activités 117
2) L'assainissement de la profession commerciale 119
a) Les hypothèses d'interdiction d'exercer une activité commerciale 119
b) Les sanctions liées à la violation d'une interdiction d'exercer des activités commerciales 121
3) Le statut du commerçant étranger 123

§ 2. Le contenu du statut 125
A. Le statut professionnel 125
1) Les droits principaux du commerçant 126
2) Les obligations principales du commerçant 127
a) Les formalités auprès du registre du commerce et des sociétés 128
b) Les obligations comptables 137
B. Le statut patrimonial 143
1) Les mesures inefficaces de cantonnement des droits des créanciers 145
2) La mesure illusoire de l'insaisissabilité de certains biens fonciers 147
3) La mesure trop complexe de l'affectation du patrimoine 149
a) La fiducie 149
b) L'entrepreneur individuel à responsabilité limitée (EIRL) 151

C. Le statut personnel 157
1) La situation du commerçant marié 158
a) Les dispositions générales 158
b) La situation du conjoint étranger à l'exercice du commerce 161
c) La situation du conjoint concourant à l'exercice du commerce 164
2) La situation du commerçant pacsé 171

CHAPITRE 3
Le fonds de commerce 175

SECTION 1
La notion de fonds de commerce 176

Sous-section 1
La composition du fonds de commerce 180
§ 1. Les éléments inclus dans le fonds de commerce 181
A. L'élément fondamental : la clientèle 181
1) La définition de la clientèle 181
2) Le rôle de la clientèle 182
3) Les caractères de la clientèle 183
B. Les éléments complémentaires 185
1) Les éléments incorporels 185
a) Le nom commercial 185
b) L'enseigne 188
c) Le droit au bail 189
d) Les droits de propriété intellectuelle 190
e) Les autorisations administratives 202
2) Les éléments corporels 203
§ 2. Les éléments exclus du fonds de commerce 203
A. Les éléments incorporels exclus 204
1) Les créances et les dettes 204
a) L'exclusion des créances 204
b) L'exclusion des dettes 205
2) Les contrats 206
a) Le principe d'exclusion des contrats 206
b) Les tempéraments à l'exclusion des contrats 207
B. Les éléments corporels exclus 209

Sous-section 2
La nature du fonds de commerce 210
§ 1. L'approche négative 210
A. Le fonds de commerce n'est pas réductible à la société 210
B. Le fonds de commerce n'est pas réductible à l'entreprise 210
C. Le fonds de commerce n'est pas réductible au patrimoine 211
§ 2. L'approche positive 211
A. Le fonds de commerce est un bien meuble incorporel 212
B. Le fonds de commerce est une universalité de fait 213

SECTION 2
Les opérations portant sur le fonds de commerce 213

Sous-section 1
La vente du fonds de commerce 214
§ 1. Les conditions de la vente du fonds de commerce 217
A. Les conditions générales 217
B. Les conditions particulières 219
1) La protection des parties au contrat de vente 219
a) La protection de l'acheteur par la présence de mentions obligatoires d'information 219
b) La protection du vendeur par l'octroi d'un privilège 222
2) La protection des tiers au contrat de vente 225
a) La protection des salariés par la diffusion d'une information concernant la vente envisagée 225
b) La protection des créanciers par l'organisation d'une publicité 227
c) La protection de l'intérêt général par l'octroi d'un droit de préemption communal... 228
§ 2. Les effets de la vente du fonds de commerce 230
A. Les effets à l'égard du vendeur 230
B. Les effets à l'égard de l'acheteur 232

Sous-section 2
L'apport du fonds de commerce 234

Sous-section 3
La location-gérance du fonds de commerce 236

§ 1. Le choix de la location-gérance 240
A. Les conditions de formation 240
1) Les conditions spéciales tenant aux parties 241
a) La condition spéciale concernant le propriétaire du fonds de commerce 241
2) Les conditions tenant aux formalités 244
B. Les modalités d'exécution 245
1) Les effets du contrat à l'égard des parties 245
2) Les effets à l'égard des créanciers des parties 247

§ 2. La fin de la location-gérance 249
A. Les modes d'achèvement du contrat 249
B. Les causes de fragilisation du locataire-gérant 251

Sous-section 4
Le crédit-bail portant sur le fonds de commerce 253

Sous-section 5
Le fonds de commerce ou ses éléments utilisés comme garantie 255

§ 1. Le nantissement sur le fonds de commerce 255
A. Le nantissement conventionnel du fonds de commerce 255
B. Le nantissement judiciaire du fonds de commerce 258

§ 2. Les garanties sur les éléments du fonds de commerce 261
A. Le nantissement sur le matériel et l'outillage 261
B. Le gage des stocks 263

Section 3
Le bail commercial 265

§ 1. L'applicabilité du statut des baux commerciaux 268
A. La soumission de droit au statut des baux commerciaux 268
1) Les conditions concernant les caractéristiques du bail 268
2) Les conditions concernant l'objet du contrat 271
B. L'effet de la volonté sur l'applicabilité du statut des baux commerciaux 274

§ 2. L'application du statut des baux commerciaux 275
A. L'exécution du contrat de bail 276
1) Les obligations du preneur 276
2) Les droits spécifiques du preneur 282
B. La fin du contrat de bail 292
1) L'exercice de la résiliation triennale 292
2) La résiliation du bail pour inexécution 294
3) La fin du bail par suite d'un refus de son renouvellement 296
4) La fin du bail par l'effet du droit de préemption du locataire 298

Bibliographie indicative 301

Index alphabétique 303

Table des matières 311